Lewald, Fanny

England und Schottland

2. Band

Lewald, Fanny

England und Schottland

2. Band

Inktank publishing, 2018

www.inktank-publishing.com

ISBN/EAN: 9783747777077

England und Schottland.

Reisetagebuch

von

Fanny Lewald.

Zweite Ausgabe.

Zweiter Band.

Berlin, 1864.
Verlag von Otto Janke.

Inhaltsverzeichniß des zweiten Bandes.

Siebzehnte Sendung

Vom 12. bis 14. Juli.

Wenn man die Reihe der öffentlichen Bauten in London durchgeht, so findet man, daß die Mehrzahl derselben in ihrer jetzigen Gestalt erst nach dem großen Feuer entstanden ist, zu dessen Andenken die »Feuersäule« in der City errichtet worden, nachdem man die Stadt neu aufgebauet hatte. Sie ist von Sir Christopher Wren, dem Erbauer der Paulskirche, ausgeführt, einem jener bevorzugten Menschen, denen die Gunst des Schicksals ein Feld für ihre Thatkraft gewährte.

Die Feuersäule ist von dorischer Ordnung. Man kann sie mittels einer im Innern angebrachten Treppe besteigen und sie soll eine der schönsten

Aussichten über die Stadt, namentlich aber über die City und den Hafen gewähren, wie sich denn anderseits die Feuersäule selbst auch vortrefflich darstellt, wenn man von den Brücken die Stadt betrachtet, und die Säule über der Häusermasse der City hervorragt.

Jene große Feuersbrunst brach im Jahre 1666 am 2. September nach Mitternacht in dem Hause eines Bäckers aus, und verbreitete sich, da vorher eine lange Zeit hindurch kein Regen gefallen und das Wetter sehr heiß gewesen war, mit Blitzesschnelligkeit durch die dicht zusammengebauten Fachwerk-Häuser der City. Dadurch schien es an allen Stellen zugleich aufzuzucken, und das Volk ward so sehr davon erschreckt, daß es die Hände müssig in den Schooß legte. Man sah, da ohnehin eine Prophezeihung Londons Untergang durch eine Feuersbrunst vorausgesagt hatte, in dem Ereigniß ein unvermeidliches Strafgericht Gottes, dem man sich in Demuth und Geduld zu unterwerfen habe, um die Sünde der Revolution zu büßen.

Kaum aber war das Feuer erloschen, so nahmen die Gedanken eine neue Wendung. Was bis dahin ein Wille Gottes gewesen, sollte nun plötzlich das Werk einer Partei, das Werk von

Papisten und Franzosen sein. Liegt es doch in der Natur des ungebildeten Menschen, leichter an die Einwirkung eines persönlichen Gottes oder an die Missethaten anderer Menschen, als an das eigene Unrecht zu glauben. Weit davon entfernt es natürlich zu finden, daß in einem Bäckerhause ein Feuer ausbrach und dieses Feuer um sich faßte, weil man ihm keine Schranken setzte, ward im Volke die Empörung gegen die vorausgesetzten Brandstifter immer allgemeiner. Man behauptete, Briefe aus Frankreich hätten schon zehn Tage vor dem Brande von der Zerstörung Londons durch Feuer gesprochen. Ein Mädchen, das einen Liebeshandel mit einem Franzosen unterhalten, und ihn dann kalt abgewiesen hatte, versicherte, dieser Franzose habe ihr schon im April gesagt: »Ihr Engländerinnen werdet den Franzosen williger Gehör geben, wenn kein Haus mehr stehen wird zwischen Temple Bar und London Bridge.« Und auf ihre Antwort: »Ich hoffe, Eure Augen werden solch Unheil niemals erblicken!« habe er ihr entgegnet: zwischen Juni und October werde jedermann es sehen können! Durch diese und ähnliche Aeußerungen sah sich die Regierung im Januar des folgenden Jahres genöthigt, eine Commission zur Entdekkung und Bestrafung der Brandstiftung niederzusetzen, obschon sie an kein solches Verbrechen glaubte.

Wunderbar genug meldete sich aber ein Uhrmacher, Robert Hubert aus Rouen, als den Urheber des Feuers und gab mit der höchsten Ausführlichkeit alle nähern Umstände seines Verbrechens an. Er behauptete, mit einem gewissen Pidloe von Frankreich nach England gekommen, und mit ihm von Personen in Paris zu der That angewiesen worden zu sein. Pidloe habe außer Hubert noch drei und zwanzig andere Gehülfen gehabt, welche Feuerkugeln in die verschiedenen Häuser geworfen, um den Brand an allen Ecken der Stadt zugleich zu entzünden.

Viele Zeugen wollten die Brandraketen gesehen haben und ließen sich nicht bedeuten, daß jene von ihnen erblickten, fliegenden Feuerbrände nur das Flugfeuer gewesen wären, welches naturgemäß entstanden war. Das Volk glaubte unwiderleglich an die Aussagen von Hubert, während die Untersuchungskommission ihn für einen lebenssatten und geisteskranken Menschen hielt, der, erschüttert durch das furchtbare Ereigniß, dahin gekommen war, sich für die Veranlassung desselben anzusehen. Endlich, da Hubert standhaft bei seinen Selbstanklagen verharrte, war man der Aufregung des Volkes wegen, genöthigt, ihn zum Tode zu verurtheilen und ihn die Strafe erleiden zu lassen, obschon Nichts gegen ihn zeugte, als seine eigenen ganz verwirrten Aussagen.

Dergleichen Erzählungen haben ein kulturhistorisches Interesse, wenn man sie mit dem Verhalten der Menschen in unserer Zeit vergleicht, mit den Rückfällen in Aberglauben und Vorurtheile, welche wir bei dem ersten Auftreten der Cholera und bei ähnlichen Anlässen, noch in jüngster Zeit zu erleben Gelegenheit gehabt haben.

Gestern Abend haben Miß J. und ich einer Soirée im Hause eines Arztes, des Dr. Lancaster, beigewohnt, der ein gelehrter Botaniker und Sekretair der Naturforscher-Gesellschaft ist, welche sich in den ersten Tagen des August in Edinburg versammeln soll. Da ich etwa um diese Zeit London verlassen wollte, um doch wenigstens einen Theil des Landes zu sehen, überredete man mich von allen Seiten, zur Eröffnung der Versammlung nach Edinburg zu gehen und die Festwoche dort zu verleben. Ich habe es nicht bestimmt zugesagt, will aber sehen, ob es sich in der vorgeschlagenen Weise ausführen lassen wird.

Die gestrige Gesellschaft bestand großen Theils aus Gelehrten. Unter den Damen lernten wir Mrs. Loudon kennen, eine ältere Frau von ernster ruhiger Haltung, die bisher ein Journal the Lady's companion herausgegeben hat. Es ist jetzt in andere Hände übergegangen. Ich kann Dir nicht genug wiederholen, wie es sich hier von selbst versteht, daß Frauen sich mit geistiger Arbeit beschäftigen; wie wenig man sie deshalb als ein Phänomen, als einen Gegenstand der Neugier betrachtet! Es giebt kaum einen Bereich der Wissenschaft, in dem sie sich nicht versuchen, und wo sie irgend etwas Tüchtiges leisten, werden sie von den Männern ohne allen Rückhalt freudig als Mitstrebende aufgenommen. Bei Dr. Lancaster besah man mit der größten Theilnahme und Billigung eine Sammlung botanischer Darstellungen, welche von einer jungen Dame, der Tochter eines reichen Kaufmannes, nach der Natur gemalt, und nun in einem prächtigen Farbendruck herausgegeben waren. Niemand fiel es ein, an dem Werth der Arbeit schon um deshalb zu zweifeln, weil eine Frau sie ausgeführt hatte, oder umgekehrt, die Genauigkeit und Trefflichkeit der Arbeit zu bewundern, weil eine

Frau sie gemacht, was im Grunde auf dieselbe Nichtachtung herausläuft.

Auch diese Soirée war sehr belebt. Man kam und ging nach Belieben, wodurch der Zwang vermieden wird, der unsere Gesellschaften noch immer steif und unbehaglich macht. Es giebt hier keine »Ehrenplätze« auf dem Sopha, keine Sonderung der Gesellschaft in jüngere und ältere Personen, keine ängstliche Vorsorge der Wirthe um das, was die Gäste thun werden. Das staatliche Selfgovernement ist in die Gesellschaft übergegangen. Wenn man die Zimmer für den Empfang der Geladenen eingerichtet und für die nöthigen Erfrischungen gesorgt hat, so überläßt man es ihnen, sich wie sie mögen mit ihren Freunden zu unterhalten. Selbst die musikalischen Intermezzi, die in Deutschland der Unterhaltung mehr hinderlich als fördernd sind, werden hier mehr oder weniger vermieden. Man hatte einige neue Präparate unter trefflichen Mikroskopen aufgestellt, einige neue Kupferstiche und illustrirte Werke ausgelegt, und überließ es nun den Leuten, ob sie sich mit dem Vorhandenen beschäftigen wollten oder nicht.

Eine Vorrichtung, welche ich in verschiedenen englischen Gesellschaften gesehen habe, besteht darin, daß man die Thüre, welche aus dem Hausflur in den vorderen Drawingroom führt, ausheben, und statt derselben einen mit grobem Tüll überspannten Blendrahmen einfugen läßt. Dadurch bleibt es luftig im Zimmer, und die Personen, welche sich in der Hausflur aufhalten müssen, was gelegentlich vorkommen kann, sind nicht von der Gesellschaft abgeschnitten. Für den Fremden hat es aber etwas Auffallendes und bisweilen etwas Komisches. Dasselbe gilt auch von dem Umherwandern im Hause, wenn im Diningroom das Büffet aufgestellt ist. Man wird von den Männern aufgefordert hinabzugehen, um sich zu Erfrischen, wie man sonst zu einer Extratour im Cottillon geladen wird. Indeß trotz des uns Auffallenden hat das Alles sein Gutes, weil es eben Bewegung und Freiheit in die Gesellschaft bringt und viel leichter herzustellen ist, als der Empfang einer gleichen Anzahl von Menschen auf dem Continente.

Abends 10 Uhr.

So spät es ist, will ich doch noch anfangen, Dir den schönen Pallast von Hampton Court zu beschreiben. Wir sind früh am Vormittage mit der

Eisenbahn hinausgefahren und haben den ganzen Tag auf Hampton Court verwendet.

Hampton Court, hart am Ufer der Themse gelegen, wurde im Beginn der Regierung Heinrich des Achten vom Cardinal Wolsey mit solcher Pracht errichtet, daß es den Neid des Königs rege machte, und Wolsey, der ihm deshalb drohenden Ungnade vorzubeugen, dem Könige den neugebauten Pallast zum Geschenke darbot. Heinrich der Achte gewann das Schloß lieb, bewohnte es häufig und feierte einige seiner Hochzeiten in demselben.

Auch seine Nachfolger residirten zeitweise darin, vor Allem aber liebte es Karl der Erste, nach dessen Hinrichtung es ein Mitglied aus dem Hause der Gemeinen käuflich an sich brachte. Indeß der Kauf wurde rückgängig gemacht, und Hampton Court blieb bis auf Weiteres der Bestimmung des Parlamentes vorbehalten. Während der Republik hatte Cromwell es inne, dann erhielt es unter der Restauration General Monk, und endlich fiel es wieder an die Krone zurück. Karl der Zweite beging sein Hochzeitsfest in Hampton Court. Auch Jakob der Zweite theilte noch die Neigung seiner Vorfahren für den Pallast, und erst unter den Königen aus dem Hause Oranien wendete sich die Vorliebe der Besitzer von Hampton Court mehr und mehr zu Windsorkastle, so daß es gegenwärtig fast gar nicht mehr als Wohnsitz der königlichen Familie benutzt wird.

Das Schloß ist aus Ziegeln aufgeführt, denen man ihre rothe Farbe gelassen hat. Es besteht aus drei Theilen. Jeder derselben umgiebt mit vier langen Fronten einen viereckigen Hofraum, und ist mit dem nächsten Theile durch schöne, spitzbogige Portale verbunden. An diese Hauptgebäude schließen sich aber noch eine ganze Masse von Nebenbauten, Thürmen, Vorsprüngen, Ausbauen und Erkern an, und bilden ein wunderlich unzusammengehörendes Ganze, dessen Totaleindruck trotzdem ein gefälliger und stattlicher ist.

Der Vorhof ist großartig. Man muß sich den Raum aber von der Menschenmenge eines prächtigen mittelaltrigen Hofstaates belebt denken, von wartenden Rossen und Knappen, von Rittern und Lanzenknechten; denn neumodige Equipagen und Livreebediente stehen solchen Schlössern, solchen Höfen nie recht an. Die vier Pfeiler am Eingange, die das englische Wappen tragen, sehen gar zu stattlich für Livreebediente aus. Die ältesten Gebäude von Hampton Court umgeben den zweiten Hofraum. Ein Thorweg mit reicher Verzierung führt aus dem ersten in den zweiten Hof. In diesem Thore befindet sich zur linken Seite der Eingang in die große Halle, die Wolsey-Halle genannt, obschon sie einer spätern Zeit angehört und nur auf der Stelle der, einst durch Wolsey errichteten Schloßhalle aufgeführt worden ist. Sie hat über hundert Fuß Länge, über funfzig Fuß Breite, und die schönen Bogenfenster sind so hoch angebracht, daß unter ihnen eine, vielleicht zwölf bis vierzehn Fuß hohe Mauer gebildet wird, die mit Holzgetäfel bekleidet und mit antiken Gobelins behängt ist.

Diese, zu einem Speisesaale bestimmte Festhalle hat an der einen Wand sieben, an der anderen nur sechs Fenster, weil hier die Stelle des siebenten Fensters durch den Thron für den königlichen Festgeber ausgefüllt wurde. Das Gebälk der Decke ist so leicht und frei, daß es die Schönheit der Halle erhöht, wie denn dieser anglogothische Baustyl wesentliche Vorzüge für Hallen und große Festräume darbietet. Hier erst bekommt die Ausschmückung der Wände mit Teppichen ihren vernünftigen Sinn, wo sie unter der Fensterbrüstung beginnend, die ganzen Mauern verhüllen, und so die Kälte abzuwehren dienen. Von diesen Teppichen sind einige gewiß uralt. Ihre Darstellungen bestehen nur aus wenig Farben. Meistens sind sie auf dunkelgrünem Grunde in Braun und Weiß ausgeführt und stellen historische Allegorieen vor. Heidnische und christliche Symbolik ist in ihnen durcheinander gemischt. Neben den Parzen fliegt der Tod mit Hippe und Stundenglas einher. Die Halle ist so treu als möglich restaurirt. Sie hat im Vergleiche zu der großen Halle von Windsor etwas Düsteres, Feierliches, das würdiger und edler erscheint, als die heitere, gold- und farbenstrahlende Pracht der königlichen Residenz. Ueber den Tapeten, also zwischen den Fenstern, sind eine Reihe von Hirschköpfen mit mächtigem Geweihe angebracht, und über der Eingangsthür des anstoßenden Gemaches der heilige Georg, der den Drachen besiegt. Das Postament, auf dem er steht, trägt die Inschrift: »Seynt George for merrie England!« In den reich gemalten Glasscheiben sieht man die Wappen und Devisen Wolseys, Heinrich des Achten und der Lady Jane Seymour.

Dem Kunsthistoriker muß diese Halle eben so anziehend sein, als dem Künstler und dem kunstliebenden Betrachter. Dasselbe gilt aber freilich von dem ganzen Hampton Court, da jeder der drei Höfe, jedes der Portale einen besondern Baustyl und eine besondere Zeit mit ihren Neigungen und Bedürfnissen veranschaulicht. Der dritte Theil des Schlosses, den die ersten Herrscher aus dem Hause Oranien ausbauten und bewohnten, hat eine Fontaine in seiner Mitte. Ein Säulengang, auf dem das erste Stockwerk ruht, umgiebt den Hof. Zwischen seinen Quadern und rund um die Fontaine sprießte Gras hervor. Hie und da bemerkte man unter dem Säulengange ein kleines Messingschild mit dem Namen einer Dame, einen Klingelzug zur Seite; aber nirgend einen Menschen oder eine Spur von Leben, obschon in diesem Theile des Schlosses mehrere Damen, Töchter und Wittwen verdienter Männer, eine freie Wohnung haben. Der Hof sah vornehm und friedlich, dabei aber auch so verlassen und traurig aus, daß sich mir sein Bild fest in die Seele eingeprägt hat.

Jetzt ist Hampton Court ganz der Benutzung des Publikums anheimgegeben, das einen unbedingt freien Zutritt dazu hat. Die Staatszimmer, die große Gemäldegallerie, die Gärten sind täglich offen, und die Letztern können vom frühen Morgen bis zur Dunkelheit frei besucht werden. Ich erinnere mich auch nicht, einen Custos in den Zimmern oder Aufseher in den Gärten bemerkt zu haben.

Die Staatszimmer zu sehen, fehlte uns Zeit und Neigung, und selbst in der Gemäldegallerie mußten wir uns auf Einzelnes beschränken, um uns nicht in der Masse zu verwirren und zu verlieren. Ich habe mich ausschließlich an die Rafaelschen Cartons zu den Gobelins gehalten, und an die Sammlung von Portraitbildern, deren sehr anziehende vorhanden sind.

Nirgends mehr als in diesen farbig ausgeführten Cartons ist mir die Ehrlichkeit Rafaels aufgefallen und seine tiefe Naturwahrheit. Er allein, unter allen Malern, die ich kenne, hat jenes Verständniß der menschlichen Erscheinung, das nicht nach der schönen Menschengestalt verlangt, um sie lieben zu können. Wenn die anderen Maler und vor Allem die modernen, einen unschönen Menschen darstellen, so übertreiben sie die Unschönheit bis zur Fratze, sie erhöhen sie absichtlich, um sie als Folie für das Schöne zu benutzen. Es ist das ein schlimmer Zug der exklusiven Kunstrichtung. Sie streiten dem Unschönen das Recht des Daseins ab, sofern es sich nicht dazu hergeben will die Schönheit strahlender erscheinen zu machen. Man könnte eine ganze Gallerie

»grober Landsknechte, grausamer Henkersknechte, roher Mönche, heimtückischer Cardinäle und stumpfer Bauernköpfe« anführen, die wir in den Bildern unserer jetzigen Historienmaler, Lessing und Kaulbach nicht ausgenommen, als absichtliche Folien zu genießen bekommen haben. Hinter all' diesen Figuren kuckt der Maler lächelnd hervor und ruft, indem er sich selbstgefällig die Hände reibt: »Seht! wie weise ich durch Gegensätze zu wirken verstehe!« — Aber ehe er es ausgesprochen hat, der Beschauer die Absicht gemerkt und ist dadurch aus einem Theilnehmer an der Handlung ihr Kritiker geworden, denn jede sich hervordrängende, sich geltendmachende Absichtlichkeit zerstört den Eindruck, den das Kunstwerk schaffen soll. Sie löst den Zauberbann, mit dem die Kunst uns bindet; wir hören auf uns genießend an das Geschaffene hinzugeben, wenn der Schöpfungsapparat uns bloß und nackt vor Augen gestellt wird.

Bei Rafael aber ist das ein Andres. Er liebt das Menschengesicht auch mit unschönen Formen, weil er überall das Geistige, das Göttliche darin erblickt. Er malt es in liebevollem Kultus, nicht in berechneter Absichtlichkeit, darum ist denn solch ein unschöner Kopf auch so ehrlich und unschuldig, so unbefangen und frei, daß uns die unschönen Männer und Frauen der Rafaelschen Bilder menschlich näher und lieber sind, als all die schönen Modellmenschen von Düsseldorf bis Rom. In keinem dieser Cartons findet man eigentlich jene absolut schönen Köpfe, wie die neuern Malerschulen sie uns bieten, und doch ist ein Adel, eine Menschenwürde in den Gestalten, daß man sie anbeten könnte in ihrer anspruchslosen Göttlichkeit. Die Predigt des Paulus, das Opfer, der Fischfang und vor Allem der Carton, auf dem Jesus dem Petrus die Aufsicht über die Heerde anvertraut, sind unübertrefflich schön. Ihre Erhaltung hat man Cromwell zu verdanken, der sie von der Zerstörungswuth der Puritaner rettete.

Unter den Portraits aus den Zeiten Heinrich des Achten sind viele von Holbein gemalt, namentlich auch zwei Bilder des Königs selbst. Das eine zeigt ihn als einen Mann in der Mitte der dreißiger Jahre, das andere in späterem Lebensalter. Auf dem ersten Bilde haben die Augen des blonden Mannes einen ungemein feinen Ausdruck. Er zieht sie leise zusammen, wie Jemand, der theils seinen Blick verschleiern, theils schärfer sehen möchte. Die Formen sind durchweg kraftvoll, Kinn und Mund vollendet schön, der Ausdruck hat etwas Anziehendes, mächtig Beherrschendes. Auf dem andern Bilde aus der spätern Lebenszeit herrscht die physische Kraft so entschieden vor, daß der Kopf thierisch erscheint. Es ist übrigens in dem ganzen Typus Vieles, das an die Geschlechter unsers norddeutschen Landadels erinnert.

Dicht neben dem Bilde Heinrichs des Achten hängt ein Portrait Franz des Ersten. Das ist ein Franzose in jedem Zuge. Kleine stechend schwarze Augen, die ganz schmal geschlitzt sind, eine lange Nase, ein charakterloses Kinn, ein spöttischer Mund; mit wenig Worten, der Kopf eines Menschen, der, wenn er nicht schon auf den Galeeren ist, doch jeden Tag dahin kommen könnte. Es ist eines der abstoßendsten, gemeinsten Gesichter, das sich denken läßt, so daß man nicht weiß, wie man diesen Ausdruck von Niedrigkeit mit dem Muthe und den andern guten Eigenschaften des ritterlichen Königes vereinen soll.

Auch von der Königinn Elisabeth sind eine Menge Bilder vorhanden. Das eine, von Holbein gemalt, läßt sie hübscher und anmuthiger erscheinen, als man sie zu sehen gewohnt ist. Ein anderes, von Zuchero, in ganzer Figur und Lebensgröße, ist sehr komisch. Die Königinn, etwa vierzig Jahre alt, ein Gesicht, wie es viele rothhaarige Frauen haben, ist darauf in einem »Phantasiekostüme« einer Art von Maskenanzug dargestellt. Dieser besteht aus einem weißgrundigen Gewande mit großen bunten Blumen und einer Mütze von gleichem Stoffe. Das Kleid ist wie ein Männerschlafrock gemacht und um den Leib geschlagen; die Mütze wie ein Zuckerhut zugespitzt. Von dem obern Ende dieser Mütze hängt ein langer, grüner Schleier herab, und die Füße der Königinn sind in grüne Pantoffeln mit vielem Schnürwerk eingeschnürt. Der ganze Anzug ist vollkommen den Kostümen gleich, in denen die komischen Alten der italienischen Oper sich präsentiren, wenn sie Nachts mit einem Lichte in der Hand aus ihren Schlafstuben hervorkommen, um den Liebhaber ihrer Frau oder Tochter zu überraschen. — Das Gesicht der Königinn ist ziemlich breit, die Augen stehen weit von einander, es sieht noch jugendlich aus, hat aber einen harten und doch sinnlichen Ausdruck. In zwei andern Bildern erscheint sie mehr im Profil, auf dem einen als Frau von siebenzig Jahren. Hier sind die Formen und Züge eisern hart, sie ist abschreckend häßlich durch die kalte, starre Strenge — das Regieren hat sie entmenschlicht.

In König Wilhelms des Dritten Schlafzimmer sieht man die ganze Gallerie der Maitressen

Karls des Zweiten, theils von Lely, theils von Verelst gemalt. Es sind lauter schöne Weiber, einige sehr jung, andere älter und üppiger, einige in Schäferkleidung oder als Göttinnen, andere in der prächtigen Tracht jener Zeit dargestellt. Ich fragte B., der mich begleitete, wie sich nur die Nachkommen dieser Damen zu solcher Schaustellung ihrer Ahnfrauen verhalten mögen, wenn sie mit ihren Begriffen von weiblicher Reinheit über die unbefleckte Ehre ihrer Familien sprechen. B. lachte. So fest die Menschen an einen abstracten Begriff der Tugend, an die Tugend glauben, sagte er, so haben sie sich doch in betreffenden Fällen immer eine mehr handhabliche Tugend, eine Tugend für den täglichen Gebrauch, zu arrangiren gewußt, die nicht so streng ist, und mit der sich eher Etwas ausrichten läßt. Diese Letztere hat besonders herhalten müssen unter den Tugenden der alten adligen Geschlechter im siebenzehnten und achtzehnten Jahrhundert, und jene Damen waren »geachtete Weiber nach den Begriffen ihrer Zeit. Das ist genug für das Gewissen und den Stammbaum ihrer Enkel.«

Ein andrer Saal enthält eine ganze Sammlung von Knellerschen Portraits, König Wilhelm den Dritten und die schönsten Frauen seines Hofes.

Ein dritter Saal Bilder von West: die Kinder Georg des Dritten in jugendlichem Alter, fast lauter auffallend schöne, kräftige Jünglinge und Mädchen. In diesem Raume hingen auch die Originale der West'schen historischen Bilder. Der Tod des Generals Wolf, und die andern in Kupferstichen viel verbreiteten Gemälde. Es scheint mir aber, als ob die Kupferstiche schöner wären als die Originale, weil das vorherrschende Roth der englischen Uniformen die Harmonie der Farbenwirkung stört.

Der Historiker sowohl als der Portraitmaler müssen große Befriedigung in Hampton Court finden, denn Van Dyks langer Aufenthalt in England hat eine nachhaltige Wirkung auf die Kunst geübt. Kneller sowohl als Lely haben treffliche Portrait-Bilder geschaffen. Erst viel später ist die gezierte, langgestreckte Darstellungsweise der Menschengestalt in England aufgekommen, von der sich die Maler nun doch wieder frei zu machen gewußt haben. Unter den alten, italienischen Portraits, deren auch eine beträchtliche Anzahl vorhanden, ist eines von Ignaz Loyola, das man Tizian zuschreibt. Schön genug ist es dazu. Es ist ein Gesicht mit hervorstechenden Backenknochen, ein längliches Oval, eine schöne, schlanke

Kopfbildung auf schlank ansitzendem Halse. Der ganze Wuchs kommt frei aus den Hüften hervor. Das Haar ist schwarz und kraus, die dunkeln Augen liegen tief im Kopfe, der Ausdruck hat etwas ganz Intensives, in sich Gesammeltes und doch Modernes. Der Typus ist rein menschlich, wie Peter von Cornelius ihn in seinen Schöpfungen darzustellen liebt, ohne das Gepräge einer bestimmten Nationalität auszudrücken. Der Mann könnte so gut ein Deutscher als ein Pole oder Spanier sein, — aber nimmermehr ein unbedeutender Mensch.

Wie reizend übrigens die Parks sind, die den neuen Theil des Schlosses umgeben, wie süß der Duft der Linden, die in langen Alleen die Grasplätze einfassen, wie schön die großen Blumenbeete, das ist eben unbeschreiblich. Weicheren Rasen hat mein Fuß nie betreten, und man darf in England in allen Parks über die Rasenplätze gehen. Es ist nicht wie in Deutschland, wo man auf steinigen Kieswegen einherschreitet und hinüberblickt auf das Grün, das nur für das Auge vorhanden ist, weil der Boden es zu spärlich hervorbringt, als daß man nicht fürchten müßte, es zu zerstören. Die englische Vegetation ist unverhältnißmäßig kräftiger, als die deutsche.

Von Hampton Court fuhren wir mit dem Dampfschiffe die Themse entlang, die hier, zwei Stunden von London, so ländlich stille Ufer hat, wie die Weser bei Hameln und Minden. Grüne, fette Wiesen, auf denen große Heerden weiden, hie und da unter Weiden und Buchen ein strahlend reinliches Pächterhaus, ein Cottage mit einem kleinen Gärtchen, einige Fischerhütten mit aufgespannten Netzen, und das Alles von so sorgfältiger Sauberkeit, Ordnung und Zierlichkeit, daß man versucht wird, es für eine Parkdekoration zu halten. Weiter hinab gen London sieht man stattliche Landhäuser und Lustschlösser zu beiden Seiten des Wassers sich erheben, aber auch sie haben etwas still Umfriedetes, und Niemand, der es nicht wüßte, könnte ahnen, daß dieses sanft hingleitende Wasser jene stolze Themse ist, die ein paar Meilen abwärts riesige Kriegsschiffe und Ostindienfahrer auf ihrem Rücken trägt.

An vielen Orten sahen wir Böte an Pflöcke befestigt und Stühle in die Böte hineingesetzt, auf denen Männer und Frauen sich mit Angeln beschäftigten. Die Frauen fehlen hier nirgend. Dies Angeln ist das dolce far niente des Engländers, und man wird selbst ruhig und still davon, wenn man die Leute so ruhig dasitzen sieht, in den festliegenden, kaum dem leisen Schwanken ausgesetzten Böten, warm beschienen von den letzten Strahlen der Sonne, und einer Beschäftigung hingegeben, welche eine Unterhaltung ohne Spannung, eine Theilnahme ohne Erregung in ihnen zu erwecken bestimmt ist. Giebt es ein Paradies mit stillen Wiesen und blauen Flüssen jenseit der Gränze des Todes, so werden dort sicher auch Menschen sein, welche angeln, denn es ist die sanfteste Art, das Dasein unmerklich an sich vorübergleiten zu lassen.

Wir fuhren mit dem Dampfboote bis zu einer kleinen Insel, auf der grün umbuscht ein bekanntes Gasthaus, the Ealpye House, liegt, das sich durch seine Aalpasteten einen Ruf erworben hat. Hier aßen wir um sieben Uhr zu Mittag. — Diese Wirthshäuser um London sind alle darauf eingerichtet, daß man die Nacht dort zubringen kann, und man sagt mir, daß Gewerbtreibende häufig am Sonnabend auf das Land hinausgehen, um erst am Montag Morgen wieder in die Stadt zurückzukehren. Da sieht man denn auch ein, wozu die strenge Sonntagsfeier gut ist, auf deren Aufrechterhaltung Lord Ashley so puritanisch dringt.

Vom Ealpye House ruderten wir in einem

sehr leichten, pfeilschnellen Boote bis zu dem hochgelegenen Richmond, bei dem die Themse schon viel breiter wird. Obschon es recht kühl geworden war, badeten eine Menge junger Leute in dem Flusse, während zugleich längs dem Wasser sich Knaben und Jünglinge wettkämpfend im Rudern übten. Sie hatten Alle dazu die Röcke abgelegt, um sich freier bewegen zu können. Die Böte für diese Wettfahrten sind lang und schmal wie Piroguen, es kann nur eine Person darin sitzen; die hellgelben Ruder sind löffelartig geschweift und werden im Rudern in der Hand gewendet.

Die ganze Gegend schwamm schon im webenden Dämmerschein, selbst die große Masse des hochliegenden Schlosses von Richmond war vom Nebel grau umwoben, aus dem hie und da ein erleuchtetes Fenster hervorblitzte. Auf einem Schiffe im Hafen von Richmond war vor einem öffentlichen Garten ein Concert von Militairmusik. Das Rule brittania klang über allerlei Variationenwesen hinweg, siegreich durch die Luft. Die Stadt hat große Grasplätze und Alleen, es war überall Licht und Leben — und es ist wirklich schön in dem heitern, grünen Altengland.

Den 14. Juli, Sonntag.

Was es für wunderliche Menschen und Zustände giebt! Heute Morgen, als ich eine Reihe von Besuchen gemacht hatte, gerieth ich in eine reiche, bürgerliche Familie, welche die leidenschaftlichste Begeisterung für die Revolutionen des Continents, für Republik und Socialismus an den Tag legte, und dabei, obschon in gar keiner Beziehung zum englischen Hofe stehend, in tiefer Trauerkleidung um den Herzog von Cambridge, das Unglück nicht genug beklagen konnte, welches das Land durch diesen Todesfall erlitten hat. Es waren mehrere Flüchtlinge dort und einige junge Engländer. Alle nannten sich Republikaner und Demokraten, aber ihre Art, die Parteiinteressen zu behandeln, war höchst befremdlich. Sie machten die Sachen zwischen Witzen und Scherzen ab. Man sprach gegen das Aufrechterhalten der Nationalitäten, des Nationalgefühles, das die Menschheit in Völker trenne und Brüder in Feinde verwandle, indeß man sprach leichtfertig darüber. Einer der Anwesenden sagte, er sei in Frankreich geboren, von seinen Eltern im Exil in England erzogen, dennoch sei er ein Italiener: mà non mi fa gloria di nissun paëse! — Die Scene hatte etwas Tragikomisches, das zur Satire einlud, weil all diese Reformatoren gar zu stutzerhaft auftraten. Wie einfach, ernst und edel waren dagegen die deutschen Männer des »Gedankens«, die Vorkämpfer der fortschreitenden Menschheitsentwicklung. Und hätten sie auch geirrt in der Wahl der Mittel, hätte selbst ihre leidenschaftliche Begeisterung sich getäuscht in der Wahl des Momentes, in der Hoffnung, schon jetzt an das Ziel gelangt zu sein, so ist Jedem von ihnen die Wahrheit doch heilig gewesen, die er vertrat. Ich wüßte Niemand unter allen, die ich gekannt habe, den der Ehrgeiz eine Rolle zu spielen, den selbstsüchtige Pläne verlockt hätten. Sie meinten es ernst mit der Ausführung der Idee, und Niemand hätte sie in so leichtfertiger Weise zu behandeln vermocht.

Gedanken, welche die Keime der Zukunft in sich schließen, fruchtbringende Wahrheiten soll man nicht wie Goldflittern an das Kleid heften, sondern wie ein Heiligthum in sich tragen und sie nur in geweihter Stunde enthüllen. Darum hat es mich so erzürnt, als einer unsrer jüngern Schriftsteller es einmal aussprach: »er hoffe den Socialismus durch seine Werke salonfähig zu machen!« Es kam mir wie eine Profanation vor, abgesehen davon, daß es einen Widerspruch in sich enthielt. Die

Salons sind die tauben Blüthen einer auf Ausschließlichkeit gegründeten Gesellschaft, und Gemeinschaftlichkeit in sie einführen wollen, heißt sie zerstören. Die Gesellschaft der Salons besteht aus den Schutzzöllnern des geistigen Verkehrs; der Freihandel des Gedankens wird und muß aber die Barriere niederwerfen, mit der sich die Salons vor dem Eindringen der Außenstehenden zu schützen strebten. Wenn man in diese sogenannte Crème der Gesellschaft einmal ernste, ätzende Gedanken bringen wollte, so würde die Crème sauer werden und in jene faule Gährung gerathen, die sie Jedem widerwärtig machte. — Es ist nicht lange her, daß man das Christenthum salonfähig zu machen strebte, und wir haben gesehen, welche Früchte das getragen hat. Mystische Conventikeln, Betstunden mit Thee und Kuchen, wie Miß Fry sie in Berlin in einem Hotel abhielt, waren die Folge davon. Der Geist der Religion ging nicht in die Salons über, aber der Geist der Salons in die Religion. Sie wurde in eine elegante Spielerei hinabgezogen, und vor dem heiligen Geiste knieend, den sie anrief, wendete Elisabeth Fry sich ab, dem Diener zu befehlen, daß er Thee bringen möge für seine Excellenz den eben eintretenden Herrn Minister. — Man hat

Strümpfe gestrickt zum Besten der Hindukinder und die armen Hinduweiber bekehren wollen, während religiöse, aus vornehmen Müssiggange erzeugte Ueberspannung sich der Frauen in unserer Nähe bemächtigte, und Familienglück zerstörte und Ehen trennte. — Grade so würde es dem Socialismus ergehen — so wird es Allem, auch dem Wahrsten, dem Gesundesten ergehen, das man auf einen kranken Stamm pfropft, denn die Gesellschaft des Salons ist krank und kann als Masse nichts Gesundes mehr aus sich erzeugen. Was in ihr nicht angetastet ist von der hochmüthigen Gleichgültigkeit, von der übersatten, stumpfen Blasirtheit, die sich müde von einem Tag zum andern schleppen, um so den Kreislauf des Jahres zu überwinden, das wird sich sondern von dem kranken Stamme und für sich selbst bestehend, in der freigewordenen Allgemeinheit neue Wurzel schlagen; aber die Salons im Allgemeinen kann die Idee der neuen Gesellschaft nicht umgestalten, sondern nur zerstören.

Während die meisten Menschen sich vor dem Socialismus fürchten, der in seiner Masse die Einzelnheiten verschlingen soll, ist er mir immer als das Mittel erschienen, den Individuen in der Masse ihre Freiheit und damit ihre Selbstständigkeit zu gewähren und zu erhalten. Er ist die

Hoffnung Aller, welche den Menschen lieben, er ist das »Jenseits der Sclaverei,« das gelobte Land der zukünftigen Freiheit, indem der Eine das Glück des Andern fördert, während er seiner eigenen Wohlfahrt dient.

Das Christenthum versuchte die Menschheit zu regeneriren und zum Bewußtsein der allgemeinen Gleichheit zu entwickeln, indem es alle Menschen demüthigte vor dem Schöpfer, indem es Alle abhängig machte von seinem Willen und ihnen predigte: »Du sollst Deinen Nächsten lieben wie Dich selbst!« — Diese letzte Doktrin widersteht aber dem Erhaltungstriebe der menschlichen Natur. Es giebt eine Liebe des Einzelnen zum Einzelnen, des Mannes zum Weibe seines Herzens, und des Weibes zum Manne, die Liebe der Eltern für das Kind, des Freundes zum Freunde, die den geliebten Gegenstand höher stellt als sich selbst, ihn mehr liebt als sich selbst. Aber mit dieser Liebe kann man die Allgemeinheit nicht umfassen. Niemand kann einen gleichgültigen Nächsten lieben wie sich selbst — und eine Lehre, ein Gebot, die auf einer unwahren Voraussetzung gegründet sind, können keine Wahrheit schaffen.

Der neue religiöse Geist, aus dem der Socialismus hervorgegangen ist, will im Gegensatz die

Gleichheit nicht durch die Demüthigung aller Menschen vor einer Gottheit, sondern durch ihre Erhebung zum Bewußtsein der eignen Göttlichkeit erreichen. Der Socialismus verlangt auch nichts Unmögliches. Er sagt: Ihr Alle arbeitet an einem Zwecke, an dem Wohlergehen Aller. Jeder hat Theil an dem Glücke, das die Gesammtheit sich erschafft. Je größer dies Glück für die Gesammtheit wird, um so größer wird der Antheil des Einzelnen. Schaffe, nütze, diene, so viel Du kannst für die Gesammtheit, es ist Dein eigener Vortheil! Sorge für die Andern, denn es kommt Dir zu Gute und denen, die Dir in Liebe die Nächsten sind. Hilf den Armen bereichern, denn sein Wohlstand nimmt Dir die Last ab, ihn zu ernähren; kläre ihn auf, denn Du schützest Dich vor den Gefahren, die seine Unwissenheit Dir bereiten könnte; veredle seine Sitten, denn Du verwahrst diejenigen, welche Du liebst, vor der Berührung mit seiner Rohheit; gieb seinen gerechten Forderungen nach, denn Du sicherst Dich vor den Folgen seiner gewaltsamen Handlungen; ehre den Menschen in ihm, damit er ihn ehre in Dir. —

Das sind lauter Verordnungen für jene Selbstsucht, ohne die das Individuum nicht gedacht werden, nicht bestehen kann; aber diese Lehre der ehrlichen, naturgemäßen Selbstsucht wird, weil sie auf Nothwendigkeit und Wahrheit beruht, mehr Liebe erzeugen und mehr Glück, als die Lehre von der Nächstenliebe, die gegen unsere Naturbedingniß ist. Erst wenn man in seinem Mitmenschen nicht mehr den Beeinträchtiger des eigenen Glückes zu fürchten hat, kann man ihn in Wahrheit lieben lernen. — Es will mich oft bedünken, als würden die beiden, von der Vorzeit hart gescholtenen Kräfte, die Leidenschaft und der Egoismus, die Erzeuger werden einer neuen und bessern Zukunft. Die Engländer und Amerikaner, die man der Selbstsucht anklagt, haben doch schon mehr für das allgemeine Wohlergehen gethan, mehr Glück in ihrer Mitte verbreitet, als alle andern Völker.

Ueber diese Dinge haben wir heute Abend lange gesprochen, als ich in einer mir befreundeten Familie den Thee trank. Man war nicht meiner Meinung, aber man gab ohne Weiteres zu, daß auch eine solche Weltanschauung ihre Berechtigung habe, und aus redlichem Forschen, aus tiefer Menschenliebe hervorgehen könne. Das ist es, was ich so hoch schätze an den Engländern, daß sie die fremde Meinung nicht verdammen, wenn sie sie nicht theilen; daß sie nicht überall falsche oder schlechte Motive voraussetzen, wenn man nicht ihrer

Ansicht ist. Die Frau vom Hause, eine ächt englische Matrone, bekannte ihre tiefe Liebe und Verehrung vor den Grundsätzen des Christenthums, ohne deshalb orthodox an die Dogmen desselben zu glauben. Sie sagte, obschon sie der Hochkirche angehöre, sähe sie in dem Bestreben der Unitarier, sich von den, dem Menschengeiste unverständlichen Dogmen frei zu machen, eine Berechtigung und vielleicht auch einen Fortschritt, und sie würde keinen der Ihrigen hindern, sich diesem freien Bekenntnisse anzuschließen. Eine andere dort anwesende Dame meinte, wenn man den Weg des Glaubens verlasse und den Weg des Zweifels betrete, so sei es unberechenbar, auf welchem Punkte derselbe enden werde, und Mrs. N. könne mit dem Zugeständniß freier Prüfung, ihre Kinder zu Atheisten machen. Dafür spricht allerdings die Wahrscheinlichkeit, da ein Schwanken zwischen unbedingtem Glauben und unbedingtem Forschen nicht lange mehr möglich bleiben wird. Ich sagte das den Damen, und erinnerte sie an Macaulays Ausspruch in seiner Kritik der »Geschichte der Päpste von Ranke.«

»Es ist gewiß bemerkenswerth, sagt er darin, daß weder die moralische Revolution des achtzehnten, noch die moralische Contrerevolution des neunzehnten Jahrhunderts in irgend bemerkbarem Grade den Bereich des Protestantismus erweitert haben. Was in der ersteren Epoche dem Katholicismus verloren ging, ging dem Christenthume verloren; was in der Reaktion dem Christenthume gewonnen ward, ward dem Katholicismus gewonnen. Es wäre zu erwarten gewesen, daß manche Naturen auf dem Wege vom Aberglauben zum Abfall und umgekehrt vom Abfall zum Aberglauben auf einem vermittelnden Zwischenpunkte halt gemacht hätten. Zwischen den Grundsätzen der Jesuitenschulen und denen, welche man in den kleinen Soupers des Baron Holbach aussprach, ist ein gewaltiger Zwischenraum, in dem der Menschengeist, wie man denken sollte, einen mehr befriedigenden Ruhepunkt als an den beiden Endpolen finden müßte; und zu den Zeiten der Reformation fanden Millionen diesen Ruhepunkt. Ganze Nationen entsagten damals dem Papstthume, ohne ihren Glauben an den Urquell aller Dinge, an ein künftiges Leben oder an die göttliche Mission Jesu aufzugeben. Wer aber im letzten Jahrhunderte den Glauben an die »wirkliche Gegenwart« aufgab, der gab — tausend gegen eins — auch seinen Glauben an die Offenbarung auf; und wer zur Zeit der Reaktion den Glauben an die Offenbarung empfand, kam auch zum Glauben an

»die wirkliche Gegenwart« zurück. Wir wollen aus diesem Phänomen keines Weges einen allgemeinen Satz ziehen, aber es bleibt eine merkwürdige Thatsache, daß keine christliche Nation die Grundsätze der Reformation annahm, welche sie nicht vor dem Ende des sechszehnten Jahrhunderts angenommen hatte. Katholische Gemeinden sind seit jener Zeit abgefallen und wieder zum Katholicismus zurückgekehrt, aber keine ist protestantisch geworden«.

Sind diese Thatsachen wahr, wie sie es sind, so muß man trotz Macaulays Verwahrung daraus einen Schluß gegen das Bestehen des Protestantismus ziehen, während der Katholicismus dauern wird, so lange noch ein Mensch auf Erden lebt, dessen Empfinden lebhaft, dessen Verstand unklar ist. Für den harmonisch organisirten Menschen aber, der sein Empfinden durch den prüfenden Gedanken regelt, kann es fortan vernunftgemäß nur ein Entweder, Oder geben. Selbst die greise Hausfrau gestand, daß alle neuern religiösen Regungen innerhalb der Kirche in England, nicht die Zeichen wären einer erhöhten Kirchlichkeit und erneuten Glaubenseifers, sondern Beweise, daß man nach einer Neugestaltung ringe, weil die alte nicht mehr alle ihre bisherigen Bekenner zufrieden stelle.

Achtzehnte Sendung.

Vom 15. bis 20. Juli.

Den 15. Juli.

Den ganzen Morgen bin ich wie in der Arche Noah umhergegangen, und habe so viel verschiedene Thierarten gesehen, wie noch nie zuvor auf einem Flecke. Wir sind im zoologischen Garten in Regentpark gewesen. Wie schrumpft vor diesem großartigen Institute der pariser Jardin de plantes zusammen!

Ich zählte sieben Löwen, mehrere Leoparden und Tiger. Alle größer und schöner als ich sie bisher gekannt. Fünf Giraffen gingen abwechselnd auf dem großen Platz vor ihren Ställen umher, oder sahen aus der Höhe eines zweiten Stockwerkes zu den Fenstern der Ställe heraus, lang-

3*

halsig und neugierig, wie alte Stiftsdamen. Auf einer andern Rasenfläche ritt ein schöner nubischer Knabe ein Kameel; ein Beduine führte das zweite am Zügel, und Jeder, der Lust dazu hatte, konnte es besteigen. Man zahlte einige Pence dafür. Ich sah mehrere Männer und Knaben einen Ritt darauf machen, es muß aber, da man hinter dem Höcker auf der sehr breiten Kruppe sitzt, eine beschwerliche Stellung sein. Viel bequemer sieht sich der Elephant an, der wohlgesattelt, und mit einem rothen Polstersitze für sechs Personen versehen, langsam und friedlich durch die breiten Alleen des Gartens wanderte. Er ging, während Kinder auf ihm ritten, mehrmals an der Bank vorüber, auf der wir saßen, blieb vor uns stehen, sah uns mit seinen kleinen Augen an, hob den Rüssel und pflückte damit einige Zweige von den Bäumen über unsern Häuptern ab, warf sie spielend fort, und ging dann gelassen weiter. Wenn ich dabei bedachte, daß man auf dem Continente Kinder immer mit der Verwarnung in die Elephantenbuden führt, dem Thiere nicht zu nahe zu kommen, während man sie hier gewöhnt, den Elephanten wie ein nutzbares Hausthier zu betrachten, so begreift sichs, welch verschiedene Erfolge das für die Erziehung haben muß. Sie werden in England von Jugend auf mit den Erscheinungen der fernen Zonen vertraut gemacht, sie werden hier zu Herren der Welt erzogen — und sie fühlen sich auch als solche. Die Kinder ritten eben so dreist auf dem Kameel und auf dem Elephanten, als auf ihren Ponies umher.

Ein Tapir, ein Rhinoceros und das Hippopotamus — das neue Wunder Londons — waren mir fremde Erscheinungen. Das Rhinoceros sieht so vorsündfluthlich aus, wie kein anderes Thier. Auch der Elephant und das Hippopotamus tragen dasselbe, unserer Schöpfung ganz fremde Gepräge. Diese schuppigen, steinartigen Felle, die kugligen Panzerhüllen, in denen alle Glieder wie in Rüstungen stecken, haben die Säugethiere unserer Welt nicht mehr, und nur unter den Krokodillen und Schildkröten findet man ihres Gleichen. Als ich das Abends nach der Rückkehr scherzend gegen einen Naturforscher aussprach, dem ich in einer befreundeten Familie begegnete, sagte er mir, daß der Augenschein mich nicht getäuscht habe, und daß diese Thiere wirklich einer frühern Schöpfung angehörten. Man fände von ihnen Knochen und Versteinerungen in den Berggeschieben, in denen keine Spur anderer

Thiere aus unserer jetzigen Schöpfung vorhanden sei.

Natürlich und mir zugleich doch sonderbar war es, daß mir unter all diesen Thieren, unter den Elephanten, Straußen, Flamingos, Eisbären, Seehunden, Rehen, Hirschen, Casuars und Antelopen der Mensch fortdauernd und mehr denn sonst, als ein zu ihnen gehörendes Element erschien. Ich fühlte es, daß wir in diese Schöpfung mit hineingehörten. Als ich das den anderen sagte, hielten sie es für Scherz, und es war doch mein voller Ernst; aber ich mußte immer mit Bewunderung den weiten Abstand betrachten, von den unorganischen zerfließenden Moluskеn bis hin zu den Kolossen, die wie das Rhinoceros die Sündfluth überdauert, und sich zwischen den gährenden Erdelementen erhalten haben; und von diesen ungeschlachten Kolossen wieder bis zu dem prächtigen Löwen, der zierlich schlanken Gazelle und der schöngliedrigen, geisterfüllten Menschengestalt.

Nur eine Species aus der ganzen Skala der Thierwelt ist mir wieder entsetzlich erschienen, das sind die Schlangen. Es litt mich nicht in dem Hause, wo in glühender Hitze, in einer Orchideen-Atmosphäre, die Reptilien leben, und wo Riesenschlangen sich an Baumästen zusammenklumpten, oder schillernd und züngelnd die Glieder im Spiele dehnten. Ich empfand wie eine Idiosynkrasie, das alte fröstelnde Entsetzen vor ihnen, und mußte eilen hinaus zu kommen. Meine Gefährten erzählten mir auch von einem Schlangenbändiger, der auf einem Grasplatze seine Schlangen im Freien tanzen lasse, aber ich konnte mich nicht überwinden, es mit anzusehen.

Merkwürdig ist es zu betrachten, wie in den verschiedenen Thierreichen sich ähnliche Formationen erzeugt haben, z. B. die Giraffen, die Strauße und die Libellen, diese langstreckigen nur auf das Fortkommen berechneten Geschöpfe, die, wenn sie Nahrung zu sich nehmen wollen, den Kopf fast zwischen die Füße stecken müssen. Häßlicher als der Strauß ist aber kein Vogel der Sammlung, obschon es deren wunderliche, grillenhafte genug in dem Garten giebt. Die langen Beine des Strauß, die kahlen Schenkel, der kastenförmige Körper, und daran der schlangendünne, nackte Hals mit dem kleinen, dumm aussehenden Schlangenkopfe, entsprechen dem poetischen Bilde nicht, das oft von diesem Thiere gemacht wird. Ein anderer Vogel, ebenfalls mit sehr dünnen Beinen und einem langen Halse, aber mit schönen weißen Federn, deren Unterseiten in einem vollen

Rosaroth glänzten, ging wohl zehn Minuten lang unabläſſig drei Schritte vorwärts und drei zurück; ſo daß es ganz blödſinnig ausſah.

Bei den Seehunden und dem Hippopotamus trafen wir mit den braunen Nepauleſen zuſammen. Sie und der nubiſche Knabe und der Beduine waren mit Veranlaſſung geweſen, mich den Zuſammenhang des Menſchen mit der Thierwelt ſo lebhaft empfinden zu machen. Der eine der Nepauleſen war ſo ſchön geſtaltet und hatte namentlich einen ſo ſchön geformten Kopf und Nacken, daß er das Modell eines jungen Antinous abgeben konnte.

Von dem Hippopotamus, das noch ganz jung, aber doch ſchon ein gewaltiges Thier iſt, bekam man nur dann und wann etwas zu ſehen. Da es das Erſte iſt, welches nach Europa gekommen, ſo iſt der Andrang zu demſelben ſehr groß, und man hat in dem Hauſe des Hippopotamus eine Art von amphitheatraliſcher Tribüne errichtet, von der aus man auch das Waſſerbaſſin überſehen kann, in welchem das Thier einen großen Theil des Tages zubringt. Als wir es beſuchten, kam es wenig aus dem Waſſer hervor, ſondern wälzte ſich ſchwimmend darin umher, eine Bewegung, die ich noch von keinem anderen

Thiere gesehen habe. Nur bisweilen steckte es seinen Kopf hervor, der die Gestalt eines Bulldoggkopfes von riesiger Größe hatte. Dann watschelte es einmal aus dem Bassin heraus, daß wir die ganze Unform sahen, tauchte bald wieder unter und — ward nicht mehr gesehen! —

Alle Thiere der Menagerie müssen einen Tag in der Woche fasten, um bei der fehlenden Bewegung sich nicht zu überfüttern. Einem Tiger, der das Bein gebrochen, hatte man es abgenommen und ihn vor der Operation ätherisirt. Er lag noch ziemlich matt da, man war aber gewiß, ihn zu erhalten. — Der Park ist sehr schön und so groß, daß die einzelnen Thierhäuser sich darin nicht aufdrängen, sondern nur hie und da aus den Büschen, unter den Bäumen und auf den Wiesen hervortauchen. Dazwischen sind Teiche für die Wasservögel, die Seehunde, die Ottern und Schildkröten, und während man mit großem Genusse in den lieblichen Anlagen umherwandelt, gewinnt man eine Masse von neuen Anschauungen, die im hohen Grade anregend sind.

Den 16. Juli.

G. R. hatte mir vor einem Jahre geschrieben, um mir eine ihm befreundete junge Dame zu empfehlen, die sich mehrfach und glücklich mit Uebersetzungen aus dem Deutschen in das Englische beschäftigt, und namentlich auch Jean Pauls Campaner-Thal mit Geist und Geschmack übertragen hat. Sie gehört einer Norddeutschen Familie an, welche nach England übergesiedelt ist. Der Vater scheint irgend ein kleines Waarengeschäft zu betreiben. Ich fand sie in einer bescheidenen Wohnung der City, die mir interessant war, weil sie einen Begriff geben konnte von der Beengung des Raumes und von seiner Benutzung in jenem Stadttheil. Das Haus ist nur ein Fenster breit. Parterre befindet sich ein kleines Geschäftszimmer, daneben ein schmaler Gang, der die Hausflur darstellt und zur Treppe führt. Die Treppe ist beängstigend schmal, so daß ich Trost suchen mußte in dem Gedanken an die transportabeln Feuerrettungsleitern. Im ersten Stock liegt ein kleines Zimmer nach der Straße, ein Cabinet nach dem Hofe, und das Alles ist so eng, aber auch so sauber wie eine Schiffskajüte. Darüber werden nun ein paar noch niedrigere Schlafstübchen sein, und damit ist das Haus zu Ende, das in diesem Stadttheile sicher seine hundert Pfund Miethe kosten mag, denn ich habe in weniger gesuchten, ausschließlich von Handwerkern bewohnten Seitenstraßen des Westendes Häuser gesehen, die nur unbedeutend räumlicher waren und achtzig Pfund und darüber zahlten, die hohen Taxen noch ungerechnet.

Die junge Dame sowohl, als der preußische Consul und die Besitzer der Buchhandlung von William und Norgate behaupten, daß Alles unrichtig sei, was man uns von dem Contracte zwischen England und Preußen gesagt, der die Rechte der preußischen Autoren in England vertreten sollte. Nach den Ansichten von zwei gesetzkundigen Juristen in Berlin sollte kein in Preußen erschienenes Werk, in England ohne Zustimmung des Verfassers, übersetzt werden können, wenn derselbe auf das Titelblatt die Worte drucken ließ: »Der Autor vorbehält sich das Recht der Uebersetzung in das Englische.« Nur wenn er innerhalb zwei Jahren von diesem Rechte keinen Gebrauch gemacht und selbst keine Uebersetzung veranstaltet hatte, sollte das Original der freien Benutzung jedes beliebigen Uebersetzers anheim fallen. In London aber wollte Niemand etwas davon wissen, und jene Buchhändler versicherten, das Honorar der Uebersetzer und der Preis übersetzter Bücher sei so gering, daß ohnehin an einen materiellen Vortheil für den Autor nicht zu denken wäre. Nur wenn die englische Uebersetzung eines deutsch geschriebenen Werkes in England früher erscheine, als das deutsche Original in der Heimath, sei ein Honorar für den Verfasser zu erlangen, und bei wissenschaftlichen Werken würden englische Verleger häufig geneigt sein, eine solche Ausgabe zu veranstalten.

Im Ganzen kommen doch noch immer wenig deutsche Bücher nach England. Es wird wohl hier wie in Frankreich daran liegen, daß sie einen Eingangszoll bezahlen müssen, und daß also die Vermittelung der Buchhändler fortfällt, welche Bücher auf Commission nehmen, und die nicht verkauften zurücksenden. Die Buchhandlungen von William und Norgate in Henriettastreet Coventgarden, die Orlandische Buchhandlung in Bernerstreet haben die größte Auswahl deutscher Werke und stehen in einem Verkehr mit Deutschland, der es leicht macht, das Verlangte kommen zu lassen, wenn man es kaufen will. Deutsche Bücher zur Ansicht zu erhalten, ist aber nicht leicht, und die von Prinz Albert patronisirte London library beschränkt sich bis jetzt mehr auf wissenschaftliche, als auf Unterhaltungs-Werke.

Den 17. Juli.

Consul C. hatte mir angeboten, mich einmal nach Blackwall in die Ostindia Doks zu führen und mich einen der großen Ostindienfahrer sehen zu lassen. Um ihm den weiten Weg aus der City zu mir, und den Rückweg mit mir nach der Eisenbahn in der City zu sparen, die ihn ein Paar Stunden gekostet haben würden, hatte ich ihm vorgeschlagen, ihn zu einer festgesetzten Zeit in den Hallen des Börsengebäudes zu erwarten, in denen ich immer Kinderfrauen mit ihren Pfleglingen und alte Leute sitzen gesehen hatte. Wir trafen auch fast gleichzeitig dort ein, bestiegen die Eisenbahn und waren in wenig Minuten in Blackwall, wo ein Erlaubnißschein uns den Zutritt zu dem grade seegelfertigen größten Schiffe der Herren Green eröffnete. Diese Herren Green besitzen vier und zwanzig eigens für den Handel mit Indien erbaute Schiffe, deren kleinste siebenhundert, deren größte vierzehnhundert Tonnen tragen. Zu Anfang des Jahres wird die Reihenfolge bekannt gemacht, in der die Schiffe abfahren, und welche Capitaine sie führen, so daß man lange voraus die Wahl treffen, und Tag und Stunde der Abfahrt bestimmen kann.

Das Schiff, das wir besahen, der Monarch, hatte acht und zwanzig tausend Centner Ladekraft, und sollte am sechs und zwanzigsten Juli direkt nach Calcutta abgehen. Das Oberdeck gleicht ganz dem breiten Corridor eines Hotels an Helle und Luftigkeit. Zu beiden Seiten dieses Corridors, der einen freien Durchgang bildet, liegen die Cajüten. Sie haben sowohl nach dem Corridor, als nach der Wasserseite Fenster, welche mit grünen Holzjalousieen verschließbar sind. Der Schiffseigner vermiethet dem Reisenden nur die leere Cajüte, der sie dann mit eigenen Möbeln versehen muß. Man richtete gerade, als wir das Schiff besuchten, vier neben einander liegende Kajüten ein, welche eine große, nach Indien gehende Familie bestellt hatte. In einer andern Kajüte war schon ein Teppich gelegt, kleine Gardinen angebracht, zwei Schlafsophas, die unten jedes vier Schiebladen enthielten, eine Comode, ein Tisch, eine Waschtoilette und ein Spiegel hineingestellt, und man beschäftigte sich damit, all diese Gegenstände an ihren Plätzen festzuschrauben. Zwei junge Mädchen, die ihre Erziehung in einem

Londoner Pensionate beendigt hatten, sollten in derselben die Rückreise in die ferne Heimath antreten. — Ueberhaupt waren alle vierzig Plätze des ersten Decks bestellt, da der Monarch für eines der besten und schnellseegelndsten Schiffe gehalten wird. Die gewöhnliche Dauer der Ueberfahrt ist hundert Tage. Der Corridor wird zu gleich als Promenade und Salon benutzt. Der Speisesaal liegt in der Mitte des Schiffes und ist sehr elegant und behaglich eingerichtet.

Auch das zweite Deck ist nicht schlecht, die Kajüten sind sogar größer als im ersten, dafür aber sind die Fenster hoch oben gegen die Decke hin, so daß man nicht bequem hinaussehen kann. Auch der Corridor ist im zweiten Deck weniger frei als der im ersten. Die Ueberfahrt in der ersten Classe kostet mit der Beköstigung einhundert und zehn Pfund. Wir besahen die Speisekammern, Weinlager und Wäschschränke, die Tisch- und Theeservice und die Küche. Es war Alles vortrefflich hergerichtet und reichlich versehen. Zwei bis drei Kühe gehen mit, um den Bedarf an Milch zu liefern, ferner frisches Schlachtvieh, dreihundert Hühner u. s. w. — In dem untern Deck machte man die Stallung für Pferde zurecht, deren diesmal achtzehn, den Passagieren gehörend, an Bord kommen sollten. Solch ein Schiff ist wirklich eine Welt!

Nachdem wir es verlassen hatten, nahmen wir in dem, durch seine Küche berühmten Hotel von Blackwall ein Diner ein. Das Hotel liegt hart am Flusse, und man speist in einem großen, schönen Saale à la carte. Die Hauptdelikatesse von Blackwall sind die White beats, eine Art sehr wohlschmeckender Seestinte, die mit schwarzem Brode genossen werden, und solch ein White beats dinner ist ein Genuß, den sich Jeder alljährlich mit seinen Freunden zu machen pflegte. Es kommen dann noch viele andere Fischgerichte, Lachskottelet mit den schärfsten Saucen und derlei Herrlichkeiten vor, die Hauptsache aber ist, daß man Alles vortrefflich zubereitet erhält.

Neulich ist hier ein Wasserfest gefeiert worden, das ich bedaure versäumt zu haben. Es war die Fahrt des Lordmayors zur Inspicirung der Themse und des Hafens, eine bloße Formalität, bei welcher der Lordmayor in einem Staatsbote einherfährt, und die mit einem großen Diner endigt. Es heißt das Swanhopping, weil der Mayor auch darauf zu achten hat, ob die Schwäne, deren eine große Anzahl in der Themse erhalten werden soll, wirklich vorhanden sind. Den

Lordmayor begleiten viele angesehene Bürger und alle Beamten der City in ihrer Berufstracht, unter dem Spiele mehrerer Musikchöre. Ich hatte mir den Anblick hübsch gedacht, Miß J. aber, die dem Feste beigewohnt, meinte, daß es sehr gewöhnlich gewesen wäre, und daß ich es unter meinen Erwartungen gefunden haben würde.

Abends.

Miß Anna Swanwick hat heute die Güte gehabt, mir einzelne Stellen aus ihrer meisterhaften Uebersetzung der Göthischen Dramen vorzulesen, dabei ist mir recht klar geworden, welchen Gewinn eine solche Uebersetzung dem Uebersetzer bereiten muß. Es ist dafür ein so gründliches Eingehen in den Geist des Dichters, ein so sorgfältiges Erwägen jedes Wortes erfordert, daß man sich den Dichter auf diese Weise mehr aneignet, als es sonst irgend der Fall sein kann. Wunderbar erschien mir, als wir einige Stellen des Egmont verglichen, die despotische Willkühr, mit der Göthe manchmal die Sprache behandelt hat. Er war ein absoluter Herr in seinem Schaffen. Das macht aber dem Uebersetzer die Arbeit sehr schwer. Wir Deutsche verstehen ihn überall, weil die zwischen

Göthe und seinem Volke herrschende Sympathie das ahnungsvoll Angedeutete für uns vermittelt. Aber wörtlich es zu übertragen ist oft gradezu unmöglich. Wie soll man es übersetzen, wenn Göthe den Egmont sagen läßt: »Dich macht der Zweifel fühllos, nicht das Glück!« — oder wenn es heißt: »und jede nächste Wohlthat der Natur,« das ist, scheint mir, in keiner andern Erdensprache wieder zu geben. Man muß für dies »nächste« new nehmen, und das drückt doch nicht dasselbe aus. Dazu kommt, daß der Uebersetzer sich ganz mit dem Gedanken des Göthischen Heidenthums, mit Göthe's pantheistischer Weltanschauung durchdringen muß, falls er ihm gerecht sein will; denn wenn er das Egmont'sche: »der Mensch glaubt sein Leben zu leiten und wird von seinem Innersten seinem Schicksal nachgezogen« mit interior feeling oder gar mit soul wieder geben will, so kommt damit etwas Dualistisches, Christliches hinein, das nicht im Originale liegt. He is drawn irrisistibly by his fate, wie Miß Swanwick es ausgedrückt hat, giebt noch am Besten die Einheit der Göthe-schen Anschauung.

Dir einen Begriff von der meisterhaften Uebersetzung zu schaffen, will ich, da die trefflichen Arbeiten schwerlich in Deutschland allgemein bekannt werden dürften, die Scene zwischen Faust und Margarethe kopiren, die wirklich Nichts zu wünschen übrig läßt.

Martha's Garden.
Margaret and Faust.

Margaret.

Promise me, Henry!

Faust.

What I can!

Margaret.

How is it with religion in Your mind?
You are 'tis true a good, kind-hearted man,
But I 'm afraid not piously inclin'd.

Faust.

Forbear! I love you darling, you alone!
For those I love, my life I would lay down,
And none would of their faith or church. bereave.

Margaret.

That's not enough, we must ourselves believe.

Faust.

Must we?

Margaret.

Ah, could I but your soul inspire!
You honour not the sacrament, alas!

Faust.

I honour them.

Margaret.

Bat yet without desire.
'Tis long since you have been to shrift or mass
Do you believe in God?

4*

Faust.

My love, forbear!
Who dares acknowledge, I in God believe?
Ask priest or sage, the answer you receive,
Seems but a mockery of the questioner.

Margaret.

Then you do not believe?

Faust.

Sweet one! my meaning do not misconceive!
Him who dare name
And yet proclaim,
Yes, I believe?
Who that can feel,
His heart can steel,
To say: I disbelieve?
The All-embracer,
All-sustainer,
Doth He not embrace, sustain
Thee, me, himself?
Lifts not the Heaven its dome above?
Doth not the firm-set earth beneath us lie?
And beaming tenderly with looks of love.
Climb not the everlasting stars on high?
Are ve not gazing in each other's eyes?
Nature's impenetrable agencies,
Are they not thronging on thy heart and brain,
Viewless, or visible to mortal ken,
Around thee weawing their mysterious reign?
Fill thence thy heart, how large soe'er it be,
And in the feeling when thou'rt wholly blest,
Then call it what thon wilt — Bliss! Heart! Love! God!
I have no name for it — 'tis feeling all.

Name is but sound and smoke
Shrouding the glow of heaven.

Margaret.

All this is doubtless beautifull and true;
The priest doth also much the same declare,
Only in somewhat diff'rent language too.

Faust.

Beneath Heaven's genial sunshine, everywhere,
This is the utt 'rance of the human heart;
Each in his language doth the like impart;
Then why not I in mine?

Eben so gelungen sind die übrigen Theile des Faust, die Iphigenie, der Tasso und der Egmont. Man hat einen künstlerischen Genuß davon, wenn man sieht, wie die englische Sprache sich jeder Modulation, jedem Rythmus der Deutschen anpassen läßt. Die phantastische Tollheit des Hexeneinmaleins, die edle Vornehmheit der Diktion im Tasso, das antik Gehaltene in der Iphigenie, anderseits die kecken Studentenscenen im Faust, und die Volksscenen im Egmont haben Nichts an ihrer ursprünglichen Kraft verloren. Vorzüglich gelungen scheint mir auch der König von Thule zu sein, den ich noch hierher setzen will.

There was a King in Thule,
True even to the grave.
To wohm his dying mistress
A golden beaker gave.

Beyond aught else he priz'd it,
And drain'd its purple draught,
His tears came gushing freely
As often as he quaff'd.

When death he felt approaching,
His cities o'er he told;
And grudg'd his heir no treasure
Except his cup of gold.

Girt round with knightly vassals
At a royal feast sat he,
In yon proud hall ancestral
In his castle o'er the sea.

Up stood the jovial monarch,
And quaff'd his last life's glow,
Then hurl'd the hallow'd goblet
In the ocean depths below.

He saw it splashing, drinking
And plunging in the sea;
His eyes meanwhile were sinking,
And never more drank he.

Vergleicht man mit dieser liebe- und verständnißvollen Arbeit die leichtsinnige französische Uebersetzung des Erlkönigs, die Börne, ich glaube in den Pariser Briefen mittheilt, so hat man eine doppelte Genugthuung daran, die Werke Göthes in so würdiger Weise dem stammverwandten Volke vermittelt zu sehen. Wie lehrreich übrigens das Vergleichen der englischen Uebersetzung mit dem deutschen Originale wie für die Kenntniß der englischen Sprache sein würde, das habe ich bei den flüchtigen Ueberblicken empfunden, die mir zu thun vergönnt gewesen sind.

Nach der Beschäftigung mit diesem Werke holte mich Mrs. F. G. zu der Ausstellung der Gemälde in Wasserfarben ab, die hier ein eigenes Lokal einnehmen. Es mochten vier oder fünf große Säle voll Bilder da sein, und ganz vortreffliche Sachen darunter. Ich sah Landschaften, Genrebilder, Stillleben, Marinen und Architekturbilder von einer Tiefe in den Schatten und von solcher Klarheit im Licht, wie sie mir in Aquarell nicht vorgekommen sind. Dagegen mißfiel mir das Bild, welches von dem Publikum am meisten bewundert wurde, und das zu sehen, wir hingefahren waren.

Es stellt einen Sultan im Harem vor, zu dessen Füssen drei, vier wollüstig schmachtende Weiber ausgestreckt liegen, während ein Mohr eine prächtige Nubierinn vor ihm entkleidet, die der Sultan wahrscheinlich kaufen soll. Der sieht sie aber gar nicht an, sondern kuckt nach einer Fliege an der Wand. Es stehen denn auch griechische Sclavinnen, auch Eunuchen im Hintergrunde, und im Vorgrunde neben dem Sultan sieht man ein

Paar Gazellen und eine Katze; und Gazelle, Katze und Fliege sind, nebst allen Schärpen der Weiber und allen Pfauenfederfächern, so »beautifull« gemalt, daß der Inspector sie durch ein Mikroskop bewundern läßt. Urtheile danach über den Kunstwerth eines reichlich drei Fuß großen Bildes. Es ist die ängstlichste Auspunktirung, das mühseligste Getüfftel, und nebenher farbenbunt bis zum Abgeschmackten. Abgesehen von dem unangenehmen, sehr sinnlich gehaltenen Motive, ist das Bild vor lauter Farben und Haschen nach Lichteffecten vollkommen wirkungslos. Darunter aber hing ein Ideal von einer Landschaft, das fast Niemand ansah, während alle Augengläser auf das Harembild gerichtet, und des beautifull und splendid, und lovely nnd enchanting kein Ende war. Wenn sie mitunter so geschmacklos sind, wird man irre an den Engländern, und kann sich den Enthusiasmus für schlechte Kunstwerke nur durch die Fashion erklären, die solch ein Bild aus irgend welchen Rücksichten patronisirt. Die Fashion ist aber einmal der Tyrann des freien Englands, die Achillesferse fast jedes Einzelnen.

Bei diesem Harembilde fällt mir ein sehr schönes Gedicht von Monnekton Milnes ein: the hareem, das in den anmuthigsten Versen das

Glück der Zurückgezogenheit der Frauen besingt. Es liegt in dem Gedanken, so ausschließlich für den Geliebten zu leben, auch wirklich etwas Verlockendes, wenn man annimmt, daß nicht Zwang, sondern Liebe das Weib in den Harem bannte und von der ganzen übrigen Welt abtrennte. Kann ich es noch einmal erhalten, so schreibe ich es ab; es ist so sauber, so fein empfunden, daß es sich mir als geforderter Gegensatz in das Gedächtniß drängte bei der Betrachtung jenes wüsten Bildes.

Neunzehnte Sendung.

Vom 20. Juli.

Die Ausstellung der Aquarell-Maler, die ich gestern gesehen, ist natürlich auch nur die Folge einer freien Association, die nicht das Geringste mit Regierungsanordnungen zu thun hat; und täglich mehr leuchtet es mir ein, wie wenig hier in England regiert, d. h. von oben herunter befohlen wird. Eine eigentliche Regierungsbehörde giebt es hier gar nicht, Alles was den Landräthen, den Regierungen, den Generallandschaftsdirektorien, den Steuerdirektorien, Schulkollegien und all den hunderten von Ober- und Unterkollegien Preußens an ordnender und schaffender Gewalt anheimfällt, das besorgen die Bürger hier selbst nach eigener Ansicht, ohne weitere Controle und fast ganz ohne bezahlte Beamte. Diejenigen unserer Conservativen und Altliberalen, welche beständig mit einem Auge — aber eben auch nur mit halbem Blick — nach England hinüberschielen, wenn sie den Constitutionalismus vertheidigen, übersehen, daß ihr Feldgeschrei: »Alles für das Volk, Nichts durch das Volk,« nirgend weniger Anwendung findet, als in England, wo fast Nichts für das Volk geschieht, und Alles durch das Volk selbst.

Weil mir die Art, in der die Verwaltung des Landes hier vor sich geht, gradezu räthselhaft erschien, habe ich versucht, mir von den Männern meiner Bekanntschaft und durch leicht übersichtliche Broschüren, ein Bild von dem Geschäftsgange zu machen. Meine bisherigen Vorstellungen davon sind im großen Ganzen richtig gewesen. Die Krone sorgt nur für Aufrechterhaltung der englischen Rechte im Auslande, für Aufrechterhaltung der Hauptinstitution, der Volksvertretung in dem Parlament. Das Parlament aber hat die strengste Controle über alle Handlungen der Minister, und zugleich eine gesetzgebende und ausführende, ja in einzelnen Fällen sogar richterlich einschreitende Gewalt. Die Rechtspflege ist auch in den Händen des Volkes; nur einzelne Glieder der verschiedenen richterlichen Collegien ernennt die Krone. Die Uebrigen werden wie die Geschworenen gewählt, und wechseln wie diese, in größern oder kleinern Zeitfristen, was sich um so natürlicher macht, als die Engländer kein eigentliches wissenschaftliches Rechtsstudium haben. Die jungen Männer, welche sich der juristischen Laufbahn widmen wollen, treten als Lehrlinge bei einem Advokaten ein, und arbeiten so lange als seine Gehülfen, bis der Verein der Advokaten sie für fähig erklärt, selbstständig zu fungiren. Ihre Kenntniß unterscheidet sich also nur durch die größere Praxis von dem ebenfalls durch Ausübung des Gesetzes entstandenen Wissen, der aus den Wahlen hervorgegangenen Jury.

Zwischen der Krone und dem Volke stehen als öffentliche Beamte die Lordlieutenants, die Sherifs und Coroners, die Friedensrichter und die Ober- und Unterconstables, aber fast alle diese Beamte versehen ihren Dienst ohne Gehalt, als Ehrenämter, theils Zeitweise, theils für Lebenszeit, und sie ernennen sich, sobald die Ereignisse eine gehäufte Arbeitslast herbeiführen, aus eigener Machtvollkommenheit Gehülfen, die, so lange sie das Amt verwalten, auch die gleiche Gewalt besitzen.

Die Lordlieutenants werden vom Könige bestellt, für jede Grafschaft Einer, und zwar immer ein in der Grafschaft wohnender Grundbesitzer. Er ist der oberste Chef der Militairangelegenheiten seines Distriktes, sobald das Parlament in Kriegszeiten die Miliz zur Vertheidigung der Insel zusammen beruft. Mit dem stehenden Heere hat er Nichts zu schaffen, und er möchte nach unsern preußischen Institutionen der Chef der Landwehr sein. Sobald ein auswärtiger Krieg die geworbenen Truppen, das stehende Heer, von England entfernt, und das Parlament die Einberufung der Miliz verlangt, ernennt der Lordlieutenant sich eine Anzahl von Adjutanten, fertigt die Officierspatente für sein Truppen-Contingent nach eignem Ermessen aus, und sorgt dafür, daß die Miliz an dem vom Parlamente festgesetzten Tage zusammengetreten ist. Der Lordlieutenant ist der erste Mann der Grafschaft.

Auch die Sherifs werden vom Könige bestimmt, oder vielmehr aus den vom Kanzler der Schatzkammer und andern Staatsbeamten vorgeschlagenen Candidaten für ein Jahr vom Könige erwählt. Sie müssen ebenfalls in der Grafschaft ansässig sein und werden als die ersten Civilbeamten respektirt, weil ihre Mühwaltung groß und noch obenein mit namhaften Geldausgaben für sie verbunden ist. Gehalt haben sie eben so wenig als der Lordlieutenant. Nach der Broschüre des Herrn von Vinke über die innere Verwaltung Großbritanniens,*) haben die Sherifs die Leitung der Parlamentswahlen, die Ausführung aller Urtheile der Obergerichte, mit den dahin schlagenden Verhaftungen und Exekutionen zu besorgen; die vom königlichen Geheimrath erlassenen Proklamationen zu publiciren, und die Jury zu ernennen für Assisen und quarter Sessions. Sie vertreten die Kronrechte und Krongrundstücke, erheben die dahingehörenden Abgaben und berechnen den Antheil der Krone an den eingehenden Geldstrafen mit der Schatzkammer. Auch die Aufsicht der Gefängnisse, die Ueberwachung der Hinrichtungen ist ihnen anvertraut, wie sie anderseits alle die Repräsentationen zu übernehmen haben, welche bei uns den Oberpräsidenten anheim fallen. Da es unmöglich wäre, daß ein Mann all diese Obliegenheiten allein erfüllt, und man von dem sehr richtigen Grundsatze ausgeht, daß ein freiwillig übernommenes Amt einem Manne keine drückende Last werden, und ihm Zeit zur Verwaltung seiner eignen Angelegenheiten lassen müsse, so hat auch der Sherif das Recht, sich Gehülfen zu erwählen,

*) Darstellung der innern Verwaltung Großbritanniens.

die Under Sherifs und Bailifs, für deren Handlungen er aber einzustehen hat.

Die Coroners, deren mehrere in jeder Grafschaft sind, werden von den Grundeigenthümern erwählt. Sie haben die Begutachtung aller unnatürlichen Todesfälle, müssen bei Morden die Thäter zu entdecken und zu verhaften suchen, und den nächsten Assisen schriftliche Berichte darüber einreichen. Unter ihrer Aufsicht stehen auch die Sterbefälle in den Gefängnissen, die Citation und Wiedereinbringung entflohener Verbrecher.

Die größte Thätigkeit bei der innern Verwaltung liegt aber in den Händen der Friedensrichter, deren der König so viele ernennt, als die Geschäfte derselben zu erfordern scheinen. Da das Amt eben so ehrenvoll als einflußreich ist, bewerben sich die angesehensten Leute darum. Beweist sich irgend einer dieser verschiedenen Funktionaire (denn Beamte sind sie nicht, in dem Sinne den man damit in Preußen verbindet), beweist sich irgend einer dieser Männer des Vertrauens unwürdig, das man in ihn gesetzt hat, so wird sein Amt ihm ohne Weiteres genommen, entweder durch ein ausdrückliches königliches Dokument, oder durch eine neue Liste der Friedensrichter, in der der Name des zu Entlassenden nicht mehr angeführt ist. Die Macht der Friedensrichter erstreckt sich nur auf den Bezirk, für den sie ernannt sind; verlassen sie diesen Bezirk, so hört für diese Zeit ihre Wirksamkeit auf, und beginnt erst wieder mit der Rückkehr in denselben.

Ihnen liegt die ganze allgemeine Polizeipflege ob, zugleich aber auch die Bestrafung persönlicher Beleidigungen und Eigenthums-Beschädigungen. Verstehe ich es recht, so machen sie als freie selbstständige Richter alle die Sachen ab, welche bei uns die Commissionen der Untergerichte erledigen, die im summarischen Proceß Bagatellsachen schlichten. Die Betrügereien im täglichen Verkehr, die Conflikte mit Dienstboten und Lehrlingen, die Processe wegen Ernährung unehelicher Kinder, und alle jene tausend Vorkommnisse ähnlicher Art, gehören vor ihr richterliches Forum. Noch ausgedehnter aber scheint ihre Einwirkung auf die Sittenpolizei. Sie haben die Beaufsichtigung des Armenwesens, aller Unterstützungsgesellschaften und der Sonntagsfeier; sie ertheilen die Concession für alle öffentlichen Schenken und Trinkstuben, für Trödler u. s. w., und haben das Recht Alles zu hindern, was die öffentliche Ordnung stören, die Ruhe der Allgemeinheit beeinträchtigen könnte. Auch die Bestrafung von Vagabonden liegt ihnen ob. Die ganze Gewerbepolizei, die Wege- und Wasserbauten, die Steuereinnahme, die Verwaltung der Grafschaftskasse sind ausschließlich in ihren Händen.

Daß diese Ausdehnung ihres Wirkungskreises eine große Anzahl von Friedensrichtern erheischt, ist einleuchtend. Ob Einer hinreicht eine Sache abzumachen, ob zwei oder mehrere, bestimmt das Gesetz; und da in jedem Orte mehrere Friedensrichter vorhanden sind, hat man das Recht und die Möglichkeit, seine Sache von demjenigen aburtheilen zu lassen, zu dem man persönlich das meiste Vertrauen hegt. Die wichtigsten Sachen werden in den quarter Sessions, den vierteljährlichen Zusammenkünften abgemacht, denen sämmtliche Friedensrichter der Grafschaft beiwohnen müssen.

Vor diesen quarter-Sessions werden, als vor einer höhern Instanz, diejenigen Fälle vorgebracht, welche die einzelnen Friedensrichter nicht zur Ausgleichung bringen konnten. Die quarter Sessions schreiben ferner die Steuern für die verschiedenen Kirchspiele aus, welche die Friedensrichter einzuziehen haben. Sie ernennen Constabler, und vereidigen diese, so wie alle andern öffentlichen Funktionaire, welche einen Schwur zu leisten haben. Sie revidiren die Liste aller zu Geschworenen tauglichen Personen und lassen die Grand Jury einschwören. Hat diese ihre voruntersuchenden und richterlichen Geschäfte geendigt, so werden die Personen, gegen welche kein Verbrechen vorliegt, sofort entlassen, die im Verdacht des Verbrechens bleibenden Personen aber werden, bis zu dem Zusammentritt der Assisen (den Gerichten der reisenden Oberrichter), im Gewahrsam behalten.

Es würde zu weit führen und über den Raum dieses Briefes und meiner Zeit hinausgehen, sollte ich alle Geschäfte angeben, welche der Thätigkeit der Friedensrichter anheimfallen. Es sitzen an den verschiedenen Tagen der Woche einzelne Friedensrichter für die verschiedenen Zweige ihrer Amtspflichten zu Gericht. Die Theilung der Arbeit ordnen sie selbst, so daß Jeder die Fächer zu verwalten übernimmt, für die er und seine Collegen ihn am meisten befähigt halten. Sie müssen Jeden hören und zu jeder Stunde einschreiten, wo man ihren Beistand verlangt, aber sie haben auch das Recht, die Hülfe jedes Einwohners zu fordern, wenn sie ihnen zur Erreichung ihrer Zwecke nöthig erscheint. Den Aufforderungen und Anordnungen des Friedensrichters nicht unbedingt Folge zu leisten, wird schwer bestraft. Jede ihrer einfachen Aussagen gilt für einen gerichtlichen Beweis, gegen den keine Einwendung möglich ist, und wirkliche Klagen gegen einen Friedensrichter wegen Amtsverletzung müssen innerhalb sechs Monaten vor den Assisen der Grafschaft vorgebracht, der Friedensrichter aber vier Wochen vorher von der gegen ihn zu erhebenden Untersuchung in Kenntniß gesetzt werden. Weil man das höchste Zutrauen, eine große Gewalt in die Hände der Friedensrichter gelegt hat, weil ihnen eine große Verantwortung zur Last fällt, werden sie in ihrer Amtsthätigkeit durch die Gesetze in jeder möglichen Weise geschützt.

Die Constables endlich »sollen die ruhigen Einwohner gegen alle und jede Störungen zu allen Zeiten schützen,« und haben daher die eigentliche polizeiliche Exekutivgewalt. Sie sind die Vermittler zwischen dem Volke und den andern, aus dem Volke ernannten Beamten, und auch sie versehen eben so wie die Friedensrichter ihr Amt zum großen Theil ohne Besoldung, haben aber einen Antheil an manchen Geldstrafen. Die Uebernahme dieses Amtes ist eine allgemeine Bürgerpflicht, von der nur Aerzte, Apotheker und in ähnlicher Weise beschäftigte Personen ausgenommen sind. Im Jahre achtzehnhundert acht und vierzig ließen sich viele Tausende der angesehensten Einwohner Londons als Constabler vereidigen, als man ernstliche Unruhen durch die Chartisten befürchten zu müssen glaubte. Die Constabler verwalten etwa den Dienst der Gensd'armerie, der Polizeikommissaire, Polizeidiener, der Gerichtsexekutoren u. s. w. Die Policemen in London tragen ein dunkelblaues Beinkleid, einen Frack von gleicher Farbe und einen runden Hut. Die Schilderung unserer bewaffneten, mit Helmen und Degen versehenen Constabler, erschien den Engländern grade zu widersinnig. Der Constabler hat zu seinem Schutze Nichts als die allgemeine Achtung vor dem Gesetze, das man verehren gelernt hat, weil es seit Jahren gerecht, und von dem Volke selbst gehandhabt worden ist. Den langen hölzernen Stab, den sie bei großen Veranlassungen führen, habe ich nie gesehen, den kleinen messingnen, den sie immer bei sich tragen, nur das eine Mal, als sie damit die Auffahrt der Wagen zum Drawing Room der Königin leiteten. Das Stäbchen war nicht größer als der Taktirstock eines Musikdirektors.

Die Lokalverwaltung in den größern Städten und Gemeinden wechselt nach dem Bedürfniß derselben, und hängt ganz von ihrer Selbstbestimmung ab, die sich nur innerhalb der allgemeinen Gesetze bewegen muß. Wo sich, wie in London und in den großen Fabrikstädten, oft ganz neue Stadtviertel bilden, treten die Bewohner derselben sogleich zusammen das Beste dieses Stadtviertels, und somit ihre gegenseitigen Rechte zu wahren. So bildet sich gleich die Verwaltung des neuen Parish, Kirchspiels, aus sich selbst heraus, die sich dann, wo es nöthig ist, mit der größern Allgemeinheit in Verbindung setzt. Die alten Städte haben fast alle eine Gipfelung dieses innern Verwaltungssystems in den Personen der Majors und Alderman; in den neuern Städten und auf dem Lande fehlen aber auch diese, und die ganze Verwaltung wird von den Friedensrichtern und Constablern allein besorgt. Es ist das vollständigste Selfgovernement, das sich denken läßt, und aus diesem allein erwächst das selbstherrliche Bewußtsein und Betragen der Engländer.

Wenn sie mir von diesen Institutionen mit großer Zufriedenheit sprechen, die mir die freudigste Bewunderung einflößen, so setze ich sie anderseits in Erstaunen, wenn ich ihnen von dem bei uns kleinlichen, wirklich an das Unglaubliche gränzenden Bevormundungssysteme erzähle. Sollte einmal ein Engländer eines unsrer Amtsblätter zur Hand nehmen und nur die an den Rand geschriebenen Inhaltsanzeigen der einzelnen Verordnungen lesen, so würde er glauben, irgend ein satirisches Werk gegen unsere Staatsverwaltung vor sich zu haben. Denn daß eine Hochlöbliche Regierung sich wirklich um Blutegel und Streichhölzchen, um Schulversäumniß und Pockenimpfung der Kinder, um Wolfsjagden und Altardecken, um Cholerabinden und löbliche Thaten, kurz um Alles und Jedes bekümmert; daß zur Gesetzgebung über diese Dinge und zur Beaufsichtigung über die Ausführung dieser Gesetze, ein Heer von besoldeten Beamten unterhalten wird, und daß man für die Mehrzal dieser Beamten zehn Jahre Schulbildung, drei Jahre Universitätsbildung und eine fünf bis sechsjährige praktische Uebung nöthig erachtet, ehe sie zur Erlassung so wichtiger Gesetze befähigt werden, das zu glauben hat ein Engländer Mühe.

Weil in England die ganze Verwaltung von den Bürgern besorgt wird, welche unausgesetzt mit dem Leben in Verbindung stehen, sind Widersprüche und Verzögerungen, wie sie bei dem Regieren vom grünen Amtstische vorkommen, gradezu unmöglich.

Bewohner der Provinz Schlesien erzählten zur Zeit der, in jener Provinz herrschenden Kartoffelkrankheit und daraus entstandenen Hungerpest, daß die Noth alle Gränzen überschritten habe, daß der

Tod ganze Dörfer hinweggerafft, ehe die Dekrete des Ministeriums auf die Anfragen aus der Provinz in dieselbe zurückgelangt wären. Die Gutsbesitzer in den am schwersten getroffenen Distrikten hatten ausgeholfen mit Lebensmitteln, so lange sie es vermochten, die Compagnie der Eisenbahn hatte Schuppen aufschlagen lassen, um die Typhuskranken darin zu bergen, junge Aerzte waren freiwillig aus den angränzenden Provinzen in die verpesteten Kreise zum Beistande herbeigeeilt, ehe die helfenden Anordnungen der Regierung hatten in Wirksamkeit gesetzt werden können. Und das war nicht die Säumniß der einzelnen Beamten, denn diese sind fast ohne Ausnahme ehrenhaft und pflichttreu, sondern es war die große Weitläufigkeit des Systems, das unzählige Menschen in Thätigkeit setzt, die umfangreichsten Schreibereien, Fragen, Anfragen und Gegenanfragen veranlaßt, während man in England die Sache in einer Sitzung mündlich abmachen würde.

Als zur Zeit jener Kartoffelmißernten ein Minister die hungerleidenden Provinzen auf der großen Eisenbahnstraße persönlich durchreiste, um sich von dem Sachverhältnisse zu überzeugen, wurden ihm auf verschiedenen Stationen »eingeforderte Kartoffelproben« vorgelegt, die er »sehr gut, ganz vortrefflich, gar nicht übel« fand, während jeder Bewohner der Provinz es wußte, daß die Kartoffeln ungenießbar waren, und während in der ganzen Gegend der Ertrag an gesunden Kartoffeln die Aussaat wenig überschritt. — Dann wieder erlebt man es in den Grenzprovinzen häufig, daß Kaufleute es vortheilhafter finden, Waaren die für Polen bestimmt, an die Grenze gesendet und dort durch irgend welche Zufälle nicht abgenommen werden, zur See nach Hamburg zu schicken und sie von dort zurückkommen zu lassen, als sich den endlosen Weitläufigkeiten und Schreibereien auszusetzen, welche eine solche, nicht vorhergesehene Rücknahme der Waaren in die Zolllinie ihnen veranlassen würde. Ueberall aber hört man die Klage, daß die Regierung von oben herab darum so nachtheilig auf den Handel und die Gewerbe einwirke, weil im entscheidenden Momente mit der Anfrage an die Regierung und deren Begutachtung bei den Ministerien, der rechte Augenblick für das Gelingen der Conjunctur fast immer verloren gehe. Ganz dasselbe tritt, wie man bei uns behauptet, auch jetzt wieder bei den Handelsunternehmungen nach Kalifornien ein, bei denen die, vor der Regierung zu erfüllenden Formalitäten so bedeutend und schwierig sind, daß die betreffenden Kaufleute es vorziehen, eine Commandite in Hamburg oder Bremen zu errichten, und ihre Geschäfte von dortaus zu betreiben.

Ich habe mich oft verwundert über solche Erscheinungen in unserer Verwaltung, ohne zu wissen, ob und wie es anders gemacht werden könnte, hier aber sieht man das Wie deutlich vor Augen. Wenn man einem Engländer sagt, daß es einer Erlaubniß der Regierung oder der Polizei bedarf, um in seinem eigenen Hause ein Fenster in eine Mauer brechen zu lassen, und daß viele Wochen, ja Monate darüber hingehen können, ehe die Bewilligung ertheilt wird, so hält er das für eine Anekdote, mit deren übertriebener Unwahrscheinlichkeit man die Mängel des Systemes darthun will. Wenn er hört, daß die Regierung nur studirte Leute zu den juristischen und Verwaltungskollegien zuläßt, daß diese Leute ihr Vermögen an die Erlangung der geforderten Kenntnisse setzen, daß die Regierung dann jahrelang ihre Kräfte als Referendare und Assessoren benutzt, gewöhnlich ohne ihnen dafür die Mittel zu einer standesmäßigen Existenz zu geben, und ohne daß sie ein anderes bürgerliches Gewerbe dabei betreiben könnten, so lacht er nicht, aber er wundert sich, daß Menschen sich in ein so unpraktisches Verhältniß einlassen können.

5*

In England hat die Gemeinde gar keine Behörde über sich, sie steht unmittelbar unter dem Gesetze. Hier kann jeder Mensch, der Fremde so gut als der Inländer, sich niederlassen und nicht nur ein, sondern zehn Geschäfte zu gleicher Zeit betreiben, ohne daß ihn Jemand um seine Berechtigung dazu, um einen Gewerbeschein und derlei Dinge befragte. Er würde die Steuern zahlen müssen, die mit seinen Gewerben übereinstimmten und damit wäre es zu Ende.

Am Auffallendsten jedoch erscheint dem Engländer unser Bevormundungssystem, wo es sich in die ganz persönlichen Angelegenheiten des Einzelnen hinein mischt. Daß der Beamte einer Erlaubniß seiner vorgesetzten Behörde bedarf, um sich zu verheirathen, daß die Regierung auch für großjährige Männer die Erlaubniß ihrer Eltern, einen Taufschein und ich weiß nicht, welche Atteste noch verlangt, ehe die legale Ehe vollzogen werden kann, das findet man unglaublich. Dennoch scheint auch hier über das Eingehen der Ehen in sofern eine Art von Controle zu herrschen, als die Brautleute ihren Plan sich zu verheirathen, ein und zwanzig Tage vor der Hochzeit dem Registrar mittheilen müssen, der dann eine Bekanntmachung, wahrscheinlich unserem Aufgebote ähnlich, veranlaßt und, falls kein Einspruch geschieht, die Erlaubniß zur Trauung giebt, welche in Gegenwart von zweier Zeugen und des Registrars vollzogen werden muß. Wie man mir sagt, gehört der Einspruch der Eltern aber nicht zu den Gründen, welche die Ehe hindern.

Einen Mann von ein und zwanzig Jahren und ein Mädchen von zwanzig Jahren, die sich zur Trauung anmelden und mit zwei Trauzeugen und dem Registrar in der Kirche erscheinen, soll hier jeder Pfarrer, selbst gegen den Willen der Eltern, trauen. Diese Einrichtung muß denn natürlich die Zahl der Liebesheirathen befördern, da die Eltern wissen, daß die Kinder am letzten Ende ihrer Einwilligung entbehren können; und wie dieses Gesetz dem Romandichter entgegen kommt, daran habe ich noch nebenher meine stille Freude. Thackerays ganzer Roman vanity fair wäre unmöglich gewesen, hätte Captain George Osborn einen Erlaubnißschein seiner Eltern und Vorgesetzten zu seiner Heirath mit Amely haben müssen. Unsere gefühlvollsten Romankompositionen, alle unsere Romantik scheitert an Polizei- und Regierungsverordnungen, an Tauf- und Trauscheinen, und selbst Entführungsversuche machen uns die Paßbehörden fast unmöglich. Das wundervolle

Selbstregieren kommt sogar dem Dichter zu Statten in seinem geistigen Schaffen.

Abgesehen von dem materiellen Vortheil solcher Selbstregierung, die nothwendiger Weise alle Verhältnisse sachkundiger und praktischer beurtheilen und gestalten muß, als eine dem Leben fremde abstracte Regierungsbehörde, abgesehen von diesem Vortheile, ist der Einfluß, den die Selbstregierung auf den Volkscharakter übt, ganz unberechenbar groß. Wer selbst nach einer Seite hin Vollstrecker des Gesetzes ist, und strenge Unterordnung unter dasselbe verlangen muß, wird nicht leicht den Gesetzen entgegenhandeln. Wer das nothwendige Ineinandergreifen der verschiedenen Geschäftszweige, der verschiedenen Verhältnisse durch eigene Praxis kennen lernt, wird an Fügsamkeit in die geforderten Anordnungen, und vor Allem an der Einsicht gewinnen, daß das Wohl des Einzelnen mit dem Gemeinwohl Hand in Hand geht. Nur Selbstregierung kann gute Bürger und Zufriedenheit mit den Institutionen des Staates erzeugen, und verständen die Fürsten des Continentes ihren Vortheil, so müßten sie, um sich eine Zukunft zu erhalten, das Bevormundungssystem beseitigen. Von diesem haben im Wesentlichen nur die Minister wirklichen Vortheil, denn es vergrößert ihren Einfluß. Dem Fürsten zieht das Bevormundungssystem fortdauernd die Unzufriedenheit des Volkes zu, da Jeder mit Recht mißtrauisch wird, wenn man über ihn verfügt und bestimmt, wo er sich fähig fühlt, es selbst zu thun. Bei einem an wirklichem Wissen, an allgemeiner Bildung so reichen Volke wie das Deutsche, würde es an Männern nicht fehlen, welche Kenntnisse und Uneigennützigkeit genug besäßen, öffentliche Aemter unentgeltlich und gewissenhaft zu verwalten, wenn man sie, wie in England, nicht mit Arbeit für dieselben überbürdete. Hat es doch noch nirgend an Stadtverordneten und unbesoldeten Stadträthen gefehlt, wo man ihrer bedurft hat, und überall würden sich auch für die Uebernahme der weiteren Verwaltungszweige bereitwillige Personen finden. Will man den Revolutionen vorbeugen, die sich bei der Bildungsstufe und dem Selbstbewußtsein unsers Volkes, unter dem Bevormundungssysteme immer und immer wieder erzeugen müssen; will man die Monarchien erhalten, so ist das einzig und allein durch die Selbstregierung des Volkes, einzig und allein durch den Wahlspruch möglich: »Alles durch das Volk!« Das englische Volk ist souverain in seinen Beschlüssen, und ich habe hier oft an das Wort Göthe's gedacht: »Wer erziehen will, soll nicht Lust am Verbieten haben!« — Wer jetzt die Sicherheit und Ruhe eines Staates fördern will, muß nicht mehr am Regieren Lust haben. Die Regierung von oben herab muß lauter Republikaner erzeugen, das Selfgovernment würde die Monarchien erhalten.

Als ich vorhin der Leichtigkeit erwähnte, mit der hier Ehen geschlossen werden, fiel es mir ein, daß das Gesetz vielleicht grade deshalb die Ehescheidungen sehr erschwert. Die Ehe kann in England nur durch einen Parlamentsakt aufgelöst werden, dessen Erlangung so kostbar ist, daß die Scheidung für den Unbemittelten gradezu unmöglich wird. In den höheren Ständen herrscht in so fern große Achtung vor der Institution der Ehe, als im Allgemeinen die Frauen die Trennung einer unglücklichen Ehe für eine sittliche Nothwendigkeit halten. Aber sie haben den entschiedensten Widerwillen gegen eine zweite Verheirathung, besonders der Frau, und sehen eine solche, wenn auch nicht grade als eine Unsittlichkeit, so doch als ein Unschönes, als ein Unrechtes an.

In früheren Jahren muß die Ehe frevelhaft leichtfertig in England behandelt worden sein, denn nicht nur der Schmidt von Gretna Green, jener Nothhelfer in allen Romanen, hatte das

Privilegium zur Vollziehung rechtskräftiger Trauungen, sondern es wurden auch an verschiedenen andern Orten Ehen eingesegnet, bei denen man nicht ein Mal die jetzt üblichen Zeugen oder die Erfüllung sonst irgend einer Formalität verlangte. Man hatte die May Fair marriages, die Fleet marriages (die auf dem Londoner Maimarkt und im Fleetgefängnisse geschlossenen Ehen), und die Trauungen in der Kapelle des ehemaligen Savoyenschen Pallastes. Vor dem Fleetgefängnisse ging noch zu Anfang des vorigen Jahrhunderts Tag über ein Mann umher, der die Vorübergehenden fragte: Ist's gefällig getraut zu werden? — wie man jetzt auf den Märkten durch Marktschreier die Leute einladet, in eine Wachsfiguren- oder Menageriebude einzutreten. An der Thüre hing ein Schild aus, das einen Mann und ein Weib darstellte, die sich die Hände gegeben hatten, und der dort fungirende Pfarrer traute jedes Paar, das sich verbinden lassen wollte, für wenige Pence. Im Jahre 1704 wurden in vier Monaten fast dreitausend Ehen in dieser Weise geschlossen, und später im Jahre 1754 las man noch im öffentlichen Anzeiger:

»Mit gesetzlicher Befugniß. — In der alten königlichen Kapelle Johannes des Täufers im Savoyenschen Pallaste, werden mit der größten

Heimlichkeit, Schicklichkeit und Regelmäßigkeit Ehen eingesegnet. Es sind dort seit den Zeiten der Reformation bis zu diesem Tage (seit mehr als zwei hundert Jahren) regelrechte und authentische Register geführt worden. Die Kosten betragen nur eine Guinee, inklusive des Stempels für fünf Schillinge. Es führen fünf heimliche Wege zu Land, und zwei zu Wasser in diese Kapelle.«

Später machte the marriage Act diesen Arten der ehelichen Einsegnung ein Ende; aber es ist interessant zu sehen wie England in seiner Entwicklung stets von einem Extreme zum andern getrieben worden ist, ehe sich das richtige Gleichgewicht herausstellte. Es giebt das Muth für die Entwicklung der Zustände in der deutschen Heimath.

Ich breche hier den Brief ab und sende ihn fort. Seit ich erfahren habe, daß zwei Briefe, jeder von drei Bogen dieses feinen Papieres, um ein Drittel weniger kosten, als ein Brief von sechs Bogen, lasse ich die Sendungen nicht mehr so aufsammeln. Weshalb das billiger ist, weiß ich nicht, verstehe es auch nicht — aber solche Einrichtungen des Postwesens muß man nirgend begreifen wollen. Es genügt, die Thatsache zu kennen und sich danach zu richten.

Zwanzigste Sendung.

Vom 21. bis 24. Juli.

Gestern, als ich Abends den Brief zur nächsten Posterpedition trug, war der Nebel so dick in der Luft, daß es mich wirklich neugierig gemacht hat, einen Nebeltag im Herbst zu erleben. Man zündete, es mochte halb acht Uhr sein, die Laternen an, und die Gaslichter sahen durch die schwere Luft wie lauter bleiche, zitternde Monde aus. Heute ist es etwas freier, dennoch fand ich es sehr drückend, als ich Morgens ein paar Stunden in der City zuzubringen, und dabei in dem mit Menschen angefüllten Omnibus zu fahren hatte. Obschon man zu beiden Seiten des Wagens die Fenster geöffnet hatte, war der Luftmangel empfindlich. Der Unterschied der Atmosphäre in dem Westende und in der City ist oft recht auffallend. Heute war es im Westende, wenn auch nicht hell und frisch, so doch ganz trocken; in der City fiel ein starker Regen, die Trottoirs waren schlüpfrig, der Fahrweg aufgeweicht, und schmutzig von dem dort nun schon seit Tagen sich erzeugenden und herabfallenden Nebel. Dazu denke Dir die engen Straßen, die hohen Häuser, das Wagengerassel, das Gesumme und Geschwirre der Menschenmenge! Unbemittelt, in die City gebannt, in London zu leben, ist wirklich kein neidenswerthes Loos. Und in dieser City Höfen bringen reiche Gewerbtreibende ihre Tage zu, von Morgens eilf bis Abends sechs Uhr, um den Luxus zu gewinnen, in dem sie sich erholen, und den Aerger zu haben, daß ein noch Reicherer sie verdunkelt. Das ist doch eine zu unnatürliche Existenz. Das bekannte Wort: »Sie leben wie die Bettler, um wie die Fürsten zu schlafen« ist zutreffend genug.

Am Morgen bin ich ausgegangen, das Modellodginghouse in Albertstreet, Bortonstreet, Spitalfields aufzusuchen. Das ist eine Kunst, wenn man nicht grade den Policeman findet und Auskunft von ihm erhält. Der Condukteur des Omnibus, dem ich mein Ziel angegeben, setzte mich bei Bishopsgatestreet ab, und nun sollte ich mein Heil selbst versuchen. Es regnete fortwährend, die Straßen wurden immer enger, immer ärmlicher, ihr Charakter mir immer fremder. Ich war in trocknem Wetter von Hause fortgegangen, also in einem hellen, seidnen Kleide und gutem Hute, die nun in den kleinen, schmutzigen, verregneten Straßen, unter all den zerlumpten Kindern, Weibern und Mägden, neben den im Regen hanthierenden Kohlenträgern und Lumpensammlern, mir selbst unheimlich erschienen. Auch sahen mich alle Leute darauf an. Ich schämte mich, fing an mich zu fürchten. Ich war sicher über eine deutsche Meile von meiner Wohnung entfernt. Die schwüle Luft hatte mich schon im Omnibus bedrückt, nun steigerte die Furcht das Gefühl von Beängstigung und Beklemmung bis zum wirklichen Unwohlsein. Es flirrte mir vor den Augen — die Kirche von Spitalfield, die ich vor mir liegen sah, schien immer weiter fortzurücken, die Häuser sich über der Straße oben zusammenzubiegen. Ich sagte mir, daß dies Einbildungen wären, daß es eine Täuschung der Sinne sei, aber mein Unwohlsein wurde dadurch nicht geringer, und der Gedanke, ich könne hier ohnmächtig werden, in diesem Stadttheile sterben, sträubte mir das Haar auf dem Kopfe. Ich malte mir es aus, wie diese fremden Menschen mich aufheben, mich in irgend ein unreinliches Zimmer tragen, wie schmutzige, lieblose Hände mich berühren, mich auskleiden,' wie Niemand wissen würde, wohin ich gehöre — und hätte wie ein Kind weinen können vor Entsetzen.

Das einzige, was mich tröstete, waren die Visitenkarten mit meiner Wohnungsangabe, die ich in der Tasche hatte. Vom Entsetzen ging ich nun zu Schlüssen über. Daß ich hier niedersinken und wahrscheinlich sterben würde, stand fest in mir. Man würde also die Karten finden, zu meiner Wirthin gehen, die würde dem Policeman und vielleicht Einem oder dem Andern meiner Bekannten die Anzeige meines Todes machen, so würde ihn endlich unser Gesandter und durch ihn, Du und die übrigen Meinen erfahren. Ich phantasirte wirklich, und das Grauen vor diesem Ende machte mich fast wahnsinnig. Weder ein Omnibus noch ein Kab waren zu sehen, ich war ein tüchtig Ende von der großen Fahrstraße entfernt, und so muthlos und verzagt als möglich. Da plötzlich durchfuhr mich's wie ein Blitz! Ich fragte mich, heißt das die Menschheit ehren, wenn man sich vor denen fürchtet, denen Arbeit die Hände geschwärzt hat? Werden diese Leute hier nicht Mitleid mit der Kranken haben, so gut als alle Andern? und warum sollten mir die Hülfsleistungen nicht genügen, die sie ausreichend halten für sich selbst? — Ich schalt mich für die kindischen Phatasieen, mehr noch für den Hochmuth, aus dem sie entstanden waren, nahm mich gewaltsam zusammen, sah in das erste Fenster des Erdgeschosses, an dem ich vorüberkam, und sagte mir: und warum sollte es denn hier so schlimm sein? — Es sitzt ja eine Frau darin mit einem Kinde an der Brust, die würde dir schon beispringen! —

Kurz ich nahm mich zusammen, fragte bei der nächsten Frau, der ich begegnete, nochmals um den Weg nach Lodginghouses, sie ging sprechend ein Ende neben mir einher, und der Ton der menschlichen Stimme brachte mich wieder zur Vernunft und zu mir selbst zurück. Eine viertel Stunde später hatte ich die Modelhäuser erreicht. Es sind deren drei vorhanden. Zwei davon sind für Familien eingerichtet, eins für unverheirathete Arbeiter. In diesem Letzteren leben augenblicklich vierzig Männer. Sämmtliche Gebäude gehören der Metropolitan Association for Improving the Dwellings of the Industrious Classes. (Der

Gesellschaft zur Verbesserung der Wohnungen für die arbeitenden Klassen.)

In dem Hause für Arbeiter ist ein großer Saal, der sein Licht von oben erhält. Er sieht wie das Wartezimmer mancher Eisenbahnhöfe aus, in denen das Deckengebälk sich bogenförmig auf Pfeilern erhebt. Die halbe Höhe der Wände ist mit braunem glattpolirtem Holze getäfelt. Kleine festgenagelte Tische und Bänke von gleichem Material ziehen sich an beiden Seiten des Raumes hin, und sind wie die »boxes« in den Gasthäusern aufgestellt, ohne jedoch wie diese durch hohe Wände von einander getrennt zu sein. Mitten im Saale stehen ein Paar große, lange Tische. Abends ist der Raum mit Gas beleuchtet und durch Luftheizung gehörig erwärmt. Dies ist das allgemeine Wohnzimmer, in dem geraucht werden darf. Links daneben ist ein etwas kleinerer Raum, die Lesestube, in dem das Rauchen nicht erlaubt ist. Hier sind die Möbeln beweglich und das ganze Gemach sehr komfortable.

Im Sousterrain sind die Küche und die Speisekammer. Die Bewohner des Hauses können sich entweder von der Association beköstigen lassen, von der ihnen Alles zu den billigsten Preisen geliefert wird, oder man kann das Essen selbst bereiten, wobei die Feuerung und der Gebrauch des Geschirres gratis sind. Jeder Einwohner hat in der Speisekammer sein verschließbares Fach, in einem mit Haartuch versehenen Speiseschranke, zur Aufbewahrung seiner Lebensmittel.

In den oberen Etagen befinden sich die Schlafkammern. Sie liegen zu beiden Seiten der verschiedenen Corridors und sind wie die Badekabinette in dem großen Badehause in New Road, unter einem gemeinsamen Dache, nur in Verschläge abgetheilt, die aber jeder ein Fenster nach der Straße haben, und verschließbar sind. Jede Kammer enthält ein eisernes Bett mit Madratzen und wollenen Decken, und außer einem Kleiderriegen, einen an der Wand befestigten Schrank, der auch zu verschließen ist. Der Raum, in dem die Schlafkammern sich befinden, wird nicht geheizt, aber auch mit Gas beleuchtet. In allen Etagen sind Wasch- und Ankleideräume. In diesen gehen lange Tische an den Wänden hin, in denen die Waschschaalen eingelassen sind. Ein Abzug in jeder Schaale, wie sie an Badewannen üblich, führt das gebrauchte Wasser fort, die Krähne der Wasserleitung liefern kaltes und heißes Wasser. Die Seifschaalen sind ebenfalls eingelassen, und Seife, Handtücher und Bettzeug werden mit der Wohnung geliefert. Das

Waschhaus und die Badestuben, nach den bekannten Grundsätzen eingerichtet, bieten Waschgelegenheit und Bäder zu den Preisen von New Road. Daß auch zu diesem Institute eine Bibliothek gehört, daß mehrere Zeitungen gehalten werden, darf ich kaum noch erwähnen. Die Miethe beträgt drei Schillinge, einen Thaler für die Woche. Dafür hat der Arbeiter eine gesunde Wohnung, Licht, Feuerung, Zubereitung der Speisen, ein Bett, Bettwäsche, Handtücher, Seife, die Zeitungen und den Gebrauch einer Bibliothek. Für England ist das ein sehr billiger Preis, und die Arbeiter haben es hier so gut, daß hunderte von deutschen Studenten, Subalternbeamten und Künstlern ganz zufrieden damit sein würden. Dabei komme ich denn immer auf die alte Frage zurück: Ist das nicht wieder Socialismus?

Da es noch fortwährend regnete während und nachdem ich das Institut besehen hatte, und der Inspector desselben mich versicherte, daß hier auf eine halbe Stunde kein Kab zu finden sei, kam Alles darauf an, möglichst schnell einen Omnibus zu erreichen. Des Inspectors Tochter erbot sich also, mich auf dem kürzesten Wege nach Whitechapel zu führen, von wo ein Bayswater-Omnibus mich ganz in die Nähe meiner Wohnung bringen würde. Das nahm ich an, und nun führte sie mich durch Gäßchen, Häuser, Höfe, Gärten, endlich durch das Zimmer einer Nachbarinn, »die immer den Durchgang erlaubt« und gegenwärtig ihre Kinder in einem großen Zuber sehr sorgfältig einseifte und wusch, hinaus nach Whitechapel, wo sie mich in einen Gewürzladen wies, vor dem der Omnibus zu halten pflegte. Das war denn ein wunderlicher Weg, der mich aber einmal in das innere Leben der arbeitenden Klassen hineinsehen ließ. Es schien mir überall reinlicher und behäbiger, als es in gleichen Verhältnissen im Norden Deutschlands zu sein pflegte.

Der Omnibus ließ nicht lange auf sich warten, dennoch war es vier Uhr als ich endlich wohlbehalten in meiner Wohnung anlangte. Hier fand ich einen Brief von H. aus Dublin vor, mit einem bittern Aufschrei der Verzweiflung über Irlands Zustände. Er schreibt: »Irlands Elend übersteigt alle Begriffe. Wenn man England in England respektiren lernt, kann man es hier hassen und verabscheuen lernen. Was elende vernichtete Menschen sind, weiß ich erst jetzt. Ich bin noch so voll von dem Erlebten, daß ich es Ihnen nicht beschreiben kann. Man möchte mit Hamlet ausrufen: horror! horror! horror! Ich sage Ihnen, es giebt in England eine Sklaverei, die Sklaverei der Irländer, gegen welche die von Wilberforce abgeschaffte, ein Kinderspiel gewesen sein muß. Meine Seele ist zerrissen davon. Ich hoffe, das Grün der Hochlande heilt mich von diesem Zustand des Schmerzes, den ich in solchem Grade nie empfunden — aber solches Elend hatte ich auch nicht für möglich gehalten.«

Wie arg muß es dort aussehen, wenn unseres Freundes hoffnungsmuthiger, lebensfroher Sinn zu solcher Erbitterung gereizt werden konnte.

Montag den 22. Juli.

Ich fange an dem Tagebuche hie und da untreu zu werden, weil ich mehr zu lesen beginne, und grade jetzt hat Thackeray's Roman vanity fair all meine Mußezeit in Anspruch genommen. Thackeray ist in diesem Augenblicke neben Charles Dickens der gefeierteste Dichter Englands, und ich glaube, daß sich die Gunst des Publikums ihm noch entschiedener zuwendet, als Jenem. Man sagt mir, Thackeray verstehe England und die Engländer im seltensten Grade, vanity fair sei das treuste Bild des englischen Lebens. Wer diesen Roman kenne, kenne die englische Gesellschaft in ihrem Streben nach »der Höhe«, in ihrem kleinlichen Egoismus und allen daraus entspringenden Fehlern. Man bewundert die meisterhafte Composition, die Fülle lebenswahrer Charaktere, die sich bis in die kleinsten Züge treu bleiben; ich bewundere das Alles mit den Andern — und bin so idealistisch zu glauben, die englische Gesellschaft sei besser, als dies Werk sie schildert, in dem nicht ein großer Charakter, nicht eine Figur zu der man empor sehen könnte, uns für den Hinblick auf all die Habsucht und all den Eigennutz entschädigt.

Irre ich mich nicht, so ist Thackeray in seinen Satiren, den »english snobs« am größten. Wir haben in der deutschen Litteratur Nichts, was sich mit denselben vergleichen ließe — aber wir haben freilich auch erst seit wenig Jahren den Schatten jener Preßfreiheit, deren England sich seit Jahrhunderten erfreut. Thackeray hat ein scharfes Auge für die Lächerlichkeiten, für die Mängel aller Stände seines Volkes, und er hebt diese Mängel grell hervor aus Liebe für das Volk; dennoch deucht mir, als habe er sein Auge gewöhnt vorzugsweise die Unvollkommenheiten zu erblicken, und größere Lust daran gewonnen diese zu beleuchten, als mit der schöpferischen Gerechtigkeit des Dichters zu vereinen ist. Er ist unvergleichlich als Satiriker — als Dichter steht mir Dickens menschlich näher, weil er mit Liebe auf den liebenswerthen Zügen seiner Gestalten verweilt, weil er — im Gegensatz zu Thackeray - nachsichtig für die Mängel ist, die dieser verspottet und doch gleichsam als Nothwendigkeiten, als Regel vor uns hinstellt. Es liegt etwas Niederschlagendes in solcher Anschauungsweise, und man muß sich immer den Werth der edlen Persönlichkeiten vorhalten, welche man im Leben kennen gelernt hat, um sich durch Dichtungen, wie vanity fair, die snobs und den great Hoggarty diamond nicht tief verstimmen zu lassen.

Im Gegensatze dazu gewinnt man die Menschen lieb und lieber, so oft man einen Roman von Dickens lies't, der versöhnend ist in Allem, was er schafft. Denke nur, wie lieb wir Mistriss Mac Stinger im Dombey hatten, wenn sie ihre Kinder prügelte und dann, mit der ihr eigenen Rührigkeit als Hausfrau, die Kleinen zur Abkühlung der geschlagenen Glieder auf die kalten Fliesen setzte. Der arme Mr. Toots, der vor Einfalt fast Nichts zu sagen weiß, rührte uns durch sein treues Herz; Mr. Carker, der Mann mit den weißen Zähnen, die unglückliche Edith gewannen in ihrer Gesunkenheit unser volles Mitgefühl; in allen Lächerlichkeiten, in allen Verirrungen, in allem Schlechten selbst, spricht sich bei Dickens Gestalten irgend ein Zug aus, der uns den Glauben an die Menschennatur nicht verlieren läßt, der uns beklagen, niemals verdammen macht. Dickens zeigt uns in tiefer Entwürdigung, in bittrer Noth den Menschen immer noch dem Guten zugänglich; er läßt uns sehen, wie in jedes Lebensverhältniß bisweilen ein Strahl der Freude hineinleuchtet. Er macht uns nicht gleichgültig gegen die Noth der Armen durch falschen Trost über ihre Lage, sondern geneigt ihnen zu helfen, weil man sie mit so gar Wenigem erfreuen kann. Mit einem Worte, es sind, abgesehen von ihrem dichterischen Werthe, fruchtbringende Werke für die Menschenliebe und die Ausgleichung der Standesunterschiede.

Man hat freilich oft gesagt, die rechte Dichtung dürfe keine Tendenz, keinen Zweck haben. Was das heißt, habe ich aber nie verstehen können. Es muß in allem Geschaffenen doch nothwendig eine Idee sein, von der das Ganze belebt wird, wenn es nicht schattenhaft an uns vorübergleiten soll, wie die Bilder einer Phantasmagorie. Fehlt ein solcher Grundgedanke in einem Werke, so regt es auch Nichts in uns an; und was wir in uns aufnehmen, das muß Etwas in uns schaffen, wenn wir die Zeit nicht als verloren betrachten sollen, die wir darauf verwendet haben. Eine Dichtung soll uns erheitern, belehren oder erheben, und vor Allem uns mit jenem harmonischen Eindruck entlassen, den wir im Leben dauernd empfinden würden, wären wir im Stande, in jedem Augenblick die Gesammtheit der menschlichen Schicksale und ihren Zusammenhang unter einander, im Leben zu überschauen, wie in der Dichtung.

Die meisten der jetzt lebenden Romandichter Englands verstehen dies Geheimniß in hohem Grade. Fast alle haben dabei eine bewundernswerthe Technik und ein großes Talent für die Darstellung von Einzelnheiten, indeß glaube ich, daß man, verleitet durch den gerechten Beifall, den Dickens Detail-Schilderungen erworben haben, in eine allgemeine Nachahmung dieser Richtung zu verfallen beginnt, die der Kunst im Ganzen nicht vortheilhaft ist. Das Eingehen in das Kleinleben, das Verweilen auf all seinen Einzelheiten, gehört wesentlich zu Dicken's Anschauungsweise und ist schön in ihm; wenn aber nun Dichter, denen eine solche Darstellungsweise keine angeborne ist, wenn die ganze Novellen- und Romanlitteratur sich dieser Eigenthümlichkeit als einer allgemeinen Norm bemächtigt, wie es in England geschieht, und nun jeder es sich zur Pflicht macht, alle Miseren des täglichen Lebens, alle gleichgültigen Ereignisse bis in die kleinsten Färbungen auszumalen, uns jedes Viereck eines Bettkissens, die Schiebladen jedes Schrankes, die Bronzen jedes Kamines zu beschreiben, aus allen Arten und Unarten der Figuren eine Wichtigkeit zu machen, so wird und muß dadurch allmählich etwas Kleinliches, schwächlich Empfindsames in die Litteratur eines Volkes kommen. Als Rückschlag dieser jetzigen Richtung werden wir leicht möglich Werke wie Byron's unversöhnte Schöpfungen und Shelley's Beatrice Cenci erleben.

Ich kann es nicht leugnen, daß ich mich aus dem Stillleben der neuern englischen Romane oft zurücksehne nach den Werken Scott's und Bulwer's, wie man sich aus den behaglichsten Zimmern fortsehnt in die weite Welt, um aufzuathmen in vollen, freien Zügen. Man verlangt nach dem Anblick großer, gewaltiger Leidenschaft, wenn man diese kleinen Liebesleiden vor sich abspielen sieht, und wie nicht allein im Volke und in der Alltäglichkeit Tugend und Wahrheit wohnen, so ist auch im Alltagsleben und in den Verwicklungen und Nöthen desselben allein, nicht die »Welt und das

Leben« zu erblicken. Das Auge und der Geist werden matt, wenn sie immer nur auf das Nächste schauen, immer nur Details betrachten; die eingezwängte Phantasie nimmt nachher einen um so wildern Aufschwung, und ich möchte behaupten, daß sich dieser in der englischen Romanlitteratur nothwendig sehr bald zeigen wird.

Um London nicht zu verlassen, ehe ich die große, italienische Oper in Coventgarden gesehen, habe ich gestern der Aufführung der Hugenotten beigewohnt, und halte diese für die vollendeteste Operndarstellung, die ich erlebt habe. Mario sang den Raoul, die Grisi die Valentine, die Castellane die Margarethe von Valois, Formes den Marcel, Tagliasiko den Vater.

Das Motiv der Oper, an und für sich, bleibt eines der großartigsten die sich denken lassen, und die Scene, in der Valentine und Raoul, er verborgen in einem Gemache neben ihrem Saale, die Verschwörung zum Morde der Hugenotten mit erleben, wirkt immer tief erschütternd, so oft man sie auch gesehen hat. Das Septuor von Männerstimmen, der Chor der Priester, welche die Kreuze vertheilen und die Waffen segnen, und dann, als die Priester sich entfernt haben, Raouls schaudernbdes Hervorstürzen aus dem Verstecke — Valentinens Flehen ihn zur Flucht zu bewegen, während schon die Glocken das Zeichen zum Beginn des Mordes geben und Raoul sich von ihr losreißt, die er fälschlich für eine Buhlerinn gehalten und verschmäht hat — endlich ihr verzweiflungsvolles: »restai io t'amo!« mit dem sie vor ihm niederstürzt, waren vortrefflich. Raouls im Todesschmerz aufjubelndes: »tu m'ami!« hat gewiß nie eine Stimme wahrer ertönen lassen. Man empfand es im Klange dieses Tones, man sah es an dem Aufblühen der Freude, an dem Beben der Gestalt, daß er schwindelte vor dem ungeahnten Glück. So fernabliegend es war, fiel mir urplötzlich die Tizian'sche Himmelfahrt der Jungfrau in der Akademie delle belle Arti in Venedig ein, denn nur in der Gestalt und in dem Kopfe jener Maria habe ich den Ausdruck ganz unerfaßbaren Glückes gesehen, den Mario in sich zur Erscheinung zu bringen wußte. Eben so meisterhaft war er in der Scene, in der Valentine ohnmächtig zusammenbricht, und er, bald von dem Fallen der Schüsse nach dem Fenster gezogen, bald von der Sorge um die Geliebte zu ihr zurückgerufen, ihr endlich mit leise bebender Hand das Haar von der Stirn streicht, sie küßt und fortstürzt den Glaubensgenossen beizustehen. Danach Marcels, des bereits Verwundeten, Trauseegen über die Liebenden, während an der Pforte des Klosterhofes schon die Schüsse krachten und die Aexte dröhnten — das wurde Alles mit so tiefer, edler Wahrheit dargestellt, daß mir die Thränen aus den Augen stürzten.

Mario ist der Sohn des Gouverneurs von Nizza, eine edle, männliche Erscheinung von würdiger Haltung und mit dem prächtigsten Stimmorgane. Es fehlt den Tenorstimmen, wenn sie so weich sind wie die seine, oft an Kraft, aber Marios Stimme steigt wie eine volle Blüthe jugendlicher Männlichkeit aus seiner Brust empor. Es ist eine Wonne ihn zu hören. — Die Grisi, Mario und Tagliafiko sind schöne italienische Gestalten. Die Grisi in Profil, Kopfform und Büste wahrhaft klassisch, obschon sie Etwas zu stark ist. Sie sah im Reitanzuge alt und nicht gut aus, später im Hofkleide und besonders im Nachtgewand, wo die schönen, vollen Glieder mehr zur Geltung kamen, war sie prächtig. Ihr Spiel und ihr Gesang sind großartig, namentlich ist in ihrer Stimme jene erschütternde Gewalt, die in einfachen, langgehaltenen Tönen so mächtig wirkt. Auch Formes Organ ist ein so gewaltiges. Man tadelt hier sein noch etwas wildes Spiel, das mir aber gefallen hat, eben weil es natürlich und nicht konventionell ist, und weil es außerdem der Rolle des Marcell ganz angemessen war.

Bald nach meinem Besuch in dem Model Lodginghouse habe ich an einem Tage zwei Omnibusfahrten gemacht, von denen die eine komisch, die andere recht beängstigend gewesen ist. Es war am letzten Sonntage. Ich hatte versprochen ihn bei einer befreundeten Familie zuzubringen, die nördlich vom Regentspark in den neuen Stadttheilen wohnt. Als ich Mittags hinging, brach fast aus heller Luft ein Gewitterregen so plötzlich über der Stadt aus, daß man nicht wußte, wie man schnell genug ein Cab oder einen Omnibus erreichen sollte. Eine Omnibusfahrt in solchem Regen ist aber nichts weniger als angenehm. Man mußte alle Fenster schließen und es war drückend heiß. Dazu brachte jeder Einsteigende eine wahre Wasserfluth mit sich. Einer sah sich von dem Andern zu entfernen, aber jede Bewegung des Einzelnen brachte die Uebrigen nur noch näher zusammen und preßte den nassen Shawls und Tüchern neue Wasserströme aus. Ließ ein

7*

Passagier halten, um abzusteigen, so verfinsterten sich alle Gesichter, denn nun trat er mit den nassen Stiefeln unbarmherzig über all die hellen Sommerkleider und Pantalons fort, während er selbst lamentirte, daß er abermals in den Platzregen hinaus sollte. Wollte Jemand einsteigen, so war es noch schlimmer, die wüthendsten Physiognomien empfingen ihn. Einmal kam eine Frau mit ihrem Baby auf dem Arme, von dessen langen weißen Kleidern das Wasser herunterrieselte. Die Mutter komplimentirte, damit man ihr das Kind abnehme und sie einsteigen könne. Hülfreich wie die Engländer sonst sind, mochte sich jetzt doch Niemand dazu entschließen, besonders da das Baby jämmerlich zu schreien anfing. Endlich reichte es der Conducteur einem ältlichen Herrn, die Dame kam in den Wagen, setzte sich neben mir nieder, und abermals floß ein Wasserguß über meine armen Füße herab. Allmählich fingen nun die nassen Tuchröcke der Männer in der Hitze des Wagens auszudampfen an, der Geruch war unerträglich. Dazu schrie das Kind immer ärger, und der jungen Mutter blieb endlich Nichts übrig, als ihre nassen Kleider zu öffnen und es an die Brust zu nehmen. So fuhren wir von Edgeware Row bis Tottenhamcourt Road, wo ich, glücklich den

Wagen zu verlassen, nur noch ein Paar Schritte bis zum Hause einer Bekannten hatte, bei der ich das Ende des Regens abwarten konnte.

Indeß die Heimkehr war noch schlimmer. Als es zu dunkeln anfing, hatten meine Freunde mich bis zu einem Halteplatz des Omnibus begleitet, wo sie mich nicht eher verließen, bis ich eingestiegen war und der Wagen abfahren sollte. Aber der Kutscher fuhr nicht ab, sondern hielt, um noch mehr Passagiere zu erwarten. Nach einer Weile kam ein zweiter Omnibus, dann wieder zwei zu gleicher Zeit. Die Kutscher lachten darüber, wir hielten immerfort, es sammelten sich sechs Omnibus auf dem Platze. Aus dem Lachen und Scherzen der Kutscher entstand aber ein Zank darüber, wer zuerst abfahren sollte, und endlich, nachdem der Wirth des Gasthauses, vor dem wir uns befanden, und ein anderer auf der Straße stehender Mann sich vergeblich in's Mittel gelegt und Frieden zu stiften versucht hatten, fuhren vier Omnibus gleichzeitig ab. Nun wollten die fluchenden Kutscher einander überholen, und die Wagen ras'ten in solcher Schnelle und so dicht nebeneinander her, daß die Räder zusammenstießen und die Fenster klirrten. Die Frauen im Omnibus weinten vor Angst und kauerten sich auf den Boden, die Männer rissen die

Fenster auf, schrien dem Conducteur, dem Kutscher zu, riefen nach Constablern, drohten mit gerichtlichen Klagen — umsonst! Sie hätten noch viel stärker schreien können, es hätte es Niemand vor dem wahnsinnigen Lärm gehört, den diese Höllenfahrt machte. Als denn endlich unser Wagen auf das wiederholte, donnernde stop! eines Mannes stille hielt, und ich aussteigen konnte — es war in Backerstreet Newroad — war mir, obschon der Kopf mir schwindelte, doch ganz leicht um's Herz. Nach dem sehr schwülen Tage hatte es sich abgeregnet, die Luft war leicht und frisch voll Lindenblüthenduft aus den Terrassen, und ein sanftes Mondlicht am Himmel. Ich konnte mich nicht entschließen in einen andern Omnibus zu steigen, sondern ging, da es erst neun Uhr war, zu Fuß nach meiner Wohnung. Die Menschen wogten wie Ameisenhaufen in den Straßen; dabei war es doch sonntäglich still und sehr anmuthig — nur die unglückseligen Straßendirnen schwankten wieder an den Ecken umher, und balgten sich aus Zorn oder aus Neckerei, mitten auf dem Trottoire an der Ecke von Oxfortterrace. Das ist ein Elend, an dessen Anblick ich mich nicht gewöhnen lerne — und es wäre auch schlimm, könnte man das.

Den 23. Juli.

Gestern Morgens war ich mit R. L. in dem Pentonville-Gefängniß, im nördlichsten Theile Londons. Wir brauchten, obschon der Cabman schnell genug fuhr, eine volle Stunde, ehe wir es von meiner Wohnung aus erreichten. Das Institut ist für fünfhundert zwanzig Sträflinge eingerichtet, und wird nach dem pensylvanischen Grundsatz der Absonderung verwaltet. Ursprünglich sollten nur Männer von achtzehn bis fünf und dreißig Jahren darin aufgenommen werden, welche ihres ersten Verbrechens überwiesen waren, und Niemand sollte länger als achtzehn Monate darin verweilen. Jetzt aber hat man diese Verordnung aufgehobeu. Man bringt ohne Berücksichtigung des Alters Sträflinge darin unter, wenn sie nach dem Urtheil der Aerzte geeignet sind, ein Jahr einsamen Gefängnisses zu ertragen; denn man hat es nöthig gefunden den Termin von achtzehn Monaten auf ein Jahr, als längste Strafzeit im Pentonville-Gefängnisse herabzusetzen. Ferner schickte man die Sträflinge früher von Pentonville, je nachdem sie sich aufgeführt hatten, mit einem Entlassungsschein oder mit einem Probepasse nach Australien; aber auch darin hat man die Abänderung getroffen, daß sie nicht direkt transportirt, sondern gewöhnlich erst zu den öffentlichen Zwangsarbeiten in Woolwich oder Portsmouth verwendet werden.

Das Gefängniß wurde im Jahre 1842 gebaut, und sieht von Außen einer stattlichen Feste des Mittelalters ähnlich, wie das Zellengefängniß in Berlin. Auch die innere Einrichtung ist dieselbe. Die Corridors der verschiedenen Etagen laufen sternförmig von demselben Centrum aus, und im Centrum stehend, kann der Aufseher sämmtliche Gallerien überwachen. Die Zellen liegen zu beiden Seiten des Corridors. Jede Zelle hat Gaserleuchtung bis Abends neun Uhr, jede eine Röhre mit frischem Wasser, ein Bett, einen Tisch und ich glaube auch einen Stuhl.

Die Gefangenen tragen graue Tuchanzüge und braune Mützen, an denen sich ein Visir von Tuch mit zwei Augenlöchern befindet, das sie über das Gesicht ziehen müssen, wenn sie die Zelle verlassen. Haar und Bart wird ihnen, im Gegensatz zu den deutschen Zuchthäusern, hier nicht abgeschnitten. Zweimal in der Woche hat jeder Sträfling vier Stunden Unterricht im Lesen, in Arithmetik, Schreiben, Religion und Naturgeschichte. In allen Zellen fanden wir die dahin einschlagenden Elementarbücher, und eine Holztafel an der Wand, auf welche die Gefangenen ihre Fragen schreiben können, wenn ihnen der Unterricht nicht ganz verständlich gewesen ist. An den Tagen, an denen sie keine Schule haben, besucht der Lehrer die einzelnen Zellen und beantwortet die angemerkten Fragen. Wenn sie zur Schule oder zur Kirche geführt werden, so gehen sie mit geschlossenem Visir in Entfernungen von fünf, sechs Schritten hinter einander her, welche Regelmäßigkeit dadurch bewerkstelligt wird, daß der Aufseher die Zellen in bestimmten Intervallen nach einander öffnet. Ein zweiter Aufseher überwacht sie während ihres Weges.

Der Schulsaal ist ebenfalls sternförmig und zugleich amphitheatralisch gebaut, die einzelnen Sitze durch so hohe Wände von einander geschieden, daß die Gefangenen sich unmöglich sehen können. Ueber jedem Platze hängt die Nummer des Sträflings. Im Centralpunkte, wo sich der Catheder des Lehrers befindet, steht ein Inspektor, der, wenn die Schule beendet ist, ein Rad dreht, das mit einem großen Zifferblatte correspondirend, den Zeiger desselben in Bewegung setzt. Bei jeder neuen Zahl schlägt eine Glocke an, und der Gefangene, dessen Nummer der Zeiger weist, verläßt seinen

Platz und geht, eben so bewacht wie auf dem Hinwege, in seine Zelle zurück.

Wir wohnten dem Schluß der Schule bei. Es war ein sehr trauriger Anblick, diese Menschenmenge in den Fächern sitzen zu sehen, die abgetrennt von der Welt, in dieser furchtbaren, künstlichen Einsamkeit, meistens die Schuld ihrer unglücklichen Verhältnisse zu büßen haben. Einige Köpfe zeigten einen recht stumpfen, verthierten Ausdruck, die meisten sahen aber traurig und gutmüthig aus. Obschon wir hinter einem Vorhange standen, wurde ein schöner, junger Mensch uns gewahr, und wendete sich, mit heißem Erröthen seitwärts, sich so viel als möglich unserm Auge zu entziehen.

Eine Stunde des Tages ist den Sträflingen für die Bewegung in freier Luft gestattet. Auch der Spatzierraum besteht aus einzelnen Gängen zwischen fächerförmigen Mauren. Eine Seite jedes Weges ist überdacht, um sie vor dem Regen zu schützen, die andere ist frei. Wir konnten von einem Plateau des Hauses, auf das man uns geführt hatte, sämmtliche Gänge übersehen. Es war ein herzzerreißender Anblick, namentlich erschütterte uns das Leiden eines sehr kräftigen, untersetzten Burschen, der mit der Wildheit eines Panthers, in dem kleinen Raume umherlief, obschon die Sonne senkrecht auf ihn herniederglühte. Er hatte seine Jacke zur Erde geworfen und rannte mit heftigen Armbewegungen auf und nieder, wie Einer, der sich im großen Gewühle schnell Bahn zu brechen hat. Man litt mit ihm die Qual der Beengung bis zur höchsten Marter. Die meisten Andern gingen, langsam und melancholisch sich fortschleppend, unter den Schirmdächern einher. — Fast alle Gefangenen sahen gesund aus. In der vorjährigen heftigen Choleraepidemie haben sie keinen Krankheitsfall in dem Gefängnisse gehabt. Sie werden aber auch so gut beköstigt, daß sicherlich drei Viertel der Verbrecher nicht in dem Gefängnisse sein würden, wenn sie außer demselben eine so gute Nahrung gehabt hätten als hier.

Sie erhalten Morgens drei Viertel Pinte Cakao mit Rohzucker und Weißbrod, Mittags eine Pinte trefflicher Fleischbrühe mit Graupe, sehr stark gewürzt — man nöthigte uns in der Küche davon zu kosten — einen Teller in Dampf gekochter Kartoffeln und ein Viertel Pfund Fleisch. Abends Mehl- oder Graupensuppen und zu beiden Mahlzeiten ein großes Stück Weißbrod. Die geringe Fleischportion ist ausreichend, weil in der Suppe die Fleischtheile ganz zerkocht und die Suppe gallertartig dick ist. Die Küche, der Koch, sämmtliche Geräthe glänzten von Sauberkeit. Als Küchengehülfen werden Gefangene beschäftigt, die sich gut aufgeführt haben. Es ist das eine Belohnung ihres Betragens. Sie vertauschen dann für die Zeit der Arbeit die Gefängnißkleidung gegen die weißen Küchenanzüge, sehen einander, werden aber streng bewacht, und dürfen auch hier nicht mit ihren Genossen sprechen.

Nach den Statuten sollten die Gefangenen in verschiedenen Handwerken unterrichtet werden, um sich nach der Uebersiedlung in den Colonien ihr Brod damit verdienen und den Ansiedlungeu nützen zu können. Es hat sich indeß herausgestellt, daß zur Erlernung eines Handwerkes die Zeit von einem Jahre nicht ausreichend ist, und daß man unnütz das Material bei den Schmieden, Tischlern u. s. w. verschwendete, weil Niemand so ungeschickt gearbeitete Artikel kaufen wollte, als sie aus den Werkstätten des Gefängnisses hervorgingen. Man ist also dahin gekommen, die Einzelnen, welche ein Handwerk können, in demselben für das Institut arbeiten zu lassen, so weit das mit der Beaufsichtigung und Disciplin vereinbar ist. Die Uebrigen lehrt man Baumwoll- und Wollen-Weberei, Teppichweben, Schuhmachen und Schneidern, und verwendet ihre Erzeugnisse ausschließlich für Pentonville-Prison und für die Strafarbeiter in den Häfen, um der Arbeit des freien Mannes nicht durch die Arbeit der Sträflinge Concurrenz zu machen. Nur die in Pentonville verfertigten Fußteppiche, eine grobe aber nicht unschöne Arbeit, kommen in den allgemeinen Handel.

Die Gesundheit der Gefangenen ist nach den Registern gut, sie haben aber doch in diesem Jahre drei Versuche von Selbstmord durch Halsabschneiden, vier Fälle von Wahnsinn, und eine vorbeigehende Geisteskrankheit in dem Gefängnisse gehabt. Diese Fälle von Wahnsinn sind nach dem fünften, sechsten, siebenten und zehnten Monat der Einsamkeit hervorgetreten, und die Versuche von Selbstmord wurden nicht von wilden, heftigen oder als unverbesserlich betrachteten Menschen gemacht, sondern von stillen Charakteren, die in Schwermuth verfallen waren. Ueberhaupt macht der Arzt des Gefängnisses in dem Bericht an die Regierung darauf aufmerksam, daß er noch in keinem Jahre eine so große geistige Reizbarkeit der Gefangenen beobachtet habe, als in dem letzten, und daß sie ihm eine Quelle großer Sorge gewesen sei. Allerdings ist das System der Einsamkeit auch ein sehr schweres für den Sträfling. L., der viel nerveuser und gefühlvoller ist, als seine abgeschlossene Außenseite verräth, war todtenblaß und ganz sprachlos geworden, so gewaltig hatten diese Zustände ihn erfaßt. Erst als wir des Fortschrittes gedachten, der zwischen dieser Vorsorge für die Besserung des Menschen, und jener Zeit liegt, in der man die Verbrecher in finstern, unterirdischen Kellern, in verpesteten Höhlen verschmachten ließ, athmete er wieder freier auf.

Noch tief bis in das achtzehnte Jahrhundert hinein sollen die Londoner Gefängnisse, namentlich Fleetprison und Newgate wahre Pesthöhlen gewesen sein. In Newgate waren die Gefangenen so aufeinander gepfercht, daß sich unablässig die bösartigsten Krankheiten erzeugten. Das »Gefängnißfieber«, eine Art von Typhus, hörte fast niemals dort zu wüthen auf, die Gefangenen starben dutzendweise, und die Leichen wurden ohne weiteres auf Karren geladen und in ein offenes Grab des Kirchhofes von Christ Church geworfen. Noch im Jahre 1750 entstand durch die Ausdünstungen von Newgate und dem nahegelegenen Kirchhofe eine Epidemie in dem ganzen Districte, die sich auch dem Sessionshause der Richter mittheilte, und dem Lordmayor, einem Alderman und einer großen Anzahl von Richtern, Geschworenen, Advokaten und Zeugen das Leben kostete. Von da ab sind denn fortdauernd Verbesserungen eingeführt und in den siebenziger Jahren ist endlich ein neues Gefängniß erbaut worden. Indeß noch ehe es ganz vollendet und während es erst theilweise von Gefangenen bewohnt war, zerstörte das Volk in einem Auflaufe jenes Gebäude wieder und befreite die dreihundert Sträflinge, welche sich darin befanden.

Das jetzige Newgate-Gefängniß sieht wie die Palläste des mittelaltrigen Italiens aus, wie das Kastell in Ferrara, oder Palazzo Strozzi in Florenz. Es nimmt fast eine ganze Straße ein, zwischen Hollborn Hill und Cheapside, und noch sieht man über seinem Thore die eisernen Ketten und Ringe, die Werkzeuge der Hinrichtungen. Irre ich nicht, so ist die Sentenz an dem Manning'schen Ehepaare auch hier, mitten in der City, vor Newgate vollzogen worden. — Jetzt soll die innere Einrichtung von Newgate eine ganz musterhafte sein.

Wenn man übrigens bedenkt, was die Erhaltung der Gefängnisse kostet, so kommt man doppelt auf das Urtheil des Lords zurück, der in dem Meeting für die Ragged Scools so eifrig für die Mittel zur Verhütung von Verbrechen sprach. Das Gefängniß von Pentonville hat im letzten

Jahre dreizehn tausend zwei hundert funfzig Pfund gekostet, und wieder fiel mir der Vers aus jenem Bäckerladen ein: better build scoolroms for the youth than prisons for the man. Es ist übrigens wichtig, daß in Pentonville mehr als zweidrittel der Verbrecher unverehelicht sind, größtentheils Menschen, welche außerhalb der Familie lebten und in der Welt allein da standen. Von sechshundert Gefangenen waren nur hundert neun und sechzig verheirathet, und der Geistliche des Gefängnisses weist in seinem Berichte nach, daß nicht Mangel an Schul- oder Religionsunterricht die Verbrechen erzeugt habe, sondern fast immer der Mangel an dem regelnden Einfluß des Familienlebens. Daher wird denn auch in England dafür Sorge getragen, daß dem aus den öffentlichen Strafarbeiten zur Transportation entlassenen Züchtlinge, wenn er verheirathet ist, seine Familie nach den Colonien mitgegeben wird, und die Commune trägt die Kosten ihrer Ueberfahrt. Es reducirt sich also auch hier Alles darauf, ein auskömmliches Familienleben für den Arbeiter zu ermöglichen, und das wird nur durch Association zu erreichen sein.

Ich fange an beständig Association für Socialismus zu sagen, weil in ganz Deutschland die Leute vor diesem Worte stets erschrecken, während alle ihre vernünftigen Einrichtungen vom Geiste des Socialismus erzeugt sind. Sie haben das Wort durch ihren Unverstand so heruntergebracht, wie den Begriff von der Emancipation der Frau. Ein Mensch, dem Nichts heilig ist, und ein Socialist, ein sittenloses Weib und eine emancipirte Frau, sind ihnen gleichbedeutend geworden. Die innere Unklarheit der Menschen richtet die Worte zu Grunde. Ich sprach neulich einmal mit H. darüber, der mich darauf aufmerksam machte, um wie viel nachtheiliger die Unklarheit, und mehr noch die Demoralisation, in Frankreich auf das Wesen der Sprache gewirkt haben. Die Sittenlosigkeit hat dort den Sinn der Worte entstellt und sie dadurch unbrauchbar gemacht. Un gars, das weibliche Wort von garçon, das so schön klingt in der alten Poesie, ist das niedrigste Schimpfwort geworden; sie haben die schönen Ausdrücke pucelle und fille entweiht und jetzt klebt schon an demoiselle ein gewisser, unedler Zweifel. Es wird eine große, schöne, heidnische Sündfluth über unsere Civilisation kommen müssen, die guten alten Worte wieder rein zu waschen! und die wachsende Menschenliebe wird auch eine neue sittliche Freiheit und damit neue Schönheit erzeugen.

Vom Zellengefängniß rückkehrend ließ ich mich in das Brittische Museum fahren, das ich noch vor der Abreise von London, die nun auf den sieben und zwanzigsten festgesetzt ist, wieder zu sehen wünschte, um die Ninivehfragmente noch einmal zu betrachten, nachdem ich das Kupferwerk von Layard in Händen gehabt und mich also einigermaßen mit der Bedeutung der Reliefs bekannt gemacht habe.

Was ich von der Darstellung der Kriegsthaten erzählt, von der Verherrlichung des Herrschers, als des einzigen Wesens, dessen Thun und Leben Bedeutung hat, ist richtig gewesen, wie ich aus den Layard'schen Erklärungen ersehen; meine Vermuthungen über die Menschen mit Thierköpfen waren aber falsch. Es sind nicht Masken, weder kriegerische noch kirchenfestliche, sondern theils Symbole von der Erhabenheit des höchsten Wesens, theils anderweitige symbolische Darstellungen — vielleicht feindlicher Volksstämme, da der König sie oft tödtet in den Bildwerken. Auch die Stiere und Löwen mit Flügeln und Menschenhäuptern, die ebenfalls in Niniveh gefunden worden, sind Symbole. Was aber die Figuren mit dem Adlerkopfe betrifft, die sich häufig wiederholen, theils kolossal mit einem Pinienapfel in der einen und einem Henkelgefäße in der andern Hand, theils als kleine Stickereien auf den Gewändern der Priester und Könige, so sollen sie mit den Greifen der griechischen Mythologie im Zusammenhange stehen. — Ein Gefäß, wie diese Figuren es in der Hand halten, trägt, so viel ich mich errinnere, auch die Begleiterin der egyptischen Landesgottheit auf einem pompejanischen Wandgemälde, in dem Isis die gelandete Io empfängt. In gleicher Weise aus der alleraltesten Vorzeit stammend ist die Behandlung der Gewänder, in langen, schmalen Falten, wie sie sich noch bei den Amazonenstatuen der römischen Zeit vorfindet. Sie ist auf den Ninive Reliefs in den Gewändern einzelner Figuren schon unverkennbar ausgedrückt. Es liegt darum ein ungewöhnliches Interesse in diesen Bildwerken, weil sie einer Zeit angehören, mit der wir mehr Zusammenhang haben, als mit den präadamatischen Skulpturen der Egypter, und weil sie die Richtigkeit der, in dem alten Testamente durch die Juden aufbewahrten, geschichtlichen Thatsachen dokumentiren.

Für das Verständniß der Culturgeschichte ist sehr viel gewonnen, wenn man die Verbindungsglieder der einzelnen, bekannten Erscheinungen finden kann wie hier, und mehr noch ist für die historische Auffassung der Bibel mit der Entdeckung der Niniveh- und Babylon-Skulpturen und mit der Erklärung der Keilschrift von Bisutun geschehen. Ich hoffe immer, es finden sich noch einst die Beweise für die eigentliche Wirksamkeit von Jesus. Dann wird die Jenseitigkeit aus seinem Leben heraus gebracht und die mystische Offenbarung in ein Stück gesunder Reformationsgeschichte verwandelt werden. Man hatte zu Jesus Zeiten nur nicht mehr die steinerne Geschichtschreibung von Bisutun.

A., dem ich es aussprach, wie lebhaft diese orientalische Plastik mich interessire, sagte mir, daß jene Inschrift von Bisutun sich an einem künstlich, glatt gehauenen Marmorfelsen befände, der sich siebzehn hundert Fuß hoch über der Ebene von Babylon ostwärts nach Ekbatana erhebt. Um das Werk vor Zerstörungen zu bewahren, ließ Darius die Inschrift und die Skulpturen dreihundert Fuß über dem Erdboden anbringen, und diese Höhe allein hat sie vor dem Fanatismus der Araber geschützt. Major Rawlinson, der die Inschriftsplatten genau besichtigt hat, bemerkt, der Felsen sei so sorgsam polirt, daß man selbst Spalten und Risse mit Einsatzstücken ausgefüllt habe, welche mit geschmolzenem Blei befestigt sind, so daß man die Fugen noch jetzt kaum bemerken kann. Die Ausführung der Inschrift soll ihres Gleichen nicht haben in der Welt. Die Schrift ist Medisch und Persisch, das Letztere steht zu oberst, und die Schriftzeichen sind mit einem Firniß überzogen, der die Umrisse hervorhebt und zugleich die Schrift vor dem Einfluß des Wetters schützt. Dieser Firniß soll da, wo er erhalten ist, härter sein als selbst der Marmor. Ueber jeder Figur steht ihr Name und ihre Geschichte — es sind eben die großartigsten Memoiren, welche die Welt aufzuweisen hat.

Soll aber dieser Brief nicht zu dreifacher Portohöhe anwachsen, so muß er heute fort. Ich schreibe noch einmal, ehe ich London verlasse.

Einundzwanzigste Sendung.

Vom 24. bis 27. Juli.

Nun bin ich endlich auch zu dem Besuche im Whittington Club gekommen. Er führt seinen Namen von einem Lordmayor von London, der zur Zeit des Mittelalters, als ein armes, verlassenes Waisenkind, sich durch eigene Kraft und Ausdauer zu einem der angesehensten Männer seines Vaterlandes emporschwang. Ein Bild des einsamen Knaben, der traurig und müde unter einem Baume niedergesunken ist, hängt in dem Drawing-Room des Clubs. Die Sage erzählt, er habe aus Noth London verlassen, um in der Umgegend Arbeit und Brod für sich zu suchen. Ungewiß, wohin er seine Schritte wenden solle, habe er au dem Meilensteine von Highgate rastend, plötzlich die Glocken von Bowchurch zu sich herüber klingen hören und in ihrem Geläute die Worte vernommen:

Turn again Whittington,
Lord Mayor of London!

Das hat ihn wie ein Strahl vom Himmel durchzuckt, er ist muthig aufgestanden, nach London zurückgekehrt, um den Lebensweg zu beginnen, der ihn zu seinem ehrenvollen Ziele geführt hat.

Der Whittingtonclub befindet sich in der City, in einem großen, alten Gasthause des Strand, das die Gesellschaft vor einigen Jahren gekauft, und für ihre Zwecke angemessen ausgebaut hat. Er zählt neunzehn hundert Mitglieder, darunter aber mehrere hundert verheirathete und unverheirathete Frauen, und ist, wie ich schon früher erwähnte, den arbeitenden Mittelklassen bestimmt. Die Männer zahlen zwei Guineen, die Frauen eine halbe, auswärtslebende Theilnehmer eine Guinee jährlichen Beitrag. Die Frauen genießen innerhalb des Clubs alle Berechtigungen der männlichen Theilnehmer, und jeder über vierzehn Jahre alte Mensch kann als Mitglied aufgenommen werden. Wer ein und zwanzig Jahre alt, ein halb Jahr lang Theilnehmer des Clubs und nicht von ihm als Beamter besoldet ist, ist wählbar für das Vorsteheramt, das aus ein und zwanzig Personen zusammengesetzt ist.

Neben den Bequemlichkeiten, welche alle Clubs zu bieten sich die Aufgabe gestellt haben, bietet der Whittingtonclub seinen Theilnehmern Gelegenheit zur Erweiterung ihrer Bildung. Es werden periodische Vorlesungen über Literatur, Wissenschaft und Kunst gehalten, während zugleich fortdauernde Klassen für Geschichte, lebende Sprachen, Vokal-Musik, Fechten und Tanzen eingerichtet sind, in denen gute Lehrer gegen ein sehr geringes Honorar den gewünschten Unterricht ertheilen. Einmal in der Woche, am Dienstag, werden die großen Säle erleuchtet, und von 8 bis 10 Uhr entweder getanzt oder ein Conzert ausgeführt, wozu man Einladungen für Fremde erhalten kann. Endlich besitzt der Club außer den, in den Lesezimmern ausgelegten Zeitschriften, und einer Bibliothek klassischer Werke, noch eine Leihbibliothek für moderne Unterhaltungslitteratur, und eine eigene Wochenschrift. Diese Letztere wird von dem Vorsteheramte des Clubs redigirt, und beschränkt sich, so weit ich es aus den mir mitgetheilten Blättern sehen konnte, hauptsächlich auf die Angelegenheit des Clubs; auf die dort gehaltenen Vorlesungen ꝛc.

Es ist eine der freisinnigsten und zweckmäßigsten Einrichtungen. Weder nationale, noch religiöse oder ständische Verschiedenheit hindern die Aufnahme in den Verein. Von Morgens acht Uhr bis Abends zwölf Uhr sind die Räume des Hauses der Association geöffnet, und zu allen Tageszeiten sieht man Frauen und junge Mädchen ankommen, welche sich mit den dort anwesenden Männern zu Tische setzen, um à la carte ihr Mittagbrod einzunehmen, oder neben ihnen in den Lesezimmern zu lesen und Abends nach der Arbeit bei Lektüre und Unterhaltung ihren Thee zu trinken.

Als man den Klub begründete, fand er großen Widerspruch. Er hatte Angriffen aller Art zu trotzen, welche sich besonders gegen die Aufnahme der Frauen richteten und diese zu verdächtigen suchten. Indeß man ließ sich nicht irren, das Institut gedieh und bewährte sich als etwas so Zweckmäßiges, daß man damit umgeht, im Westende, gerade im Interesse der Frauen, einen Filialklub zu errichten. Wenn man bedenkt, welche große Anzahl von Frauen und Mädchen in London, allein durch Unterrichtgeben außer dem eigenen Hause beschäftiget ist, so muß man einsehen, wie hilfreich allen diesen Personen eine Anstalt entgegenkommt, . in der sie die Pausen zwischen ihren Arbeitsstunden nicht nur schicklich, sondern angenehm

8*

und förderlich zubringen können. Es sind, außer den gemeinsamen Lese-, Speise- und Conversationszimmern noch ein Rauchsaal für die Männer, und zwei große Stuben für Frauen allein eingerichtet, in denen Toiletten und Nähgeräth befindlich ist. Sie können dort so ruhig und ungehindert arbeiten, als in der eigenen Wohnung. Die Collegia und der Unterricht, welche in dem Whittingtonklub gehalten werden, sind für beide Geschlechter gemeinschaftlich, und darin, in der aus dem freien Verkehr sich entwickelnden Gesittung beider Geschlechter, scheint mir der größte Vorzug dieses Vereines zu bestehen.

Der Whittingtonklub leistet, was die Gegenwart zu leisten berufen ist. Er giebt dem Arbeitenden Gelegenheit sich zu bilden, sich nach der Arbeit zu geistigem Genusse zu erheben, und er weiset der Frau die ihr gebührende Stellung neben dem Manne an. Von der geistigen Fortbildung der Arbeitenden und der Frauen hängt aber das Heil der Zukunft ab. Jede Frau ist ein Missionair, der ausgesendet wird in den Kreis einer neubegründeten Familie, die Seelen zu gewinnen für die Wahrheit; und ein Volk, das diesen Grundsatz in einer Weise begriffen hat, wie die Engländer, ist seiner Fortentwicklung zu der höchsten menschlichen Vollendung sicher.

Wenn ich bedenke, wie tausendfältig wir bei uns die Phrase hören: ein Mädchen kann dieses oder jenes nicht thun, hieher nicht allein gehen, dort nicht mit einem jungen Manne allein bleiben — Vorsätze hinter denen sich immer, mehr oder weniger bewußt, als Nachsatz die Furcht vor elender Leichtfertigkeit oder noch schlimmerer Rohheit der Männer verbirgt — so erscheint mir der Whittingtonklub erst recht als ein Beweis großer Civilisation. Wir sind dahin gekommen, uns auf Schicklichkeitsgesetze Etwas einzubilden, uns aus Anstandsregeln ein Ehrenbewußtsein zu machen, auf die stolz zu sein wir dasselbe Recht haben, wie ein Kranker, der sich Etwas weiß mit dem schwarzen Pflaster, welches die Wunde seines Krebsschadens dem Auge verdeckt. Das ganze gesellschaftliche Verhalten der beiden Geschlechter zu einander, ist — man muß sich das endlich offen eingestehen — auf die Voraussetzung gegründet, daß ein junger Mann kein junges Weib allein sehen könne, ohne es durch Zudringlichkeit zu beleidigen oder zu entehren. Ein junges Mädchen darf nicht allein das Zimmer eines fremden Mannes betreten, selbst eine Frau vermeidet das gern. Sie wissen sich

Etwas damit, daß sie es nicht thun. Die Mütter betonen es scharf, absichtlich, wohlgefällig, daß sie ihre Töchter niemals mit einem jungen Manne allein gelassen haben, und Niemand denkt daran, welch eine jämmerliche Lebensauffassung sich hinter diesem Bewachungssystem verbirgt, welch ein Sittenzeugniß uns damit ausgestellt wird. Unser Freund Gustav von Putlitz, ein Mann von reiner Gesinnung, von richtigem Empfinden, hat in dem kleinen Lustspiel »Seine Frau« es einmal recht deutlich dargethan, bis zu welchem Wahnsinn die aus Sittenlosigkeit entstandene Tugendpolizei unter uns gediehen ist. Das Motiv des Stückes ist ganz einfach. An dem Wagen eines jungen Mädchens, das mit Diener und Kammerjungfer eine Reise über Land macht, bricht die Achse entzwei, und die Dame ist genöthigt in einem nahegelegenen Hause ein Obdach für die Nacht zu suchen. Es findet sich, daß der junge Besitzer desselben ihren Vater kennt. Sie wird auf das Zuvorkommendste empfangen. Kaum aber ist sie eingetreten, so taucht in ihrem Wirthe der Gedanke auf, das Mädchen werde es nicht annehmen eine Nacht unter seinem Dache zuzubringen, weil er unverheirathet sei. Fortgehen kann und mag er sie nicht lassen, er besinnt sich also auf einen Ausweg, und giebt vor, um der Fremden alle Verlegenheit und alles Bedenken zu ersparen, daß er eine Frau habe, die von Krankheit verhindert, nicht erscheinen könne, den Gast zu begrüßen. Damit haben plötzlich die beiden armen Seelen, der Mann und das Mädchen, Ruhe vor dem bösen Gewissen der unsittlichen Anstandsforderungen. Sie verkehren den Abend heiter mitsammen, verlieben sich schnell in einander und heirathen sich zum Schlusse, womit den letzten Bedenklichkeiten genügt wird, so daß das Publikum ganz ruhig nach Hause gehen und unbesorgt sein kann um den guten Ruf und die bürgerliche Ehre seiner Heldinn.

Von all den Hunderten, die solch ein Stück mit ansehen und beklatschen, sagen sich vielleicht nicht zehn Männer und nicht fünf Frauen: »aber solch einem Lustspiele liegen ja Voraussetzungen zum Grunde, die haarsträubend sind!« Der wilde Tscherkesse ehrt und beschützt die Tochter seines Feindes, welche ein Unglücksfall hülfefordernd vor seine Thüre führt; und der europäische Ehrenmann ist so demoralisirt in seinem eigenen Bewußtsein, so verwirrt durch die allgemeine sittliche und unsittliche Confusion unserer Zustände, daß er eine List ersinnt, damit die Tochter seines Freundes sich sicher fühle unter seinem Dache, damit sie und die andern Menschen nicht glauben, er könne einen Angriff gegen sie wagen, ein Verbrechen gegen sie begehen, das mit Galeerenstrafe und Pranger bestraft wird. Man schwindelt vor unsern Ehrbegriffen und Sittenregeln. Ein Blick auf sie zeigt uns einen tiefen Abgrund mit halb verwelkten Blumen bedeckt, die den Fall des Arglosen zu beschleunigen dienen. Wie soll man sich im Zusammenhange fühlen mit dieser Welt der Lüge, mit einer Tugendansicht, die auf dem Boden der tiefsten Verzweiflung an der wahren Sittlichkeit, auf dem Boden des Unglaubens an der Liebe, an Schönheit, an Menschenwürde erwachsen ist!

Ich bin nicht blind eingenommen für England und für die Engländer, aber ich sehe hier den Keim der Zukunft in dem Glauben an das Gute, den ich in solcher Weise noch nirgend gefunden habe. Wenn man im Whittingtonklub ein junges, hübsches Mädchen frei sich bewegend findet, unter einer Anzahl von Männern, ohne einen andern Schutz, als den des gegenseitigen Vertrauens, der gegenseitigen Achtung, so kann man sich nicht verbergen, daß dies Volk uns auf dem Wege zu dem rechten Ziele weit, sehr weit voraus ist.

Der ganze Sinn, in dem dieser Klub geleitet wird, ist ein heitrer und praktisch verständiger.

So haben sie bei der Jahresfeier der Besitznahme des jetzigen Hauses eine Soiree gegeben, und mit dieser Soiree war gleich wieder eine aus freiwilligen Lieferungen entstandene Ausstellung verbunden. Die Mitglieder und Ehrenmitglieder des Klubs, deren er viele unter den Gelehrten und Künstlern Englands besitzt, haben neue und alte Gemälde, merkwürdige Bücher, neue Maschinen, technische Kunstwerke, mittelaltrige Holzschnitzereien, naturhistorische Seltenheiten hingesendet. Dadurch ist den Theilnehmern wieder kostenlos eine Masse von Anschauungen und Belehrungen zugeführt worden, die der Einzelne sich in solcher Weise nicht zu schaffen im Stande gewesen wäre. Der Whitingtonklub ist eines der nützlichsten Institute, das auch in einer Stadt wie Berlin vollkommen an seiner Stelle wäre, wenn die rechten Menschen die Begründung desselben übernehmen wollten. Es würde auch dort an Zweiflern, an Spott, an harten und schiefen Urtheilen, an Verdächtigungen nicht fehlen — aber wen darf das abschrecken, der das Rechte will?

So weit geht die Gleichstellung der Frauen in diesem Klub, daß sie Vorlesungen in demselben halten wie die Männer. Die Whittingtonzeitung bringt in ihrer Nummer vom vierten Mai einen langen Bericht von den Vorträgen einer Mrs.

Balfour, über »Contrasts and Parallels in the Lives of Celebrated Women, embracing the more prominent historical females in the great French revolution, and the American war of independence.« *) Die Frauen befinden sich dagegen auf dem Continente immer noch in derselben Lage, wie häßliche Menschen und wie die Juden. Sie müssen sich überall erst dokumentiren, damit man ihre Vorzüge glaubt, und nachher noch Verzeihung dafür fordern, daß sie diese Vorzüge besitzen. Wie anders ist das hier! —

Am Dienstag habe ich in Her Majesty's Theatre die wirkliche Tempesta von Scribe und Halevy gesehen. Die Musik kam mir unbedeutend, namentlich charakterlos vor. Es waren Melodien, zu denen man alles Mögliche, Schmerz und Freude, Haß und Liebesworte singen konnte. Dazwischen war verschiedenes Balletwesen eingelegt, in dem die Grisi sich sehen ließ. Sie hat mir jedoch weniger als die, nach meinen Begriffen, nicht erreichte Fanny Elsler gefallen.

---

*) Vergleichung der Gegensätze und Ähnlichkeiten in dem Leben berühmter Frauen, umfassend die hervorragendsten weiblichen Charaktere in der Französischen Revolution und dem Amerikanischen Freiheitskriege.

Groß aber, wahrhaft groß, war Lablache als Caliban, weil er durch seine Schöpferkraft das Ungeheuer zu einer tief tragischen Figur erhob, zu einem verthierten Titanen, dessen Erscheinung sehr erschütternd wirkte. Er trug ein rothgelbes Trikot mit Krallen an Händen und Füßen, eine Hose von braunem Kalbfell, ein Wams aus schwarzem Katzenpelz in rohester, ursprünglichster Form. Dazu eine rothe zottige Perrücke mit rothem Barthaar. Und troß dieser garstigen Ausstattung hatte sein Kopf ein wunderbares Gepräge von Großheit, welches durch die äußere Erniedrigung nicht zerstört, sondern nur rührend gemacht wurde. Lablache muß sehr schön gewesen sein. Die Stirn, die Kopfform, das Breite, Edle der ganzen Bildung erinnern an die Antike; selbst der Schnitt der großen breitliedrigen Augen, die aus dem Rothbraun der Schminke leuchteud und stechend hervorstarrten, haben diesen Typus. Und grade um dieser ursprünglichen Schönheit willen wirkte der Ausdruck des Verthierten und Starren, und das doch nicht zu ertödtende göttliche Zornbewußtsein über die Entwürdigung seiner Menschennatur, so furchtbar in dem Spiele von Lablache. Das Bewundernswertheste in seiner Darstellung war die Weise, in der er das Unwahre in der Figur dieses von allen guten Geistern verfluchten Hexensohnes zu vernichten, und uns den Caliban so glaublich, so lebensfähig zu machen wußte, wie die Gestalten des griechischen Mythus es uns sind. In der Scene, in welcher der trunkene Caliban sein leidenschaftliches Begehren auf Miranda richtet, war er der reinste Typus eines antiken Faunes oder eines Centauren, der gierig die Hand nach einer Schönheit ausstreckt. Er ist noch als Greis einer der größten Künstler, die ich je gesehen. Was muß er in der Zeit der Kraft und Jugend gewesen sein! — Die Sonntag sah hübsch aus als Miranda und sang vertrefflich, mich hat aber eigentlich doch nur Lablache beschäftigt.

In Bezug auf diese Oper begegnete uns ein komischer Betrug. Wenn man sich nämlich dem Theater nähert, so stürzen Frauen, welche Bouquets, Männer, welche Textbücher verkaufen wollen, neben den Wagen einher, ihre Waaren durch die Fenster hineinreichend. Da wir den einen Mann gar nicht los werden konnten, nahm Mr. G., der mit mir fuhr, ihm ein Textbuch ab. Als wir es aber im Theater öffneten, war es nicht das italienische Libretto, dessen Verkauf einigen bestimmten Personen überlassen ist, sondern ein englischer, in wunderlicher Prosa geschriebener Inhaltsbericht, den man in Form von Versen gedruckt hatte, um das Publikum damit zu täuschen. Dies:

Now appears Caliban
And expresses
In a most beautiful song his love
For Miranda
And his hate
Against her father Prospero

sah komisch genug aus. Dabei war die ganze Erklärungsweise von einer rohen und doch drolligen Naivetät, und ich dachte, was für dich und D., die ihr die Operntexte in ihrer Abgeschmacktheit fast niemals zu begreifen pflegtet, solch eine Text-Erklärung wohlthätig sein würde.

Den 25. Juli.

Je näher mir der Tag der Abreise kommt, je mehr tritt es mir in das Bewußtsein, wie viel mir noch zu sehen übrig bleiben, und auf wie Vieles ich werde verzichten müssen. Ich komme nicht mehr in die Polytechnic Institution, deren Taucherglocke und sonstige Apparate ich gern gesehen hätte, da sie in der großartigsten Weise hergestellt sind; ich komme nicht mehr in die Adelaide-Gallerry, die Nebenbuhlerinn der erstern

9*

Anstalt. Wie ausgedehnt die Anlagen für diese Institute sind, beweißt, daß in der polytechnischen Anstalt die Taucherglocke nicht in einem kleinen Modelle gezeigt wird, sondern daß eine wirkliche Taucherglocke, welche acht Personen fassen kann, in ein für solche Zwecke gegrabenes, zwanzig Fuß tiefes Bassin hinabsteigt. Den Neugierigen wird für eine kleine Mehrzahlung gestattet, das Experiment mitzumachen. Auch die chinesische Junke, die vollständig ausgerüstet vor einigen Jahren hierher kam und nun schon ziemlich abgeblaßt und allmählichem Verfall entgegengehend in der Themse liegt, muß ich aufgeben, ebenso den Besuch des Schrotthurmes am rechten Themseufer, der seine Entstehung dem Traume einer Dame verdanken soll. Die Sache klingt wunderlich genug.

Zu der Zeit, als die Schrotfabrikation noch nicht so weit vervollkommnet war als jetzt, träumte die Frau eines Schrotfabrikanten, daß sie sich auf einem hohen Thurme befände, von dem man geschmolzenes Blei durch Siebe hinabgoß, deren Eines immer feiner als das Andere war, so daß sich in denselben auf die schnellste und gleichmäßigste Weise die verschiedenen Bleitropfen sammelten und sonderten, und die prächtigsten Schrotsorten zu Stande kamen. Die Sache war ihr so deutlich und zugleich komisch erschienen, daß sie am Morgen ihrem Gatten davon erzählte. Der aber fand den Traum nicht komisch, sondern wunderbar wie eine Offenbarung. Sein praktischer Verstand kam der träumerischen Eingebung, der technischen Vision zu Hülfe, und die jetzige Schrotfabrikation ist die Folge jenes industriellen Traumes; ein hoher, viereckiger Thurm am Ufer der Themse das erste Gebäude, in dem sie in solcher Weise ausgeführt worden ist.

Das Mißbehagen zu steigern, das uns leicht befällt, wenn wir so Vieles nicht genießen können, das sich uns in bequemer Weise bietet, erzählt man mir von allen Seiten, wie viel ich an den Dingen verliere, die ich liegen lassen muß. — B. beschrieb mir gestern sehr ergötzlich die Originalität der Prozeßverhandlungen vor den Polizeigerichten; N. schilderte mir die Unterhaltung in einem Kaffeehause, in dem Mock Juries gehalten werden. Der Wirth, ein wunderlicher Kauz, präsidirt ihnen, und man karrikirt dort allabendlich das Wesen der ersten Advokaten und den Inhalt der wichtigsten zur Zeit grade schwebenden Processe. Es soll eine ausgelassene Heiterkeit dort herrschen und oft ein wahrhaft Shakespear'scher Humor in den Reden walten. Dies Kaffeehaus ist jedoch kein Ort, den Frauen besuchen, die im Allgemeinen wenig bei Restaurants erscheinen. Die meisten solcher Lokale sind auch nicht behaglich eingerichtet. Sie haben etwas Spelunkenhaftes, ohne die Wohnlichkeit, welche den römischen Kaffeehäusern und Osterien, wie den kleinsten pariser Estaminets so eigen ist. Ich bin ein paar mal, wenn ich mit dem Consul C. meine Touren durch die City machte, in eines oder das andere Kaffeehaus getreten, aber fast überall war es unwirthlich, finster und verräuchert. Zumeist fand man erst ein kleines Entree, in dem Kuchen aufgestellt waren, und in dem man das Eis aus den großen Büchsen vor den Augen der Gäste in die Gläser strich, was nicht gut aussah. Hier verzehrten die Leute stehend in Eile das Gekaufte. Dahinter lag dann oft ein größeres Gemach, fast immer niedrig und so dunkel, daß am Tage die Gasflammen brannten, und dort saßen denn Männer bei ihrer Suppe oder ihrem Beefsteak bald an freien, einzelnen Tischen, bald in abgesperrten Logen. Frauen habe ich fast nirgend in diesen Speisezimmern erblickt und nirgend hat es mich zum Verweilen gelockt. Es war überall unkomfortable und namentlich das Zimmer von einer so feuchten Kälte, daß man sie gegen die

Wärme der Sommerluft wie ein tödtliches Element empfand. Es mag wohl von dem Bestehen der Klubs herrühren, daß glänzende Restaurationen, wie Paris und die Städte des Continentes sie besitzen, hier gänzlich fehlen. Das Kaffeehaus von Very ist das einzige, das nach französischer Weise eingerichtet ist, und auch von Damen besucht wird.

Um aber doch meinem Touristen-Gewissen einigermaßen zu genügen, bin ich in Mansion House gewesen, die wahrhaft fürstlichen Empfangzimmer des Lordmayors zu sehen. Eine prachtvolle Treppe führt zu einer großen, edlen Halle, einer Art von Versammlungssaal. In diesem sind zwischen Säulen von Stuck, welche das Gialo antiko glücklich nachahmen, die Büsten von Peel, Russel, Grey, Melbourn, Wellington, dem Herzoge von Kent, Wilhelm dem Vierten und die Büste der Königinn Victoria aufgestellt. Daran stößt der Eßsaal, ein kirchenartiges von zwölf Pilastern getragenes, gewölbtes Gemach, das für sechs Tische, jeden für hundert Personen, Raum hat. Zwei oder drei Drawingrooms, in deren größtem ein aus Eichenholz geschnitzter, thronartiger Sessel für den Lordmayor, vollenden das Ganze. Es sind keine Kunstwerke, aber auch keine kleinlichen Zierrathen in jenen Gemächern angebracht; der Styl, in dem die Räume gebaut und eingerichtet sind, hat etwas einfach Edles. Die Stuckverzierungen der Plafonds zeigen nur mäßige Vergoldungen, die Wände sind ebenfalls von glattem Stuck, und die großen, in die Mauren eingelassenen Spiegel, sind eine schickliche Unterbrechung der Wandflächen. Es ist Alles solid gehalten, so daß es dem Eindruck der bürgerlichen Selbstherrlichkeit angemessen ist, welche hier waltend, der Souverainität von Westminster das versöhnende und befreiende Gleichgewicht hält. Auch die Processionen und überhaupt das öffentliche Erscheinen des Lordmayor sollen den Charakter der Herrschaft tragen und, wie G. sich ausdrückte, an die Aufzüge der Dogen erinnern. Hält England das Princip der monarchischen Pracht und Etikette strenger aufrecht als irgend ein anderes Land, so weiß es doch zugleich die Herrschaft der Krone nicht als das einzige Element hinzustellen, das der Verherrlichung würdig ist, und wie man in dem neuen Parlamentshause den Thron und den Sitz des Sprechers einander gegenüber gestellt hat, so stehen sich die Gewalt der Krone und die Gewalt des Volkswillens gegenüber in den beiden Repräsentanten im St. James Pallast und Mansion-

House. Der Lordmayor genießt fürstlicher Ehre, und hält förmlich Hof. Gegenwärtig hat ein Seifensieder das Amt inne.

Mit uns zugleich besahen ein Paar Herren das Lokal, es schienen Juden zu sein. Sie unterhielten sich lebhaft über die morgende, vielfach besprochene Parlamentssitzung, in der Rothschild seinen Sitz als neu gewähltes Mitglied fordern wird, um auf diese Weise die Frage wegen Emancipation der Juden ihrer einstigen Lösung wieder um einen Schritt näher zu bringen. —

Ein anderer Gegenstand, der die öffentliche Theilnahme mehr und mehr zu beschäftigen beginnt, ist die große Ausstellung, die Erfindung und der Lieblingsplan des Prinzen Albert, für den sich aber bis jetzt nur wenig Sympathie in den Engländern kund giebt. Sie sagen, Regentstreet biete in seinen Magazinen eine fortdauernde Ausstellung von Fabrikaten aus allen Ländern der Welt, und es sei daher kein Vortheil von dieser künstlich erzeugten Exposition zu erwarten. Dazu erregt der Gedanke, das Ausstellungsgebäude in Hydepark zu errichten, Mißfallen. Man sieht unwirrsch darein, wenn dort Vermessungen vorgenommen werden, wie es in diesen Tagen geschehen ist. Es würden nach den jetzigen Bauplanen für das

Haus, ein paar schöne, alte Baumgruppen zum Opfer fallen müssen; der an Oxfordstreet und Parklane grenzende Theil des Parkes würde für viele Monate durch das Bauen und später durch das Niederreißen des Ausstellungslokales unbrauchbar gemacht werden, und das Publikum will diese Unbequemlichkeiten nicht auf sich nehmen. Andere, und unter ihnen viele Gewerbtreibende, fürchten für einzelne Gegenstände, für Spitzen, Stickereien, Bronzewaaren und Vergoldungen die Conkurrenz mit dem Auslande, weil die Arbeitspreise des Continents niedriger, die betreffenden Waaren also auf dem Continente billiger sind; kurz Niemand spricht dafür, als die Journale, deren Theilnahme der Prinz zu erregen gewußt hat. Man sagt, daß er keine Mühe dafür scheue, daß er mit den einzelnen Redaktoren und Journalisten selbst Unterhandlungen pflege, und es scheint denn wirklich, als ob dies Unternehmen mit oder ohne Erfolg für die industriellen Verhältnisse zu Stande kommen solle. Daß es dann großartig ausfallen wird, ist keinem Zweifel unterworfen; aber die Ausstellungszeit in London verleben, möchte ich nicht, obschon London so groß ist, daß ich überzeugt bin, man wird den Zusammenfluß der Fremden, und wenn er noch so zahlreich ist, äuserlich nicht sonderlich merken, nur die geistige Rastlosigkeit wird unbehaglich sein und die Saison noch bewegter machen als sonst und jetzt.

Das Wetter ist heute umgeschlagen. Nach großer Wärme ist plötzlich eine novemberliche, feuchte Kälte eingetreten, so daß ich schauernd und unbehaglich vom Mansion-House heimkehrte, das Haus nicht mehr verließ und die Reservekoffer zu packen begann. Nun ist es fast neun Uhr, und Zeit, daß ich mich für die letzte Soiree anzukleiden beginne, die ich vor der Abreise hier mitmachen werde. Gute Nacht denn!

Freitag den 26. Juli, früh.

Vor einer Stunde ist Dein Brief gekommen mit der Nachricht von dem Abschiedsgesuch der Oldenburgischen Officiere, behufs ihres Eintrittes in die Schleswig-Holsteinische Armee. Wer weiß ob Schleswig nicht der Punkt ist, an dem eine neue Morgenröthe aufgeht. Es ist fast immer das Größte aus kleinen Anfängen hervorgetreten, und die kleinen Kämpfe in Spanien, der vereinzelte Uebertritt des York'schen Corps in Rußland bewirkten die Zertrümmerung der Napoleonischen Weltherrschaft. Leben, Muth und Arbeitskraft behalten, das ist Alles! Aber sei alle Kraft des Gelingens mit dem braven Volke an der Eider, für das, auffallend genug, unter den Engländern gar keine Theilnahme herrscht, während die hier lebenden Deutschen mit warmem Empfinden an dem Kampfe ihrer Stammesgenossen sich betheiligen. Die Times zieht unablässig gegen die Rebellion in den Herzogthümern zu Felde. Sie sieht, ohne alle Rücksicht auf die nationale Berechtigung der Deutschen, in dem Aufstande nur eine Kränkung der Legitimität Dänemarks, der sie sich entschieden widersetzt. Aber das melden die Zeitungen besser als ich, und ich wende mich also zu meiner gestrigen Soiree.

Sie ist in so fern gut ausgefallen, als ich Dickens gesehen habe, jedoch auch wirklich nicht viel mehr als nur gesehen. Er hat eine große hübsche Gestalt, einen entschieden englischen Gesichtstypus von edeler Form, und braunes, leicht gelocktes Haar, das künstlich geordnet die Stirn umgiebt. In seinem ganzen Auftreten spricht sich eine große Sorgfalt für die äußere Erscheinung aus. Er war weniger einfach gekleidet, als es Engländer sonst zu sein pflegen. Wir wurden einander vorgestellt, ich sagte ihm, wie sehr man ihn in Deutschland verehre, wie lebhaft ich selbst seine

Werke bewundert und ihn zu sehen gewünscht hätte — aber weil ich ihm wirklich viel zu sagen hatte, drängten sich mir die Gedanken über einander, und in der lebhaften Freude ihm zu begegnen, vergaß ich die fremden Sprachen gänzlich, dachte deutsch, und konnte weder englisch noch französisch ausdrücken, was ich auszusprechen wünschte. So drehte sich die Unterhaltung ausschließlich um die Schwierigkeit sich in fremder Mundart zu unterhalten und um die guten deutschen Uebersetzungen, welche wir von Dickens Romanen besitzen. Dazu wurden wir in den überfüllten Räumen bald von einander getrennt, weil man sich aus den Nebenzimmern in den Hauptsaal drängte, um »gelehrte Kanarienvögel« zu sehen, welche ein vollendet schönes belgisches Judenmädchen präsentirte. — Das war denn die ersehnte Begegnung mit Dickens, die an mir wie eine Sternschnuppe vorübergegangen ist. Zu plötzlichen, lang ersehnten Begegnungen mit bedeutenden Menschen macht mich die Verehrung vor ihnen gradezu untauglich. Es ist mir dann wie einem Opfernden, dem vor lauter Bewegung die liebevoll gefüllte Opferschale aus den Händen fällt, und der betrübten Gesichtes ohne Gabe vor den Altar treten muß, an dem er gern viel darbrächte, um Etwas zu empfangen.

Die Soiree war so voll, daß man in den Fluren und auf den Stufen der Treppe saß, die zu der oberen Etage führte. Da diese Stufen aber aus schönem, mit persischen Teppichen belegtem Sandsteine bestanden, den Bronzegeländer umgaben, und strahlende Kerzen beleuchteten, so gewann das Sitzen auf den Treppen etwas Hübsches und sah anmuthiger aus, als unsere Fronten von Stühlen in den großen Sälen. Auch hier waren die Büffets par terre im Eßsaale aufgerichtet, und die ganze Gesellschaft blieb dadurch in einer beständigen Bewegung. Im Laufe des Abends erschienen ab und zu einzelne Personen in Maskentracht, die später noch einen Fancyball besuchen wollten; alt französische, persische und holländische Kleidung. Man schien es als nichts Auffallendes anzusehen und die Kostümirten sich nicht unbehaglich durch die Sondertracht zu fühlen, während uns Deutsche alles genirt, was uns von der Gesammtheit unterscheidet. Die Damen waren, wie überall in England, sehr entblößt, mehr als es im Allgemeinen bei uns oder in Frankreich üblich ist. Ihr Teint und ihre Büsten sind aber meistens so schön, daß man die Mode für sie sehr angemessen findet.

Da unser Wirth der äußersten Opposition

angehörte, waren fast alle bedeutenden Persönlichkeiten unter den italienischen, ungarischen und französischen Flüchtlingen dort versammelt. Deutsche waren auch hier nicht anwesend, was mir leid that, weil sie mit ihrer Zurückgezogenheit nichts nützen, während die Exilirten der andern Nationen, namentlich die Ungarn und Italiener, die sich mit kluger, würdiger Zurückhaltung in der Englischen Gesellschaft bewegen, die Sympathien für sich und für die von ihnen vertretene revolutionäre Bewegung erwecken. Ich wollte Fröbel, Kinkel, Bucher, Heinrich Simon und all die braven, wackern Vorkämpfer Deutschlands lebten hier in der Gesellschaft, um die deutsche Revolution durch die Bürgschaft ihrer Persönlichkeit vor den Engländern in das rechte Licht zu stellen. Anderseits aber glaube ich, daß auch grade für sie in England die Lehre zu gewinnen wäre, wie man das geringste Gegebene benutzen, mit dem Kleinsten anfangen und nicht es liegen lassen müsse, weil es nicht das Vollendete ist. In diesem Betrachte hat mich eine Erklärung Mazzini's, der auch in der Soiree anwesend war, sehr ergriffen. Er sagt in seinem Werke »Republik und Königthum in Italien«, das in einer französischen Uebersetzung von George Sand vor mir liegt, bei Gelegenheit von Verhandlungen, welche Karl Albert mit der republikanischen Partei einzuleiten suchte:

»Der erste Zweck und der ewige Seufzer unsrer Seelen war, sonst wie jetzt, die Unabhängigkeit vom Auslande. Der zweite: die Einheit des Vaterlandes, ohne welche die Unabhängigkeit eine Lüge ist. Der dritte: die Republik. Gleichgültig gegen unser persönliches Schicksal, sicher über die einstige Zukunft unseres Landes, hatten wir nicht nöthig uns unduldsam in jenem dritten Punkte zu zeigen. Hätte man mir die Unabhängigkeit und eine schnelle Erlangung der Einheit Italiens zugesichert, so würde ich zwar nicht meine Ueberzeugung geopfert haben, denn das ist unmöglich, aber ich würde aller thätigen Propaganda für den nahen Triumph dieser Ueberzeugung entsagt haben. Mir genügte es an dem Eifer und dem Rechte, die Niemand mir hätte bestreiten können, in einem Buche, das ich früher oder später veröffentlicht haben würde, die Ideen niederzulegen, welche ich meinem Vaterlande nützlich glaubte. Die Republikaner hatten ohnehin in ihrer Liebe für die nationale Unabhängigkeit nicht auf die Bitte eines Königs gewartet, um die Republik fürs Erste noch dahin gestellt sein zu lassen.«

In der Einsicht, daß man für Erreichung der

nächsten Möglichkeiten, den großen, letzten Zweck ruhig dahingestellt sein lassen, und selbst mit seinen Gegnern für das Erreichbare zusammenwirken müsse, liegt eine große Selbstverläugnung, eine hohe Liebe für die Freiheit und zugleich die Politik, welche, wie jetzt einmal in Europa die Sachen stehen, die allein fruchtbringende sein dürfte. Die besten unter den Republikanern, die wahren Freunde der Menschheit, haben immer geschaudert vor dem Blutvergießen, geschaudert vor den Kämpfen, in denen das Eigenthum der arbeitenden Klassen zerstört, ihr Erwerb gehindert wird. Es hätte nur eines ehrlichen Handelns der Fürsten in Deutschland bedurft, um die Revolution, die freiwillig vor den Thronen halt gemacht, und nur die Systeme, nicht die Dynastieen gestürzt hatte, in eine Bahn zu lenken, in der alle Kräfte sich vereint haben würden zu gemeinsamer Arbeit an dem Menschheitswerke. Schrieb doch selbst der gefangene Kinkel aus seiner Zelle: »und wenn die Monarchieen siegen, so werden sie die Fortentwicklung unserer staatlichen und socialen Zustände nur dann möglich finden, wenn sie die besten Kräfte unserer Partei zu Mitarbeitern und Gehülfen machen bei dem Werke!« ausdrückend, wie bereit er selbst sei, das Gute zu fördern, wo die Möglichkeit dafür gegeben sein würde.

Ich erzählte diese Aeußerung Kinkels, gleich nachdem er sie gethan, einem der Minister des Manteufelschen Ministeriums, mit dem ich in einer Gesellschaft in längerer Unterhaltung beisammen war. Er rühmte, da er selbst ein gründlich und vielseitig gebildeter Mann ist, Kinkel als Gelehrten und als Dichter, und schloß mit den Worten: »Darüber dürfen wir uns gar keine Illusion machen, daß fast alle Talente und Fähigkeiten auf der Seite unserer Gegner sind. Wir haben Wenige, welche die Sprache beherrschen, und auf der andern Seite ist alles voll von Capacitäten!« — »Und das macht Sie nicht irre?« fragte ich. — »Weshalb das?« — »Weil man von Ihrer Seite immer den Grundsatz predigt, die Masse beweise Nichts, sie sei ohne wirklichen Willen, ohne Einsicht; und die Minorität der Einsichtigen sei berufen die Masse zu beherrschen. Sollte da nicht der Partei die Herrschaft gehören, diejenige Ansicht nicht die richtige sein, welche alle Capacitäten für sich hat, während ihr nur die Masse der Bourgeoisie und die Masse der Soldaten entgegenstehen?« — Er beendete die Unterhaltung mit einem galanten und freundlichen Worte für mich, und ich hoffe, da ich gut von ihm denke, das Ministerium der Massen soll ihn selbst einst noch dahin bringen, auf die Seite der Capacitäten zu treten, denen er angehört.

Wie den Verbannten, den alle seine Erinnerungen in die Heimath zurückführen, führen alle Anlässe und alle Wege mich immer zurück zu dem Gedanken an die geschlossene Pforte des Paradieses, das sich vor unsern Augen eröffnet hatte. Immer wieder drängt sich der Wunsch hervor nach Vereinigung aller wirksamen Kräfte des Vaterlandes, damit etwas geschaffen und aus dem Schiffbruch wenigstens die Trümmer gerettet werden, einst eine neue Arche daraus zu bauen.

Ich verstehe jetzt erst vollkommen eine Erklärung, welche einer der entschiedensten Socialisten Frankreichs mir von dem Charakter Proudhon's und Girardin's machte, als er den Letzteren gegen den Angriff vertheidigte, daß er schwankend und von sich abgefallen sei. Er sagte: Girardin bleibt seinem eigensten Wesen treu, wenn er sich von einer Partei zur andern wendet. Er ist eine durchaus schöpferische Natur, er muß Etwas schaffen, um sich zu genügen. Daher neigt er sich stets der Seite zu, auf der er Etwas werden sieht, und verläßt die Partei, an deren Wirksamkeit er

10*

verzweifelt. Daß er sich den Socialisten zuneigt, ist nicht Laune, nicht Ehrgeiz, es ist die Einsicht, daß nur durch sie etwas Dauerndes, wenn auch langsam, wenn auch nach schweren Kämpfen, geschaffen werden wird. Zeigte ihm die Monarchie größere Schöpferkraft, so würde er ihr angehören mit all seinen Fähigkeiten. Er ist der Mann der That, des Schaffens, wie Proudhon der Mann der Kritik und der Zerstörung. So eifrig Proudhon für uns gekämpft hat, so gewaltig er gestritten gegen das Bestehende, fühle ich mich überzeugt, daß er sich dem Socialismus abwenden würde, käme dieser jetzt zur Herrschaft. Proudhon verhält sich, seinem eigensten Wesen nach, kritisch und zersetzend allem Geschaffenen gegenüber. Das Werdende freut ihn nur, weil es ein neues Object für seine Kritik darbietet. Girardin kann der Verbreitung des socialen Princips eine wesentliche Stütze werden, und wir könnten es noch erleben, daß er den Socialismus gegen Proudhon schützt, wenn die beiden Charaktere sich selbst bis zum Ende getreu bleiben.

Sonnabend, den 27. Juli.

Zwischen gepackten Koffern, in aller Unbehaglichkeit, welche solch einem Abende vor der Abreise niemals fehlt, wenn man sich losreißen soll von dem Boden, in dem man eben erst Wurzel geschlagen hatte, will ich diesen Brief beenden, damit er gen Süden zu Dir gehe, wenn ich morgen nach Norden fahre.

Ich habe heute Mittag noch eine eigenthümliche Bekanntschaft und eine neue Erfahrung gemacht. Rudolph Lehmann hatte mir schon oft von einer kleinen, aber sehr gewählten Bildersammlung gesprochen, die ein ihm befreundeter Kaufmann besitzt, und der Besuch derselben war lange verabredet, niemals aber zur Ausführung gekommen. Er schlug mir also gestern vor, da mit solch einem in Packen und Ordnen zugebrachten Morgen vor dem Abreisetage doch nicht viel anzufangen sei, mit ihm in die City und zu Herrn D. zu fahren, um dessen Gemäldesammlung zu betrachten. »Sie werden dabei in dem Besitzer derselben die Bekanntschaft eines enthusiastischen und verständigen Kunstfreundes machen. Aber ich benachrichtige Sie im Voraus, daß er blind ist, und zwar seit vielen Jahren blind!« Das erschien mir sehr wunderbar und mit eben so viel Neugier als Theilnahme trat ich in einer schmalen Seitenstraße der City, in das große, stattliche Haus, das Herr O. bewohnt.

Als wir klingelten und gemeldet wurden, kam uns aus dem Dining Room Herr O. selbst entgegen, der uns erwartet hatte. Eine hohe, schlanke Gestalt in sorgfältigster Kleidung, ein Gesicht von scharf ausgeprägten Formen, dessen großen, dunkeln Augen man die Blindheit, die aus einer Nervenlähmung entstanden sein soll, nicht leicht anmerken konnte. Er bewegte sich mit Sicherheit, dem Tone unserer Stimmen folgend, und nöthigte uns, indem er mir den Arm bot, in das Eßzimmer zu treten, wo Früchte, Kuchen und Wein aufgestellt waren, uns nach der Fahrt zu erfrischen. Ein junger Mann, der sein Gesellschafter und Vorleser zu sein schien, denn Herr O. ist unverheirathet, machte bei der kleinen Mahlzeit unsern Wirth. Herr O., der ohne Beistand aß, machte sich bei dem Umherreichen der verschiedenen Gegenstände hülfreich wie ein Sehender. Dabei fing er an, mir von seiner Sammlung zu sprechen, indem er mir die Bilder schilderte, welche er noch selbst angekauft und gesehen hatte. Er erzählte von seinen Reisen auf dem Continente, die theilweise im Interesse seiner Kunstliebhaberei unternommen worden waren, und setzte mir auseinander, wie er im Interesse der Kunstförderung seit Jahren den Grundsatz befolge, nur Arbeiten von lebenden Malern zu kaufen. »Ich habe so viele Stunden, die ich sinnend und nachdenkend zubringe, wenn meine Geschäfte abgethan sind,« sagte er (Herr D. ist Chef eines großen Handelshauses), »daß es mich unterhält, in diesen Stunden Bilder zu componiren und Motive für Maler zu erdenken, welche ich dann später von tüchtigen Künstlern ausführen lasse.» Ich fragte ihn, ob er denn Freude an der Ausführung haben könne, da er die Bilder nicht sehe? — »Große Freude!« entgegnete er. »Einmal besteht die Kunst doch weiter und verlangt Förderung, gleichviel ob ich ihre Schöpfungen sehe oder nicht, ich diene ihr also zum Dank für den Genuß, den sie mir früher gewährt hat; und zweitens freut es mich, mir nach Jahr und Tag von meinem jungen Begleiter die Bilder beschreiben und immer wieder beschreiben zu lassen, deren Motive ich einst erfunden habe. Vielleicht muß man in meiner Lage sein, um dies zu begreifen, mir aber ist meine kleine Gallerie noch heute ein immer neuer Genuß.«

Nach dem Frühstück geleitete er uns die Treppe hinauf zu den Empfangsstuben, in denen die Sammlung vertheilt ist. Er selbst zog, da Lehmann von einigen Bildern bemerkte, daß ihnen das rechte Licht in diesem Augenblicke fehle, die Vorhänge zurück, enthüllte ein paar Marmorstatuen, die mit Flor verdeckt waren, und dem schärfsten Beobachter wäre es nicht leicht gewesen, aus der Haltung und dem Betragen des Kunstliebhabers darauf zu schließen, daß ihm die Sehkraft fehle. Es war eine der eigenthümlichsten Erscheinungen die mir vorgekommen sind, und ich verließ den trefflichen Mann mit eben so viel Theilnahme als gerührter Bewunderung über diese selbstlose Liebe für die Kunst.

Mit der Schilderung mögen denn die Berichte aus London schließen. Morgen früh um neun Uhr verlasse ich die Hauptstadt, die Weltstadt — ungern genug, obschon ich mich nach frischerer Luft und namentlich nach dem Meere sehne. Das Wetter ist trüb, die Atmosphäre voller Dünste, und kenne ich das hiesige Klima recht, so giebt es für die Nacht einen tüchtigen Regen. Möchte er morgen mir nicht die Fahrt verderben, und die Sonne mir freundlich sein. Ich schicke den nächsten Brief ab, sobald ich in Edinburg angelangt bin.

Zweiundzwanzigste Sendung.

Vom 27 bis 30. Juli

York, York Hotel, den 27. Juli
Abends 10 Uhr.

Als ich heute Morgens um zehn Uhr London verließ, regnete es in Strömen. Der Bahnhof in Euston Square ist eines der schönsten öffentlichen Gebäude der Hauptstadt und zugleich einer der schönsten Bahnhöfe, die ich gesehen. Er ist prächtig und großartig, wie die öffentlichen Bauten des alten Roms.

Stattliche Colonaden umschließen den Hof; eine andere Säulenreihe bildet in kleinerem Maßstabe dem Bahnhofe eine Vorhalle, wie die vor der Peterskirche. Dann tritt man in das Gebäude, in dem auf Säulen von gelbem Stuck die Decke flach aufliegt, wie in einer Basilika. Dem Eingange gegenüber erhebt sich stolz und frei eine prächtige Treppe, welche in zwei Armen auslaufend, zu den Gallerien führt, die den ganzen innern Raum umgeben. Oben, der Treppe zunächst, liegen die Büreaus des Directoriums. Mitten in der Halle, denn eine solche ist das Gebäude, ist ein rundes Büffet aufgestellt, rings von einer, aus Glasplatten bestehenden spanischen Wand umschlossen, welche den Zugwind abhält. Zwischen den Pfeilern der Halle selbst, ziehen sich rundum Bänke hin, die nur da unterbrochen sind, wo die Thüren in das Freie, in die Wartezimmer oder in die Billetbüreaus führen. Wie vorsorglich und schicklich auch hier wieder die Ladiesrooms eingerichtet sind, brauche ich nicht mehr zu erwähnen. Aber daß unsere Eisenbahnhöfe den Engländerinnen barbarisch erscheinen, und daß sie sich über Unschicklichkeiten aller Art beklagen, dazu haben sie ein volles Recht, auch ohne daß sie es mit der Sorgfalt ihrer Heimath vergleichen. Es ist ein charakteristischer Zug, daß man bei uns, im Gegensatze zu England, die Frauen von vielen Annehmlichkeiten des Lebens ausschließt, während man sie für alle Unbequemlichkeiten desselben ohne Weiteres emancipirt.

Das Reisen in England ist theuer. Die Fahrt von London nach Edinburgh kostet, in der zweiten Klasse, die so schlecht als unsere dritte ist, ein und zwanzig Thaler in dem gewöhnlichen Zuge. Der Expreß-Zug ist noch theurer. Ich zog es vor mit jenem zu fahren, weil man sich doch besser umsehen kann, und mußte die zweite Klasse wählen, weil ich in dem warmen Wetter nicht zwölf lange Stunden in den federweichen Tuchpolstern der ersten Klasse sitzen mochte. Für das Gepäck muß man in so fern selbst Sorge tragen, daß man sich einen der angestellten Träger schaffen, und es auf den Wagen legen lassen muß, in dem man Platz nimmt. Gewogen scheint es nur dann zu werden, wenn eine große Menge von Koffern auf ein sehr bedeutendes Uebergewicht schließen lassen. Mein Koffer, der, wie ich aus Erfahrung weiß, etwa fünfzig Pfund über das erlaubte Gewicht hat, ging ungehindert durch, und ein Gleiches geschah mit dem Gepäck der andern Passagiere, wenn sie eben nur ein paar Koffer mit sich führten. Empfangscheine stellt die Direction nicht aus, Jeder hat auf sein Hab und Gut Acht zu geben, und es war mir auffallend genug, daß die Leute alle schließlich zu dem Ihrigen gelangten, da man auf jeder Station den Absteigenden dasjenige Gepäcke ohne Weiteres herabholte, das sie als das Ihrige ansprachen. Es muß aber wohl kein Unfug damit geschehen, weil man es sonst geändert haben würde. Kleine Koffer und Säcke nahm man allgemein in die Wagen und half sich überhaupt sehr viel selbst, obschon die Kofferträger keine Trinkgelder beanspruchten. Einem Herrn, der an sieben Koffer und mehrere Säcke hatte, forderte man für den Transport derselben, aus seinem Wagen nach der Eisenbahn, ein paar Schillinge ab. Darüber entstand ein Streit. Er verlangte eine Rechnung. Sie wurde ihm gebracht, ein gedrucktes Formular, das kaufmännisch ausgestellt, für jedes einzelne Stück Rechnung trug. Er las sie, mit Zornworten gegen die unverschämten Preise, und bestand dann darauf, daß der Commis seinen Namen darunter setzen solle, weil er eine Klage wegen Uebertheuerung zu erheben gedenke. Das geschah und bald danach fuhren wir ab. Mir aber fiel dabei wieder recht der Unterschied zwischen England und Deutschland auf.

In Deutschland ist die Neigung für den geregelten Beamtenstand, für die Büreaukratie als Kaste, so groß, daß Jeder, der es möglich machen kann, sich zu ihr zählt. So hat sich denn neben der Staatsbüreaukratie, bei den Eisenbahnen und ähnlichen Unternehmungen, noch eine Privatbüreaukratie ausgebildet. Das bei den Bahnen beschäftigte Personal hat Uniformen, ja auf einzelnen Wegstrecken haben die Bahnhofsinspectoren sogar Degen, wenn ich mich nicht irre, und der Staat sieht solche Organisationen gern, weil sie den freien Mann in die Disciplin, den Menschen an Unterordnung und Abhängigkeit unter die Obern, an Sonderung von seines Gleichen, an den Glauben gewöhnen, daß Dienen eine Ehre, und der Beamte mehr sei, als der freie Bürger. Daraus erwächst mehr geistige Unfreiheit, als man auf den ersten Blick glauben sollte. Es ist ein wesentliches Zeugniß für den Volksgeist in England, daß die Eisenbahnen ganz als kaufmännische Geschäfte betrieben, die Beamten als Commis angesehen werden; wie es mir denn auch vielfach aufgefallen ist, daß die Custoden und Bibliothekare der großen Museen, Gallerien und Bibliotheken, alle nicht das Wesen von Beamten, sondern von Geschäftsmännern hatten. Ja ich möchte behaupten, daß die Figur des Beamten, wie er in Deutschland und Frankreich existirt, daß ein Wesen mit solcher Wollust an der Knechtschaft, mit so hochmüthiger Freude über seine Abhängigkeit, in England gar nicht zu finden sein kann, weil hier das Selfgovernment ganz andere Verhältnisse erzeugt.

Daraus erwächst auch eine große Höflichkeit

bei alle den Personen, die in solch öffentlichen Anstalten verwendet werden, wie denn überhaupt in England die Zuvorkommenheit und Dienstbeflissenheit der Verkäufer gegen den Käufer mir eine auffallende Erscheinung gewesen ist. Ueberall, wo man die geringste Kleinigkeit ersteht, erbieten sich die Leute es in die Wohnung des Käufers zu senden, und befördern es, je nach dem, durch ihre Diener oder durch die Parcel delivery. Als ich neulich bei einem Apotheker eine Schachtel Brausepulver kaufte, die ich bequem in der Tasche des Kleides nach Hause tragen konnte, erscholl das: »where shall I send it?« Selbst die Bettler sind höflich, wenn sie auch abgewiesen werden. Der Mann, der den Weg an der Straßenecke kehrt, verlangt: »something for the sweep Ma, am! — I have no coppers to day! — Thank you Ma, am!« wird er so gewiß und so freundlich antworten, als die estropiati auf dem Monte Pincio ihr zuversichtliches »mà domani!« aussprechen, wenn man ihnen heute Nichts geben zu können erklärt hat. Dabei kommt mir noch eine wunderliche Gewohnheit in den Sinn, die mir im täglichen Verkehr in London aufgefallen ist, sie besteht in der ständischen Gliederung, die man zwischen den Geldsorten macht. Kauft man Etwas und muß dabei Geld wechseln lassen, so giebt Dir der Händler das Silber ohne Weiteres, das Kupfer aber wickelt er in Papier ein. Das geschieht überall und durchgehends, außer bei den Omnibus- und Kabfahrten, wo es unmöglich ist. Dagegen habe ich sehr oft von ganz wohlgekleideten Männern gesehen, daß sie Silbergeld, Sixpence Stücke u.s.w. im Omnibus beim Wechseln in den Mund steckten, was mit der englischen Reinlichkeit um so weniger zusammenzureimen ist, als man das vielgebrauchte Kupfergeld förmlich als verpestet zu betrachten scheint. Aber ich soll von der Reise erzählen und schwatze von London und den Londonern. Wie die Liebenden, die bei dem Wassersturz des Niagara, bei den Raritäten des grünen Gewölbes in Dresden, und bei jedem möglichen Anlasse Ursache finden an die verlassene Liebe zu denken, und Gründe, um von ihr zu sprechen, so komme ich auf London zurück. Leb wohl denn für jetzt London! du meine verlassene Liebe!

In meinem Wagen saßen außer dem Rechnungsforderer noch mehrere Männer und Frauen, die aber alle nicht lange darin blieben, und ich fand mich bald mit einem hübschen neunjährigen Jungen allein, der als Kind von sechs Jahren von Kalkutta mit der Overlandmail nach

Europa gesendet worden war, weil seine Eltern das Unglück gehabt hatten, mehrere Kinder unter dem Einfluß des indischen Klima's zu verlieren. Er war in »Coventry at school,« wie er sagte, und zu einem Besuche bei der Großmutter in London gewesen, wo er krank geworden war. Er hatte den Lärm in den Straßen nicht ertragen, keine Nacht davor schlafen können, die Omnibusfahrten hatten ihn, weil es »so close« gewesen in den Wagen, ganz schwindelnd gemacht, es hatte ihm auch gar nicht gefallen, und grand ma' ihn denn zu seines Vaters Schwager the Reverend N. N. nach Rugby zu schicken beschlossen, wohin er jetzt allein fuhr, wie er denn auch allein von Coventry nach London gekommen war. Die Selbstständigkeit der englischen Kinder ist mir immer wieder eine Freude. Ihre Ausdrucksweise ist merkwürdig bestimmt, ihr Betragen ohne alles Schwanken, ohne alle Verlegenheit, und sie haben etwas so auffallend Sicheres im Blick und Ton, daß es mir noch immer neu und überraschend erscheint.

Von Indien wußte sich der kleine Master Nichts mehr zu erinnern, von seiner Reise nur, daß er einmal auf ein Cameel gehoben worden sei. Mich behandelte er vollkommen wie eine alte Bekannte und zugleich wie einen Spielkameraden, was mich sehr amüsirte. Ich mußte mit ihm alle vorüberfahrenden Wagons bewundern, in denen Vieh transportirt wurde. Dafür wollte er mir die Hälfte eines sandwich geben, das er sich gekauft hatte, und die sweeties (Bonbons u. s. w.) mit mir theilen, welche er in einem genähten Katunsäckchen mit sich führte. Wir schieden als die besten Freunde. Dann kam ein junger, schöner Mensch von etwa fünfzehn Jahren in das Coupé, der schon ein vollkommener Gentleman war. Er hatte eine Angel in grünem Tuchfutteral, einen blechernen Fischzuber, und einen Ballschläger für das Cricket in ledernem Ueberzuge bei sich. Der Fischzuber war voll von frischen Blumen, und der Jüngling selbst sah, in seiner schönen, luftigen Kleidung, wie eine Personifizirung der sommerlichen Landlust aus. Später stiegen Pächter ein. Sie tauschten Erbsenproben mit einander, schrieen furchtbar bei der gleichgültigsten Unterhaltung, und schimpften auf die Gaskompagnie, der die Beleuchtung der Eisenbahn anvertraut ist. Kleinbürger und Kaufleute aller Art wechselten dann als meine Nachbaren ab, der Verkehr war sehr lebendig und hatte sein Unbequemes, weil man so viel Gepäck in die Wagons nimmt. Zuletzt saßen ein Paar Arbeitsleute in Kalk besprützten Jacken mir gegenüber. Diese beiden und die Knaben, so auch ein Gentleman, waren schön zu nennen, wegen der fast klassisch bestimmten Bildung von Nase, Mund und Augenliedern. Alles, was den Mittelständen angehörte, hatte verschwommene, stumpfe Formen, meist ausdruckslose Züge, glanzlose Augen und schlaffe Bewegungen der Glieder, während die Gentlemen und Arbeiter ganz Nerv und Leben waren. Die Mittelklasse, die kleinen Gewerbtreibenden, sind durch den Mangel an Luft und durch sitzende Lebensweise doch fast überall herunter gekommen.

Das Land, so weit ich es gesehen habe, würde ich das »baumreiche« nennen, wenn es nicht mit Fug und Recht das »merry England« hieße. Heiterer als diese ununterbrochene Folge von grünen Wiesen, Hecken, Bäumen, Flüssen, Kanälen, Landhäusern, Flecken und Städten läßt sich Nichts denken, denn jedes Einzelne ist in seiner Vollkommenheit da und auf das Beste gepflegt und verwehrtet. Nirgend eine verfallende Hecke, nirgend ein versumpfter Teich, ein schadhafter Ziegel, und doch auch nirgend jene ängstliche, holländische Gelecktheit, die ich mir so peinlich denke, weil sie aus dem nothwendigen Kampfe des Menschen gegen das überall hereinbrechende Wasser entstanden ist. Wir fuhren an Coventry, Rugby, Derby, Chesterfield, Wakefield vorüber. Das sind alles große Städte, die trotz des schlechtesten Wetters stattlich und heiter aussahen. In den Grafschaften Hertford, Buckingham, Northhampton war keine Fabrik zu sehen auf dem ganzen Wege; überall trefflichster Landbau, und große, schöne Heerden, so weit das Auge reichte in der sanft gehügelten Gegend. Die Landsitze blühen wie Blumen an der halben Höhe der Hügel empor, und so gelinde ist das Terrain aufgewellt, so allmählich das Heben und Senken, daß man kaum sagen kann, wo die Hügel beginnen oder enden, deren Anblick trotz ihrer geringen Höhe für das Auge doch sehr wohlthuend ist.

In den Grafschaften Leicester und Derby waren dafür um so mehr Fabriken. Man gewinnt dort eine eisenhaltige Erde, die ausgeschmolzen wird. In Yorkshire wieder Bodenkultur und Viehzucht. Die Zahl und Größe der Güterzüge, die Menge des transportirten Viehes, und namentlich die riesenhaften Convois, mit denen Kohlen befördert wurden, gaben ein Bild von dem ungeheuren Handelsverkehr im Innern des Landes. Die Steinkohlen, die in etwa zwei Fuß langen Stücken gebrochen und noch nicht durch vieles Transportiren zerbröckelt waren, sahen rein und glänzend aus wie Email.

Die ganze Fahrt war unterhaltend, weil man fortdauernd durch bebautes Land fuhr. Die Stunden entschwanden mir, ich wußte nicht wie, und Abends um sechs ein halb Uhr bin ich hier im Yorkhotel angelangt, wo ich ein sehr gutes Zimmer für mich durch Herrn L. bestellt und die Adresse der Wohnung fand, welche mir in Edinburgh durch die Güte von Mrs. W. besorgt ist. Ich bin dann ein Wenig in der Stadt umhergegangen, habe diesen Brief geschrieben und nun ist's Zeit an die Ruhe zu denken.

Den 28. Juli Sonntag Abends
halb acht Uhr.

Das Hotelleben in England würde Dir recht gefallen. Man hatte mir schon in Deutschland gerathen die Commercialhotels zu wählen, und Herr L. hatte mich auch hier in York in ein solches gewiesen. Sie führen ihren Namen davon, daß in einem bestimmten Zimmer des Hauses den Handlungsreisenden, die das Hotel besuchen, die Lebensmittel billiger verabfolgt werden, als es sonst üblich ist. Indeß beschränkt sich das eben nur auf die eine Stube.

Es mag nun ein Jahr her sein, daß einer meiner Verwandten, ein Kaufmann, den seine großen Geschäfte alljährig nach England führen, mir eine Schilderung solcher Commercial Rooms in den Gasthäusern machte, um mir einen Begriff von dem formvollen Wesen der Engländer zu geben, selbst in den Ständen, deren Ungeschliffenheit und Sichgehenlassen bei uns fast sprüchwörtlich geworden sind. Er erzählte, daß er, um einige Geschäfte schneller abzumachen, sich eines Abends entschlossen habe, in dem Commercial Room zu speisen, überzeugt die Zeitersparniß mit einem wüsten Abend voll Lärmen und platter Witze, bei Trinken und leichtfertigen oder rohen Scherzen erkaufen zu müssen. Um so mehr aber sei er erstaunt gewesen, eine Gesellschaft zu finden, die, obschon nur durch Zufall versammelt, dem ältesten anwesenden Manne eine förmliche, beaufsichtigende Präsidentschaft zugestand. »Es sei das so der Brauch!« hatte man Herrn M., das ist der Name meines Vetters, bemerkt, als er darüber seine Verwunderung geäußert. »Irgend Jemand muß präsidiren (Must have the chair), wenn Ordnung erhalten werden soll, und es ist der

Brauch in allen Commercial Rooms, daß immer der Aelteste das Präsidium übernimmt.« Unter der Leitung dieses Aeltermannes hatte die Gesellschaft, sofern die Mitglieder nicht lasen, sich zu einem gemeinschaftlichen Mahle niedergelassen, das, da sie einen Ausländer unter sich gewahrte, gleich einen gewissen officiellen Charakter annahm. Als man den Wein brachte, stand der Aeltermann auf, erhob sein Glas und sagte gegen M. gewendet: »Ich hoffe, da Sie in unserm Lande sind, und wie Sie sagen, hier gute Geschäfte gemacht haben, so werden Sie es nicht verschmähen, mit uns auf das Wohl unserer Königinn zu trinken!« Danach nahm die Unterhaltung bald eine politische Wendung, und M., der zu der demokratischen Partei von Königsberg in Preußen gehört, und ein sehr gescheuter Mann ist, konnte mir nicht genug von der Einsicht und Sachkenntniß erzählen, die er bei Alt und Jung unter diesen Handlungsreisenden gefunden habe. Später, als im Laufe des Abends ein junger Mann das aufwartende Dienstmädchen schäckernd um die Taille faßte, das sich seinem Arme entzog, sagte der Präsident: don't disgrace Yourself Sir, in offending that poor girl, because she is obliged to to be a servant! (»Treten Sie sich nicht zu nahe, mein Herr! indem Sie ein armes Mädchen beleidigen, weil sie dienen muß,«) und der Getadelte nahm den Verweis ohne irgend eine Entgegnung hin. Von allen Seiten ward M. gefragt, welchen sport er treibe? Ob er reite, jage, fische, Cricket spiele, oder welcher körperlichen Uebung, welchem Spiele er den Vorzug gebe? und M. fand dabei Gelegenheit zu sehen, daß alle diese Männer einen sport übten, ja eine Ehre darin setzten es zu thun. Er schloß seinen Bericht mit den Worten: »Ich bin selbst Kaufmann, habe früher selbst für mein Haus die Reisen im Inlande gemacht und Jahre lang die Handlungsreisenden in Deutschland als meine Genossen zu beobachten Gelegenheit gehabt, aber niemals ist mir die Wirkung, welche die politische Betheiligung im Staate, und die damit verknüpfte Oeffentlichkeit und Gemeinsamkeit auf die Bildung der Männer ausüben, schlagender entgegengetreten, als in jenem Commercial Room. Wir werden noch eine Weile brauchen, ehe unter unseren Handlungsreisenden eine so männlich würdige Haltung zu finden sein wird.«

»So weit mein Vetter!« wie der gute Wandsbecker Bote zu sagen pflegte. — In Yorkhotel ist der Commercial Room par terre zur linken Seite der Hausthüre. Fluren und Treppen sind mit Decken belegt, und das Haus so still, als ob man sich nicht in einem besuchten Gasthofe, sondern in einem Privathause befände. Da eine Frau in England nicht wohl in einem Schlafzimmer Besuche annehmen kann, wie in Frankreich, so muß man, wo man länger verweilt, einen bedroom und einen kleinen sittingroom haben. Hier indeß, wo ich Niemand kenne und Niemand sehen werde, bedarf ich nur einer Schlafstube und nehme meine Mahlzeiten in dem saubern, kleinen Zimmer ein, das für Damen als ein allgemeiner sittingroom zu dienen scheint. Es hat ein Sopha, mehrere Tische und Fauteuils und eine kleine nicht schlecht gewählte Büchersammlung von circa zwanzig Bänden. Bücher trifft man in England überall an; die Neigung für Lektüre muß also sehr verbreitet sein. Die Schlafstuben sind klein, sie enthalten nur das große, englische Gardinenbett, den Waschtisch, die Toilette und wenn es hoch kommt, außer den Stühlen noch eine Komode. — Eine Table d'hôte giebt es in diesem Hause nicht. Jeder ißt für sich allein und bestellt was er haben will; man ist also mindestens nicht genöthigt, wie am Rheine ein Diner von zwölf Schüsseln mit Wein zu bezahlen, wenn man nur zwei Schüsseln haben möchte und keinen

Wein trinken darf. Die Reinlichkeit und die Pünktlichkeit der Bedienung sind musterhaft. In das Schlafzimmer von Damen kommt kein männlicher Diener, selbst daß das Essen angerichtet sei, meldet das Mädchen, und der Diener wartet nur während der Mahlzeit im sittingroom auf. In jedem Schlafzimmer liegt eine Bibel auf dem Tische vor dem Bett.

Das hat mich gestern Abend bewogen, vor dem Einschlafen darin zu blättern, und ich habe wieder einmal das hohe Lied gelesen, das ich zufällig aufgeschlagen hatte. Nach hundert Jahren, und vielleicht schon früher, werden die Menschen das Geschlecht für unklug, für halb geisteskrank halten, das dieses reizende, glühende Liebeslied, durchduftet von dem ganzen Zauber des Orients, für eine Allegorie halten konnte, in welcher Salomon sich in starrer Askese der künftigen Kirche oder dem Himmel gelobt. Salomon, mit seinen Hunderten von Weibern und Kebsweibern, mit dem verschwenderischen Luxus seines Tempelbaues, der prachtliebende Freund der stolzen Königinn von Saba, und — Askese! — Er, der es am Ende seines Lebens nicht zur Entsagung, sondern nur zu dem Ausrufe aller blasirten Menschen vor und nach ihm gebracht hatte: »es ist Alles

11*

eitel!« Es ist auch ganz unmöglich, nur den leisesten, nur einen denkbaren Zusammenhang zu finden, zwischen dem Inhalte des hohen Liedes und den Ueberschriften seiner Kapitel. Schriebe man über die Marseillaise: »Ruhe ist die erste Bürgerpflicht!« so paßte es eben so gut, als Ueberschrift und Text in jenem hohen Liede. Dazu kommt nun, daß der englische Text noch viel weniger eine mystische Doppeldeutung zuläßt. Die Sprache ist einfacher, derber, weniger figürlich gebraucht als die unsere, und die Daumersche Uebersetzung des hohen Liedes springt aus dem englischen Texte helleuchtend hervor. Das hohe Lied ist entzückend schön, wenn man es natürlich auffaßt.

Heute Morgens ging ich, um doch in solch kirchlichem Lande wie England, auch einem ordentlichen Gottesdienste beigewohnt zu haben, in die Kathedrale. Sie gilt für die schönste Kirche von England, und hat mir auch einen größern Eindruck gemacht, als die buntfarbige, freilich auch sehr schöne Windsorabtei. Die Liturgie kam mir genau wie die katholische Messe vor. Danach folgte ein Ablesen von Psalmen, von Capiteln des alten und neuen Testamentes, der ganzen zehn Gebote und des Glaubens, in dem die Worte: I believe in the holy ghost, the holy catholik church, mich befremdeten. Die Musik hat etwas Heiteres etwas lobpreisend Jubelndes, das an manche Siegeslieder aus dem Alexanderfeste erinnert. Nur hie und da tönt das christliche, klagende Element hindurch, aber nicht in der erschütternden Großartigkeit der Vernichtungsklage, die in der alten italienischen Kirchenmusik, im Miserere und in den Lamentationen unser Herz erbeben läßt. Ich weiß nicht, ob ich mich Dir verständlich zu machen im Stande bin, da meine musikalische Begabung und Kenntnisse nicht den Deinen gleichen.

Wunderlich klang es, als die Psalmen, die nicht Alle in gleichem Rhythmus übersetzt sind, nach Melodien gesungen wurden, welche diesem Rhythmus nicht immer entsprechen konnten, weil der Takt durchweg derselbe blieb, obschon der Sylbengehalt der einzelnen Verse durchaus verschieden war. Mitunter meinte ich, sie müßten sich verschlucken, wenn sie drei, vier Worte auf einen armen Takt bauen sollten; dann blieb wieder einmal ein einzelnes »Lord« oder »God« übrig, das für ein paar Takte ausreichen mußte. Im Ganzen aber sind die Melodien schön und ihr Jubelklang, von Kinderstimmen in dem prächtigen Gebäude gesungen, würde noch mächtiger wirken, hätte man mit dem Texte mehr Zusammenhang.

Das Kostüm der Prälaten und der Sherifs war wie in London. Den Letzteren wird Krone und Schwert, den Prälaten geistliche Insignien vorgetragen. Die Predigt machte den kleinsten Theil der Feierlichkeit aus. Sie war sehr geistlos und beschränkte sich auf die Erklärung einer Bibelstelle. Dem anglikanischen Gottesdienst allwöchentlich beizuwohnen muß abstumpfend sein und gleichgültig machen gegen die eigentliche Erhebung des Geistes, da die Form so übermäßig darin vorherrscht. Als wir den Dom verließen, kam eine große Sektirergemeinschaft, ich glaube Wellesleyaner, aus einem nahe gelegenen Hause, in dem sie ihren Gottesdienst gehalten. Es schienen lauter Handwerker und Arbeiter zu sein.

Nach der Kirche machte ich einen zweistündigen Spaziergang, der mich vortrefflich unterhalten hat, weil ich mir das Bild der mittelaltrigen Stadt so vollkommen in der Idee herstellen konnte, wie sonst fast nirgends, da der größte Theil der alten Stadtmauer noch unversehrt erhalten ist.

Die Avus, ein kleines, klares Wasser, durchfließt die Stadt. Der größte Theil derselben liegt in der Ebene am rechten Flußufer; am linken, auf einem Hügel, die Kathedrale und Yorkkastel, das jetzt ein Gefängniß ist. Die Stadtmauer muß nahe bei der Kathedrale zu einem Brückenkopfe hinabgegangen sein, der noch in seiner ganzen Stattlichkeit dasteht. Eine Fähre geht an dieser Stelle über die Aous. Am andern Ufer beginnt die Mauer wieder, und verbindet die verschiedenen Stadtthore, deren große Thürme jetzt noch bewohnt und mit Fallgattern und Ausfallthoren versehen sind. Neben denselben steigt man auf guten Treppen zu den Wällen hinan. Diese sind recht breit, wie Trottoirs mit Quadern belegt und gegen das offene Land hin, durch die Krenelirung der Brustwehr, mit einer Gallerie umgeben. Nach der Stadtseite haben sie keine Schutzwand, was mir Anfangs Schwindel erregte, und mich zwang, mich hart an der Brustwehr zu halten. Es ist eine sehr hübsche Promenade, die ich wohl eine Stunde weit, fast um die ganze Stadt, verfolgte. Du mußt sie Dir, nur schmäler, wie die Straße auf der Mauer der Dogana im Porto franco von Genua vorstellen.

Nach Außen blickt man in das Land, und mir scheint, friedlichere Landschaften als in England habe ich noch nicht gesehen. Es ist, als merkte man es diesem Rasen an, daß hier seit hundert

Jahren keine Schlachten mehr gefochten sind, daß kein Blut ihn gefärbt, keine Streitrosse ihn mehr zerstampft haben. Noch ist mir in England kein Fuß breit wüstes Land vorgekommen; was man heath, Haide, nennt, würde in der Mark noch für eine Oase gelten, so schöne Sträucher, Kräuter und Bäume trägt es.

Die Stadtmauer muß, wie ich mir vorstelle, nicht nur die alte Stadt York, sondern das ganze Stadtgebiet umschlossen haben, denn heute noch umspannt sie, trotz des großen Wachsthums von York, eine Menge vor der Stadt gelegener Fabrikgebäude, Gärten und baumbewachsener Hügel. Die Kathedrale steht auf einer ansehnlichen Höhe, Yorkkastel aber ein tüchtig Ende von der Kathedrale, flußabwärts. Die Festung in der Ebene, hart am Ufer gelegen, ist eine gewaltige Steinmasse, und hat keine Fenster nach Außen. Die Mauren steigen ernst und stolz empor, das prachtvolle Thor ist von runden, niedrigen, aber ungemein dicken Thürmen flankirt und, da es zu verfallen drohte, ganz im alten Style erneuert. Das Kastel und die Kathedrale mit ihren Nebengebäuden sind offenbar, obschon innerhalb der Stadtmauer gelegen, noch besonders, vielleicht gegen die Bürger selbst, befestigt gewesen.

Die Kathedrale hat eine Kreuzesform. Das herrliche, weltberühmte Hauptportal befindet sich unter den beiden Hauptthürmen, ein dritter Thurm, der sich über dem Centrum des Kreuzes erhebt, schien mir von unvergleichlicher Schönheit. So weit die bilderstürmenden Reformatoren hinangereicht, haben sie alle Statuen zerstört, welche die äußere Kirche schmückten, nur hoch oben sind sie erhalten geblieben, und lassen den Verlust der andern bedauern. Die Glasmalerei der Fenster ist antik, von guter Farbe, aber nicht schön, wenn sie auch ein historisches Interesse haben kann. In denselben Bereich des kunsthistorischen Interesses fallen für mich auch die fratzenhaften Verzierungen aller Vorsprünge, Knäufe, Dachtraufen, so wie sie der Kölner Dom in fabelhaften Thier- und Menschengebilden, in Buckligen und in Carrikaturen aufweist. Das ist ein Augenschmerz; und ich tröste mich immer mit Göthe's: »was freut denn Jeden, blühen zu sehen, was schon von Innen wohlgestalt ist«, wenn ich mit diesem gothisch phantastischen Wesen keinen Zusammenhang fühle, sondern eine wirkliche Abneigung dagegen empfinde. Man schaudert davor wie vor der Naturwahrheit des Höckers an der nackten Aesop-Büste in Villa Albani, den auch Niemand so leicht als etwas Schönes betrachten wird. Wohlwollende Freunde, gelehrte Kunstkenner haben versucht, mir den Sinn der deutsch gothischen Architektur, die Bedeutung des Phantastischen daran zu erklären, und ich habe das zwar zu verstehen, schön aber dennoch nicht zu finden vermocht. Ich begreife die Berechtigung dieser Architektur vollkommen, für eine Zeit, deren ganze Sehnsucht nach dem Himmel, deren Phantasieen in das Abenteuerliche gingen — aber eben darum hat sie keine Berechtigung mehr für uns, die wir unser Dasein auf die Erdenwelt begrenzen. Unserer Weltanschauung ist die Bauart der Alten am Angemessensten: das heitere Sichausbreiten auf der Erde, und die anglogothische Architektur, ihr Emporstreben mit Begrenzung, ihr festes Insichberuhen, das von der Wurzel an weiß, wo es in gleicher Breite enden wird, ist uns daher viel näher verwandt, als die deutsch gothische Baukunst. Solch eine englische Kathedrale mit ihren breit abbrechenden Thürmen hat ein bestimmtes Ende, sie schneidet fest ab, während die deutschen Münster wie Seufzer in der Luft verschweben. —

Den tollsten Thurm habe ich aber im Vorüberfahren zu Chesterfield gesehen. Er steigt ganz vernünftig, gothisch viereckig, ein tüchtig Ende in die Höhe. Mit einem Male hört das auf, und nun erhebt sich auf dem Unterbau ein Ding, wie Kinder es bei uns aus Aepfeln schnitzen, um eine aus vielen Plättchen zusammengesetzte Pyramide zu erzeugen, deren einzelne Theile sich schneckenartig hinaufwinden. Es ist ein Bau, der die Eigenschaft hat, von allen Seiten lebensgefährlich schief auszusehen. Die schiefen Thürme von Bologna und Padua sind klassische Schönheit im Vergleich zu diesem Ungeheuerlichen, das eigentlich nothwendig in die verrückte Villa Pallagonia zu Palermo hinein gehörte. Ich glaube wirklich, daß der beständige Anblick eines solchen Thurmes nachtheilig auf den Menschen wirken muß. Der Thurm soll aus kleinen Holzplatten, mit Zinn oder Eisen überlegt, sehr merkwürdig konstruirt, und leider sehr dauerhaft sein.

Der gute Einfluß eines großen, schönen Architekturwerkes in einer Stadt besteht darin, daß es alle Bauten stylisirt. York ist voll von alten Kirchen, kleinen und großen, die alle den Styl der Kathedrale haben. Sie sind nur einfacher in der Verzierung, und darum fast noch schöner, weil die eigentlichen Linien dadurch noch bestimmter hervortreten, als in der Ausfaserung der gothischen Zierrathen. Eine alte ganz zerstörte

Kirche befindet sich in dem schönen, am Wasser gelegenen Museumsgarten. Das zerfallende schwarzgraue Gemäuer macht zwischen den reichbelaubten Bäumen einen Effekt, wie ihn kein Architekturmaler schöner verlangen kann. Der Thurm und sein wohlerhaltenes Portal, an den ein Stück der Kirche lehnt mit unterirdischen Gewölben, ist ganz grün umschattet; und der einstige Weinberg des Herrn wird als Wein- und Bierkeller benutzt. Es ist ein Punkt, auf dem alle Requisiten für eine romantische Spukgeschichte zusammentreffen.

Ebenso malerisch ist auch der Platz, der die Kathedrale umgiebt. Wenn man von Stonegatestreet kommt, hat man die Hauptthüre der langen Facade vor sich, über der sich der schöne Mittelthurm erhebt. Links liegen die beiden Seitenthürme mit dem großen Portal, und dann zieht sich an der entgegengesetzten Längenseite ein Rasenplatz mit Bäumen hin, um den in schattigen Gärten stille, stattliche Häuser, vermuthlich Kurien, gelegen sind. Diese Häuser sind neu, aber alle in anpassendem Style gebaut. Dasselbe gilt sogar von den, der Kathedrale zunächst gelegenen Privatwohnungen. Eine kleine Kirche, in Art der Battisterien, liegt auf dem Platz der Hauptkirche.

Die Prälaten, welche bei dem Gottesdienste

beschäftigt waren, sahen wie Gentlemen, wie Sportsmen oder Parlamentsmitglieder, und so wenig geistlich aus, in deutschem Sinne, als die italienischen Monsignori. Der eine fungirende Geistliche trug hohe Bäffchen und blaßgraue Glaceehandschuh, wie im Salon, die er während der ganzen Messe anbehielt. Die höhere Geistlichkeit, von der etwa fünf Mitglieder anwesend waren, hatte etwas Stolzes und Vornehmes; die Jüngern sahen bescheidener aus. Sie sangen und intonirten gut.

Von den Wällen hinabzusehen in die Stadt, bald in behagliche, mit Luxus ausgestattete Wohnungen, dann wieder in Krautgärtchen, oder in die Aermlichkeit der von Fabrikarbeitern benutzten Häuser, vor denen sie, trotz des Sonntags, in ziemlich rußiger Kleidung saßen, während sich große Jungen auf den Hofplätzen spielend balgten, das bot ein eigenes, wehmüthiges Interesse; und jeder Stadttheil rollte ein neues, charakteristisches Panorama des täglichen Lebens vor mir auf. Einmal graseten unter uralten Bäumen am Abhang einer kleinen Erdaufwellung drei schöne Pferde, auf deren Fell das Sonnenlicht große Streiflichter durch die Aeste warf, während tief im Schatten

12*

ein hübscher, kräftiger Knabe mit zwei großen Hunden spielte. Es war ein sehr anmuthiges Bild.

Ich ging ganz einsam meine Straße — wie weit von meiner Heimath! — und sah Alles für Dich mit. Dabei überdachte ich recht ruhig den sonderbaren Weg meines Lebens, der sich so ganz anders gewendet, als ich's erwartet hatte, und mir fielen lebhaft Göthes Worte ein: »was man in der Jugend wünscht, hat man im Alter die Fülle!« Wie groß war einst meine Reisesehnsucht, mein Verlangen nach neuen Eindrücken, meine Begier das Leben, die Menschen kennen zu lernen, so viel zu erfassen vom gesammten Dasein, als es meiner Natur möglich wäre! Und nun ich halb Europa durchwandert habe, nun ich Welt und Menschen in den verschiedensten Sphären gesehen, und die Besten unsrer Zeit gekannt — rechne ich mir zwar das Alles, besonders das Letztere, für ein großes Glück an, aber meine Sehnsucht geht nach äußerer Ruhe und Begrenzung des Lebens; nach Vertiefung in das eigene Wesen, um von dort heraus zu schaffen, was mir zu leisten möglich, ehe die Nacht kommt, deren Nähe oder Ferne so unberechnenbar ist. Ein eigenes Stück Land an einem stillen Orte — das scheint mir jetzt das Erstrebenswertheste, weil es das Bindendste und damit das Beruhigendste ist. Mich dünkt, ein Baum, der recht fest wurzelt in seinem Boden, muß die Aeste am weitesten ausbreiten können. —

Da hast Du die Erlebnisse meines stillen Sonntags. Ich habe keine Seele gesprochen und bin so für mich herumgedämmert. Nun ist es zehn Uhr, ich will die Koffer zuschnallen lassen. Morgen früh um neun Uhr fahre ich nach Edinburg, wo ich Abends sieben Uhr eintreffe. — Ich habe mich in London manchmal so eilen müssen, um mit dem Tagebuche dem Erleben folgen zu können, daß mir die Muße und Ruhe heute ungemein süß gewesen sind. Eine Stunde habe ich auch in Shakespear's Heinrich dem Sechsten gelesen; wie belebte sich mir das Alles hier auf diesem Boden! Lebe wohl für heute!

Dreiundzwanzigste Sendung.

Vom 31. Juli bis 2. August.

Edinburg den 31. Juli 1850.

Es sind ein paar Tage vergangen, ohne daß ich die Tagebücher vornehmen konnte. Ich bin ziemlich in Rückstand gerathen, will aber doch mit der Reise von York nach Edinburg beginnen, die ich Dir noch schulde.

Es regnete wieder, als ich am Morgen des 29sten Yorkhotel verließ. Die Gegend blieb sich durch Yorkshier vollkommen gleich. Es war ein ununterbrochener Park, in dem selbst die Städte und Dörfer nur wie Ornamente erschienen. Gegen die Grenze der Grafschaft Durham hin wird das Terrain hügliger. Man kommt in den

Bereich der großen Kohlenminen. So viel es in Deutschland Fahrstraßen giebt, so viel Eisenbahnen giebt es hier, und wo sich bei uns ein verbindender Fußweg hinzieht, liegen hier Schienen, um das Material von Dorf zu Dorf, von Haus zu Haus schnell mit Pferden bis an die Dampfeisenbahnen zu bringen. Ueberall bäumen sich die weißen Rauchwolken der Lokomotiven in die Luft; wohin das Auge blickt, feuersprühende Essen und Dampfschornsteine, ohne daß durch dieselben der Gegend jener Charakter friedlicher Ländlichkeit geraubt würde. So kamen wir nach Darlington.

Es war Thierschau und Viehmarkt dort gewesen. Das verursachte überall langen Aufenthalt auf den Stationen. In den Wagons Viehhändler und Pächter zur Rechten und zur Linken, und sie sahen eben so derb und verbauert aus, als bei uns. Ihre Unterhaltungen drehten sich naturgemäß um ihre nächsten Angelegenheiten, um Viehzucht und Marktpreise. Es war mir aber unterhaltender, als hätte ich von der Oper und all den Herrlichkeiten sprechen hören, die ich selbst kenne. Nebenher machte es mir Freude zu erproben, in wie weit der Provinzialdialekt dieser Leute die Sprache veränderte. Der Unterschied war merklich genug.

Eine solche Reise macht übrigens genau den Eindruck, als ob man ein Panorama sähe. Es war, als säße man wieder in Regentstreet und ließe statt dem Wege nach Indien, den Weg nach Schottland an sich vorüberziehen. Die Aehnlichkeit ward dadurch noch größer, daß man durch einige Städte mit dem Dampfwagen durchfährt, über andere auf hohen Brücken hinweg, wenn die Stadt im Thale zwischen Felsen liegt.

Die Eisenbahn hat übrigens hier bereits aufgehört ein Sonderwesen zu sein, was sie bei uns noch immer ist. Man kennt hier all die Sicherheitsanstalten nicht mehr, nicht mehr die Ueberwachung der Bahnhöfe, damit das Publicum nicht Schaden nehme durch die Locomotiven. Man bewegt sich auf den Bahnhöfen, zwischen den Maschinen so frei, wie auf allen andern öffentlichen Plätzen, und es bleibt Jedem überlassen, sich vor den Locomotiven, wie vor Wagen und Pferden selbst zu hüten. Es scheint mir auch, als ob das Aufseher- und Bedienungspersonal bei den Bahnen geringer wäre, als bei uns, wenigstens habe ich bei den kleinen Touren, die ich von London aus gemacht, niemals so viel Schaffner bei den Zügen bemerkt als in Deutschland. Eins aber ist hier ein großer Mangel, das ist die Billetcontrol am Ende der Fahrt, die bei uns während derselben geschieht. Vor allen größeren Städten wird angehalten, die Revision zu machen, und wenn man vollends Sonntag oder Montag Abend von einem der Lustorte nach London zurückkehrt, so dauert die Untersuchung der Karten oft mehr als eine halbe Stunde, was uns immer verdrießlich gemacht hat.

Mitten in der Grafschaft Durham, nicht weit von dem schönen Schlosse Lamptonhouse, dem Familiensitze der Durham's, erhebt sich auf einem Hügel ganz isolirt, ein griechischer Tempel, oder eigentlich eine Säulenhalle, das Monument eines Lord Durham, das die ganze Gegend übersieht, und bei den vielen Windungen der Eisenbahn in immer neuen Perspectiven hervortritt.

Aus der Grafschaft Durham kommt man in die Grafschaft Northhumberland, deren Grenze die Stadt Newkastle macht, über die man buchstäblich hinwegfährt. Mir trat der Name Newkastle mit heimathlichen Erinnerungen lebhaft vor die Seele, denn alljährlich lag der Pregel in Königsberg voll von Schiffen aus Newcastle upon Tine, die Kohlen brachten und dafür Getreide, Hanf, Felle, rohe Producte zurücknahmen.

Hier in Newkastle verließ uns eine Familie,

die von Darlington ab in dem Wagon gewesen war. Eine Mutter mit zwei Söhnen und einer Jungfer, die unruhigsten Menschen, die mir in England vorgekommen sind. Existirte das Wort troublesom nicht, man hätte es für sie erfinden müssen. Der Vater, der Onkel, zwei Töchter und ein Sohn hatten sie bis zum Wagen begleitet, und die Mutter hatte noch so viel Haushaltsbefehle aus dem Wagen zu geben, so viel Vergessenes nachzuholen, so viel Vorsorgliches zu überlegen, abzuändern und anzuordnen, Jedem etwas durch das Wagenfenster ins Ohr zu sagen, und Allen so viel zuzurufen vor der Abreise, daß sie sich den Schweiß von der Stirne trocknete, als sich endlich der Zug in Bewegung, und sie sich in ihre Ecke niedersetzte. Nun begann aber das Anordnen im Wagen. Jede der vier Personen hatte eine Legion kleiner Säcke, Päcke und einzelner Stücke mit sich. Hier stand ein Theekasten, dort eine Pappschachtel mit dem Theetopf, da lag ein Pack wohl eingewickelter Sandwiches zum Frühstück, und daneben Schirme und Angeln und Plaids und Ueberröcke und Toilettenkasten. Das sollte Alles nicht nur untergebracht, sondern wohl untergebracht werden, damit es weder die Besitzer, noch die Mitfahrenden belästigte, denn: »man muß Niemand belästigen!» bedeutete die Dame den Knaben, während sie es uns lächelnd so bequem zu machen suchte, daß wir nicht einen Augenblick Ruhe hatten vor ihrer hülfreichen Thätigkeit. Nebenher aber hielt sie es doch für nöthig die Kinder auf alle Merkwürdigkeiten aufmerksam zu machen: »sieh das Schloß!» — »sieh die Fabrik!« — »Hast du schon eine Hängebrücke gesehen?!« — »Merke dir, wie sie die Kohlen hier in die Wagen packen!« — Dabei drehte die Mutter sich wie ein Wendehals bald links, bald rechts, und die Jungen liefen von einer Wagenseite nach der andern, um sich, weit aus den Fenstern herausgebogen, die augenfälligen Belehrungen zu verschaffen, wobei dann wieder ein mütterliches: »Verliere die Mütze nicht! Laß dir keinen Kohlenstaub in die Augen kommen! Tritt den Ladies und Gentlemen nicht auf die Füße! Ich bitte um Vergebung Sir! Entschuldigen Sie Miß!« erschallten. Die Anwesenden ließen sich die Unart aber ganz ruhig gefallen, denn Jeder dachte wohl: à charge de revenge! Da man sich viel Freiheit nimmt, ist man auch sehr duldsam gegen Andere. — Die Frau war offenbar eine jener umsichtigen Hausfrauen, die es bedauern nicht zwei Köpfe mit wenigstens vier Paar Augen und dazu vier Paar Hände zu haben. Mir wurde so deutsch zu Muthe dabei. Ich fieberte beinahe vom Anblick dieser fieberhaften Rastlosigkeit und war ganz glücklich, daß wenigstens das Dienstmädchen Nichts von den Belehrungen profitiren wollte, die ihr gelegentlich zugewendet wurden, sondern ganz sanft und ruhig schlief. Der älteste Sohn, der Mutter treustes Ebenbild, war mörderisch wißbegierig, so daß er sich vor Fragen beim Essen verschluckte, wobei die Thätigkeit der Mutter sich erst in ihrer vollen Ausdehnung entwickelte. Der zweite Knabe war hübsch und schwieg doch wenigstens, so lange er Etwas zu essen hatte. Aber das Gesicht dieser Frau, die straffe, blanke Haut auf den starken Knochen, die frische Farbe nur hie und da von einem Leberfleck unterbrochen, die langen, blendend weißen Zähne, die aus den schmalen, stets lächelnden Lippen hervorsahen, und die funkelnden, hellblauen, rastlosen Augen werde ich im Leben nicht vergessen.

Newkastle liegt an zwei Hügeln, welche durch eine Prachtbrücke behufs der Eisenbahn verbunden sind. Die Brücke besteht ganz aus Eisen und ruht auf kolossalen Mauerblöcken, die aus dem Thale emporsteigen. Sie soll eines der merkwürdigsten und solidesten Bauwerke der neuern Zeit sein.

Ein altes Kastel in der Mitte der Stadt, eine prächtige Säule mit dem Standbilde des Lord Grey, und zahlreiche Kirchen ragen aus den Häusermassen hervor. Die Straßen, in die man hinabsieht — und wir fuhren des Schienenwechsels wegen, dreimal über die Brücke — sind voll von Magazinen und von Leben. Der Hafen, der sich zwischen den beiden Bergen aufthut, zeigte Schiff an Schiff, einen Wald von Masten. Es war ein sehr malerischer Anblick, aber das Ganze so von schwarzen Rauchwolken überdeckt, daß man nicht begreift, wie die Menschen dort athmen können. Die Luft sah förmlich schwarz aus, und die Häuser ebenso.

Gleich hinter der Stadt beginnt jedoch wieder das schöne frohe Grün, und in die hellen Laubfarben der Baumgruppen, fangen nördliche Nadelhölzer sich zu mischen an; wie zwischen den Dörfern und der anmuthig gelegenen Stadt Morpeth die Schlösser und Ruinen des Mittelalters sichtbar zu werden beginnen. Etwa eine halbe Eisenbahnstunde hinter Morpeth sieht man die schönen Mauern des Schlosses Warkworth, das noch eine vollkommen erhaltene Burg scheint; und hinter dem Grün der Bäume, welches sie umgiebt, breitet sich der volle Spiegel des Meeres aus, das so blau und leuchtend in der Nachmittagssonne erglänzte, wie wir es je an den Küsten des Mittelländischen Meeres gesehen haben.

Von hier ab hat man fast noch sechs Stunden bis Edinburg; aber den Weg an der Riviera di Levante von Genua nach Lukka, und den von Neapel nach Nocera abgerechnet, kenne ich Nichts, was an Schönheit auch nur annähernd dieser Eisenbahnfahrt von Warkworth nach Edinburg zu vergleichen wäre. Man fährt auf einer Höhe, vielleicht eine achtel Meile vom Meere entfernt, das bald durch Laubwälder versteckt, bald plötzlich sichtbar wird. Die Fruchtbarkeit und die Cultur des Bodens gehen hinab bis hart an das Ufer. Oft fährt man auf Brücken über tiefe Felsspalten fort, die hier voll Laubholz eine grüne Schlucht bilden, dort eine Bucht, in die das blaue Wasser des Meeres hinein fließt. So geht es weiter bis Belford, und von da nach Berwick, das ähnlich wie Newkastle gelegen, aber noch viel schöner ist, weil hier, statt des Tine, das Meer den Hafen macht. Die Brücke, welche die beiden Felsen von Berwick verbindet, schien mir ebenso merkwürdig als die von Newkastle und viel malerischer zu sein.

Von Bedford ab bleibt man dem Meere noch

näher, das hier, von Schiffen nach allen Richtungen durchkreuzt, nicht als trennendes, sondern als Länder verbindendes Element erscheint. Inseln mit Schlössern und Leuchtthürmen tauchen flach aus dem Wasser hervor. Je mehr man nach Norden kommt, um so höher werden diese Inseln, bis man zuletzt Felsen vor sich sieht, gegen die Helgoland klein und in seiner Formlosigkeit häßlich ist. Der schönste von allen diesen Felsen ist der Bass rock. Ich glaubte mich wieder einmal den gelobten Landen von Kapri und Ischia zu nähern.

Die letzte Station vor Edinburg ist Porto bello, ein Seebadeort, der wirklich diesen italienischen Namen verdient. Man sieht aus den Wagons, von großer Höhe, in eine breite Straße hinab, die wie ein Corso sich vom Meere nach den Bergen hinzieht, und an der zu beiden Seiten die Häuser, wie Villen von einander getrennt, mit reichem Grün umschattet sind. Die Straße war wie eine Badepromenade von Spaziergängern belebt. Aus all den Villen und Häusern des großen Ortes stiegen weiße Rauchsäulen empor, während die untergehende, von Dünsten umhüllte Sonne, gleich einer Kugel golden abgegrenzt, am Horizonte stand, und ein breites, oranges, glanzloses Reflexlicht in das Blau des Meeres warf. Es war ein eigenthümlicher Lichteffect, der vielleicht nur dem Norden angehören mag, und der um so greller gegen den fast südlichen Charakter der Gegend contrastirte.

Im Wagon hatte ich als Gefährten ein paar ältliche Damen, die mit großen Blumensträußen von einer Landpartie heimkehrten, und einen jungen Gentleman. Als sie an meiner Frage, auf welcher Seite des Weges Holirood gelegen sei, es merkten, daß ich zum erstenmale nach Edinburg käme, gab mir die eine Dame ihr schönes Bouquet, und sagte: take that as a kind wellcom in our town! (Nehmen Sie das zum freundlichen Willkomm in unserer Stadt.) Dann blieben sie bei mir, bis ich mein Gepäck ausgeliefert bekommen hatte; der junge Mann besorgte es auf einen Wagen, und sie verließen mich erst, als sie mich auf dem Wege nach meiner Wohnung sahen. Dieses rein menschliche Wohlwollen ist es, das ich an den Engländern so sehr verehre, das liebevolle Bestreben einem Fremden Freude zu bereiten.

Und nun Edinburg! Um Dir, wenn auch nur annähernd, eine Vorstellung von der Eigenthümlichkeit dieser prächtigen Stadt geben zu können, muß ich versuchen, Dir die Lage derselben deutlich zu machen, wie ich es mit London gethan. Edinburg zerfällt in zwei ganz verschiedene Städte, das alte und das neue Edinburg, und liegt an einem Meerbusen, dem Firth of Forth, welcher von Nordosten in das Land hineinschneidet. Der neue Stadttheil mit dem Hafen Leith geht hart bis an das Meer, und steigt allmählich empor, bis er die Höhe des Felsens erreicht hat, auf dem die Neustadt gebauet ist. Auf dieser Höhe zieht sich die Hauptstraße, die prächtige Prinzesstreet, von dem östlich gelegenen Caltonhill, einem ansehnlichen Felsvorsprunge gen Westen hinunter. Hinter Prinzesstreet schneidet der Fels gegen Süden steil ab, eine Schlucht bildend, an deren entgegengesetzter Seite sich, auf einem zweiten Felsen, die alte Stadt erhebt. Die Schlucht ist jetzt mit Gärten und Gebäuden ausgefüllt, und die alte und neue Stadt sind durch Brücken verbunden.

Der hervorragendste Punkt des alten Edinburg ist der im Westen gelegene Schloßberg mit dem majestätischen Edinburg Castle, von dem nach Osten sich senkend die Highstreet, die Hauptstraße der alten Stadt, bis zum Schlosse von Holyrood hinabführt, das in der Ebene, am Fuße gewaltiger Felsen, der Salisbury-Crags, erbaut ist. Edinburg hat also im Westen den hohen Schloßfelsen, im Osten den Caltonhill und die Salisbury=Crags, gen Südwesten in fernerem Kreise die Bergkette der Pentlandhills, gen Nordosten den Firth of Forth, von dessen anderem Ufer die Berge der Grafschaft Fife hinüberschauen, und somit nach allen Seiten die malerischeste und großartigste Umgebung.

Als ich am neun und zwanzigsten Abends hier ankam, war es spät und ich so müde, daß ich nicht mehr ausgehen mochte, sondern mich nur in meiner sehr saubern, im Rez de Chaussée gelegenen Wohnung einrichtete, um sobald als möglich zur Ruhe zu kommen. Indeß kaum hatte ich mich niedergelegt und die Thür des geräumigen Schlafzimmers geschlossen, als es mir so dumpf und beklemmend erschien, daß ich aufstand und mich in dem sehr großen Wohnzimmer auf das Sopha legte, wo ich indessen dieselbe spezifische Schwere der Luft empfand, ohne daß ich enträthseln konnte, wovon sie herrührte. Es blieb mir also Nichts übrig, als bei halbgeöffneten Fenstern den Tag in unbehaglichem Hinträumen zu erwarten.

Am Morgen war die Wirthinn, eine alte, sehr ehrwürdig und gut aussehende Bürgersfrau, die sich fortwährend selbst mit mir zu schaffen machte und mich fast ganz allein bediente, ganz traurig, als ich ihr erklärte, wenn sie nicht Mittel fände die Luft frischer zu erhalten, könne ich nicht wohnen bleiben. Sie meinte, die Dumpfheit rühre von dem Gas her, mit dem in Edinburg alle Zimmer beleuchtet werden, und das, wenn die Röhren noch so fest geschlossen sind, doch bisweilen leise durchdringe; ich möchte also lieber auch in der Nacht eine ganz kleine Flamme, nur wie ein Nachtlicht, brennend erhalten, und sie wolle mir ein noch größeres, nach einem Garten gelegenes Schlafzimmer einräumen, in dem ich gewiß gute Ruhe finden würde. Das ist denn auch wirklich der Fall gewesen, die gute Alte hat sich darüber gefreut, und sie ist eine so herzensgute Person, daß es mit zu meinen Belustigungen gehört, mir von ihr die längsten Geschichten erzählen zu lassen. Sie hat mit fünfzehn Jahren geheirathet, ist kinderlos geblieben und hat seit langer Zeit immer ein Paar Zimmer vermiethet. Die Wohnung, welche ich inne habe, ist bis jetzt, vierzehn Jahre lang, von einem Theologen bewohnt worden, der endlich eine gute Landpfarre erhalten und sich gestern mit einer Edinburgerinn verheirathet hat. Er und seine Familie waren dazu

13*

nach der Stadt gekommen, hatten bei meiner Wirthinn die Hochzeitstoilette gemacht, und ich habe den Morgen nach meiner Ankunft die Gesellschaft aus unserm Hause wohlgeputzt zur Trauung fahren sehen. Mrs. Pearson, so heißt die Wirthinn, hat dann Abends bis ich zu Bette ging, von der Hochzeit, von dem Bräutigam, und von seinem Leben erzählt, ehe sie mir eine gute Nacht wünschte, die ich nach der ersten, schlechten Nacht auch dringend nöthig hatte. Kaum aber hatte ich die Augen geschlossen, als ich an meine Thüre klopfen hörte. Ich fragte, was es gäbe? — Es war die Wirthin, sie bat mich aufzustehen, sie müsse mir noch Etwas sagen. Sehr ärgerlich über die Störung, willfahrte ich ihr dennoch. Da sagt sie: Nehmen Sie's nicht übel, aber ich hatte es ganz vergessen! Hier ist ein Stück vom Brautkuchen, legen Sie das unter Ihren Kopf und Sie werden einen guten Traum von Ihrem Liebsten haben! (»a good dream from Your sweetheart!«) Dies naive Intermezzo hielt mich natürlich schadlos für den unterbrochenen Schlaf, der darnach glücklicher Weise nicht lange auf sich warten ließ.

Den Morgen nach meiner Ankunft besuchte mich Moritz Hartmann. Er ist von seiner Reise durch Irland und Schottland zurückgekehrt und wird hier noch ein Paar Tage verweilen, ehe er nach dem Festlande geht. Mit ihm durchwanderte ich am Vormittage die neue Stadt. Die Hauptstraße derselben, die schon erwähnte Princesstreet, ist eine der schönsten Straßen, deren ich mich erinnere. Am Fuße des Caltonhill ist sie von beiden Seiten bebaut. Es liegen dort das Theater, die Post, verschiedene andere öffentliche Gebäude und Hotels. Weiterhin hat sie nur an der Nordseite Häuser, und bietet dadurch einen freien Blick nach der Altstadt und dem Castel. In der Mitte der Princesstreet, da, wo sich Davidstreet von Süden nach Norden zum Meere hinabsenkt, steht von allen Seiten weithin sichtbar und alle andern Gebäude überragend, das Monument von Walther Scott. Ich weiß die Gestalt des Denkmals nicht anders zu bezeichnen, als indem ich es einen, in das Anglogothische übersetzten Obelisken nenne, der von vier kleinen, säulenartigen Obelisken umgeben und durch Bogen mit ihnen verbunden ist. Dadurch erhält das Denkmal eine, seiner Höhe angemessene Ausbreitung auf der Erde, und sieht zugleich imposant und leicht, würdig und heiter aus, wozu der schöne, weiße Marmor das Seinige beiträgt. In der, unter dem Hauptobelisken sich öffnenden Halle, befindet sich die Statue des Dichters. Er sitzt in bequemer Stellung da, den Oberkörper Etwas nach vorn geneigt, die Hände mit der leisen Gestikulation eines ruhig Erzählenden, über ein Buch gelegt, das er auf seinen Knieen hält. Zu seinen Füßen ruht ein prächtiger, großer Hund, der den Kopf zu seinem Herrn empor gehoben hat.

Die Idee und die Ausführung sind vortrefflich, nur will mich bedünken, als ob die Figur, die eigentliche Statue, für die Größe des Monuments zu klein sei, und davon erdrückt würde. Die Gesammtwirkung aber ist schön, und es ist sehr richtig, daß man es in dem anglogothischen Style aufgeführt hat, der für Scott, den Dichter des englischen Mittelalters, der geforderte war. Es erschütterte mich tief, zu sehen, in wie großartiger Weise dies Volk seinem Barden zu danken und ihn zu ehren weiß. — Die Zeichnung zu dem Monumente ist von einem bis dahin vollkommen unbekannten Manne, Georg M. Kemp, der in der Concurrenz zu dem Entwurfe den Sieg davon trug. Aber er erlebte die Ausführung seines Planes nicht. Er starb vor der Vollendung des Denkmals, das jetzt mit dem Namen des gefeierten Dichters auch M. Kemp's Namen auf die Nachwelt trägt.

Von Princesstreet stiegen wir den Caltonhill hinauf. Die Sonne brannte am Himmel und der Stein des Felsens war fühlbar heiß unter unsern Füßen. Caltonhill ist ganz von monumentalen Gebäuden bedeckt. Die beiden hervorragendsten sind Nelson's Monument, das wie ein Leuchtthurm in die Höhe ragt, und bestiegen werden kann; und ein für die Waterloohelden beabsichtigtes, aber nicht vollendetes Denkmal. Es sollte eine Wiederholung des Parthenons werden, der Bau wurde auch in den Dimensionen des Originales begonnen. Indeß schon nach der Errichtung der ersten zwölf Säulen und des auf ihnen ruhenden Frieses, gingen die Geldmittel zu Ende, und das Werk mußte unvollendet bleiben — vielleicht zur größten Zierde der Stadt; denn es ist fraglich, ob der vollendete Bau auf jener Höhe so malerisch gewesen wäre, als diese ruinenhaften Säulen, die den Zweck vollkommen erfüllen, ein Gedenken an die Waterloohelden hervorzurufen. So wie sie jetzt sind, sollen die trümmerhaft auf dem kahlen Felsen am Meere ruhenden Säulen lebhaft an Athen erinnern, und wir haben sie in einem Sonnenbrande gesehen, der die Täuschung zu erhöhen geeignet war.

Neben diesen Monumenten befinden sich auf der Höhe die alte und die neue Sternwarte und ein Denkmal Dougald Stuarts, während tiefer in der Ebene ein ähnliches Denkmal für Burns, dem Lieblingsdichter des schottischen Volkes, errichtet ist. Trotz der fast senkrecht hernieder fallenden Sonnenstrahlen konnte ich mich kaum von dem Platze losreißen. Ich wußte nicht, wohin ich mein Auge zuerst wenden sollte, denn jedes Einzelne war verlockend und doch der Gesammtanblick das Schönste. Zur Linken die Salisbury=Crags mit dem Felsen Arthurs Seat, zur Rechten das Meer, die Stadt Leith mit den majestätischen Schiffen ihres Hafens, die Seebadeorte Granton und Portobello, lieblich wie italienische Marinen; und hinüber nach den Städten und Flecken der Grafschaft Fife die reiche Zahl der Segelkähne und Dampfböte, welche Letztere von Viertelstunde zu Viertelstunde vom Ufer abfahren. Dann wieder das altersgraue Holyrood, die alte Stadt mit ihren oft zehn Etagen hohen Häusern, das ernste, drohende Castel; und die Neustadt, mit dem prächtigen Museum, der Royal Institution, und all die Denkmäler und Kirchen, und das Leben in den Straßen, und die pfeifenden Dampfmaschinen der Eisenbahn von Glasgow, die in der Felsschlucht zwischen der Altstadt und der Neustadt dahinsausen — es ist eben ein Bild, das sich nicht beschreiben läßt, und

das man nie vergessen kann, wenn man es je gesehen hat. Der Eindruck verwirrte mich, mir schwindelte vor der Mannigfaltigkeit und Pracht, aber ich hatte doch das Gefühl, als sei mir ein Glück wiederfahren, das ich genießen und festzuhalten suchen müßte.

Sonnabend den 3. August.

Erleben und Beschreiben sind einmal wieder in Feindschaft gerathen. Das lustige, frische Erleben läuft blitzschnell voran, und das stille, stubenhockende Beschreiben kann sehen, wie es nachkommt; es wird Noth haben seinen flüchtigen Vorläufer wieder einzuholen.

Deinen Freund Doktor Schmitz, den Rektor der Edinburger Universität, fand ich nicht mehr in der Stadt. Er war auf's Land gegangen, um sich von da nach dem Continente zu begeben. Dagegen hatte ich schon den Morgen nach meiner Ankunft die Freude Professor Piazza Smyth, den Direktor der Sternwarte, bei mir zu sehen, dem ich durch seine in jedem Betrachte ausgezeichnete, in London lebende Familie, empfohlen worden. Er ist ein junger Mann, vielleicht in der Mitte der dreißiger Jahre, und hat eilf Jahre als Observator auf der Sternwarte am Kap der guten Hoffnung zugebracht. Er sagte, daß er, von der sich eben versammelnden Naturforschergesellschaft ganz in Anspruch genommen, befürchten müsse, wenig Zeit für mich zu haben, und forderte mich auf, die Begleitung und den Beistand von seinen Freundinnen Lady D. und deren Tochter Mrs. L. anzunehmen, die er von meiner Ankunft benachrichtigt hatte. Wirklich kamen auch nach einer halben Stunde beide Damen zu mir; und da meine Wirthinn sie mit dem Bedeuten abwies, daß ich zu Mittag äße, kehrten sie nach einer Stunde zurück. Sie entschuldigten sich förmlich, daß sie mir ihr Haus nicht zur Wohnung anbieten könnten, da alle Zimmer voll von Gästen für die Assembly wären, baten mich aber, daß ich von früh bis spät mit ihnen sein und Alles sagen und fordern möchte, was sie irgend für mich thun könnten. Ich erzähle solche Details Dir gern ausführlich, weil sie in entschiedenem Widerspruche stehen mit allen Gerüchten über die Schroffheit und Kälte der Engländer, und weil bei meiner Vorliebe für sie es mir immer eine Genugthuung ist, ihre zuvorkommende, schöne Gastlichkeit loben zu können. Lady D. nahm mich gleich mit sich, mir ihr Haus zu zeigen und mich mit ihren Gästen bekannt zu machen.

Sie ist eine Matrone und Wittwe; die Tochter, an einen sehr geistreichen Advokaten, Mr. L. verheirathet, lebt mit der Mutter in demselben Hause, ebenso zwei junge Söhne der Lady, und die ganze Familie, mit Ausnahme der Mutter, sprechen das Deutsche mehr oder weniger gut, kennen und lieben deutsche Litteratur und sind freisinnig gebildete Menschen. Das Haus, das sie am Royal Cirkus bewohnen, ist groß, wie denn die Edinburger Häuser im Allgemeinen bedeutend räumlicher sind als die in London, so daß es hier nicht ungewöhnlich ist, einzelne Etagen — flats — zu vermiethen. Indeß zieht man auch hier die Häuser mittler Größe vor, die man allein bewohnen kann, weil damit für die Ruhe und Sittlichkeit des Familienlebens viel gewonnen ist.

Es ist mir in Berlin oft eingefallen, daß in den stets als Schreckensorten genannten Phalansteren, daß in keinem socialistischen Etablissement ein wüsteres Durcheinanderwohnen herrschen könne, als in den großen, an viele Miether vertheilten Gebäuden unserer Städte. Ich kenne sehr herrschaftliche Häuser in den besten Stadttheilen Berlins, in denen vom Keller bis zum Boden, wenn man die Hofgebäude mit einrechnet, an zwanzig verschiedene Parten leben. Einige von diesen halten Pensionaire, Andere haben meublirte Wohnungen zu vermiethen, während in den Hofquartieren Schlafstellen für Arbeiter sind, und allerlei Handwerke getrieben werden. Die wohlhabenden Familien im Hause kennen sich häufig nicht, aber der Verkehr des Dienstpersonals und der Handwerkerfamilien, der Zusammenhang derselben mit den jungen Männern im Hause, währt unausgesetzt fort; und unter einer glatten, schicklichen Oberfläche bewegt sich ein Maulwurfstreiben des gegenseitigen Spionirens, ein Verkehr der weiblichen Dienstboten mit den jungen Männern, die der äußern Ruhe keines Weges entsprechen, und deren entsittlichender Einfluß sich in traurigster Weise nach allen Seiten hin kund giebt. Solche unüberlegte, unübersehbare Häuslichkeiten würde aber kein sociales System erzeugen. Wir leben in den großen Städten des Continentes in einem Zustande, der alle jene Elemente der Unzucht und Verwilderung im höchsten Grade in sich trägt, deren Entstehen man von dem Socialismus fälschlich fürchtet. Die Gegner der socialen Reformen gleichen jenem Offiziere, der sich aus Angst vor dem möglichen Tode auf dem Schlachtfelde in seinem Zelte eine Kugel vor den Kopf schoß.

Im Hause von Lady D . . befinden sich als Gäste, außer einer zweiten verheiratheten Tochter mit ihrem Manne, die zur Versammlung vom Lande gekommen ist, noch der Prediger der englischen Gemeine aus Florenz mit seiner Frau; ein geistreicher Arzt aus Dublin, der ebenfalls die Frau mit sich hat; ein Dubliner Student und noch zwei oder drei andre Männer. Wir tranken in den beiden großen Drawingrooms um sieben Uhr Abends den Thee, während eine der Damen sich auf der, im Backdrawingroom befindlichen, sehr schönen Orgel hören ließ, und gingen dann nach Caltonhill, wo wir bei einem Maler meisterhafte Photographien — er nannte sie Calotype — besahen.

Am nächsten Morgen frühstückte ich bei Lady D . . Es war eine Gesellschaft von mehr als zwanzig Personen beisammen und die Bewirthung so außerordentlich reich, als sie bei solchen Anlässen im Ganzen in England einfach zu sein pflegte. Die Tafel strotzte von kalten Speisen, Gallerten, Aspicks und See- und Flußfischen, der unerläßlichen kalten Rostbeefs, der warmen Beefsteaks, Muttonchops und Eier nicht zu vergessen, zu denen sich hier in Edinburg, als ein fast Unerläßliches, frische gebratene Heeringe gesellen. Der Heeringsfang ist reich an der Küste, und der frische, gebratene Fisch eine wirkliche Delikatesse.

Als ich nach dem Frühstück in meine Wohnung ging, fand ich einen Brief von dem Londoner Freunde Dr. Lankaster, einem Sekretaire der Naturforscher-Versammlung, der mit Mr. Robert Chambers bei mir gewesen war, um mich zu überreden, meine Wohnung aufzugeben und die Gastfreundschaft von Mr. Chambers anzunehmen, in dessen Hause ich das »englische Familienleben in seiner edelsten Gestaltung kennen lernen würde,« wie Dr. L. mir schrieb. Eine Karte von Mr. Chambers sprach dieselbe Einladung aus. Sehr dankbar für solche Zuvorkommenheit wollte ich sie dennoch nicht annehmen, weil es mir befremdlich war, so plötzlich mitten unter mir ganz unbekannten Menschen als ein Theil der Familie leben zu sollen. Indeß Lady D . . widersprach allen meinen Bedenken, und Mrs. Chambers, eine große, stattliche Frau in meinem Alter, empfing mich so gütig, mit der Erklärung, daß es sie freue ihr bestes Fremdenzimmer noch frei zu haben und es mir anbieten zu können — daß diese herzgewinnende Weise mich vollkommen umstimmte. Ich verabredete am folgenden Morgen zu ihnen zu ziehen, bezahlte meiner Wirthinn die bestellte Wohnung, versprach sie noch zu besuchen, und ging Abends in das erste Meeting der Naturforscher, das in der großen Musikhalle von Edinburg statt fand.

Professor Smyth hatte mir eine Karte für die Meetings der British Association for the Advancement of Science gegeben, die zugleich als eine Freikarte für alle Sehenswürdigkeiten der Stadt dient. Die Karten der, für die Meetings als Theilnehmer eingeschriebenen Damen, sind transferable, was für die Frauen zweckmäßig ist, da viele doch nur an irgend einer Wissenschaft Theilnahme, andere nur die Neugier haben, die berühmten Männer zu sehen, welche sich hier zusammen gefunden. Der Preis einer solchen Karte ist eine Guinee. Fremden Männern wird sie als ehrende Einladung unentgeltlich gegeben, und man sagte mir, ich sei die erste Frau, der man dieselbe Artigkeit erwiesen habe. Daß ich sie nicht als Lohn für meine wissenschaftlichen Bestrebungen und Leistungen erhalten habe, weiß jedoch Niemand besser als ich selbst.

Die Musikhalle, in der das Meeting statt fand, ist ein prächtiger Saal, groß und hoch wie eine Kirche. Eine Orgel nimmt dem Eingange gegenüber einen Theil der Wand ein. Unter derselben befand sich der Stuhl des Präsidenten der Versammlung Sir David Brewster, der in einer ziemlich langen Rede die Mitglieder willkommen hieß, und eine Art von Bericht über die Bestrebungen, die Arbeiten, und über die Wirksamkeit des Vereines gab. Man zeigte mir eine Menge von Celebritäten, unter denen dem Aeußern nach Edward Forbes aus London, durch den Adel seiner Erscheinung, die hervorstechendste Persönlichkeit war.

Am Morgen des ersten August besuchte ich mit meinen neuen Hausgenossen ein Paar der wissenschaftlichen Vorlesungen, indeß das war für mich im Ganzen eine ziemlich unfruchtbare Expedition. Ich hätte gern einen oder den andern Vortrag über Statistik oder Archäologie, oder über irgend Etwas gehört, wofür ich ein Verständniß habe, die Andern aber wollten theils naturhistorische Vorlesungen hören, vor Allem jedoch so viel Celebritäten als möglich sehen. Dies Letztere schien eine sehr verbreitete Neigung zu sein. Es herrschte daher eine wahre Völkerwanderung in dem prächtigen Sitzungsgebäude, das in der alten Stadt gelegen ist. Grade bei den Vorträgen der berühmtesten Gelehrten rannte man herein und hinaus, und es war, da die Celebritäten oft alte Herren mit ziemlich schwachem Stimmorgane waren, kein Wort zu verstehen. Lustig genug ging es zu. Die Bekannten grüßten sich, die Männer waren sehr galant für die Frauen, die Frauen sehr angeregt. Ich bewunderte neben der Respektslosigkeit der Zuhörer nur die Kraft, mit der die Vortragenden von dem wüsten Treiben abstrahiren und die ihnen nöthige Sammlung bewahren konnten. So lieb ich die Engländer habe, so abgeschmackt und unvernünftig kamen sie mir bei diesen Vorlesungen vor.

Ich hätte wohl Mr. Porter über »some particulars of Selfimposed Taxation« — und Professor Hancock über »the causes of Distress at Skull and Skibbereen during the famine in Ireland« hören mögen, konnte es aber nicht dazu bringen, und war froh als ich in einem Saale zuletzt einer Mittheilung über einige neue Entdeckungen in Griechenland beiwohnen konnte, die ein Professor Rangabé aus Athen nach einem, von ihm geschriebenen, englischen Manuskripte vorlesen ließ. —

Da das ganze wüste Wesen dieser Celebritäten-Jagd mir entgegen war, freute es mich doppelt, als wir das Sitzungshaus verließen, um in die alte Stadt zu gehen. Ein historischeres Gesicht, als dies alte Edinburg, hat kein mir bekannter Ort. Die Häuser sind bis zu vierzehn Stock hoch, schwarz geräuchert, daß die Steinquadern, aus denen sie erbaut sind, wie mit einer Rinde überzogen scheinen. Zwischen und hinter diesen Häusern ziehen sich die langen, ganz schmalen Courts und Lanes zu beiden Seiten hin, in deren Enge, Dunkelheit und Unsauberkeit zu blicken, wahrhaft schaurig ist. Die Treppe zu dem obern, d. h. zu dem ersten Stockwerke, findet sich in der Highstreet, die von Edinburgcastel bis fast nach Holyrood hinabgeht, noch vielfach als Freitreppe auf der Straße, so daß das Erdgeschoß mit dem ersten Stock innerlich gar keine Verbindung hat. Du wirst dasselbe auf den neapolitanischen Inseln gesehen haben, wo diese Bauart der Vorzeit auch noch beibehalten ist. Die Thüren unter diesen Treppen, und namentlich die, welche von der Treppe in den obern Stock führen, haben ein enges, festungsartiges Ansehn. Daneben kommt dann wieder ein uralter Thurm, bei dem, wie an einem Gebäude der City in London, die Uhr noch ein Sonderding ist: ein großer Kasten wie ein Taubenhaus, drei Fuß vom Gebäude abstehend, mit drei Zifferblättern weit in die Straße hineinragend. Viele Häuser, zu beiden Seiten des Weges, wurden als geschichtlich merkwürdig bezeichnet, doch schreibe ich davon erst, wenn ich mehr weiß, als die meist unzuverlässigen Ciceronen zu berichten pflegen.

Da, wo Highstreet gegen das Thal hin endet, beginnt vor dem Hause des Regenten Murray das Canongate, ein Stadttheil, der einst in seinen Mauern Schuldnern Schutz bot vor ihren Gläubigern, und Verbrechern vor ihren Verfolgern. Hier so wohl, als in der ganzen Highstreet habe ich eine so zerlumpte Bevölkerung gesehen, wie in London nur in den von Irländern bewohnten Stadttheilen. Frauen und Kinder waren baarfuß, schmutzig, ungekämmt, und ein Theil der Letzteren lagerte müssig an der Erde herum, obschon viele davon im schul- und arbeitsfähigen Alter waren. Auch hier behauptete man, daß dieser Theil der Bevölkerung Irländer, und die eingebornen Schotten viel besser daran, ja in den besten Verhältnissen wären.

Ueber Canongate hinaus, liegt in einer Wiese am Fuße der Salisbury-Crags, das Schloß von Holyrood, ein vierflügliges Gebäude mit vier starken Eckthürmen, einem großen und mehreren kleinen Höfen in seiner Mitte. Wie überall in

Edinburg versahen auch hier hochländische Regimenter den Wachdienst.

Man führte uns zuerst in eine prächtige, aber ganz zerstörte Kirche, die jedoch nie schöner gewesen sein kann, als in diesem Verfall. Sie ist im Jahre 1128 im reinsten Style erbaut worden, und erst von John Knox, dann später von Cromwells Puritanern verwüstet. Die Kirche, links vom Schlosse gelegen, hängt durch verbindende Gänge mit demselben zusammen. Hier ist Maria Stuart gekrönt, hier mit Darnley getraut worden, und alle schottischen Lords und Edle haben ein Recht in dieser Kirche beerdigt zu werden, das noch bis heute vielfach in Anspruch genommen wird. Man hat für diesen Zweck den Raum, den einst das eigentliche Schiff umfaßte, in einen schönen, viereckigen Rasenplatz verwandelt, auf dem flach an der Erde liegende Denktafeln die Ruhestellen der Gestorbenen bezeichnen. An den noch erhaltenen Mauern, welche an der einen Seite mit einer Pilasterreihe von edlem Style verziert sind, befinden sich theils in den Wänden, theils im Fußboden die Grabsteine der frühern Generationen, die hinabreichen bis in eine ferne Vorzeit. Dem Eingange gegenüber erhebt sich über dem einstigen Altar schlank und frei die ganze Structur eines Fensterbogens, an dem alle Steinarbeit bis zu den kleinsten Zierrathen erhalten ist. Er ist reich von glänzend grünem Epheu umrankt, und bildet den Rahmen zu einem wundervollen Blick ins Freie, in die Felskette der Salisbury-Crags. Schwere Kirchenthüren hängen fest verschlossen in den rostenden Angeln, und haben Nichts mehr zu beschützen als die kalten Leichensteine und die im Winde flatternden Trauereinfassungen der hachements (Wappenschilder), deren verblichene Farben kaum noch kenntlich sind. Nur eine kleine Kapelle ist fast unversehrt. Sie enthält auf einem Grabdenkmale eine Marmor-Statue, der man in bilderstürmender Wuth das Gesicht verstümmelt hat, nachdem sie früher der Gegenstand solch frommer Verehrung gewesen ist, daß die eine Hand von den Küssen der Anbetenden blank geworden wie Elfenbein.

Von der Kirche in das Schloß gehend, führte man uns den Weg, den die Mörder Rizzio's genommen, um durch Seiten- und Hintertreppen in die Gemächer der Königinn zu dringen. Diese Gemächer bestehen aus zwei Zimmern und einem Kabinet. Das größte Zimmer hat an zwei verschiedenen Seiten, in weit vorspringenden Erkern, je ein Fenster; an dieses Gemach schließt sich das zweite etwas kleinere, das ebenfalls zwei Fenster an verschiedenen Wänden hat, und rechts vom Eingange liegt ein sehr enges, einfenstriges Kabinet, neben dem sich in der Mauer eine kleine, äußerst niedrige Thüre befindet, die durch einen Gobelinvorhang versteckt ist. Die beiden großen Zimmer haben flache Plafonds von Holzgetäfel, mit den in Roth, Blau und Gelb gemalten Chiffern der Königinn und den französischen Lilien verziert. Die dunkeln Wände sind voll von uralten, kleinen Kupferstichen, ohne Glas in schlechte, schwarze Holzrahmen gefaßt. Das große Gemach, Maria's gewöhnlicher Aufenthalt, hat Karl der Zweite zum Schlafzimmer benutzt. Das Bett steht noch da in verbleichender Herrlichkeit. Ein Bild seiner Geliebten Nel Gwyn hängt dem Bette gegenüber und sieht in strahlender Schönheit darauf herab.

In der zweiten Stube befindet sich das auffallend niedrige Bett der unglücklichen Maria Stuart. Trotz aller darauf gewendeten Vorsorge ist es schon sehr verfallen. Ein Korb von zierlicher Nadelarbeit auf einem schlanken Piedestal ruhend, steht am Fußende des Lagers, und mag zum Aufbewahren des abgelegten Schmuckes und dgl. gedient haben. Dicht am Bette befindet sich ein kleiner Kamin, im Erker der Nähtisch der

Königinn, mit einem Arbeitskasten in Silber, Gold und Elfenbein ausgelegt. Man hat darin in schwerem, reichverziertem Rahmen ein reizendes Miniaturbild aufbewahrt gefunden, das man für ein Portrait der Königinn ausgiebt. Ein anderes Bild von ihr, das sie als Dauphine darstellt, entspricht diesem Miniaturkopfe, während es allen Bildern entgegensteht, die ich in England von ihr gesehen habe. Alterthumsforscher aber bezweifeln die Aechtheit beider und fast aller vorhandenen Portraits Maria's, und wollen nur nach einzelnen vorhandenen Daten, in Memoiren und Briefen aus jener Zeit, einen Aufschluß über ihre äußere Erscheinung als verläßlich annehmen.

In dem Schlafzimmer zeigt man noch einen Lehnstuhl, den die Königinn selbst gestickt hat; in dem großen Gemach einen Polstersitz für zwei Personen, blau mit silberner Zierrath, und mit Kronen über der Lehne. Er soll zu Maria's Hochzeitsfeier mit Darnley angefertigt worden sein. Auch eine Rüstung Darnley's legt man den Schaulustigen vor — sie wird aber wohl nicht ächter sein, als das Portrait, das Rizzio, in der Tracht eines italienischen Studenten jener Zeit, als blühenden Jüngling darstellt, während er bei seiner

Ankunft in Schottland ein Mann von mehr als vierzig Jahren gewesen ist.

Alle diese Raritäten, welche der historische Materialismus der Touristen nicht entbehren kann, sind meist, wie mich dünkt, eben nur für diese Neugier herbeigeschafft. Das ist auch ganz in der Ordnung: Jedem das Seine! Wer nach Täuschung verlangt, fühlt sich befriedigt durch sie, und dankt dafür, wenn sie ihm bereitet wird. Historisch verbürgt ist nur der Raum selbst, als die Stätte, an der Rizzio's Ermordung statt gefunden hat. Durch die Kirche kommend, gingen die Mörder am neunten März 1566 auf den erwähnten Seitentreppen und durch die kleine, verhüllte Thür nach den Privatgemächern der Königinn, und drangen in den kaum zwölf Quadrat-Fuß großen Alkoven neben Maria's Schlafzimmer ein, wo die Königinn mit ihrer natürlichen Schwester der Gräfinn Argyle, ihrem Bastard-Bruder Lord Robert Stuart und ihrem Sekretair David Rizzio die Abendmahlzeit einnahm. Hier stießen die Mörder Rizzio nieder vor den Augen der Königinn, schleppten ihn durch die Schlafstube bis an die Ausgangsthür des Wohnzimmers, wo man große dunkle Flecke am Boden für die Spuren seines Blutes ausgiebt, und wo der tödtlich Verwundete liegen blieb und starb. Thatsächlich hat die Königinn diese Zimmer nicht verlassen, sondern sie auch nach dem Vorgange bewohnt. Nur eine Bretterwand ist aufgezogen worden, die Stelle, auf der Rizzio gestorben, von ihrer Stube abzutrennen, so daß jene sich jetzt in einem ganz schmalen, finstern Gange befindet. Die Königinn soll nicht gelitten haben, daß das Blut, welches ihr treuester Diener für sie vergossen hatte, fortgewaschen wurde. — Ueber Rizzio und sein Verhältniß zu Maria, über Maria überhaupt, schreibe ich Dir nächstens mehr, da Bell's life of queen Mary, das man mir als die beste Geschichtschreibung über sie empfohlen hat, mich vielfach beschäftigt und anzieht.

Dem holzgetäfelten, sehr langen Bankettsaale, der mit den Bildern aller schottischen Herrscher geziert ist – selbst Macbeth fehlt nicht — wußte ich kein Interesse abzugewinnen. Die Portraits, wahrscheinlich alle auf einmal angefertigt, um eine historische Dekoration des Saales zu bilden, wie man sie jetzt im Frankfurter Römer machen läßt, sehen alle ziemlich gleich aus: derb, langnasig, roth, mehrentheils gescheut und durchweg roh. Es ist eine reine Chablonenarbeit.

Von Holyrood ließen wir uns die ziemlich

11*

jäh emporsteigende Straße nach Edinburgh Castle hinauffahren. Es muß für die Angriffsmittel der Vorzeit eine sehr sichere Festung gewesen sein. Jetzt liegt dort eine Garnison von verschiedenen schottischen Regimentern, die in ihrer malerischen Tracht sehr wohl zu der malerischen Scenerie passen; denn die Aussicht vom Schlosse ist noch viel weiter und schöner, als die von Caltonhill, weil eben dieser selbst mit seiner schönen Architektur in das Panorama hineingezogen wird.

Im Schlosse ist ein, in jedem Betrachte unbedeutendes Arsenal; dann zeigt man eine Capelle, welche die Tochter Wilhelms des Eroberers gegründet haben, und die die erste christliche Capelle in Schottland gewesen sein soll. Es ist ein kleiner, sehr verfallener Raum, der lange als Pulverkammer gedient hat.

Interessanter waren die Zimmer, welche Maria vor und während der Geburt Jakobs bewohnt hat, als sie nach Dämpfung der Murray'schen Empörung in Edinburgh Castle ihren Aufenthalt wählte, um wenigstens für die Zeit ihres Wochenbettes in Sicherheit zu sein. — Der Volksglaube, der, wie die Phantasie der Kinder, einmal angeregt, das Außerordentlichste nicht außerordentlich genug findet, hat sich des ganzen Lebens der unglücklichen Königinn bemächtigt, und sich das Tragische und Große darin nach seiner Weise umgestaltet. Nicht zufrieden damit, daß eine Königinn sich in ihr festestes Schloß flüchten mußte, um Ruhe zu finden, erzählt die Tradition, und der Kustode wiederholt es, Murray habe die Königinn im Schlosse gefangen gehalten, weil er nach dem Leben des Kindes getrachtet, und der neugeborene Prinz sei den verrätherischen Planen Murrays nur dadurch entzogen worden, daß man ihn aus dem Schlafgemach der Königinn, in einem Korbe auf die Straße herabgelassen habe, wo er von treuen Händen empfangen, und in Sicherheit gebracht worden sei. Das Alles ist falsch, und auch hier nur wieder authentisch, daß Jakob in diesen Gemächern geboren worden. Es ist ein großes Zimmer mit einem, nach den Salisbury-Crags hinausgehenden Erker, daneben ein ganz kleines kaum sechs Schritte langes und eben so breites Stübchen. Dies ist der Platz, in dem Maria's Bett gestanden. Der Alkoven hat nur eine schmale Thüre nach dem großen Zimmer, ihr gegenüber den Kamin. Die dritte Wand nimmt das Fenster ein, und an der Stelle des Bettes hat man jetzt das schottische Wappen gemalt, mit seinen beiden Devisen: Nemo me impune lacesset — und:

in Defence. Darunter steht ein Gebet in altem Englisch, das die Königinn nach der Geburt ihres Kindes gemacht hat. Es lautet:

Lord Jesu Chryst that Crownit was with Thornise
Preserve the Birth, quhais Bodgie heir is borne.
And send Hir Sonce Successione to Reinge still
Long in this Realme — if that it be Thy will.
Als Grant o Lord quhat ever of Hir proseed
Be to thy Glorie, Honer and Prais — sobied*)

Im Vorzimmer hängt das schon erwähnte Bild der Königinn, als Dauphine gemalt. Sie hat ein eng anliegendes, hoch zum Halse hinaufgehendes Kleid von schwarzem Sammet mit einer Verbrämung von Hermelin um Hals und Aermel; keinen steifen weißen Kragen, dagegen ein breites, den Hals wie eine feste Kravatte umschließendes Halsband von Perlen und Edelsteinen. Das Haar ist lockig von der freien Stirne zurückgeschlagen, ein kleines Sammetkäppchen mit aufrechtstehenden Federn, wie die Hochländer es noch tragen, bedeckt das Haupt. Es ist ein reizendes Ge-

*) Herr Jesus Christ, der du gekrönet wardst mit Dornen
Beschütze die Geburt dessen, der hier geboren ist.
Gieb seinen Söhnen die Nachfolge noch lange
Zu herrschen in diesem Königreiche — so es dein Wille ist.
Und gewähre o Gott! daß Alles, was von ihm ausgeht,
Sei zu deinem Ruhme, deiner Ehre, deinem Preise —
Amen!

sicht, voller Anmuth, Geist und Grazie, und es geht mir wie dem Volke, ich möchte an dieses Bild glauben, weil es der Vorstellung entspricht, die ich mir von Maria Stuart gemacht habe.

Für uns Deutsche hat Schiller den typischen Begriff der Maria Stuart geschaffen, so daß wir Mühe haben uns von diesem los zu machen, selbst da, wo die Geschichte uns thatsächlich das Unrichtige jener Anschauungsweise darstellt. Maria Stuart ist uns danach die schöne, liebeglühende Frau, die sich und ihr Reich den Phantasien ihres Herzens opfert,. Rizzio erhört, Darnley ermorden läßt, den geliebten Mörder desselben heirathet — und im Grnnde doch nur eine elende Buhlerinn, der man ihren Leichtsinn verzeiht, weil sie schön, weil die Freiheit des Thrones verlockend, und weil das Ganze mit dem Dufte des romantischen Katholicismus umhaucht ist, der die Vergebung aller Sünden in sich trägt und aller Gnaden Bronnen ist. Hauptsächlich aber gewinnt uns in Schillers Drama, Elisabeths Haß zur Liebe für Maria. Wir richten nicht, wo so furchtbares Gericht gehalten worden.

Indeß ließe sich wohl eine ganz andere Tragödie aus dem Leben Maria's schaffen, eine Dichtung von viel tieferer Tragik, wenn man sich streng an die Thatsachen hielte, die jetzt bekannt sind, und die Bell, in seiner Biographie der Maria Stuart, mit allen historischen Quellenangaben zusammengetragen hat. Danach sinken die vorgeblichen Leidenschaften für Rizzio und für Bothwell, ebenso wie die Schuld an Darnleys Tode, in ein Nichts zusammen. Dagegen entfaltet sich unserm Auge fast makellos das tragische Geschick eines jungen hochgebildeten Weibes, das berufen über ein rohes Volk zu herrschen, hineingeschleudert ward in die blutigsten Religions- und Parteikämpfe, und das dem Hasse der Protestanten, der Herrschsucht der Edelleute und der ländergierigen Politik des benachbarten Englandes zum blutigen Opfer fiel.

Ich breche den Brief hier ab, um Dir durch ihn meine Ankunft in Edinburg zu melden, nehme aber in der nächsten freien Stunde das Thema noch einmal auf. Oder besser, ich werde versuchen, aus dem ziemlich starken Bande »life of Mary Queen of Scots« die Hauptsachen zusammenzustellen, wenn es in einigen Bogen geschehen kann, und sie Dir gelegentlich schicken. Es wird Dir, des bin ich gewiß, einen eben so rührenden und tragischen Eindruck machen als mir, die gar nicht von dem Buche fortkommen kann.

Vierundzwanzigste Sendung.

Den 5. August.

Bei den Erzählungen von Edinburgh Castle habe ich des Gemaches nicht erwähnt, in dem sich die Kronjuwelen von Schottland, die Regalia, befinden. Es ist ein rundes, fensterloses Gewölbe, in das wir mit Licht hineingeführt wurden, und in welchem wir auf einem, von Eisengittern umgebenen steinernen Tische, die sehr geschmackvollen Reichsinsignien vor uns sahen. Sie bestehen aus der Krone, dem Scepter, dem Schwerte von Schottland, und dem Scepter des Lordschatzmeisters, neben denen noch eine goldene Halskette Jokobs des Sechsten, mit einem prächtig in Diamanten gefaßten Zeichen des Hosenbandordens, ein anderer Orden, in dem ein Portrait der Königinn Anna von Dänemark verborgen, und der Krönungsring Karls des Ersten aufbewahrt werden. Die Krone mit ihrem Gefunkel von farbigen Steinen und Diamanten, zwischen denen große, einzelne Perlen mit mattem Glanze hervorsahen, ist wirklich schön, und in dem dunkeln Raume hatte das Leuchten der Juwelen etwas mährchenhaft Anmuthendes.

An die Erhaltung und Aufbewahrung dieser Reichskleinodien knüpft sich, wie fast an jedes Ereigniß der schottischen Geschichte, eine romantische Episode; und mag nun aus meiner Zeit und diesem Briefe werden was da will, magst Du die Erzählung überschlagen, wenn Dir das Ereigniß bekannt ist, ich kann es mir nicht versagen Dir davon zu sprechen, weil das historisch Anekdotische der Vorzeit mich hier so lebhaft ergreift, daß es fast mein Interesse an den vorliegenden Ereignissen des Tages zu verschlingen droht.

Schon zu Karls des Ersten Zeiten, der die schottischen Reichsinsignien nach London gesendet haben wollte, um sich dort mit denselben zum König von Schottland krönen zu lassen, wurde die Auslieferung dieser Regalia verweigert, und der König mußte nach Edinburg gehen, um die Krönung vollziehen zu lassen. Nach dem Regierungsantritte des zweiten Karl, und nach seiner

Krönung, war der Zustand des Reiches so unsicher, daß bei dem raschen Anrücken der englischen Armee das Parlament von Schottland es für nöthig erachtete, die Kronjuwelen in das feste Schloß von Dunnotar zu flüchten, dessen Vertheidigung einem erfahrenen Offizier, Georg Ogilvy von Barras, anvertraut wurde. Indeß bald drangen die Engländer auch bis Dunnotar vor, und da keine Hilfe für den hart bedrängten Ogilvy von Karl dem Zweiten geschickt werden konnte, stand es zu befürchten, daß die Kleinodien in die Hand des Feindes fallen würden, als weiblicher Muth ein Rettungsmittel ersann. Durch die Hilfe einer verwittweten Gräfinn Mareschal setzte sich Christiane Fletcher, die Gattinn des Predigers James Granger aus Kinneff, mit der Gemahlinn Ogilvy's in Verbindung, und erhielt von dem englischen Generale die Erlaubniß, Lady Ogilvy in der belagerten Veste zu besuchen. Bei ihrer Rückkehr aus derselben unternahm sie es, die Krone in ihren Kleidern verborgen, mit sich fortzutragen, obschon sie zu Fuß durch das feindliche Lager gehen mußte, an dessen Ausgang der englische General ihr selbst auf ihr Pferd half, welches dort zurückgeblieben war, weil Dunnotar nicht zu Pferde bestiegen werden konnte. Ihre Magd, die ihr ebenfalls zu Fuß folgte, trug in Flachsbündeln versteckt, das Schwert und den Scepter. Herrinn und Magd gelangten aber unentdeckt nach Kinneff. Hier vergrub der Geistliche in einer Nacht mit eignen Händen die Krone vor der Kanzel, und Schwert und Scepter an zwei anderen Stellen der Kirche, worüber er für seinen Todesfall einen Schein ausstellte, der der Gräfinn Mareschal ausgehändigt ward. Zwei Monate später mußte sich Dunnotar Castle durch Kapitulation dem republikanischen General Dean übergeben, der mit äußerster Strenge gegen Ogilvy und seine Gattinn verfuhr, um von ihnen den Nachweis über die Regalia zu erhalten. Aber Lady Ogilvy starb, von einem Gefängniß in das andere geschleppt, ohne das Geheimniß zu verrathen; und die Tradition sagt, daß sowohl ihr Gatte, als Granger und seine Frau, selbst durch die Tortur nicht zum Geständniß und zur Auslieferung der Kleinodien bewogen werden konnten.

Nach der Restauration lohnten Ehren und Würden die Treue dieser königlichen Anhänger, und die geretteten Reichsinsignien wurden der Verehrung des Volkes ausgestellt, bis sich zur Zeit der Union das Gerücht verbreitete, man wolle dieselben nach London nehmen, als ein Zeichen, daß die Selbstständigkeit Schottlands aufgehört habe. Das erregte die leidenschaftlichste Aufregung namentlich in den untern Volksklassen. Es mußte daher in dem Unionsvertrage eigens festgesetzt werden, daß die Regalia fortdauernd in Schottland bleiben sollten. Obschon die englische Regierung dagegen Nichts einzuwenden haben konnte, fand man es doch nicht rathsam, das Volk, welches noch für die Selbstständigkeit des Landes und für die verbannte Herrscherfamilie enthusiasmirt war, durch die Ausstellung der Reichsinsignien fortwährend an seine Selbstständigkeit und an die Stuarts zu erinnern. Man ließ also in Gegenwart einer geeigneten Commission die Juwelen, mit allen nur erforderlichen Garantien und Dokumenten, im Jahre 1707 in einen sichern Kasten verwahren und in dem Kronraume verschließen, der fortan dem Publikum nicht mehr geöffnet ward.

Dadurch gewann die Behauptung, daß man die Regalia dennoch heimlich nach London gebracht habe, Glauben im Volke; und gegen das Ende des achtzehnten Jahrhunderts nahmen selbst Historiker an, daß man sie im Tower aufbewahrt halte. Als dann im Jahre 1794 auf ausdrücklichen Befehl des Königs, das Kronzimmer in Edinburg

15*

geöffnet wurde, weil man in demselben Dokumente zu finden hoffte, deren man bedurfte, waren diese Dokumente dort nicht mehr vorhanden. Nur der Kasten stand in dem Gemache, der die Kronjuwelen verschloß, aber auch die Schlüssel zu diesem Kasten waren nicht zu finden, so daß neue Bewegung sich der Gemüther bemächtigte und die alten Gerüchte in doppelter Stärke auftauchten. Erst 1817, als alle potitischen Gründe gegen das zur Schaustellen der schottischen Reichsinsignien längst zu existiren aufgehört hatten, befahl der Prinz Regent, um allen geheimnißvollen Vermuthungen ein Ende zu machen, den Kasten zu erbrechen, aus dem dann vollzählig und unversehrt die Kleinodien zu Tage gefördert wurden, welche dort hundert und zehn Jahre verborgen gelegen hatten. Das Volk war wie in einem Freudenrausche bei dieser Nachricht, man hißte die königliche Flagge auf Edinburgh Castle auf, und die ganze Stadt beging den Tag wie ein Fest mit jubelndem Gepränge. Seit dem ist der Kronraum dem Publikum wieder beständig zugänglich geblieben, und die uns begleitenden jungen Schotten erzählten uns mit Stolz von der Aufopferung, welcher diese Juwelen ihre Rettung verdankten.

Nach jenem Besuche in Edinburgh Castle sind

wir nun auch in dem Parlamentshause gewesen. Es ist ein sehr bedeutendes dreiflügliges Gebäude, das mit den beiden Seitenflügeln den Raum umschließt, auf dem die alte St. Gileskirche steht, die Kathedrale von Edinburg. Vor dieser Kirche befand sich früher ein Kreuz, the City Crosse oder auch the cross of Midlothian genannt, und hier war der Sammelplatz für alle politischen Vorgänge, hier sind alle Revolutionen und Emeuten, hier alle großen Ereignisse der Reformation zum Austrag gekommen.

Der Saal der Gemeinen im frühern schottischen Parlamentshause hat eine sehr merkwürdige Decke. Sie besteht aus Eichenbalken, die, wie die Rippen eines Bootes geformt und wunderlich in einander verschlungen, mit den freien Enden in die Halle hinabhängen. Da, wo die Balken einander kreuzen, und an ihren Ausläufen, haben sie vorgoldete Knöpfe. In dieser Halle stehen zwei nicht schlechte Standbilder von dem ersten Lord Melvill und von einem ausgezeichneten Advokaten Lord Präsident Blair. Da das Parlamentshaus jetzt als Lokal für die verschiedenen Gerichtshöfe benutzt wird, deren Säle und Räumlichkeiten alle in die große Halle münden, ging es darin lebhaft und heiter her, wie auf einer Promenade. Ueberall saßen auf den, sich an den Wänden hinziehenden Bänken, Advokaten in ihrer schwarzen Amtstracht mit ihren steifen Lockenperücken, während Andere mit ihren Clienten auf und nieder wanderten. Leute kamen und gingen, und das Ganze hatte den Anstrich freiester Oeffentlichkeit. Man mußte an die alten Basiliken und das Forum denken, denn offenbar war hier ein Rendezvous für Geschäfte und ein Ort, an dem eine Menge Angelegenheiten verschiedenster Art in bequemer Weise abgehandelt wurden.

An das Parlamentshaus stößt, durch Gänge mit demselben verbunden, die Bibliothek der Advokaten, welche die bedeutendste Büchersammlung Schottlands enthält. Sie genießt mit vier andern Bibliotheken Großbritanniens das Vorrecht, daß ihr ein Exemplar von jedem innerhalb des Reiches erscheinenden Buche geliefert werden muß. Dafür wird sie auch mit großer Liberalität verwaltet. Jedem Fremden ist ohne weitere Empfehlung der Eintritt und die Benutzung der Bücher innerhalb der Bibliothek gestattet; jedes Mitglied der Advokatur kann fünfundzwanzig Bücher auf einmal fordern und an alle ihm beliebige Personen verborgen.

Neben einer ausgezeichnet vollständigen Sammlung der schottischen Poeten, soll auch die Manuscriptensammlung sehr bedeutend sein. Wir sahen im Lesezimmer das Original der Confession of faith aus dem Jahre 1580, unterschrieben von Jakob dem Sechsten von Schottland, dem Ersten von England am 28. Januar. Deputirte aller Städte haben den Akt unterzeichnet, in Rosetten mit den Städtenamen, die das Document wie Vignetten einrahmen. Darunter hängt, ebenfalls unter Glas, wie die Confession of faith, die Gegenzeichnung der Covenanters vom selben Datum. Es sind große Blutflecke darauf, weil viele mit ihrem Blute geschrieben haben. Robert Chambers in den traditions of Edinburgh erzählt, daß der Covenant auf dem Greyfriars Kirchhofe unterschrieben wurde. Das Dokument wurde nach einer Predigt in der Kirche ausgelegt, und von der ganzen Congregation unterzeichnet, danach auf den Kirchhof hinausgereicht, wo das herandrängende Volk, so weit sich Raum dazu fand, unter Gebeten und Thränen, in wilden Extasen seine Namen darunter setzte.

Ich habe mich alle die Tage gefragt, worin der Zauber beruht, den grade die schottische Geschichte auf die Phantasie ausübt, und glaube, er liegt in dem Zusammenstoß zweier Welten und den daraus entstehenden Conflicten. Denn während im ganzen übrigen Europa schon die, jede Persönlichkeit nivellirende Kabinetspolitik ihr Wesen trieb, trat, troß der beginnenden Herrschaft derselben auch in Schottland, hier doch noch beständig die Selbstherrlichkeit des Einzelnen und des Feudaladels bald hindernd, bald fördernd hervor, und die alte Zeit schwand nicht in erbleichender Kraftlosigkeit dahin, sondern ging in großen Partei- und Religionskämpfen unter, die von beiden Seiten mit einem erhabenen Fanatismus geführt wurden. Mag die Vernunft auch ihr höchstes Ziel in der Mäßigung erblicken, der warme, sympathische Pulsschlag des Herzens wendet sich der gewaltigen Leidenschaft zu, in der alle Fähigkeiten unserer Natur in ihrer höchsten Entfaltung und Vereinigung einem und demselben Ziele entgegenstreben. Solche begeisterte Leidenschaft aber, die im Streben und Kämpfen eine Ruhe erzeugt, wie die antiken Gladiatorenstatuen sie haben, tritt uns in der schottischen Geschichte überall entgegen. Es hat Etwas Schmerzliches, wenn man es empfindet, daß die englische, die schottische, die französische Geschichte und Vorzeit, uns viel anziehender sind, als die deutsche. Aber aus dem französischen, englischen und schottischen Mittelalter ist Etwas geworden. Die

Kämpfe des Feudaladels haben die absoluten Monarchien gebrochen, aus zersplitterten Baronien und Herzogthümern sind große, einige Nationen mit freien Verfassungen entstanden — und aus Deutschland ist noch Nichts geworden. Es ist nach wie vor ein wüstes Durcheinanderstreiten der Volks- und Fürstenstämme, die immer noch im Vaterlande das Vaterland suchen, und unter fremden Völkern immer noch keine nationale Anerkennung und Vertretung gefunden haben. Es ist eine Schmach, daß selbst das Jahr 1848 nicht so viel Gemeingefühl entwickelte ein Nationallied zu erzeugen, und daß man als solches noch immer das jämmerliche: »Was ist des Deutschen Vaterland?« gesungen hat. Wir suchen das Pferd auf dem wir reiten, und sehen den Wald vor Bäumen nicht. — Dazu kommt nun, um zu dem Ausgangspunkte dieser Reflexion zurückzukehren, daß das deutsche und vornehmlich das märkische Mittelalter schwerfällig und poesielos ist. Selbst Wilibald Alexis's meisterhafte Romane vermögen nicht, es uns eigentlich lieb oder poetisch zu machen. All die Joachims und Albrechts sind schwunglos, wenn sie in ihrem gelben, märkischen Sande zwischen den dürren Kiefern umherreiten zu Raufereien, an deren Partikularismus man nicht Theil zu nehmen vermag. Es wächst eben wenig Poesie im märkischen Boden, und ein Quitzow wird nie ein Montrose, ein Bredow nie ein Douglas, so wenig die Spree zum Meere wird. Aber zurück aus der Mark nach Edinburg!

An der Bibliothek der Advokaten zu Edinburg ist man stets bemüht gewesen, bedeutende Gelehrte als Bibliothekare anzustellen. David Hume bekleidete einst den Posten mit einem Gehalte von vier Hundert Pfund. Jetzt hat ein junger Mann, ein Mr. Halkett, diese Stelle inne. Er mag wenig über dreißig Jahre alt sein, und soll außer den alten Sprachen sechszehn lebende Sprachen mit gleicher Vollkommenheit besitzen. Des Deutschen ist er, wie ich in der Unterhaltung zu sehen Gelegenheit hatte, in hohem Grade mächtig; und diese bedeutende Bildung, all diese Gelehrsamkeit, dankt er zum größten Theile dem Selbstunterricht, da er ursprünglich Schneider war, und erst spät zu der Freiheit gelangt ist, den Wissenschaften leben zu können.

Unter dem Parlamentshause befindet sich in den Kellergewölben die Zelle, in welcher die zum Tode Verdammten die letzte Nacht ihres Lebens zubringen. Sie gehen danach zwischen Wänden und Mauren einen steilen beschwerlichen Weg bis zur Highstreet hinauf, wo zwischen zwei Laternenpfosten das Schaffot errichtet, und die Todesstrafe mitten in der Hauptstraße vorgenommen wird. In der nächsten Woche wird die Execution an einem Manne verrichtet werden, der seine beiden Frauen ermordet hat. Daß Todesstrafen in einem Staate wie England noch möglich sind, muß um so unerklärlicher scheinen, als in neuerer Zeit alte erfahrene Gefängnißinspectoren behaupten, daß Mörder selten länger als zehn Jahre den begangenen Mord in strengem Gefängniß überleben, sondern meist früher den Qualen der Erinnerung erliegen. Hält man also den Menschen, der einen Mord begangen hat, der Besserung für unfähig, was gewiß nicht der Fall ist, meint man ihn für immer von der übrigen menschlichen Gesellschaft, von Thätigkeit, vom Leben mit einem Worte, abtrennen zu müssen, weshalb soll dann die Haft nicht ausreichen? weshalb einen Mord mit einem Morde sühnen? und Zahn um Zahn, Auge um Auge strafen, wie der alte grausame und unmenschliche Gott der Juden?

Auf dem Rückwege sah ich in den, von den arbeitenden Klassen bewohnten Stadttheilen viele Frauen bei der Arbeit aus kurzen Kalkpfeifen Taback rauchen. Später begegneten wir zahlreichen Frauen aus Newhaven, die sich durch ihre Kleidung kenntlich machten und ohne Ausnahme Fisch-verkäuferinnen waren. Newhaven, eine in früher Zeit gegründete, am Meere gelegene dänische Kolonie, ist durch das Wachsthum von Edinburg fast mit der Stadt zusammengeschmolzen. Dennoch haben ihre Bewohner sich von den Schotten gesondert erhalten. Sie heirathen nur unter einander und haben ihre Gebräuche und Sitten, wie ihre heimische Tracht zu wahren gewußt. Die Frauen sind groß, kräftig, und oft sehr schön durch den Adel der Kopfbildung und des Profils. Ihre Kleidung ist in dieser Jahreszeit zum Erschrecken warm, mag ihnen aber im Winter um so besser zu Statten kommen. Über einem dunkelblauen, kurzen Friesrock, tragen sie zwei andre Röcke von weiß und gelb gestreiftem Flanell. Ein hoch hinaufgehendes, faltenreiches Hemd mit weiten langen Ärmeln, und große weiße Tücher bedecken, hinten zugeknüpft, den meist üppigen Oberkörper. Über das Alles hängt dann, mit einem Knopfe am Halse befestigt, los wie ein Husarendollman, noch ein eigentlicher Sackpaletot von blauem Fries herab. Den Kopf hüllt eine lose weiße Haube ein. Bisweilen hatten sie den Paletot abgenommen, und einen der weiß und gelben Flanellröcke kapuzzenartig über die Haube gezogen — bisweilen auch einen großen Strohhut über die Haube gesetzt. Es ist eine massenhafte schwere Kleidung, und es gehören große starke Gestalten dazu, damit die kompakten, dicken Stoffe und Falten nicht plump und häßlich erscheinen.

Am zweiten August war Abends ein »promenade meeting« der Naturforscher in der Musikhalle, das auch einen entschiedenen Beweis gegen die sogenannte Ungeselligkeit und Schwerfälligkeit der Engländer bieten konnte. In der großen und prächtig erleuchteten Halle, deren Nebensäle geöffnet waren, ging man umher, Männer und Frauen, Conversation machend, während ab und zu auf der Orgel Choralmusik gespielt wurde, um die man sich jedoch nicht sonderlich bekümmerte. Ein langes Büffet trug Erfrischungen: Thee, Kuchen, Eis und Obst, das hier eben so vortrefflich ist als in London. Die Damen waren Theils in eleganter Straßenkleidung mit Hüthen, Theils in Gesellschaftstoilette, aber im Ganzen weniger geschmackvoll gekleidet, als in der Hauptstadt. Man wanderte von acht bis halb eilf Uhr umher, und das Ganze rief uns die Christnacht in den römischen Kirchen, namentlich in San Luigi Francese in's Gedächtniß, in der man auch bei Lichtergeflimmer, Fackelglanz und Musik, so unter den großen Hallen umherwanderte.

Man machte mich mit vielen der anwesenden Gelehrten bekannt, denn wie in England herrscht auch hier eine große Zuvorkommenheit für den Fremden. Ich sprach Dr. Simson, der das Chloroform zuerst benutzt, einen untersetzten Mann mit schwarzem Haar und klugen, schwarzen Augen; einen Dr. Keith (aus des preußischen Feldmarschalls Familie), der vier mal im Orient gewesen ist, und ein Werk über die Propheten geschrieben hat. Er trägt sich altersgebückt, hat langes braun und graugemischtes Haar und ein scharf markirtes Gesicht mit sehr schwärmerischem Ausdruck; und sah noch viele Andere.

Gegen eilf Uhr fuhr unsere Hausgenossenschaft nach Dean Terrace zurück. So heißt die Straße, in der Mr. Chambers lebt. Ich sage ausdrücklich Hausgenossenschaft, denn außer mir waren noch die übrigen Gäste der Familie mit zu dem Meeting gegangen. Es sind Mr. Robert Hunt, einer der Vorsteher des geologischen Museums in Jermyn Street in London; Mr. Peach, ein Zollbeamter aus Cornwall, der ein gelehrter

Kenner der Zoophyten ist, und ein Signor Parlatore, Professor der Botanik aus Florenz.

Alle diese Personen leben mit bequemster Freiheit in dem gastlichen Hause. Man sieht sich nur bei und kurz vor oder nach den Mahlzeiten, wenn man nicht für irgend eine bestimmte Verabredung zusammenkommt; und es fällt den Wirthen nicht ein, ihren Gästen den leisesten Zwang aufzuerlegen. Will man in andern Familien seine Stunden zubringen, andere Einladungen annehmen, so findet Niemand darin eine Rücksichtslosigkeit, während die Rücksicht für die erwarteten Gäste so groß war, daß man die jüngsten Kinder des Hauses mit der Gouvernante in das nahe gelegene Seebad Portobello gesendet hat, um mehr Raum und mehr Ruhe im Hause zu gewinnen. Und dabei geht das ganze Hauswesen so sanft und still, wie eine gut regulirte unfehlbare Uhr. Nur der italienische Professor droht uns Alle einmal aus dieser Ruhe heraus, und mit knallendem Brillantfeuer in die Luft zu sprengen. Trotz all seiner Gelehrsamkeit, und er soll eben so gelehrt sein, als er sonst liebenswürdig ist, vergißt er die Gasröhre in seinem Schlafzimmer zuzudrehen, und bläßt sie ruhig aus. Bis jetzt sind wir noch mit dem abscheulichen Geruch davongekommen, der dann am Morgen das Haus erfüllte; sollte er aber einmal Nachts Feuer anzünden in seiner Stube, so könnte das Haus wirklich auffliegen, wie es im vorigen Jahre hier mit einem stattlichen Gebäude geschehen ist.

Diese Gefahr ist die Schattenseite der sonst so zweckmäßigen Zimmerbeleuchtung durch Gas, welche man hier sehr geschickt anzuwenden weiß. Nicht nur, daß das Gas in die schöngeformten Kronleuchter und Quinquet geleitet wird, man läßt es auch durch Kautschukröhren, die mit einer der Tapete anpassenden Seide bezogen sind, in tragbare Lampen strömen, welche man von dem Mitteltisch bis in die entfernteste Zimmerecke mit sich nehmen kann. Die Kautschukröhre wird nach der Größe der Stube eingerichtet, und steht die Lampe mitten in dem Gemache, so liegt die, mit Seide besponnene Röhre, in Kreisen sich ringelnd, daneben auf dem Tische. Ich habe die Vorrichtung schon in mehreren Bibliothekzimmern gesehen, die hier so wenig als in England irgend einem wohleingerichteten Hause fehlen.

Die Summen, welche man in England und Schottland für Bücher und wissenschaftliche Zwecke aufwendet, stehen, selbst im Verhältniß des Reichthums der beiden Länder, außer allem Vergleiche zu Deutschland. Es ist das ein charakteristisches Element für die Bildung der beiden Nationen. Eine deutsche Familie, die kein Bedenken hat, für das Conzert einer Sängerinn, für das Debüt einer Tänzerinn ein Paar Friedrichsd'ors auszugeben, bekennt es offen, daß sie sich nicht erlaubt ein Viertel der Summe an den Ankauf eines Buches zu wenden, von dem man unendlich längern Genuß haben würde, als von der kaum in der Erinnerung festzuhaltenden Kunstleistung einer Sängerinn oder Tänzerinn. Geborgter Kleidungsstücke, geborgter Meubles schämt man sich, auch wenn sie nur einem momentanen Bedürfnisse dienen. Man borgt nicht leicht ein Armband, einen Shawl von einer Freundinn; man würde Ekel haben, von einem Fremden lange benutzte Dinge zu berühren — aber Bücher zu borgen von wem es sei, oder die beschmutzten, nach Taback riechenden, vielfach befleckten Exemplare der Leihbibliotheken zu miethen, hat Niemand Ekel und schämt sich Niemand. Und doch haben diese Bücher oft auf ansteckenden Krankenbetten gelegen, und sich wer weiß wo, umhergetrieben. Das geht in Deutschland so weit, daß die Prinzessinnen des preußischen Hofes ihre Geistesnahrung zum Theile aus Leihbibliotheken beziehen, von wo sie auf den Namen der Hofdamen geholt wird. In England würde solche Sparsamkeit dem Publikum unglaublich scheinen. — Man liebt es hier seinen Reichthum zu zeigen, aber man strebt auch, ihn in würdiger Weise darzuthun, und durch den Besitz von Kunstwerken, von Bibliotheken zu beweisen, daß man einen edeln Gebrauch von seinem Vermögen zu machen wisse. Nirgend mehr als in England ist mir der Reichthum wie ein Mittel zum Zweck erschienen, und das söhnt mit der Anhäufung von Capitalien aus.

Wer reich ist, wer Muße hat, wendet sich hier von dem Erwerb gar häufig den Wissenschaften zu. Alte Bankiers in London besuchen die Vorlesungen auf der London University; man setzt sich nach dem Erwerb eines Vermögens zur Ruhe, um sich selbst bildend, der Allgemeinheit zu nützen. In Deutschland habe ich das nur an dem Bankier Joseph Mendelson in Berlin gesehen, der sich Zeit und Freiheit für wissenschaftliche Bestrebungen schaffte; und ein Werk wie die Geschichte Griechenlands von dem Bankier Georg Grote, die für die gelehrteste und vollendeteste Arbeit über den Gegenstand gilt, hat noch kein Deutscher geliefert, der nicht von der Wissenschaft Profession machte.

So viel wir uns mit unsrer deutschen Gelehrsamkeit rühmen, so ist sie bei uns doch meist nur der Besitz der Gelehrten, ein Kapital, das sie für sich erweitern, und von dessen Zinsen das Volk nur spät und spärlichen Gewinn hat. In England ist die Wissenschaft dem Wohlhabenden bereits, was sie den Alten war, Muße — Erholung — Genuß — und als Genuß Lebenszweck. Damit ist viel gewonnen, denn nur auf diesem Wege kann und wird sie in die arbeitenden Klassen übergehen, wie alle verfeinerten Lebensgenüsse aus dem Bereich der Begüterten, sich als Lebensnothwendigkeit dem Armen mittheilen. Der Teppich, den einst nur der Luxus des Reichen erforderte, fehlt in England jetzt nicht mehr an dem Kamine seines Dieners und in der Hütte des Armen. Was erst in den lebendigen Strom des Lebens aufgenommen wird, überfluthet und befruchtet die ganze Welt, und es liegt ein großer Gewinn darin, daß Lord Ros und seine Frau ausgezeichnete Astronomen sind, daß heute der junge Herzog von Argyle über versteinerte Blumen und Pflanzen lesen wird, die er in den Felsen von Staffa gefunden hat.

Jedenfalls aber ist das Interesse an den Naturwissenschaften hier schon allgemeiner als bei uns, und man strebt auf jede Weise, es immer

16*

weiter zu verbreiten. Die Art, in der die Gelehrten die Naturwissenschaften behandeln, die Weise, in der die englischen Buchhändler diese Werke ausstatten, sind dazu geeignet, sie dem Publikum näher zu bringen. Da liegen z. B. von Robert Hunt, unserm Hausgenossen, zwei naturhistorische Bände vor mir, die Poetry of science, die so schwungvoll und poetisch dargestellt sind, wie nur Burdach, Karl Voigt, Schleiden und der Verfasser der Nanna es bis jetzt in Deutschland geleistet haben. Und diese Werke werden in England elegant wie Almanachs ausgestattet, als die anmuthigsten Festgeschenke betrachtet. So ist auch ein Buch über Seesterne von Edward Forbes, der selbst vortrefflich zeichnet, geschmackvoll illustrirt. Gleich die Titelvignette zeigt einen Seekönig und eine Meerfrau, die in einem Netze einen Stern auffangen, welcher vom Himmel in das Meer herabsinkt.

Wer es irgend kann, schafft sich solche Werke und ein Mikroskop, oder mindestens eine Lupe an, und nicht alle Menschen werden hier reich geboren. Mr. Peach zeigte mir gestern ein Werk über Zoophyten, das er sich in früherer Zeit ganz abgeschrieben und alle Zeichnungen mühsam mit der Feder kopirt hatte, weil er zu arm war, es zu kaufen. Noch heute, wo er in der Wissenschaft sich einen Namen gemacht, bekleidet er einen geringen Posten im Zollamt eines kleinen Hafenstädtchens; aber es ist schön zu sehen, wie die Reichsten und Vornehmsten der Versammlung ihn zu ehren, ihn zu fördern und ihm in irgend einer Weise hilfreich zu sein, bestrebt sind. Er ist freilich auch eine sehr liebenswürdige Natur, die mich vielfach an Professor von Bohlen gemahnt, durch die liebevolle Heiterkeit seines Wesens, durch die Freudigkeit, mit der er es als ein Glück erkennt, daß er sich trotz seiner Armuth die Schätze des Wissens zu eigen machen konnte; und endlich durch jene naive Gemüthlichkeit, die man oft bei den Gelehrten findet, welche aus den primitiven Volksschichten geboren, Ursprünglichkeit des Gefühls mit der Erkenntniß der Wissenschaften vereinen.

Auch Mr. Robert Hunt war ein armer Apothekerlehrling in London, und die beiden Brüder Robert und Wilhelm Chambers verdanken ihre Bildung, wie ihren Reichthum nur sich selbst. Mr. Robert Chambers ist in jedem Betrachte ein bedeutender Mensch, an dessen Bildung die Einfachheit, an dessen Verstand die schlichte Klarheit unschätzbar ist. Bei einem tiefen, poetischen Empfinden ist sein Urtheil immer grade und bestimmt, so daß man fühlt, er sei verläßlich durch und durch.

Die beiden Brüder Chambers haben damit angefangen, kleine, fremde Drucksachen, Pamphlets und Lieder in den Straßen zu verkaufen. Später begannen sie selbst dergleichen zu dichten, und der junge Robert fühlte sich schon damals in seinem Gerechtigkeitssinne davon gekränkt, daß das Verhältniß des Dichters zum Verleger ein ungerechtes sei. Es wollte ihm nicht in den Kopf, daß der Letztere mehr Gewinn durch den Verkauf eines Gedichtes haben solle, als der Verfasser desselben durch seine Arbeit. Von dem ersten ersparten Gelde schafften daher die Brüder eine kleine Handpresse an, mit der sie ihre Schriften selbst zu drucken unternahmen. Alles, was sie schrieben, war für das Volk berechnet, und schlug im Volke an. Ihre Einkünfte nahmen zu, sie gewannen die Mittel, sich eine größere Ausbildung zu verschaffen; und mit ihren wachsenden Kenntnissen, mit ihrer erweiterten literarischen Wirksamkeit, wuchs gleichmäßig der Umfang ihrer Druckereien und ihr Geschäftsbetrieb. Jetzt sind sie reiche Leute, aber dem Grundsatz getreu, daß der Verleger dem Schriftsteller untergeordnet sein, daß der Schriftsteller den Hauptgewinn von der Arbeit haben müsse, haben sie niemals einen fremden Verleger für sich benutzt und ihre Druckereien bis auf sieben Schnellpressen ausgedehnt, um ihren Unternehmungen zu genügen.

Da sie aus den arbeitenden Ständen hervorgegangen sind, ist Volksbildung ihr Ziel und Streben geblieben, und man kann sagen, daß sie in Schottland nach allen Richtungen den wesentlichsten Einfluß auf dieselbe üben. Die besten Schulbücher, die besten und billigsten Ausgaben der lateinischen Autoren, Auszüge aus den englischen Klassikern, und Uebersetzungen und Chrestomathien aus den fremden Poeten, sind aus ihren Offizinen hervorgegangen. Im Durchblättern eines Bandes der Chrestomathie aus fremden Literaturen, fand ich eine komische Auffassung von Wallensteins Traum. Man hat die Stelle nach Coleridge's Uebersetzung von da abgedruckt, wo Wallenstein über seine Ansicht von dem Einfluß der Gestirne auf das Leben spricht, und es unter der Ueberschrift: »Love and Superstition« gegeben.

Neben diesen literarischen Erzeugnissen haben Chambers's einen für das Volk bearbeiteten Euklid erscheinen lassen und ähnliche Dinge mehr. Zugleich publiziren sie eine Wochenschrift: »Chambers's Edingburgh Journal«, das die Brüder auch jetzt noch fast allein schreiben. Für ein andres Volksblatt (»for the people« ist der Titel, wenn ich nicht irre) haben sie viele Mitarbeiter. Schottische Balladen mit beigefügter Musik, Volkspoesien, Mährchen und Kinderschriften, von denen kleine, elegante und doch billige Ausgaben veranstaltet werden, sind auch Gegenstände des Verlages der Brüder Chambers und ihrer größten Beachtung. Alle diese Werke, für die Volksbildung eigens berechnet, sind streng deistisch und monarchisch, wie die Brüder selbst. Robert Chambers hat dabei eine Menge größerer selbstständiger Arbeiten herausgegeben, und erst neuerdings Select Writings of Robert Chambers, von denen ich nur die History of the Rebellion of 1745—46 durchblättert habe, die sehr gut geschrieben ist. Es ist ein durchaus bedeutender und mir höchst merkwürdiger Mann.

Den dritten August war ich Morgens mit Mr. Hunt und den Töchtern von Mr. Chambers in den Druckereien ihres Vaters, die in Highstreet auf dem Wege nach Holyrood gelegen sind. Sie enthalten, wie schon gesagt, sieben Dampf-Schnellpressen, die alle im Gange waren. Drei derselben liefern den Bogen auf beiden Seiten gedruckt, zwei druckten in gleicher Weise Stereotypen; die beiden Letzten waren nach Art der alten Handpressen eingerichtet. Die Konstruktion der Maschinen ist wie die der Perrotinen in den Kattundruckereien. Knaben versehen den Dienst des Unterbringens und Wegziehens der Papiere; erwachsene Mädchen besorgen — da die meisten Bücher hier gebunden erscheinen — das Heften und Falzen, und werden auch mit dem Vergolden beschäftigt. Mit der Druckerei sind Holzschneidereien und eine lithographische Anstalt verbunden, welche die Bilder, Illustrationen u. s. w. liefern.

Die Leute arbeiteten durchweg in hellen, gesunden Räumen, so daß man recht mit Lust der Arbeit zusehen konnte. Die Art, wie bei dem Druck der Stereotypen, die unvermeidliche Ungleichheit in der Länge der Lettern ausgeglichen wird, war mir neu. Sobald eine Letter nur um eines Haares Breite mehr hervorsteht, als die andere, wird der Druck buntscheckig, ein Buchstabe dunkler als der andere. Dies zu vermeiden schneidet man in den Unterlagen des Druckpapiers die Stelle aus, in die eine zu lange Letter treffen muß, oder klebt ein Paar Blättchen unter, wo eine kurze Letter nicht scharf genug treffen würde. Man muß also unter dem Papiere die Ungleichheit der Lettern auszugleichen trachten; wie mühsam das aber ist, kannst Du denken. — Es werden jährlich ungefähr zehn Millionen Bogen in der Druckerei von Chambers fertig, und ich hörte, daß sie eine jährliche Steuer von dreitausend Pfund, als Papiertaxe zu zahlen hätten. Die Druckerei steht unter der Aufsicht eines Disponenten, und die Besitzer beschäftigen sich fast ausschließlich mit ihren literarischen Arbeiten und Redaktionen.

Dabei, sagte mir Mr. Robert Chambers, habe er die Erfahrung gemacht, daß die Bücher und Volksschriften in Schottland und England in der Regel eine Volksklasse (oder soll man es Bildungsstufe nennen?) höher gelesen würden, als in der, für die zu wirken man sie bestimmte. Fast dasselbe gelte von Kinderschriften. Es folgt also aus dieser Bemerkung die Lehre, daß man in England wie bei uns, immer noch zu viel Abstraktes, zu viel Vorausgesetztes in dergleichen Arbeiten überträgt. Wer für das Volk und die Kindheit schreibt, muß Nichts voraussetzen, als gesunde Vernunft. So oft ich in Deutschland Volksschriften zu Gesichte bekam, überraschte es mich stets, wie viel Wissen und wie wenig Einsicht man dem Volke zutraut, während grade umgekehrt seine Einsicht durch das praktische Leben geschärft, sein Wissen aber gering ist. Den einfachsten Satz, die einfachste Folgerung, wie die Lehre von der Ge-

genseitigkeit der Verpflichtungen und dergleichen Dinge, die jeder Arbeiter täglich erlebt, und die nur der Müssige vergißt, deduzirt man dem Volke vor, als ob man es mit Blödsinnigen zu thun hätte, und stellt ihm vielleicht dicht daneben als Thatsache eine Behauptung der Mathematik hin, die man ohne Erklärung unmöglich verstehen, also auch vernünftiger Weise nicht annehmen kann. Es ist auch auf diesem Felde noch alle Arbeit zu thun.

Merkwürdig ist, was Mr. Chambers und die andern Männer mir über die auffallende Begabung und Liebe der Irländer für die Arithmetik sagten. Nicht nur, daß das Volk sie leicht erlernt, wenn man es dazu anhält, nein! sie ist Lieblingsbeschäftigung des Armen, wie in manchen Gegenden Deutschlands die Musik; und die wohlfeile Ausgabe des Euklid, die Chambers veranstaltet, ist hauptsächlich für Irland berechnet, findet dorthin ihren bedeutendsten Absatz, da Jeder, der ein Paar Pence erübrigen kann, sich das Buch, ebenso wie den Jahrskalender, anschafft und studirt. Die irländischen Handwerker und Bauern sind so anstellig für jede Art von Berechnung, daß die Wegebaubeamten häufig den ersten besten Landmann bei Vermessungen zu Hilfe nehmen, der dann mit geringer Anleitung und gegen geringen Lohn, Tag über rechnen und vermessen hilft, was ihm eine Lust ist.

Als wir neulich Abends beisammen saßen, erzählten die zum Hause gehörenden Männer, wie sie oft im tiefen Norden von Schottland und in den entlegensten Gegenden Irlands Bauermädchen gefunden hätten, die ihren Burns und Moore von einem Ende zum andern auswendig wußten, und in Byron und Scott wohl zu Hause waren. Die Liebe und das Gedächtniß beider Nationen für Poesie muß wunderbar entwickelt sein. Bauermädchen gehen meilenweit baarfuß in die nächste Stadt, um sich für einen Penny aus der Leihbibliothek ein Exemplar ihres Lieblingsdichters zu borgen, bis sie es auswendig können. Alle sagten, es sei ihnen oft begegnet, ein hübsches Landmädchen mit einem bekannten Verse zu begrüßen, und sehr oft, fast immer, sei ihnen als Antwort die Fortsetzung gesagt worden.

Hier im Hause ist ein Mädchen, mit dem man sehr zufrieden und das sehr lieblich ist. Mary ist eine Londonerinn, und hat, als Mrs. Ch. einmal in London als Gast in der Familie war, in der Mary damals diente, Mrs. Ch. so lange gebeten, sie in das Geburtsland von Scott und Burns mitzunehmen, damit sie doch einmal die Gegenden sehen könnte, welche diese Dichter besungen hätten, daß Jene sich entschloß ihrem Wunsche zu willfahren und einen Versuch mit dem Mädchen zu machen, der vortrefflich ausgefallen ist. Nachdem das Mädchen Jahr und Tag seine Verpflichtungen zur größten Zufriedenheit erfüllt, hat es sich als Gunst einen mehrtägigen Urlaub erbeten, und ist auf eigene Kosten, mit Empfehlungen von Mr. Chambers, fortgereist, die noch lebende einzige Schwester von Burns zu besuchen, welche sich mit ihren zwei Töchtern an einem kleinen Orte aufhält. Nach abgelaufenem Urlaub ist Mary dann pünktlich heimgekehrt, sehr zufrieden mit dem ihr gewordenen Empfang, und verwaltet ihre Obliegenheiten nach wie vor mit der größten Treue. Sie bedient am Tische, hilft in den Fremdenzimmern, und nur ihr intelligentes, sanftes Gesicht verräth ihre geistige Begabung.

Das bringt mich auf die Lage der Dienstboten, die in England unvergleichlich besser ist, als in Deutschland. Von jener Manier, Alles vor ihnen zu verschließen, die so beleidigend ist, und so entsittlichend wirkt, weil sie die Unredlichkeit der Dienenden voraussetzt, findet man hier keine Spur. Lebensmittel und fast der ganze Besitz steht unverschlossen da, die Dienstboten theilen die Verantwortlichkeit dafür, untereinander und mit der Hausfrau. Dadurch sind sie denn auch nicht, wie noch so oft in Deutschland, gedankenlose Maschinen, welche ewig und immer auf's Neue angetrieben und in Bewegung gesetzt werden müssen. Sie sind Gehilfen der Hausfrau, die ihr das Detail des Haushalts abnehmen; und während das den Dienenden Umsicht und Ueberlegung giebt, läßt es der Hausfrau die Möglichkeit sich mit andern Dingen zu beschäftigen. Im Ganzen sind, das geben selbst deutsche in England lebende Frauen zu, die englischen Dienstmädchen häuslicher als die deutschen. Außer dem wöchentlichen Gang zur Kirche, den sie sich häufig für den Sonntag Nachmittag ausbedingen, und der zwei Stunden dauert, verlassen sie das Haus fast gar nicht, wenn sie nicht Eltern oder nahe Verwandte in der Stadt haben, und der Besuch öffentlicher Vergnügungsorte, der in Berlin so gewöhnlich unter den Dienstmädchen ist, kommt hier nur als seltene Ausnahme vor.

Das Gehalt ist nach unsern Begriffen sehr groß. Ein Mädchen, das in einem kleinen Hause allein den ganzen Dienst verrichtet, bekommt bis vierzig Pfund des Jahres; und eine gute Köchinn, eine gute Kammerjungfer fünfzig Pfund und drüber. Natürlich gilt das von den Familien der wohlhabenden Mittelstände. Überall haben die Dienenden im Sousterrain neben der Küche und dem Wirthschaftslokal, ihr wohlgeordnetes Zimmer, dem eine Fußdecke von Wachstuch, ein großer Eßtisch, ein paar bequeme Stühle am stets brennenden Kamine selten fehlen; meist ist auch die Küche selbst so zierlich und behaglich, daß sie an und für sich schon einen angenehmen Aufenthaltsort bildet. Trotz dem ist der Wechsel von Dienstboten, wenn auch nicht ganz so häufig als bei uns, so doch nicht selten; und was man über das Verwachsen derselben mit den Familien berichtet, gehört hier wie dort zu den Ausnahmen. Dennoch glaube ich, daß es öfters vorkommen kann und muß, als bei uns, eben weil das ganze Verhältniß menschenwürdiger behandelt wird. Die Hauptsache ist, daß man in England das Weib niemals in dem dienenden Mädchen vergißt, während man die ganze Klasse in Deutschland, ich möchte sagen, als Mittelwesen behandelt, denen man Arbeiten und Dinge zumuthet, welche man von andern Frauen nicht begehren würde. Daraus folgt denn auch, daß die Mädchen in den wohlorganisirten englischen Häusern einen gebildeten Anstrich, eine gewisse Haltung haben, die man im Vergleich zu der Weise deutscher Dienstboten, ladylike nennen muß. Sie sehen nicht so »durchgewettert« aus, sie haben den Ausdruck der Weiblichkeit behalten. Es ist das schwerer zu beschreiben, als zu sehen, wenn man nur etwas Auge dafür hat.

Im Ganzen läßt man sie nicht so schwer arbeiten, und hält deshalb mehr Dienstboten als bei uns. Sonntags ein Dienstmädchen im schwarz seidenen Kleide mit einer hübschen Haube — denn sie tragen fast Alle ein Häubchen — ihre Arbeit verrichten zu sehen, ist etwas ganz Gewöhnliches. Die Besuche ihrer Verwandten oder ihres Bräutigams betrachten sie als ein Recht, welches sich von selbst versteht, weil sie wenig ausgehn und keine Zerstreuungen haben; und da sie meist sparsam sind, gelingt es ihnen leicht, ein kleines Kapital zusammenzubringen, das ihnen zu einer Ausstattung bei ihrer Verheirathung verhilft. Freilich sind diese Verhältnisse noch weit von den amerikanischen entfernt, und die Gleichberechtigung der Dienenden hier noch bei weitem nicht so anerkannt als dort, dennoch sind sie mir gegen Deutschland golden erschienen, und ich habe mich gefreut, als mir Herr v. P. in London eine Geschichte erzählte, welche von den übrigen Anwesenden spöttelnd belacht wurde.

Einer von Herrn v. P's. Freunden, ein reicher unverheiratheter Edelmann, richtete sich einen Hausstand ein, und engagirte sechs Personen für den Dienst, unter denen sich der Butler (Haushofmeister) und die Köchinn befanden. Da das ganze Haus neu gekauft und neu meublirt war, hatte man auch den Diningroom für die Dienerschaft gehörig eingerichtet, und der junge Lord glaubte allen Anforderungen derselben entsprochen zu haben, als sein Butler ihm eines Tages erklärte, daß es ihm unmöglich sei, die Leute in Ordnung zu halten, und daß ihre Unordnung von der schlechten Einrichtung des Hauses herkomme. »Aber was fehlt denn dem Hause?« fragte der Lord verwundert. »Unser Diningroom ist schlecht eingerichtet!« — »Sie haben einen Tisch, sechs Stühle, die Kaminsessel, die nöthigen Nebentische und Schränke, was wollen sie mehr?« — Das ist wahr Mylord! aber der Eßtisch ist rund; und weder ich noch die Köchinn können in Ihrem Dienste bleiben, wenn Mylord uns nöthigen an einem runden Tische zu essen. Es gehört sich, daß in einem anständigen Hause der Butler das obere, und die Köchinn das untere Ende eines langen Tisches inne hat, und die Dienerschaft die Seiten — nur so wird Ordnung erhalten und Verträglichkeit möglich; aber an einem runden Tische kann ich für Nichts stehen, und will lieber meinen Abschied nehmen, als Unordnungen unter meiner Leitung dulden!«

So drollig das klingt, und obschon es übertrieben sein mag, so ist es doch durchaus im Charakter des Volkes, und seinem Sinne für Aufrechterhaltung jeder Form und jedes Rechtes, so vollkommen angemessen, daß ich unbedenklich an die Wahrheit der Thatsache glaube. Es ist aber mit allen solchen Dingen, und damit, daß die Dienstboten von jedem Gaste des Hauses mit Sir und Miß angeredet werden, mehr gewonnen für die Belebung ihres Selbstgefühls, ihres Begriffs von Menschenwürde, als mit einer abstrakten Erklärung der Menschenrechte, wenn die Achtung vor dem Menschenrechte nicht in das tägliche Leben übergeht. Daß man bei uns die dienende Klasse noch mit Du anspricht, ist ein großes Unglück für sie, und ein Zeichen, wie sie bei uns noch außer der Allgemeinheit stehen; ein Zeichen unserer geringen Civilisation und ihrer Unfreiheit.

Wundre Dich nicht, daß ich von England sprechend immer auf Deutschland zurückkomme. Nur im Vergleich mit unsern Zuständen, kann man die englischen richtig würdigen lernen, und das: »Willst Du Dich selber erkennen, sieh wie die Andern es treiben; willst Du die Andern verstehen, blick in Dein eigenes Herz!« gilt von Nationen wie von Individuen.

Für den am besten unterrichteten Theil des englischen Volkes gelten die Schotten, für den am leichtesten auffassenden, die Irländer, denen es aber an Ausdauer zum Lernen fehlen soll. Fast jeder Schotte kann lesen und schreiben, und was die Hauptsache ist, sie lesen gern. Die Barracks (Kasernen) der schottischen Regimenter in Edinburg sollen zu den stärksten Abonnenten der Leihbibliotheken gehören, während die Mannschaft der englischen Regimenter oft nicht lesen kann. Ich berichte, was ich gehört habe. Übrigens stimmten die Anwesenden alle darin überein, daß seit Abschaffung der Prügelstrafe das Wesen des Militairs ein ganz anderes geworden sei. Früher habe das Heer die Hefe des Volkes in sich aufnehmen müssen, während jetzt bei dem sehr hohen Solde, Söhne von rechtlichen Handwerkern und Farmern häufig und gern in dasselbe einträten.

Den 3ten Abends war eine große Soiree, wohl über hundert Personen, in unserm Hause.

Ein zahlreicher Theil der ausgezeichnetesten Naturforscher und viele angesehene Familien aus der Stadt und aus der Umgegend. Wie es aber in solch großen Gesellschaften zu gehen pflegte, wenn man ganz fremd darin ist, habe ich dabei so viel Menschen gesehen, so viele Namen nennen hören, bin mit so vielen Leuten bekannt gemacht worden, daß ich mit Jedem nur ein Paar Worte gesprochen, und also nicht viel davon gehabt habe. Ich könnte höchstens eine Lection aufsagen, wie Immermanns unsterblicher Riese Schlagadodro nach dem Unterricht der lavendelduft'gen Fürstinn, denn nur hie und da, habe ich im Vorübergehen und Plaudern eine Sentenz, eine naturhistorische Unterredung, eine derartige Anekdote oder Thatsache gehört und behalten, z. B. (gehörte Sentenz) »der Magnet wirkt nicht allein auf Eisen, sondern auf alle Körper anziehend.« — Danach könnte man also (eigene Reflexion), wenn man im Fenster läge und es ginge ein Bekannter vorüber, ihn mit einem recht großen Magnet zu sich hinaufheben, was in der ersten Zeit den Leuten allerdings eine etwas wunderliche Überraschung bereiten würde. — Ferner: es kommt für Nervenkranke wesentlich darauf an, daß sie in der elektrischen Strömung, d. h. in einer Lage von Norden nach Süden schlasen! — Worauf ich, ich weiß nicht in welcher Luftströmung, vortrefflich, bis in den hellen Tag geschlafen habe, und dann Sonntags, nach gemeinsamem Familienfrühstück, mit den Hausgenossen unter Mr. Chambers's Leitung eine Fahrt nach dem alten Theile der Stadt unternommen habe.

Wir fuhren zuerst wieder nach dem Castel, uns an der prächtigen Aussicht zu erfreuen, und gingen von da die Highstreet abermals hinab bis Holyrood. Gleich am Fuße des Berges, der das Castel trägt, steht ein altes Haus, in dem noch eine, vom Schlosse auf die Stadt herabgeschossene Kugel steckt; nicht weit davon sah man noch vor wenig Jahren, das Gebäude, welches Maria von Guise, die Mutter von Maria Stuart inne hatte. Ein Paar andre, aus jener Zeit erhaltene Wohnungen alter adliger Geschlechter, zeigen, in welcher kleinlichen Beengung, in welch dürftiger Ausstattung selbst begüterte Leute sich zu behelfen gewohnt gewesen sein müssen. Sie sind oft nur ein Fenster breit, die obern Etagen stehen über die untern hervor, wie man es auch in Deutschland findet, der spitze Giebel geht nach der Straße, und der Aufgang zum ersten Stockwerk geschieht von der Freitreppe (fore-stair), wie ich das schon neulich erwähnte.

Es ist überhaupt fast unmöglich, sich von dem Aussehen einer Stadt in ihrer Vorzeit, jetzt ein Bild zu machen. Das Handbuch giebt z. B. die Stelle an, auf der das Kreuz von Midlothian gestanden, sie ist auch durch eine besondere Pflasterung der Straße bezeichnet; aber rings von großen Gebäuden umringt, ist es schwer, sich vorzustellen, daß man einst von diesem Punkte sieben deutsche Meilen weit, nach Süden, Norden, Osten in das Land gesehen habe. Eine alte Stadt, wie man sie sich nach den Beschreibungen in der Idee erbaut, würde vielleicht kaum eine Aehnlichkeit mit ihrer Vergangenheit zeigen. Um so anziehender werden dadurch die wohlerhaltenen Baulichkeiten der frühern Zeiten. Es machte uns einen lebhaften Eindruck, das für jene Tage ansehnliche Haus von John Knox fast unversehrt zu finden.

Es liegt, als Ecke des Netherbow und Luckenbooths, auf dem alten Marktplatze der Stadt, und ist aus kleinen Quadersteinen errichtet. Vorspringende Erker und Gallerien, auffallende Giebelfenster nach beiden Seiten, und eine Menge wunderlich sich kreuzender Schornsteine, geben ihm ein charakteristisch alterthümliches Ansehen. Ueber der Thür und dem Fenster des untern Stocks, in dem sich einst die »Halle« des Hauses befand, hat man folgende, in ganz veralteten Lettern geschriebene Inschrift aufgefrischt:

LVFE. GOD. ABVFE. AL. AND. YJ. NYCHTBOVR. [AS.] YJ. SELF. *)

Wie ein Schwalbennest an das Haus geklebt, sieht man an der Ecke desselben eine kleine Kanzel, in der eine Figur, den predigenden Reformator darstellend, mit der Hand auf einen Stein über ihrem Haupte weist, auf welchem eine Sonne, und in drei Sprachen der Name Gottes stehen.

Ein anderes sehr altes, und vielleicht das älteste Gebäude der Straße, liegt auf derselben Seite, aber viel weiter hinab, im Cannongate. Es ist das Gasthaus the White Horse, das für die erste in Edinburg errichtete Herberge gilt. Sie umschließt mit sehr niedrigen Gebäuden einen viereckigen Hofraum. Der ganze untere Stock hat zu Pferdeställen gedient, da man in jener Zeit nur zu Pferde und in größern Gesellschaften reiste. Der Raum der Zimmer im obern Stockwerk ist unverhältnißmäßig klein gegen die Stal-

*) Love God above all, and Your neighbour as Your self.

Liebe Gott über Alles, und Deinen Nachbar wie Dich selbst.

lungen; aber das Mißverhältniß erklärt sich dadurch, daß fast jeder Reisende bei seinen Gastfreunden wohnte, selbst wenn er seine Pferde dort nicht unterbringen konnte. Nur der ganz freundlose Fremde nahm seine Zuflucht zu der Herberge.

Bei diesem, der Vorzeit nachspürenden Umherwandern galt eine meiner ersten Fragen, dem alten Tollbooth, dem Heart von Midlothian, das uns Allen in unsrer Jugend wohl einer der bekanntesten Punkte Schottlands gewesen ist. Indeß von diesem alten Gebäude, das noch zu Maria Stuarts Zeiten Stadthaus, Gefängniß, Parlamentshaus, Alles in Allem war, und im Erdgeschosse die namhaftesten Magazine der Stadt enthielt, ist keine Spur mehr vorhanden. Es stand dicht an der Kathedrale von St. Giles, und die letzten Mauern desselben sind im Jahre 1817 niedergerissen worden. Das Steinwerk des Thores und die Schlösser hat man Sir Walter Scott verehrt, der es in seinem Abbotsford anbringen lassen.

Als wir vor der St. Giles Kathedrale die Stelle des Stadtkreuzes besehen hatten, traten wir einen Augenblick in die Vorhalle der Kathedrale ein, die ganz restaurirt, ihren alten Ursprung kaum durch die Bauart verräth. In dieser Vorhalle befinden sich die Grabmonumente vieler schottischen Offiziere. Sie haben sämmtlich den Riesenkopfputz der hochländischen Regimenter, eine Bärenmütze mit vier, fünf, dicken, schwarzen Rundfedern, als Emblem. Eines dieser Denkmale ist erschütternd. Eine trauernde Frauengestalt, Hautrelief, sitzt unter einem tropischen Baume, an einen Sarkophag gelehnt, der mit dem Bilde eines Elephanten geziert ist. Die Waffen und die Mütze der hochländischen Regimenter liegen am Fuße des Baumes auf dem Boden. — Man hat es zum Andenken eines Edinburger Regimentes errichtet, das nach Indien gesendet, dort von der Cholera fast aufgerieben wurde. Mehr als sieben hundert Personen sind ihre Opfer geworden.

Welchen Kontrast übrigens die Bärenmütze der Soldaten mit ihrem kurzen Rock und ihren nackten Beinen bildet, das ist belustigend zu sehen. Meine Gefährten sagten mir, als wir überhaupt von der Tracht der Bergschotten sprachen, sie wären überzeugt, daß sie die Erbschaft der Römer sei, und daß sich hier im fernen Norden, im Philibeg (dem kurzen Rock) und in dem Plaid der Schotten die Tunika und Toga der Römer erhalten hätten. Ursprünglich haben die Schotten sich mit einem einzigen Stücke, dem Kilt, bekleidet,

17*

dessen eines Ende sie, er war noch größer als der jetzige Plaid, schmal zusammengelegt als Schurz um die Lenden gewickelt trugen, während sie das andre Ende ausgebreitet als Mantel über die Schulter legten. Später erst hat der Einfluß der Römer die bequemere Theilung des Kilt in den Philibeg und Plaid veranlaßt.

Nachdem wir Canongate und Holyrood passirt hatten, verließ ich auf Zureden der Männer den Wagen, um die Fahrt durch die Salisbury-Crags, der Aussicht wegen, auf dem Kutschersitze zu machen. In all solchen Dingen ist man in England ganz ungenirt, ohne Rücksicht auf »die Leute« nur für seine eigene Bequemlichkeit besorgt. Auf dem Platze der Bedienten hinter dem Wagen, auf dem Kutschersitz, und auf dem Rücksitz, fahren, während Männer den Fond einnehmen, Damen, wenn Wetter oder Licht ihnen diese Plätze angenehm erscheinen lassen. Dieselbe, nur auf Bequemlichkeit bedachte Weise beobachten sie auch für ihre Reisekleidung. Man hat jetzt eine Art von Augenschirmen aus gefalteter blauer oder grüner Seide erfunden, die über den Schirm der Strohhüte gebunden werden, das ganze Gesicht beschatten, und die Unbequemlichkeit ersparen, beständig einen Sonnenschirm zu tragen. Sie sehen abscheulich aus, entstellen das hübscheste Aeußere, man nennt sie uglies (Häßliche), aber man läßt sich nicht abhalten, sie zu benutzen, und Jung und Alt fährt und geht damit im Lande umher, weil es »comfortable« ist.

So habe denn auch ich auf meinem ungewohnten Platze die Gegend vortrefflich übersehen, deren großartige Schönheit meine schon an so Schönes gewöhnte und auf so Schönes vorbereiteten Vorstellungen doch noch übertroffen hat. Sobald man Holyrood verläßt, befindet man sich zwischen wilden, einsamen Felsen, die ihre kahlen, scharf gezackten Häupter starr und baumlos zum Himmel erheben. Ein See liegt hoch über dem Meere, in der Mitte der Berge. Schaafheerden zogen vereinzelt umher, das kurze Gras von dem Gestein zu raufen, der Hirt schnitzte einen bunten Stock. Kein Laut war zu hören als aus weiter Ferne das Brausen des Meeres. Das Hochland kann nicht einsamer sein, und doch bewegte sich nahe dabei das Leben einer Stadt von hundert fünfzig tausend Einwohnern. Es macht den großartigsten Eindruck, wenn man, aus dieser Wildniß umherschauend, zur Linken das Meer, zur Rechten die üppigste Landschaft erblickt, aus der das fürstliche Schloß des Herzogs von Buccleugh hervorragt, und dann hinabsieht auf die Stadt am Fuß der Berge.

Die Felsen gehören, mit den Ländereien von Holyrood, der Regierung, und man läßt sie um der seltenen Schönheit willen in ihrer ursprünglichen Wildheit. Nur einen Fahrweg hat man rund um die Felsen gebahnt, der sich nach den schönsten Punkten hinzieht. Es geschah bei der ersten Anwesenheit der Königinn Viktoria in Schottland, der zu Ehren der Weg auch Queen's Drive oder Queen's Walk heißt. Der höchste und schönste Fels der ganzen Partie ist der Arthur's Seat. —

Wenn man dem neuen Fahrwege folgt, kommt man aus den Salisbury-Crags zum Caltonhill, und zu der Stelle, auf der das Monument von Burns steht, und sieht hinab auf einen Kirchhof, in dem Burns, von dem ersten Gelde, das er erübrigen konnte, seinem Lieblingsdichter Ferguson einen Denkstein errichtet hat. Unfern von Burns Monument führt eine Straße in die Stadt hinab, und in dieser Straße lebte noch vor wenig Jahren die Frau, für die Burns sein schönes: »never met or never parted, wehad ne'er been brokene h-arted!« gedichtet hat. Sie war die Gattin eines Mannes, der nach Westindien gegangen war, sie verlassen hatte, und doch niemals in die Scheidung ihrer Ehe willigen wollte. Burns hat sie jahrelang tief und leidenschaftlich geliebt, sich aber später doch mit einer Andern verheirathet. Jetzt lebt von seiner ganzen Familie nur noch die schon erwähnte Schwester mit ihren beiden Töchtern, der man durch eine Sammlung ihren Lebensunterhalt gesichert hat. Gleich der erste Aufruf brachte einige hundert Pfund zusammen, Sir Robert Peel setzte ihr eine lebenslängliche Rente von dreißig Pfund aus, Andere gewährten kleinere Summen, und die Bedürfnisse der Familie sind dadurch für immer vollkommen gedeckt. — Mr. Robert Chambers arbeitet jetzt an einer Lebensbeschreibung von Burns, für die er die sorgfältigsten Nachforschungen gemacht hat. Sie wird der neuen Ausgabe von Burns Werken beigegeben werden, die er veranstaltet. Er las uns daraus die Jugendzeit vor, die höchst interessant war.

Nach der Spazierfahrt kehrten wir in die Stadt zurück, weil es Sonntag war, und die äußere Sonntagsfeier hier fast noch strenger gehalten wird, als in England. Auf der Straße sich ein Liedchen zu pfeifen, gilt für so ungesetzlich, daß man Jemand dafür arretiren würde; aber ich habe heute selbst zugesehen, wie ein Konstabler in liebevoller Vorsorge die ganze Davidstreet entlang hinter einem Betrunkenen herging, den er ruhig taumeln und für sich sprechen ließ, immer auf den ersten Exceß wartend, um sich dann des Sonntagsschänders augenblicklich zu bemächtigen.

Auch hier herrscht also dieselbe Stille wie in London, und nur die verschiedenen Kirchenglocken, und dann wieder die Frühstücks- und Mittags-Glocken aus den benachbarten Häusern klingen durch die Luft. Die Regelmäßigkeit, mit der diese Speisesignale rund umher gegeben werden, macht mir täglich Vergnügen; besonders ein gewaltiger Tamtam, der mit seinem fremden Schalle sich immer auf den Glockenschlag der Uhr hören läßt. Er soll in dem Hause eines Mannes benutzt werden, der lange in Indien gelebt und ihn von dort als Erinnerung mitgebracht hat.

Trotz des Sonntags aber war ich Abends mit der Familie der Lady D. und den Gästen ihres Hauses zu einer Abendgesellschaft bei dem Direktor der Sternwarte geladen, wo sich außer uns noch einige Herren und Damen, fast alle zur Naturforschergesellschaft gehörend, befanden. Der Zirkel war nur klein, und man unterhielt sich um so leichter und besser. Etwas Anmuthigeres und Eigenthümlicheres als die Einrichtung des Salons läßt sich nicht leicht erfinden. Professor Smyth hat darin, ohne es vielleicht absichtlich zu suchen, seine ganze Persönlichkeit, seine Lebensepochen bezeichnet. Er ist gelehrt, künstlerisch gebildet, viel gereist. So kommen denn Kunstwerke, Statuen, Bücher, Globen, astronomische Instrumente, indianische Sessel, und Fußdecken aus Tigerfellen, mit andern Erinnerungen an seinen Aufenthalt am Kap zusammen, ein phantastisch schönes Ganze zu bilden. Auffallend geschmackvoll und sinnig wie die Antiken war der Kronleuchter, durch den das Gas strömte. Professor Smyth hat ihn selbst gezeichnet und in Goldbronze ausführen lassen, in der all das Laubgewinde und Geranke, aus dem die Gasflammen als Blüthen hervortreten, sehr hübsch aussah. Wir betrachteten eine Menge Kupferwerke, dann vier dicke Bände von Skizzen, welche der Professor auf seinen Reisen und sonst allmählich entworfen hat. Ein Theil derselben war in den Eisenbahn-Wagons verschiedener Klassen und Länder gemacht, und voll von Humor und Poesie. Der Abend verging sehr angenehm, dennoch gab unser Wirth, der alle solch kleine Scherze zu lieben scheint, beim Abschiede Jedem ein gedrucktes Blättchen Papier, in Form der Annoncen auf den Weg, welche man im Vorübergehen auf der

Straße in die Hand gesteckt bekommt. Darauf standen die Worte:

»Lost somewhere between sunrise and sunset two golden Hours, each set with sixty diamond minutes. No Reward is offered, for they are lost for ever!« *)

So gehen denn hier meine Tage sehr angenehm hin, und es macht mir oft große Freude, mit den in Edinburg fremden Engländern die Stadt als Touristen zu durchstreifen. Aber auch dabei sind sie formvoll untereinander, höchst vorsorglich für die Frauen, und mir durchweg sympathisch durch ihre schlichte Einfachheit. Ich finde die Gebildeten fast aller Völker leichtlebiger als die gebildeten Deutschen, denen häufig kleine, pedantische Prätensionen ankleben und die eine gewisse trockene Kälte für Vornehmheit halten. Trotz Schiller, Göthe und Feuerbach haben wir unsere ganze gesellschaftliche Erziehung noch zu machen; denn sie waren nicht die Blüthen ihrer Nation, sondern Schwalben im Frühling — der noch zu kommen hat.

*) Es sind irgendwo, zwischen Sonnenaufgang und Sonnenuntergang zwei goldene Stunden verloren worden, jede in sechzig diamantene Minuten gefaßt. Kein Finderlohn wird versprochen, denn sie sind für immer verloren.

Fünfundzwanzigste Sendung.

Den 6. August.

Montag.

Die Woche hat gleich wieder mit einem der großen Frühstücke im Hause von Lady D. begonnen, welche durch die dort zusammenkommende Gesellschaft sehr unterhaltend sind.

Im Ganzen scheint mir das Leben in Edinburg, wenn es nicht grade jetzt durch die Anwesenheit der vielen Fremden besonders in Fluß gekommen ist, noch leichter und geselliger als in London. Die Gastfreiheit ist unbegrenzt zu nennen, und dabei kommt mir der Zusammenhang der Schotten mit dem deutschen Ursprunge noch bemerklicher vor, als es bei den Engländern der

Fall ist. Sie haben auch eine Menge Worte im Gebrauch, die uns eigen sind und die ich in England nicht gehört, wie: kirk für Kirche — beesom für Besen — cram für Laden — fletcher für Fleischer, und andere mehr. Auch die Bereitung der Speisen nähert sich in den Bürgerfamilien der unsern. Sie essen viel Suppen, die scotch broth kommt unserer Fleischbrühe ganz gleich, und Hammelfleisch und Geflügel werden hier wie bei uns häufig gedämpft. Endlich, um von dem ganz Materiellen zu Geistigem überzugehen, sind die Schotten gewiß viel musikalischer, und uns auch darin verwandter als ihre südlichen Nachbarn.

Aller Gesang in den Straßen von London war ein ohrenzerreißendes Johlen; die Musik, die ich in Gesellschaften gehört, immer mehr oder weniger schlecht. Hier singt das Volk bei der Arbeit sanfte, schwermüthige Weisen, und in der kurzen Zeit, die ich in Edinburg bin, habe ich sowohl im Hause meiner Gastfreunde, als bei Lady D., von den Familiengliedern und Fremden vortrefflich singen und spielen hören. Die Orgel und ein anderes, der Orgel ähnliches, auch mit einem Pedal versehenes Instrument, werden in beiden Häusern gespielt, und sollen überhaupt vielfach im Gebrauche sein. Dabei haben die Sängerinnen den guten Geschmack, uns nicht mit italienischen Opernarien zu regaliren, die man doch von den Koryphäen der Kunst besser gehört hat, sondern sich an die schottischen Nationallieder zu halten. Diese sind dem Texte und der Musik nach, schön, poetisch und rührend. Sie machen ein Bindemittel zwischen dem Ungebildeten und dem Gebildeten, da alle Klassen sie singen und lieben. Es sind mehr als zweihundert schottische Lieder und Gesänge gedruckt, die jedermann kennt, und die Neigung der Gebildeten für die Volkspoesie ist so groß, daß ihre Sprache — ich habe das schon mehrmals bemerkt — in das poetische Volksidiom verfällt, sobald sie von den Volksdichtungen sprechen, oder Sagen und Legenden erzählen, wozu sie leicht geneigt sind. Welche Freude mir das Hören solcher Sagen gewährt, brauche ich Dir nicht zu beschreiben. Winterabende müßten sich damit auf das Lieblichste durchleben lassen.

Nach dem Frühstück bei Lady D. fuhr mich Mrs Ch. nach Portobello, das Seebad anzusehen. Mit der Eisenbahn ist's ein Weg von zehn Minuten, und die Kinder, die ein Paar Pence erlangen können, fahren dritter Klasse seelenfroh hinaus,

18*

sich dort die Freude des Bades zu bereiten, da man weder auf der Eisenbahn noch im Wasser ängstlich mit ihnen ist. — Zu Wagen braucht man, durch eine wahrhaft italienische Gegend fahrend, eine Stunde bis Portobello. Rechts hat man weit überhängende Felsen, von Bäumen und Grün überdeckt, links den hellgelben von blauen Wellen überspielten Ufersand. Es war im vollen Sonnenlichte ein schöner Anblick.

Ungenirter ist aber Nichts, als dies schottische Seebad. Man badet in Karren, wie die in Helgoland; die Männer nackt, die Frauen in Badehemden, und das ist nöthig, denn Männer und Frauen benutzen denselben Theil des Strandes. In der Mitte sind die Karren für die Männer, zu beiden Seiten die der Frauen, beide Geschlechter gehen aber ruhig mit und untereinander, das ganze Ufer entlang spazieren. Vernünftiger Weise läßt man die Karren nicht von Menschen, sondern von Pferden ins Wasser ziehen, wodurch die Badewärter geschont werden, und die Badenden ein tieferes und besseres Bad haben. Dadurch geht es nun am Strande noch bunter und lustiger zu. Karrenpferde, Esel, Ponies, auf denen die Leute zum Bade geritten kommen, kleine Jockey's und Eselführer, Kinderfrauen, Bonnen, Hauslehrer, junge und schöne Welt, Kinder, Weiber die sweeties (Naschwerk) verkaufen, das läuft Alles durch einander. Es ist eine gar vergnügliche und zwanglose Gesellschaft, und das Bad muß vortrefflich sein, wenn das Meer nicht so wie heute, einem dunkelblauen spiegelglatten Teiche ähnlich ist.

Von Portobello fuhren wir nach Edinburg zurück, nach Georg Heriots Hospital, das in dem alten Theile der Stadt gelegen, eine Erziehungsanstalt für hundert und achtzig vaterlose Knaben enthält.

Es ist ein Pallast, größer, schöner als Holyrood, mit stattlichen Terrassen und Gärten. Die mächtigste Hofhaltung könnte darin untergebracht werden, und nach unsern jetzigen Begriffen scheint das Gebäude zu prachtvoll für seinen Zweck. Der Gründer desselben, Georg Heriot, war der Juwelier Jakobs des Sechsten. Sein Portrait in dem eichenholzgetäfeten Berathungssaale zeigt ihn als einen stattlichen Mann, der verschiedene Juwelen in der Hand hält. Dem grandiosen Bau angemessen, ist auch die Dotirung des Hospitals großartig.

Die Knaben werden zwischen dem siebenten und zehnten Jahre aufgenommen, erhalten außer einer vollständigen Schulbildung, noch Unterricht in Zeichnen, Französisch, Fechten und Buchführung, und werden, wenn sie nicht besondere Fähigkeit zum Studiren verrathen, mit vierzehn Jahren zu irgend einem Gewerbe entlassen. Bei ihrem Abgange aus dem Institute bekommen sie eine Ausstattung von nützlichen Büchern, zwei vollständige Anzüge nach ihrer eigenen Wahl, und durch fünf Jahre noch jährlich zehn Pfund, wie auch außerdem noch fünf Pfund, wenn ihre Lehrlingszeit vorüber ist. Diejenigen, welche studiren sollen, werden auf vier Jahre, mit jährlich dreißig Pfund, nach einem der Collegien geschickt. Außerdem sind zehn Unterstützungen, von jährlich zwanzig Pfund auf vier Jahre, für junge Männer bestimmt, die nicht im Hospital erzogen, aber einer Unterstützung bedürftig und in irgend einer Weise ausgezeichnet sind. — Trotz dieser festgesetzten Stipendien, war das Vermögen des Hospitals so bedeutend angewachsen, daß man vor zehn Jahren die Wirksamkeit desselben durch Freischulen erweitern konnte, in denen jetzt drei tausend Kinder, Knaben und Mädchen unterrichtet werden. Habe ich recht verstanden, so hat Scott in Nigels Schicksalen ein Portrait Heriots gegeben, dessen Charakter, nach manchen Einzelnheiten seiner Anordnungen zu schließen, sehr liebenswürdig gewesen sein muß.

So ist es schön und menschlich, daß man den Zöglingen bei dem Austritt aus dem Institute nicht eine uniforme Kleidung, und damit noch für weit hinaus den Stempel der erhaltenen Wohlthaten aufbürdet, sondern sie frei nach eigener Neigung ihren Anzug wählen und als Freie in die Welt gehen läßt, während sie noch lange im Stillen die Wohlthat einer Geldunterstützung genießen. Eben so liebenswürdig ist es, daß jedem Knaben bei dem Eintritt in die Anstalt, und jedem Besucher derselben, ein Pokal mit Wein kredenzt wird. Der Pokal besteht aus einer sehr seltenen Muschel, welche Heriot selbst für diesen Zweck eben so geschmackvoll als reich gefaßt hat.

Trotz alle dem aber sprachen wir Abends bei einem Spaziergange, den ich mit Mr. H. machte, darüber, daß eine Reform der Wohlthätigkeitsanstalten durchaus nothwendig ist. Sie müssen sammt und sonders mediatisirt, und den Gemeinden überwiesen werden, damit ihre Fonds, zu Hilfsmitteln für die Verarmenden verwendet, die Wohlthätigkeitsanstalten unnöthig machen. Ihre Zahl in England ist Legion, und es könnte sicher das Zehnfache damit geleistet werden, wenn es in einem socialistisch weitgreifenden und umfassenden Sinne benutzt, dem Betriebe der Arbeitenden übergeben würde.

Wir gingen durch Dean Terrace, die sich vor dem Hause von Mr. Chambers ausbreitet, nach Dean Bridge. Dean Terrace ist die, in einen waldigen Garten verwandelte Bergschlucht, durch welche das Water of Leith strömt. Jetzt ziemlich seicht, soll es im Frühjahr bedeutend anschwellen. Dean Bridge ist auf Pfeilern zwischen einem Fels und dem andern erbaut, kolossal wie eine römische Wasserleitung. Die hochaufsteigenden Brückenpfeiler geben vortreffliche Durchblicke in das Grün der waldigen Felsschlucht und auf die tiefer liegenden Theile der Stadt. Edinburg ist malerisch, wohin man das Auge wendet. Oben an der Brücke steht eine schöne katholische Kirche, daneben eine free kirk. Die Opfer, welche die freechurchmen gebracht haben, um vor sechs Jahren die Freiheit der Gemeine bei der Wahl ihrer Geistlichen durchzusetzen, sollen in jedem Betrachte enorm gewesen sein. Ueberhaupt sind sie hier im Aufwenden des Geldes als Mittel zum Zweck sehr liberal. »Money is power« konnte nur ein Engländer mit gutem Gewissen als erprobte Thatsache behaupten. Neulich hat Jemand, der in das Parlament zu kommen wünschte, alle seine Freunde, die im Auslande oder im Inlande auf Reisen waren, für den Wahltag auf seine Rechnung in die betreffende Countystadt kommen lassen; und einer dieser Freunde, der von Neapel anlangte und dorthin zurückging, hat ganz ruhig dafür eine Entschädigung von hundert Pfund angenommen.

Abends, als wir en famille zu Hause waren, brachte meine Freude an Sagen die anwesenden Männer zu mancherlei Mittheilungen, von denen ich Dir eine hier wiederhole, da ihr Interesse zum Theil in der Art und Weise liegt, in der das Volk die Naturerscheinungen und Umgestaltungen der Erde mit seinem Wunderglauben in Verbindung zu setzen liebt. Es ist die Geschichte von

»Tregeagle«

Tregeagle von Trevordor war im Jahre 1650 eine von den Magistratspersonen der Grafschaft Cornwall. Er war berüchtigt durch die Strenge der von ihm verhängten Strafen, welche fast immer außer Verhältniß zu dem begangenen Unrecht standen. Auch im gewöhnlichen Leben galt er für einen tyrannischen und habsüchtigen Charakter. Seine Beamten und Pächter fürchteten und haßten ihn, und so unbeliebt war er im ganzen Lande, daß man seinen Namen mit Allem in Verbindung brachte, was Schlechtes und Grausames geschah.

Als seine Zeit um war, ereilte Tregeagle der Tod, und sein Todeskampf ward, wie es ihm gebührte, durch alle nur denkbaren, leiblichen und geistigen Schrecken erschwert. Indeß er starb denn endlich doch, und wurde in der Kirchspielskirche, nahe bei dem Manorhouse von Trevordor, zur Erde bestattet. Aber der Tod, der sonst Ruhe für Jeden bringt, sollte keinen Frieden für ihn haben, das Grab ihm keine Ruhestätte werden.

Tregeagle hatte während seiner Lebzeit, durch betrügerische Mittel, sich den größten Theil eines an Trevordor grenzenden Gutes zugeeignet. Jetzt, nach dem Tode des mächtigen und gefürchteten Tregeagle brachte der Erbe jenes Gutes, der sich mit Recht übervortheilt glaubte, die Sache vor den Assisen von Bodmin zur Sprache. Sein erster Versuch Gerechtigkeit zu erlangen, schlug dem Kläger fehl, weil er die nöthigen Zeugen nicht vorzubringen im Stande war; aber fest entschlossen den Besitz seiner Ahnen den fremden Händen zu entreißen, forderte er eine neue Untersuchung, und erbot sich, Tregeagle selbst vor die Geschworenen zu bringen, überzeugt, daß ein Todter nicht lügen könne und dürfe.

Als denn nun der Gerichtshof sich zum zweitenmale versammelt hatte, beschwor der Kläger in lauter und feierlicher Weise, Tregeale von Trevordor, augenblicklich zu erscheinen, und zum Entsetzen aller Richter, Zeugen und Geschwornen, trat plötzlich der kalte, blasse Körper des todten Tregeagle, in den die Seele noch einmal zurückgekehrt war, in die Bank der Zeugen ein.

Alles sprang auf in starrem Schauder. Der Richter allein behielt die Fassung, und Muth genug, den lebenden Todten im Namen Gottes aufzufordern, als Zeuge die Wahrheit zu sagen. Bebend und mit einer Grabesstimme antwortend, folgte Tregeagle dem Befehle, und von den Lippen des Todten hörte man das Geständniß der Gottlosigkeiten, durch die er sich in den Besitz des fremden Eigenthumes gesetzt, und das Bekenntniß aller Sünden und Verbrechen, die er begangen hatte.

Das brachte die Geschworenen wieder zu sich selbst, und sie entschieden, wie es ihre Pflicht erheischte, zu Gunsten des Klägers. Sobald dieser nun zu seinem Rechte gelangt und zu dem Erbe seiner Väter gekommen war, wollte er in der Freude seines Herzens den Ort verlassen. Der Richter aber rief ihn zurück und bat ihn, den todten Tregeagle aus der Zeugenbank und aus dem Gerichtshofe zu entfernen, damit andere Zeugen eintreten, und die Verhandlungen ihren Fortgang haben könnten.

Indeß Jener erklärte, das gehe ihn Nichts an. »Die Arbeit, Tregeagle hieher zu schaffen, sagte er, war so groß und schwer, daß ich die Mühe ihn wieder in die Erde zu bringen, Euren Händen überlassen muß, welche mächtiger sind als die meinen!«

Der Richter, die Advokaten, die Jury beriethen hin und her, aber sie wußten nicht, was zu beginnen. Der starre, erdfahle Körper des Verfluchten stand und stand in der Zeugenbank, und sah sie mit seinen gespenstigen Augen an, deren Geisterblick ihnen das Haar sträuben machte. Man rief die Priester von Bodmin zu Hilfe, und da es auch diesen nicht gelang, Tregeagle zur Rückkehr in das Grab zu vermögen, kam man überein, man müsse ihm eine niemals zu beendende Arbeit aufgeben, um ihn von diesem Orte fortzubringen, und ihn für immer unschädlich zu machen. Ein alter erfahrener Mönch fand diese Arbeit.

Nahe bei Bodmin, in dem Bodmin Moor, liegt der Dasmerry Teich, ein kleiner, dunkler See, wahrscheinlich entstanden durch die großen Ausgrabungen, welche die alten Bewohner des Landes gemacht haben, um Zinn in dem Boden zu suchen. Der Dasmerry Teich soll unergründlich, und ein Dornbusch, den man hinabgeworfen in den Dasmerry Teich, im Hafen von Falmouth wieder zum Vorschein gekommen sein. Dorthin, nach dem Dasmerry Teich, beschloß man Tregeagle zu senden, damit er mit einer durchlöcherten Napfschneckenmuschel den Dasmerry Teich ausschöpfe.

Tregeagle mußte gehorchen und ging an seine Arbeit; aber der Teufel, den es verdroß, daß diese Seele ihm durch die Buße der schweren Arbeit entrissen werden könne, wollte sich ihrer wieder bemächtigen, und verfolgte den, vor ihm fliehenden, arbeitsmüden Tregeagle, in wildem Laufe um den melancholischen See. Endlich wurde der Teufel wüthend, nahm einen doppelten Ansatz, und zwang Tregeagle von dem ihm angewiesenen Ufer zu flüchten. Er trieb ihn in sausender Windesbraut über die Moore und über die Heide, und hatte ihn beinahe erreicht, als Tregeagle in seiner Verzweiflung mit dem Kopf durch die Fenster der St. Neots Kirche rannte, und, indem er das Bild des Gekreuzigten erblickte, Sicherheit vor seinem Verfolger gewann.

So blieb Tregeagle in den Scheiben stecken, und das schreckliche Gesicht des Gespenstes stierte die heilige Brüderschaft mit seinen angstgequälten Zügen an, als sie zum nächsten Gottesdienste in die alte, friedensvolle Kirche traten. Glücklicher Weise waren die Mönche von St. Neot mächtiger als die Priester von Bodmin. Sie besaßen die ganze Kraft des heiligen Neot, welche dieser Bruder König Alfreds ihnen sterbend übertragen hatte. Es gelang ihnen daher leicht, den Todten zu bannen. Sie fesselten ihn mit geweihten Ketten, und brachten ihn nach Padstow an das Ufer des Meeres, wo er den aufgewehten Sand der Düne, mit Stricken von Sand, in Sandbündel zusammenbinden sollte.

Tregeagle arbeitete und arbeitete, band und band, immer höher wurden die Dünen, und wenn es ihm endlich gelungen war, ein Sandbündel zusammen zu binden mit einem Stricke aus Sand, so kam der Sturm, und Strick und Bündel verstäubten im Winde. Sein heulendes Wuthgeschrei, sein todesmüdes Röcheln der Verzweiflung störten fast allnächtig die Bewohner von Padstow. Oft fuhr die ganze Stadt aus dem Schlafe auf, erschreckt durch Tregeagles unirdisches Geheul. Sie konnten es nicht ertragen, und abermals wendete man sich mit Weihwasser, Kerzen und Meßbuch gegen den Verdammten.

Als man sich seiner zum drittenmale bemächtigt hatte, führte man ihn weit ab von Padstow. Die Priester selbst geleiteten ihn nach der südlichen Küste von Cornwall, und verpflichteten ihn, Säcke voll Sand von Gunwallow durch den Fluß Loo zu tragen, der vom Hafen von Helstone hin zum Meere floß. Helston war damals ein großer, ansehnlicher Hafen, und die Wellen des atlantischen Meeres erfrischten alltäglich das Wasser des Looflusses, so daß es schwer zu wandern war in dem Gewoge der Ebbe und der Fluth.

Eines Tages, als die Südwestwinde den Grund des Meeres erreicht und seine Wellen aufgepeitscht hatten zu kochender Wuth, trug der unglückliche Tregeagle seine Last grade mitten durch die Mündung des Flusses. Er kämpfte gewaltig gegen den wilden Orkan, bis er endlich ermattet und in Verzweiflung, den Sack von seinen Schultern warf, und so furchtbar jammerte und heulte, daß der Sturm dagegen nur als ein schwacher Laut erschien.

Der gewaltige Sack fiel tief zu Boden und verstopfte den Hafen von Helstone. Der Fluß schwoll und wurde zum See, die Stadt unterlag einer zerstörenden Ueberschwemmung.

In Zorn, Angst und Schrecken versammelten

sich die Bewohner auf der Höhe, und beriethen, wie man künftig Tregeagle in einer Weise beschäftigen und wohin man ihn schicken müsse, um ihm jede Beunruhigung der Menschen unmöglich zu machen.

So ward er nach dem letzten Punkt des Landes, nach Lands-End gebracht. Hier gab man ihm einen kleinen Besen in die Hand und befahl ihm, den Sand aus der Pulcurnow Bucht an der Südseite des Vorgebirges, rund um die Spitze nach der Nangissele Bucht zu fegen, die sechs Meilen davon am nördlichen Ufer gelegen ist. Der Zug der Wellenströmung geht aber in entgegengesetzter Richtung und die vorherrschenden Winde kommen von Südwest.

Seitdem kämpfen denn Wind und Wellen unablässig gegen Tregeagle, ihn für seine Missethaten zu strafen — und noch immer hört man sein Klagegeschrei, wenn Wind und Wellen den Sand zurücktreiben, den er eben mühsam mit seinem kleinen, schwachen Besen zusammen gekehrt hat.

Sechsundzwanzigste Sendung.

Edinburg den 7. August.

Gestern war ich Tag über in Melrose und Abbotsford. Der Weg nach Melrose, wohin wir am Morgen um Zehn ein Viertel Uhr auf der Eisenbahn fuhren, geht südwestlich von Portobello in das Land hinein, das mit seinen, bald tannen-, bald laubbewachsenen Hügeln, den Charakter mitteldeutscher Gegenden trägt. An zierlichen Dörfern und Flecken vorüber, kommt man zu dem Städtchen Galashiels, dem man es in einer hübschen Weise ansieht, wie hier um ein paar Fabriken eine Stadt entstanden ist. Alle Gebäude derselben, ja alle Häuser der Flecken und Dörfer, durch die wir fuhren, waren massiv aus Stein erbaut, mit Dachziegeln oder Schiefer gedeckt. Das Material dazu ist freilich vor jeder Thür zu finden.

Noch vor Mittag langten wir in dem Flecken Melrose an, der am Fuße der Eildon Hills sehr anmuthig auf einer mäßigen Höhe gelegen ist. Unten im Thale schlängelt sich der Tweed durch buschige Wiesen und Felder. Mit wenigen Schritten durchwandert man den Ort und kommt zu den prachtvollen Ruinen der, im Jahre 1136 vom König David erbauten Abtey. Ein Cisterzienserkloster, das er daneben gegründet, ist auch noch theilweise vorhanden.

Die Abtey muß sehr schön gewesen sein; die Ruinen übertreffen jene von Holyrood bei weitem, schon um des Materials willen (eines röthlichen Sandsteins), dessen Farbe mich lebhaft an die schillernden Quadern des Colosseums erinnert hat. Alle Steinarbeit hat sich, so weit überhaupt das Gebäude steht, in unversehrter Sauberkeit erhalten, und Melrose Abtey scheint mir das zierlichste und eleganteste von allen Werken der anglogothischen Baukunst zu sein. Es hat die gewöhnliche Form des lateinischen Kreuzes, von dem Thurm, den es einst getragen, sieht man wenig mehr. Ueber dem Haupteingange erhebt sich ein prächtiges Fenster, und alle Pfeiler, Säulen und Zierrathen steigen zierlich wie Blumenblüthen, als Nothwendigkeiten, aus der Tiefe empor, umrankt von den Blättern des Epheus, dessen glänzenden Schmuck hier keine Ruine entbehrt. Durch die glaslosen Fenster, deren Steineinfassung der Epheu in langen Guirlanden umwindet, hat man freilich keine so großartige Aussicht, als durch die Bogen der Holyroodchapel; dafür aber sieht man in eine sanfte, träumerische Hügellandschaft hinaus, in der, als wir dort waren, die warmen Sonnenstrahlen, über das Gewölk siegend, die Regentropfen leise von Baum und Strauch auftranken. Hier, wie in Holyrood, läßt sich der schottische Adel beerdigen, und auch die Gebeine von Robert Bruce sollen einst in Melrose Abtey zur Ruhe gebettet worden sein.

Im Gasthofe zu Melrose mietheten wir einen leichten einspännigen Wagen, der uns durch das sorgfältigst angebaute Land nach Abbotsford brachte, dem Landsitze von Sir Walter Scott.

Abbotsford liegt tief im Thale. An der Hinterseite des Schlosses fließt durch Wiesen der Tweed. Es ist ein gothisches Gebäude, das — wie mir vorkommt — für jeden Thurm und jeden

Flügel, für jedes Thor und jeden Vorsprung, einen besondern Styl hat; indeß es geht eben zusammen, und macht einen phantastischen Eindruck, wie die Ritterburgen auf den Theatern, an die man sein besseres Wissen bereitwillig gefangen giebt, wenn auch kein Baumeister der Welt den Styl zu nennen vermag, nachdem der Decorationsmeister die Stücke zusammengesetzt hat. Walter Scott hat sich in Abbotsford eine steinerne Chrestomatie nach den Bauwerken in seinen Romanen angelegt, und darum lassen wir uns Abbotsford mit Freuden gefallen, wie es ist.

Die vordere Seite des, aus Häusern und Thürmen bestehenden Kastells, umgiebt ein viereckiger Hofraum, den sechs bis acht Fuß hohe Mauern einschließen, so daß man darüber weg, die nahen waldigen Hügel erblickt. Die Innenseite der Mauer ist mit allerlei in die Wand eingelassenen, celtischen, römischen und schottischen Antiken geziert. Daß mitten im Hofe der unerläßliche englische Rasenplatz, an den Thorpfosten die schweren, eisernen Ringe, zum Anbinden der Pferde, nicht fehlen, versteht sich schon von selbst. Ueberall prangt das Wappen von Scott: Sterne und Halbmonde in abwechselnden Feldern, von einem wilden Manne und einer Meermaid mit einem Spiegelglas in der Hand, als Wappenträger, gehalten.

Durch eine kleine, überdachte Pforte, tritt man — ohne Treppe oder Perron — zu ebener Erde in die Halle des Schlosses. Decke und Wände haben Holzgetäfel, die Eingangsthüre, und die Fenster zur rechten und linken Seite derselben, Glasmalereien. Unter dem Simse hängen die Wappen der bedeutendsten schottischen Adelsfamilien. Das ganze Gemach ist mit Waffen, mit ausgestopften Hirsch- und Büffelköpfen, mit Schilden und anderm kriegerisch historischem Kram, geschmackvoll ausstaffirt. Dicht an der Thüre steht eine Marmorbüste von Wordsworth. In einem Glaskasten daneben liegt die letzte Kleidung, welche Scott getragen. Da ich nicht weiß, ob es Dich nicht vielleicht mehr interessirt als mich, zu wissen, worin sie bestanden, will ich es für alle Fälle bemerken. Es ist eine weiß und schwarz karirte Tuchhose — nach Art der gewöhnlichen Shepherd Plaids — eine ähnliche Weste, gelbliche Tuchkamaschen, ein schwarzer Oberrock, dito Halstuch, und — was Dir sicher eine Genugthuung ist, »kein schwarzer Hut der Polizeiordnung« — sondern ein weicher, grauer Filzhut.

Rechts von der Halle ist das Arbeitskabinet.

Es ist von oben bis unten mit Bücherborden bedeckt, hat gothische Fenster und viel Schnitzwerk an den Wänden. Eine antik gewundene Treppe leitet zu einer Gallerie, die, wie in Bibliotheken, auf halber Höhe des Zimmers, um dasselbe herumläuft, zugleich aber auch in Scott's Schlafzimmer führt, das den Fremden nicht geöffnet wird. Mitten in dem Gemache steht der Arbeitstisch, davor ein Sessel, als die einzigen vorhandenen Meubeln. Dieser Sessel ist aus der Eiche geschnitzt, welche einst auf Robroystone vor dem Hause gestanden, in dem man William Wallace verborgen hatte. Es ist ein Weihgeschenk für Scott gewesen. Nur zwei Bilder, der schöne, schwermüthige Kopf von Cleverhouse und ein Bild von Rob Roy hängen an den Wänden.

An das Arbeitskabinet schließt sich die eigentliche Bibliothek. Ein Prachtraum an der Hinterseite des Hauses gelegen, mit drei Fenstern die auf das liebliche, vom Tweed durchströmte Thal hinabsehen. Es ist urweltlich frisch und grün. Um die sämmtlichen Zimmer an dieser Hinterseite des Hauses geht ein gemeinsamer Balkon, und alle öffnen sich mit thürartigen Fenstern nach demselben. Die Bibliothek enthält fünfzehn tausend auf das Eleganteste gebundene Bände, und viele Prachtausgaben darunter. Lockhart, Walter Scott's Schwiegersohn, hat den Katolog dieser Sammlung publizirt.

Ueber dem Kamine steht Scott's schöne Büste von Chantrey, dieser gegenüber, am andern Ende des Zimmers, eine Büste Shakspeare's, kopirt nach dem Grabdenkmal zu Stratford am Avon. Ein lebensgroßes Portrait von Scott's ältestem Sohne, der in Indien in einem Gefechte fiel, ist in Uniform dargestellt. Der schöne junge Mann sieht ganz wie ein Franzose aus. — Die Mutter gehörte diesem Volke an. — Alles Schnitzwerk der holzgetäfelten Bibliothek ist nach den Skulpturen von Roslyn Chapel gearbeitet; die, in gleichem, gothischem Geschmacke verfertigten und ausgezeichnet schönen Meubeln des Saales, sind ein Geschenk Georg's des Vierten.

Der Bibliothek folgt der Drawing Room. Die grünen Tapeten, in China à la main gemalt, ein werthvolles Geschenk des Pabstes, schienen mir nichts weniger als hübsch. Dann kommt ein Frühstückszimmer mit Tapetenwänden; ein holzgetäfelter Speisesaal; ein kleines, ganz altgothisch gehaltenes Waffenkabinet, und man befindet sich wieder in der Eintrittshalle, unter den Hirsch- und Büffelgeweihen, und gegenüber von Figuren, die als Inder, als Tippo Saib u. s. w. gekleidet, Geschenke sind von Potentaten und Privatleuten, aus allen Enden der Welt.

In den drei Wohnzimmern hängen viel Bilder, meist gute Sachen, namentlich im Dining Room einige gute Portraits. Zuerst ein großes Bild von Essex, ein schöner, brünetter Mann; dann ein treffliches Bild von Monmouth, von Lely gemalt. Es hat sehr sanfte, halb verschleierte, schwarze Augen, überhaupt jenen Ausdruck von Trauer, den ich in vielen englischen Männerköpfen jener Zeit bemerkt habe. Im Speisezimmer von Abbotsford sind auch die Portraits von Lucy Walters, der Mutter von Monmouth, und von der Herzoginn von Buccleugh, von der es im Verzeichniß heißt, daß sie:

in pride of Youth, in beauty's bloom
has wept over Monmouth's bloody tomb. *)

Auch ein Bild von Nell Gwynn, eine hochblonde, tizianische Schönheit, und der Kopf der unglücklichen Maria Stuart, nach ihrem Tode von Amias Canrood gemalt, finden sich dort. Es ist ein schöner Kopf, selbst in dieser entsetzlichen Gestalt,

---

*) In Jugend Pracht, in Schönheitsblüthe
Geweint auf Monmouth's blut'ges Grab.

und bei der furchtbar naturalistischen Behandlung. Das Haar ist los von der Stirn zurückgeschlagen, die Augen sind eingesunken, die vollen Wangen todeskalt, der blutige Hals endet ohne irgend eine Umhüllung, plötzlich. Historischen Werth als Portrait kann es, nach Bells life of Queen Mary kaum haben, doch ist es nicht schlecht gemalt. Ein preußischer Edelmann, dessen Familie es mehr als zweihundert Jahre besessen, hat es Scott verehrt.

Von Familienbildern sah ich das schöne Bild von Miß Scott in feuerfarber, spanischer Rittertracht, die sie auf einem Maskenballe getragen. Sie war eine üppige Brünette, die sich nicht verheirathete, ganz für den Vater lebte, und zwei Monate nach dessen Tode starb. — Dann ferner ein Bild von Scott selbst. Er sitzt auf einem Steine in Baumesschatten, mitten in einer Waldlandschaft. Das eine Knie ist heraufgezogen, die Brieftasche zu stützen, in der er schreiben will. Diese Stellung sieht komisch aus, weil sie den Körper in häßlicher Weise verkürzt.

Uebrigens ist Scott von allen Malern und Bildhauern in gleicher Weise, wenn schon mehr oder weniger geistreich, dargestellt. Die Züge und Formen müssen also sehr bestimmt, und nur der geistige Ausdruck, eines Verkennens fähig gewesen sein. Dies lehtere Portrait aber, scheint mir stumpf und geistlos aufgefaßt, wenigstens im Vergleich zu einem andern Bilde des Dichters von Raeburn, das ich im Museum zu Edinburg gesehen. Ein Bild seines Urgroßvaters, eines alten Kavaliers mit langem Barte, den er nach dem Tode Karls des Ersten niemals wieder scheeren ließ, hängt in Abbotsford und sieht Walter Scott sprechend ähnlich. — Sehr heiter sind ein Paar gute Aquarell Bilder, in denen Miß Scott und die nachmalige Mrs. Lockhart, als Bäuerinnen, mit nackten Füßen und großen Milchkrügen auf dem Kopfe, dargestellt sind; eben so das Original eines, in Schottland viel verbreiteten Kupferstichs, auf dem Walter Scott als Farmer in der Mitte sitzt; zur Rechten befinden sich sein damals noch lebender jüngster Sohn und Mr. Lockhart, daneben ein Freund des Hauses, Scott's Pächter und sein Jagdwart, alle in Farmerstracht; die Frauen der Familie, als Bäuerinnen, zur Linken. Es kursirt unter dem Titel the Abbotsford family, und weder auf diesem, noch auf einem der andern Bilder fehlen die schönen Hunde des Dichters. — Am wenigsten gefällt mir der Kupferstich von Scott, auf dem er, die Zeitungen lesend, in seinem Studirzimmer sitzt. Es bildet den Pendant zu dem viel schöneren Bilde von Burns, in seiner Hütte, an dem alten Familientische schreibend. — Alles, was sich auf das Andenken ihrer Lieblingsdichter bezieht, wird von den Engländern mit einem schönen Kultus hochgehalten und geehrt. Es existirt, so viel ich weiß, kein einziges Bild, das uns Schiller oder Göthe in ihrer Häuslichkeit und ihrer Familie darstellte.

Man zeigte uns die Pflanzungen, welche Scott, ein leidenschaftlicher Gärtner und Förster, selbst angelegt hat, und erzählte uns, daß er auf seine derartigen Erfolge sehr stolz gewesen sei. Jetzt gehört der ganze, mit so viel Liebe gepflegte, und mit so schweren Sorgen erhaltene Besitz, einem Mr. Lockhart, dem Tochtersohne des Dichters. Von Scott's Kindern ist keines mehr am Leben.

Bei der Rückkehr von Melrose nach Edinburg lernte ich das Institut der Railway Passengers Assurance Company (der Passagier-Versicherung auf Eisenbahnen) kennen, das hier, wo sehr liederlich gefahren wird, und häufig Unglücksfälle vorkommen, gewiß recht zweckmäßig ist. Man kann sich mit einer Totalsumme für das ganze Jahr, oder auch für einzelne Fahrten versichern. In der ersten Klasse bis zu tausend Pfund, in der zweiten zu fünfhundert, und in der dritten mit zweihundert Pfund. Diese Summen werden bei Todesfällen ausgezahlt, welche ein Unglücksfall auf der Bahn veranlaßt. Für Verletzungen werden, je nach ihrer Schwere, größere oder kleinere Vergütigungen gewährt. Für tausend Pfund zahlt man als Jahresbeitrag zwei Pfund; für zweihundert Pfund fünf Schillinge. Für eine Tagfahrt ist die Versicherung erster Klasse drei Pence und dritter Klasse nur einen Penny; auch höre ich, daß diese Versicherung häufig benutzt wird. Seit ich in Edinburg bin, sind schon zwei Unglücksfälle auf der Bahn nach Glasgow vorgekommen, von denen der letzte sehr bedeutend war. Die Wagen der vierten Klasse sprangen aus den Gleisen, hakten sich los, die andern kamen darüber, und acht Menschen büßten das Leben ein. Bei der Gelegenheit bin ich an den Engländern wieder einmal irre geworden. Hätte man des Unfalls überhaupt nicht geachtet, weil bei so großer Frequenz der Eisenbahnen leicht ein Unglück geschehen kann, hätte man gesagt: »In einer Schlacht fallen mehr Menschen!« so hätte ich das wohl verstanden. Aber man sprach überall davon, jedoch ohne großes Bedauern, denn: »Es war Alles nur (fourthclass people) Volk aus der vierten Klasse, und also kein so großer Verlust!« Und das habe ich von Männern gehört, die sonst menschlich sind und achtungswerth, so weit ich sie kenne.

Um halb neun Uhr von Melrose nach Hause gekommen, wollte ich auch zu Hause bleiben, wurde aber von Dr. L., dem ich die Einladung zu den Meetings der Naturforscher verdankte, und von den jungen Mädchen unseres Hauses überredet, bongré malgré zu dem letzten Promenade meeting mitzugehen, auf das die junge Welt nicht verzichten wollte. Es fiel denn auch bunt und glänzend genug aus, da man außer der Musikhalle auch den großen Tanzsaal und sämmtliche Verbindungszimmer geöffnet und trefflich erleuchtet hatte. Die große Anzahl der Gelehrten, unter denen viele ansehnliche und bedeutende Gestalten; die Frauen und Mädchen, diesmal fast Alle in Balltoiletten; die schottischen Offiziere mit seidenen, von einer silbernen Nadel über der rothen Uniform zusammengehaltenen Plaids, den Dolch in silberverzierter Scheide an der Hüfte, die kleine Mütze mit einem Riemen am Arm hängend; daneben die Bergschotten im kurzen Rock mit entblößten Knieen und farbigen Strümpfen; das gab ein heiteres, vielfarbiges Ganze. Zum Schlusse fing man zu tanzen an, und es war eine Lust zu sehen, wie viele der gelehrten Naturforscher, darunter mehrere bejahrte Männer, sich die hübschen Mädchen heraussuchten, um sich in die Quadrillen zu stellen. Das schönste Mädchen auf dem Balle war eine Irländerinn, eine Miß Horton, die schon durch die ganze Festwoche, so oft ich ihr an öffentlichen Orten oder in Gesellschaften begegnete, ein Gegenstand meiner staunenden Bewunderung, ja meines Entzückens gewesen war Daß solch tadellose Schönheit, wie wir sie an der Psyche des Museo Borboniko, oder an den idealsten Schöpfungen der reinen griechischen Plastik als ein Göttliches anzubeten gewohnt sind, im Leben wirklich vorhanden sei, das habe ich hier zum ersten Male gesehen. Es ist eine hohe, schlanke Gestalt, ohne große Fülle, aber doch von den edelsten Formen; der Kopf länglich, wie der von Fanny Elsler, nur noch feiner; das Haar dunkelbraun, die Augen blau, das Profil, das Ansetzen des Halses an den Nacken, des Nackens an der Schulter, vollendet schön. Es ist mir ein Genuß gewesen, mich in ihren Anblick zu versenken, den ein Ausdruck edler Trauer nur noch anziehender machte. Sie ist einem sehr begabten irischen Dichter, dem Führer der jungen Opposition verlobt gewesen, den ein früher Tod hinweggerafft hat; und dies viel beklagte Ereigniß sowohl, als ihr persönlicher Werth, machten sie zu einem Gegenstande allgemeiner Beachtung und Theilnahme, wohin sie kam.

Erst wenn man die Engländer in ihrem Lande gesehen hat, lernt man ihren Idealismus begreifen, der sich in der Neigung offenbart, alles Große, Gute, Schöne, das sie besitzen, anzuerkennen und als ein Nationaleigenthum zu lieben. Seit ich gesehen habe, mit welchem Stolze, Männer und Frauen mich auf die Schönheit von Miß Horton aufmerksam machten, haben die books of beauty und die keepsakes mit Bildern englischer Schönheiten, für mich auch ihre Begründung in dem Volkscharakter und in den Sitten des Landes gefunden, in dem ein und derselbe Zug des anerkennenden Nationalgefühls durch alle Verhältnisse des Daseins geht.

Den 7. August.

Der Morgen ist mir unter mancherlei Einkäufen für die Lieben in der Heimath vergangen. So angenehm solche kleine Besorgungen sind, so haben sie ihr Trauriges als Vorboten des Scheidens, und ich werde Edinburg mit Schmerz verlassen.

Mittags traf ich in einer Gesellschaft mit

einer geachteten Schriftstellerinn zusammen, die früh des Augenlichtes beraubt, sich dennoch geistig auszubilden, und durch Talent und Wissen so unabhängig zu machen gewußt hat, daß sie nicht nur sich selbst, sondern ihre Mutter und Schwester durch ihre litterarische Thätigkeit erhält. Sie schreibt kleinere Aufsätze, Skizzen, Essays und Verse mit großer Gewandtheit. Einige Gedichte von ihr, die man mir zeigte, verriethen eine feine Empfindung und viel Geschmack. — Eine andere junge Dame, welche an dem Journal von Mr. Chambers ungenannt betheiligt, deren Gesundheit aber sehr leidend ist, kam zur Erholung und Pflege in Mr. Chambers's gastliches Haus — und wohin ich blicke, immer finde ich dieselbe Sorglichkeit für die aufstrebenden Talente, dieselbe liebevolle Achtung vor denen, die sich bewährt haben.

In London war die Verfasserinn von Jane Eyre und Shirley, als sie sich während der Saison dort ein paar Wochen aufhielt, ein Gegenstand der allgemeinsten Verehrung. Es ist eine Miß Bronte, die Tochter eines Landgeistlichen, deren ältere Schwestern sich ebenfalls als Schriftstellerinnen versucht haben, ohne jedoch solch bedeutende Erfolge zu erringen. Man sprach überall davon, daß »Jane Eyre« in London sei; Jeder wollte sie sehen, sie kennen lernen. Ich selbst bin ihr nirgend begegnet. Man hatte mir ihr Aeußeres als sehr unschön geschildert, Miß J. aber meinte, sie sehe so gescheut aus, habe ein so kleines, feines Figürchen, einen so sanften, bescheidenen und doch scharf beobachtenden Ausdruck, daß sie ihr »hübsch und wie eine kleine, gute Fee« erschienen sei.

Ihre Jane Eyre kennst Du, aber ich möchte, daß Du jetzt die Romane von zwei andern englischen Schriftstellerinnen läsest, die ich erst hier kennen gelernt habe. Die Werke von Miß Geraldine Jewsburry, und von Mrs. Gaskell, der Frau eines ehemaligen Landgeistlichen. Diese Letztere hat einen ganz meisterhaften Roman, Mary Barton, geschrieben. Er bewegt sich in der Sphäre der Lancashirer Fabrikarbeiter, und zeigt neben der gründlichsten Vertrautheit mit den Zuständen und der Lebensweise jener Stände, viel Kenntniß des menschlichen Herzens, viel Schärfe der Beobachtung, ein seltenes Talent der Erfindung, der Composition und der fesselndsten Darstellung. Nirgend in dem ganzen Romane begegnet man auch nur einem Zuge jener schwächlichen Sentimentalität, die wir Frauen alle, mehr oder weniger, aus unsrer Lebenssphäre in das Leben der Arbeitenden hinüberdichten. Nirgend einem Schwanken der

Hand, wo es gilt die dunkelsten Schatten aufzutragen, nirgend einer Unsicherheit in den Contouren der Gestalten, oder einer Farblosigkeit in der Ausführung, und doch ist Alles edel, rein und sauber. Es ist ein Ernst, eine Knappheit in der ganzen Erfindung und Darstellung, wie selbst Männer sie sehr selten erreichen. Es bringt sie in dieser Weise auch nur der hervor, der seinen Stoff so vollkommen beherrscht, alle Details desselben dermaßen besitzt, daß er immer Thatsachen geben, die Thatsachen für sich selbst sprechen lassen, die Motive in die Personen selbst hineinlegen kann, und also nirgend für seine Gestalten mit Erklärungen, Sentenzen und Reflexionen einzutreten braucht, welche über den Gesichtskreis der Personen und der Dichtung hinausreichen.

Einzelne Scenen des Romans, z. B. eine Feuersbrunst in einer Kattunfabrik, bei der ein junger Mann mit Lebensgefahr die in dem brennenden Gebäude Zurückgebliebenen errettet; eine andre Scene, in der Mary in einem kleinen Boote ein von Liverpool absegelndes Schiff zu ereilen strebt, dessen Steuermann allein, vor den Assisen durch seine Zeugenaussage, die Unschuld von Mary's, des Mordes angeklagten Geliebten, darthun könnte; die Assisensitzung selbst, sind Meisterwerke der Darstellung. Der Roman ergreift mit der ganzen Gewalt der Wirklichkeit, und man möchte in gewissem Sinne diesen Darstellungen aus dem Volksleben den Vorzug vor Alle demjenigen geben, was selbst Sue und Georg Sand der Art geleistet haben, eben weil Mary Barton sich beständig auf dem Boden der harten, schweren Realität bewegt, unter der die Arbeitenden dulden; weil in dieser streng begränzten eisernen Wirklichkeit sich doch alle höchsten Leiden und Freuden, alle größten Empfindungen entwickeln, deren die Menschennatur fähig ist, und weil die Tendenz dermaßen in den Personen und Ereignissen aufgeht, daß nicht ein Bruchtheil davon für die reflektirende Bemerkung übrig bleibt.

Es ist für mich zwischen dieser Darstellung und den Werken der Franzosen ein Unterschied, wie zwischen Max Waldau's beiden oberschlesischen und den frühern schwäbischen Dorfgeschichten. Dort Alles strenge, ungeschminkte und darum so tief ergreifende Wahrheit, hier jenes Poliren der Zustände und Empfindungen, die im Grunde der romantischen Schule viel näher angehören, als ihre Verfasser glauben und wahrhaben möchten. Denn worin anders liegt das Wesen der Romantik, als darin, die Poesie nicht in der Wirklichkeit zu sehen, sondern diese erst in eine höhere Potenz — in ein Fabelreich — zu erheben, in das hinein man die Dichtung versetzt.

Miß Jewsburry's beide Romane: Zoe, die vor ein paar Jahren erschien, und die darauf folgenden Half-Sisters, haben weder die Straffheit, noch die energische Männlichkeit von Mary Barton. Man merkt ihnen überall die weibliche Hand an, indeß es ist nicht die Schwäche, sondern die gefühlvolle Anmuth der Dichtung, welche das Weib verräth. Zoe, die sich in den letzten Decennien des vorigen Jahrhunderts in der geistreichen Gesellschaft jener Zeit bewegt, wird von den Engländern meist höher geschätzt als die Halbschwestern, während ich die Letztern weit vorziehe. Die geistreiche Leichtfertigkeit des achtzehnten Jahrhunderts ist dem sittlichen Ernste von Miß Jewsburry zu fremd, als daß sie sie darstellen könnte, und Figuren wie Mirabeau, der in dem Romane erscheint, sind zu gewaltig für sie. Dagegen hat sie, und das ist überhaupt ihre Kraft, die Fragen, welche damals die Zeit bewegten, mit einer Einfachheit und Klarheit, mit einem durch Gefühl und Verstand erleuchteten Geiste behandelt, die dem Romane eben die Gunst des Publikums erworben haben. — Die Halbschwestern schildern den Lebensweg einer dramatischen Künstlerinn, von ihrem ersten Erscheinen in einer Kunstreitergesellschaft, bis hin zu den glänzenden Triumphen von Drurylane und zu dem endlichen Landen in dem Eheglücke, das ihr an der Seite eines Grafen zu Theil wird. Alles an diesem Romane ist sauber gezeichnet, fein und scharf beobachtet. Die Reflexionen, welche Miß Jewsburry häufig zu machen liebt, sind fest abgeschlossen und pointirt, so daß man von Anfang bis zu Ende, sich nicht nur für die Figuren des Romans, sondern auch für die Verfasserinn interessirt, und es nicht beklagt, wenn ihr die Kraft fehlt in ihrer Schöpfung unterzugehen, wie Mrs. Gaskell. Alles, was Miß Jewsburry im Leben so angenehm macht, die Natürlichkeit des Empfindens, die Schmucklosigkeit der Erscheinung, der klare Verstand, der nie ohne eine Beimischung naiver Satyre beobachtet, und eine geistige Freiheit, eine Vorurtheilslosigkeit, wie sie unter den Engländerinnen selten sind, das Alles spricht sich in ihren Schriften aus. Dabei ist es ein eigenthümlicher Zug in Miß Jewsburry, daß sie bei der Neigung sich an fremde Schöpfungen liebevoll hinzugeben, Gutes und Großes gradezu enthusiastisch anzuerkennen, doch einen starken Zug hat zu ernster, wissenschaftlicher Kritik. Mehrere ihrer kritischen Arbeiten in der Westminster Revue, die sich auf religiöse Schriften bezogen, haben Aufsehen gemacht, und ich bin häufig gefragt worden, ob sie wirklich von Miß Jewsburry wären, da man sie selbst in England, das den Frauen so gerecht ist, nicht für das Werk einer Frau halten wollte. Anderseits habe ich hier in Schottland oft Auskunft darüber geben sollen, ob sie wirklich ganz unkirchlich sei? ob sie sich zu keiner Gemeine halte? die Grundsätze der Chartisten billige? und was derlei Fragen mehr waren.

Beide Frauen, Mrs. Gaskell sowohl als Miß Jewsburry schreiben vortrefflich und Beide sind frei von jenem Hervorheben des Details, das für mich in der englischen Novellistik störend überhand zu nehmen droht. Es ist etwas Kerngesundes in Beiden, so sehr sie im Uebrigen auch von einander verschieden sind, und Mary Barton sowohl als die Halbschwestern wären des Uebersetzens werther, als vieles Andre, das uns in den Meßkatologen aufgetischt wird.

Wie mir aber bei jedem neuen Einblicke in das englische Leben und in die Literatur, die Nothwendigkeit drückend erscheint, das Land in wenig Wochen zu verlassen, mich mit flüchtigem Verständniß begnügen zu sollen, wo ich mit so vieler Liebe tief einzugehen wünschte, das wirst Du mir nachfühlen können. Ich muß mich oft zwingen, nicht das Erreichbare von mir zu weisen, weil ich eben nicht Alles erreichen kann, was ich erreichen möchte.

Den 9. August.

Gestern Abend sind Mr. Hunt und Signor Parlatori nach Edinburg abgereist, dadurch ist es schon einsamer im Hause geworden; und auch heute hat es Abschiedsbesuche gegeben, da die Naturforscher-Gesellschaft auseinandergeht. Das gesellige Leben kommt dadurch zu mehr Ruhe, die Kreise werden kleiner. So war ich gestern zu einem Mittagbrote bei Mrs. L. in Maggetland, am Fuße der Pentlandhills, eine deutsche Meile von der Stadt. Der Weg durch das aufsteigende Land, die ganze Gegend und das stattliche Manorhouse mit seinen Eichen und Wiesentriften, mit seinem Vogelsang und Blumenduft, waren sehr lieblich. Es wird von einer alten Dame und ihrer unverheiratheten Tochter bewohnt, die eine ernste, wissenschaftliche Richtung verfolgt, und sich tüchtige geologische Kenntnisse erworben haben soll. Das Bibliothekzimmer mit den mineralogischen Sammlungen war ein lieblicher Aufenthalt. Klosterstille mitten in einer, der Welt angehörenden Lebensweise. Das Spiel des Blätterschattens an den Wänden des durchsonnten Raumes, die Frische der Luft, und dabei all die Schränke voll Bücher — es muß eine Lust sein in solchem Raume zu arbeiten, und von seinen Büchern gleich hinaustreten zu können in einen englischen Park.

Die Gesellschaft bestand aus Edinburgern, mit Ausnahme eines Landedelmannes aus Dorsetshire und ein Paar Anderer aus der Umgegend. Es waren Alles sehr freisinnige Leute, die den Continent bereist hatten, Deutschland und deutsche Litteratur kannten, und der deutschen Philosophie eine nicht zu ferne Zukunft in England voraussagten. Sie werde darum wirksam in England werden, meinte der Dorsetshireman, weil sie praktisch den Boden für sich vorbereitet finde. »Das Gas sei da, man dürfe es nur anzünden, um Licht zu erhalten!« während man in Deutschland wisse, »daß Gas brennbar sei, ohne es vorräthig zu haben oder erzeugen zu können!« — Später am Abende wurde Musik gemacht. Man begann mit einer italienischen Arie, ging aber bald zu den National-Melodien und Liedern über. Wir kamen erst nach zwölf Uhr nach Edinburg zurück. Die Nacht war fast taghell. Zur Zeit des längsten Tages sollen die Nächte hier schon fast unmerklich werden und in warmen Sommern so zauberhaft schön sein, daß sie alle Phantasien des Sommernachtstraumes rechtfertigen.

Auf dem Wege nach Maggetland hat man mir ein wunderliches Ensemble von Baulichkeiten gezeigt, aus dem ein alter Thurm hervorragt. Diesen Thurm hat zu Maria Stuarts Zeiten ein berühmter Mathematiker, Napier, bewohnt, und er soll innerlich wie äußerlich vollkommen erhalten sein.

Heute früh war ich mit Miß Cb. in Roslin Castle, Roslin Abtey und in den Parks von Hawthornden, etwa zwei deutsche Meilen von Edinburg. Wir fuhren mit einem Omnibus hinaus, und brachten es, trotz der sorgfältigst für uns aufgeschriebenen Direktion unserer Freunde, glücklich zu Stande, beim Verlassen des Wagens eine falsche Straße einzuschlagen. Dadurch machten wir einen Umweg von anderthalb Stunden. Aber die Gegend ist so schön, daß man dies nicht zu bedauern hat.

Das Thal, oder eigentlich die Schlucht von Roslin, ist eng zwischen Felsen eingeklemmt, durch die sich ein Flüßchen im raschen Laufe hinschlängelt. Man hatte uns angewiesen, nicht über Haw-

20*

thornden zu gehen, weil der Besuch dieses Schlosses und der Weg durch die Parks nur Donnerstag's gestattet sei. Durch unser Verfehlen der rechten Straße befanden wir uns aber urplötzlich vor dem saubern Hause eines Portiers und erfuhren auf unsere Frage, wo wir denn eigentlich wären? — »In Hawthornden!« — Der Rückweg würde sehr weit geworden sein. Die gute alte Portierfrau mit hochhinaufgehender Schürze, und ihre noch ältere Mutter, deren Haut wie eine knorrige, von Stürmen und Jahren gezeichnete Eichenrinde aussah, nöthigten uns in das kühle cottage einzutreten, lebhaft bedauernd, daß wir in der Hitze eine so weite Tour vergebens gemacht haben sollten. Sie boten uns Wasser, Milch, Oatmealcake an, (das schottische Haferbrod, das, wenn es eben frisch gebacken, sehr wohlschmeckend ist) beriethen sich dann leise mit einander, und endlich meinte die Jüngere der beiden Greisinnen, sie wolle in das Schloß hinaufgehen, um zu erlangen, daß sie eine Ausnahme machen und uns durch den Park führen dürfe. »Ich höre an Ihrer Sprache, sagte sie, daß Sie eine Fremde sind! Bei Leuten aus Edinburg muß man darauf sehen, daß sie den Donnerstag einhalten; Sie werden aber nicht gewußt haben, daß Sie nur Donnerstag herkommen können. Es ist Unrecht, daß man Ihnen dies nicht gesagt hat; Sie können nun aber doch nicht unverrichteter Sache fortgehen!« Dabei suchte sie umher in dem kleinen Nebenzimmer, in dem sich das Bett befand, brachte ein verstaubtes Schreibzeug und ein noch verstaubteres Stückchen Papier zum Vorschein, und sagte: »Schreiben Sie auf, daß Sie eine Fremde und woher Sie sind, dann will ich's hinauftragen und ausrichten!« Ich schrieb die Bitte, uns den Besuch des Parks zu gestatten, auf meine Karte, die Alte ging fort, und nun fing die zurückgebliebene Greisinn, die einen langen grauen Bart hatte, mit uns zu plaudern an, von Sir James Drummond, dem Besitzer des Schlosses, und wie sie und ihre Familie schon lange auf »dem Platze« wäre, und wie die Fremden von allen Weltgegenden herkämen, und wie leid es ihr thun würde, wenn man uns nicht einließe, weil wir so Etwas nicht wieder zu sehen bekämen.« Gar gutes, freundliches Geschwätz.

Nach einer Weile kam die andere Frau mit dem Gärtner zurück, und wir traten die Wanderung durch den Park an, lehnten es aber ab, das Schloß zu besehen, das einst einem Freunde Shakespeares, dem Dichter Drummond, gehört hat. Der Gärtner erzählte uns, daß der berühmte Ben

Jonson zu Fuß von London nach Hawthornden gekommen sei, um den ihm befreundeten Poeten zu besuchen, bei dem er mehrere Wochen zugebracht habe. — Wo irgend ein bedeutender Mann Englands geweilt hat, wird das Andenken daran als eine Ehre für den Platz heilig gehalten. Dadurch bleibt die Erinnerung an die großen Männer des Vaterlandes wach, sie leben fort im Volke, während schon jetzt in Deutschland die Stelle unbekannt ist, an der Schiller eigentlich begraben worden, und das Volk nicht zu sagen weiß, wo er, wo Fichte, Schlegel und die Humboldt's einst in Jena wohnten.

Der Park von Hawthornden ist sehr pitoresk, das Schloß selbst, vor dem eine prächtige Equipage, von mehreren Reitern begleitet, abfuhr, auf einem Felsvorsprunge gelegen. Ueberall hat man die schönsten Felspartien, und ein besonders hervorragender Stein, der sich weit hinausbeugt über eine Thalschlucht, ward als ein Punkt bezeichnet, von dem einst John Knox, zu einer großen Volksversammlung gesprochen hat.

Begleitet von der gastlichen Alten aus dem Portier-Hause, gelangten wir an das Ende des Parks, ihr herzlich für ihre Vermittlung dankend, und gingen nach Roslin, immer dem Wasser in der Thalschlucht folgend, Berg auf und ab, wie der gebahnte Weg es bot. Einmal begegneten wir einer Gruppe von Spazierengehenden, und sahen einzelne Personen, Männer und Frauen, mit Zeichnen beschäftigt. Dennoch war es recht einsam und still in der grünen Wildniß, in der die Tannen und Eichen leise unter dem Winde rauschten, der die schweren Gewitterwolken aufzusteigen hinderte.

So erreichten wir Roslincastle, von dem nur wenig trümmerhaftes Gemäuer sich auf dem Berge erhalten hat. Aber die Aussicht, wenn man durch das alte Thor in's Freie tritt, ist lohnend für die Mühe des Weges. Da wir dem Wetter nicht vertrauen durften, wendeten wir uns gleich zur Roslinkapelle, die ziemlich fern vom Schlosse, auf einem besondern Hügel steht.

Sie ist im fünfzehnten Jahrhundert von dem damaligen Besitzer des Roslincastle, dem Earl von Orkney, Lord von Roslin gegründet, und nachdem sie in den Revolutionskämpfen des siebzehnten Jahrhunderts zum Theil zerstört worden, hat man sie in späterer Zeit fast ganz restaurirt. Es ist ein schönes, eigenthümliches Gebäude, mit einer Art von Krypte, wie ich sie in Schottland noch nicht gesehen. Auch die Architektur und die Verzierungen derselben scheinen mir nicht sowohl im anglogothischen, als in dem Normannenstyle gehalten, den wir in den Palermitanischen Kirchen oder im Rogersaale zu Palermo kennen gelernt.

Unter den cannelirten Säulen, die das Gewölbe tragen, befindet sich eine, deren Cannelirung mit Gewinden von Laub arabeskenartig umgeben, und oben mit allerlei Emblemen und Symbolen verziert ist. Der Custos erzählte lange von den Merkwürdigkeiten der Kirche und namentlich von dieser Säule, sprach aber so schottisch, daß ich kein Wort verstehen konnte, und selbst meine Gefährtinn, obschon eine geborene Schottin, nicht besser daran war als ich. Das Handbuch berichtet von der reich verzierten Säule eine jener Anekdoten, die sich in fast gleicher Form auch an andere architektonische Kunstwerke knüpfen. Es heißt, der Werkmeister, unfähig den Pfeiler nach den ihm vorgelegten Zeichnungen auszuführen, sei nach Italien gewandert, um dort zu sehen, wie man es zu machen habe. Bei seiner Rückkehr jedoch sei der Pfeiler von einem seiner Schüler bereits auf das Glücklichste vollendet gewesen, und der Meister darüber, von Neid entbrannt, in solche Wuth gerathen, daß er den Jüngling mit einem gewaltigen Hammerschlage getödtet, um sich des Nebenbuhlers zu entledigen. Auf dem Architrav zwischen dem »Lehrlings-Pfeiler« wie er genannt wird, und der zunächst stehenden Säule, befindet sich die Inschrift:

Forte est vinum, fortior est rex, fortiores sunt mulieres; super omnia vincit veritas! *)

eine gute Inschrift für eine Kirche.

Wir langten, von Wind und Regen bedroht, bei dem Fallen der ersten schweren Tropfen in dem Gasthofe an, in dem wir unser luncheon einnehmen wollten, und konnten danach das Haus nicht mehr verlassen, weil der Regen in Strömen herabzurauschen begann. So warteten wir denn bis zum Abgehen des Omnibus und fuhren um fünf Uhr wieder nach Edinburg zurück, während der Himmel sich aufhellte, und nun aus all den Landhäusern, an denen wir vorüberkamen, Reiter und Reiterinnen sich aufmachten, die erfrischte Luft zu genießen.

*) Der Wein ist stark, der König ist stärker, die Frauen am stärksten; aber über das Alles siegt die Wahrheit.

Siebenundzwanzigste Sendung.

Vom 10. August.

Ich benutze ein Paar einsame Abendstunden, Dir meinen heutigen Ausflug nach Stirling zu beschreiben. Er ist weiter gewesen, als der neuliche nach Roslin, denn bis Stirling hat man von Edinburg ein Paar Stunden mit der Eisenbahn zu fahren. Ich verließ am Vormittag die Stadt ohne Gesellschaft, weil ich unterwegs mit einem der Naturforscher, einem Freunde der Familie Ch., zusammentreffen sollte, welcher mir seine Begleitung für die Partie angeboten hatte.

Durch bewaldetes, hügliges Land führt die Eisenbahn nach Linlithgow, dem Geburtsorte und

Lieblingsaufenthalte Maria Stuarts. Das große, feste Schloß, und die über Baumgruppen stattlich hervorragende Kirche liegen auf einem niedrigen Felsen mitten in einem klaren See, und ohne daß ich eine Aehnlichkeit in der Architektur finden konnte, hat dies Schloß, mit seinen langen, ein Viereck bildenden Flügeln, wie es sich über dem Wasser erhebt, mich lebhaft an den Sitz der deutschen Hochmeister, an das Schloß von Marienburg in Ostpreußen erinnert.

Eine ältliche Quäkerinn, die mit mir im Wagen saß, nannte mir, da sie sah, daß ich ab und zu im Guide blätterte, mit großer Freundlichkeit alle Plätze, an denen wir vorüberkamen, die Namen der Höhenzüge am Horizonte, die hervorragendsten Spitzen der Berge, und fügte noch eine Menge kleiner historischer Bemerkungen hinzu, von denen sie annehmen konnte, daß sie für den Fremden Interesse hätten.

Bei Linlithgowbridge kamen wir über den Avon, den ich einst weiterhin gen Süden wiederzusehen hoffe, und befanden uns bald darauf in Stirlingshire, wo der Zug in Falkirk eine Weile anhielt. Unweit Falkirk liegt das Dorf Bannockburn. Meine Reisegefährtinn erzählte mir, daß bei demselben im Jahre dreizehnhundertvierzehn die berühmte Schlacht zwischen Eduard dem Zweiten und Robert Bruce gefochten worden, in welcher dieser mit seinen tapfern Schotten das mehr als drei Mal so starke Heer der Engländer besiegte. Sie nannte mir noch drei, vier andre Schlachten, welche in dieser Gegend zu verschiedenen Zeiten geliefert worden; ihre Namen sind jedoch meinem Gedächtnisse vollständig entschwunden.

Gegen ein Uhr etwa erreichten wir Stirling. Es ist an dem Flusse Forth auf einem Felsen gelegen, von dem das mächtige Schloß majestätisch in das weite Thal hinabsieht. Ich fand Herrn Sp. meiner schon wartend, und nachdem wir in einem der Eisenbahn nahe gelegenen Hotel ein sehr gutes luncheon gemacht, fuhren wir gemeinsam zu dem Castel hinauf. Der Weg ist steil genug, gewährt aber dafür überall malerische Blicke und hübsche architektonische Ansichten, da sich zwischen der leuchtenden Sauberkeit der neuen Gebäude doch noch genug graues, winkliges Stein- und Mauerwerk erhalten hat.

Wann das Schloß gegründet, weiß man nicht genau, doch muß es in den ältesten Zeiten geschehen sein, da es schon sehr früh als bedeutende Festung, als Gegenstand des Kampfes aufgeführt wird. Die Gebäude auf der Südseite des Hofraumes sind die ältesten. Später, als die Stuarts Stirling Castle zur königlichen Residenz erwählten, entstanden ganze Flügel neu; namentlich hat Jakob der Fünfte, Maria Stuarts Vater, einen Pallast für seine Hofhaltung errichten lassen, dessen Zierrathen sehr merkwürdig sind. Sie bestehen aus Säulen, welche, aus der Wand auf halber Höhe der Mauer hervorspringend, das obere Stockwerk umgeben, ohne eigentlich das Dach zu tragen. Sind nun Säulen, die nicht vom Boden aus emporsteigen, und Nichts stützen oder tragen, an und für sich geschmacklos, wie alles Unbegründete in der Architektur, so sind es diese doppelt. Sie ruhen auf frazzenhaften, weit vorgestreckten, liegenden Menschengestalten, steigen ein Ende aufwärts, brechen dann plötzlich ab, und es folgt als Fortsetzung eine zweite vasenförmig gestaltete, kleinere Säule, auf der eine stehende Menschenfigur den Schluß macht. — Das Ganze ist so wunderlich, daß man glauben muß, der Architekt habe damit das Gebilde eines wüsten Traumes in Stein verewigt; denn Abgeschmacktes ist durch Ueberlegung schwerer zu erfinden als man denken sollte.

Ob der Aufseher des Schlosses nicht den rechten Willen, oder wir nicht die rechte Lust hatten, das ganze Innere des Gebäudes zu sehen, lasse ich unentschieden. Jedenfalls war der Eifer von beiden Seiten mäßig und wir begnügten uns mit ein Paar Gemächern, die nichts Merkwürdiges boten, um desto mehr Zeit auf den Wällen zubringen und uns um so länger an dem Anblick der Gegend erfreuen zu können.

Man gelangt zu den Wällen durch die Gärten. Sie werden als die Spielplätze Jakobs des Ersten von England bezeichnet, der hier unter Aufsicht des Grafen und der Gräfinn Mar seine ersten Lebensjahre zugebracht hat. Der alte Invalide, der uns führte, versicherte, daß sie noch ganz in der Eintheilung der alten Zeit erhalten würden, was wohl möglich sein kann, da sie von der jetzigen englischen Gartenanlage sehr abweichend sind. Indeß vergißt man die nächste Umgebung bald, weil die schöne Ferne den Blick und die Theilnahme fesselt.

Durch das weite Thal, das sich gen Norden vor dem Felsen ausbreitet, schlängelt sich in mäandrischen Windungen der Forth, auf dem ein Dampfschiff, so schnell es hinflog, uns doch sehr lange sichtbar blieb, eben weil die Biegungen des Flusses es in dem Thale festhielten. Das Thal ist trefflich angebaut. Ueberall Dörfer und Landhäuser so weit man blickt, bis sich endlich das frische glänzende Grün des Vorgrundes in das Blau der Ferne verliert, und die Ochilhills das Thal gegen Osten und Norden begrenzen. Im Süden liegen die Campsiehills, während sich nach Westen das Thal von Menteith öffnet, das die stattlichen Berge des Hochlandes begrenzen. Einzelne Felsenspitzen von besonders schöner Form sind der Ben Lady, Ben Valek, Ben Crochin und Andre mehr. Es ist eine eben so weite als liebliche Rundschau, und die am Fuße des Schlosses sich ausbreitende Stadt, so wie die Ruinen der Abtey von Cambuskenneth tragen, indem sie den Vordergrund beleben, dazu bei, die weitere Landschaft um so stiller, die Ferne um so träumerischer erscheinen zu lassen.

Wir konnten uns nur schwer von dem Anblick trennen, indeß die Nothwendigkeit zur rechten Zeit die Eisenbahn zu erreichen, machte der stillen Naturbetrachtung gebieterisch ein Ende. Wir verließen das Schloß und fuhren durch die schmalen, alten Straßen unterhalb desselben nach der, von Jakob dem Vierten gegründeten Franziskaner-Kirche, in der kurze, aus Quadern aufgebaute, aber sehr dicke Säulen die Wölbung tragen. Was einst von Verzierungen in dieser Kirche gewesen sein mag, in der der Earl von Arran, Regent von Schottland, den Katholizismus abschwor, das hat der schönheitsfeindliche Eifer der Protestanten zerstört. Auch läßt sich nichts Oederes denken, als eine solche, von puritanischer Strenge gesäuberte Kirche. Weder ein staatliches, noch ein religiöses Symbol, weder das Wappen des Königs, noch das Kreuz des Heilandes. Diese kirchliche Welt der Puritaner ist öde und leer — möglich daß auch hier, wie über der Oede und Leere der Gewässer, einst der Geist Gottes geschwebt hat. Für Menschen mit unserm Bewußtsein, denen die Verehrung des Schönen Religion ist, hat diese Schönheitslosigkeit etwas Trostloses. Ich verlor die Lust die Kanzel von Knox zu betrachten, welche man uns in einem Saale neben der Kirche zeigte, und war froh, als ich mich wieder unter blauem Himmel befand. In solchen kalten leeren Räumen kann nur der Glaube beten, der die Welt als ein Jammerthal, als das Zuchthaus ansieht, in dem die ganze Menschheit die Erbsünde unter lauter martervollen Entsagungen abzubüßen hat, um zuletzt noch nach dem Tode mit ewig währenden Qualen für augenblickliche Irrthümer bestraft zu werden. Eine wunderbare Art von himmlischer Gerechtigkeit! Es überliefen mich fröstelnde Schauer, als mir in der Kirche das Bild dieser unnatürlichen Weltanschauung vor die Augen trat. Man wundert sich nur zuletzt, daß eine solche Askese nicht auch das Gras der Wiesen abzubrennen, die Blumen zu zertreten, das Laub von den Bäumen zu reißen und die Luft mit Moderdüften zu erfüllen gesucht hat, um sich, wie von der Freude an der Kunst, so auch von der Freude an der Natur abzuwenden, zu der jeder Augenaufschlag, jeder Athemzug uns zwingt. Im Bereich religiöser Uebertreibungen giebt es keine Grenze. Wenn man von Menschen, die ihre Religion, ihre Begeisterung aus einer Offenbarung, nicht aus eigenem Urtheil ziehen, das Unwahrscheinlichste als ihren Grundsatz, als Form ihres Kultus erzählen hörte, man dürfte es glauben. Wo das Urtheil des Verstandes endet, beginnt die Herrschaft unbestimmter Empfindungen und Phantasien, und dem Unverstande, dem Wahnsinn, die eben so leicht einziehen als sie schwer zu vertreiben sind, wird Thür und Thor geöffnet.

Dicht an der Kirche stehet Mar's Work, die letzten Reste eines Pallastes, die der Earl von Mar zum großen Aerger seiner Zeitgenossen aus den Ruinen einer Abtey erbaut hatte, wie der Protektor Sommerset seinen Pallast im Strand zu London. Einige Inschriften an Mar's Work, die ich jedoch nur mit Hilfe des Handbuches lesen konnte, bieten dem öffentlichen Urtheil Trotz oder suchen es zu besänftigen. Sie lauten:

Speik forth and spair nocht;
Consider weel, and cair nocht.

The moir J stand in oppin hitht,
My faultis more subject ar to sitht.

J pray all luikars on this luging,
With gentle e to gif their juging. *)

Weiter hinab auf unserm Wege in die Stadt sahen wir noch hie und da manch altes Bauwerk, unter denen Argyle's Lodging mit hübscher Steinarbeit das Bedeutendste ist. Im Ganzen aber liegt das Interesse, das man daran nimmt, wohl mehr in dem Bestehen dieser alten Gebäude, als in ihrer Schönheit, da sie nichts architektonisch Bedeutendes bieten.

Zu den Merkwürdigkeiten Stirlings, die ich nicht gesehen, gehört the Stirling Jug, das Maß

*) Sprich' grad 'raus und schone nicht!
Ueberleg' wohl und kümm're Dich nicht!

Je mehr ich steh' in offner Sicht,
So mehr fällt auf mein' Schwachheit Licht.

Ich bitt' All, so dies Haus besehen,
Nicht zu streng in's Gericht zu gehen.

für trockene Dinge, nach dem alle Maße des ganzen Landes gerichtet, und das durch eine schottische Parlamentsakte im fünfzehnten Jahrhundert der Stadt Stirling anvertraut wurde. In gleicher Weise erhielten, damit die Städte nicht neidisch sein möchten über die Auszeichnung, Linlithgow die Ruthe, Edinburg die Elle, Perth die Garnhaspel und Lanark das Pfund. Solch kleine Züge geben das Bild und das Wesen des Mittelalters oft deutlicher wieder, als manche lange Beschreibungen und Charakteristiken, wie ein einzelner Zug in der Handlungsweise eines Menschen, eine einzelne Bewegung seiner Gesichtsmuskeln uns oft Aufschlüsse über ihn liefern, die eine lange Bekanntschaft uns nicht zu bieten vermochte. Diese plötzlichen und vereinzelten Erscheinungen sind wie der Stein von Rosette. Sie geben den Schlüssel für die oft gesehene und doch nicht zu enträthselnde Chifferschrift.

---

den 11. August.

Es fügt sich gut, daß der Tag vor meiner Abreise grade ein Sonntag ist, und daß ich ihn also in Ruhe verlebe. Nur am Morgen habe ich noch einen Abschiedsbesuch bei Lady D. gemacht und bin mit ihrer Familie in dem Hause eines eben verstorbenen Malers, Sir William Allan, gewesen, dessen hinterlassene Werke man mich sehen lassen wollte. Es waren große Schlachtgemälde mit vielen Figuren.

Bei diesem Besuche der Bilder von Allan erlebte ich wieder einen auffallenden Beweis von puritanischer Strenge. Man hatte bei Lady D. gefrühstückt, und ihre Tochter forderte außer mir noch zwei andere Damen zu dem Besuche der Bilder auf; aber der Gedanke, am Sonntage, während des Gottesdienstes, sich einen Kunstgenuß zu bereiten, rief bei diesen ein solches Entsetzen hervor, daß sie uns förmlich versteinert und lautlos ansahen, mit angstvoll fragendem Blicke forschend, ob solche Gräuelthat denn wirklich möglich sei? Erst eine Minute später rang sich ein kaltes: oh no! thank you! aus ihrer Brust hervor, aber die gute englische Erziehung hielt sie ab, auszusprechen, daß sie in die Kirche gehen wollten, weil darin ein Tadel für uns gelegen haben würde. Sie strebten nur ihr Seelenheil zu bewahren, ohne die Andern zu gleicher Handlungsweise zwingen zu wollen.

Trotz solch einzelner Züge scheint es mir, als ob man im Allgemeinen in Edinburg in kirchlichen und staatlichen Dingen doch freisinniger wäre, als in London. Man urtheilt häufiger und strenger über die Mängel der staatlichen Einrichtungen, was vielleicht auch davon herrühren kann, daß man in Edinburg der glänzenden Seite der englischen Zustände nicht so nahe ist als in London, während man das Elend Irlands dicht vor Augen hat. Ueberhaupt ist meist in den Monarchien die Freisinnigkeit und das unbefangene kritische Urtheil der wohlhabenden Stände in den Provinzen größer, als in der Residenz; während die Bildung und mit ihr der Freiheitsbegriff der Arbeitenden in den Provinzen geringer ist, als in der Hauptstadt; sofern dort nicht die, durch Fabriken erzeugte Noth den Lehrmeister und Aufklärer der Armen gemacht hat.

Morgen früh nun geht es weiter fort, abermals schweren Herzens, denn Stadt und Menschen sind mir lieb geworden, und ich glaube zuversichtlich, daß Deutsche sich noch schneller in Edinburg, als in London heimisch fühlen, daß vielleicht manche unserer exilirten Freunde hier noch leichter festen Grund und Boden gewinnen würden, als in dem von Deutschen überfüllten London.

Dazu hat hier die Highschool, die sich, weil die Stadt kleiner ist, mehr in den Vorgrund stellt, als die einzelnen derartigen Anstalten es in London vermögen, für den deutschen Gelehrten sicher etwas Anheimelndes. Es sollen sich sehr ausgezeichnete Männer an der Highschool befinden und der Verkehr unter ihnen belebt und förderſam sein. Unter den Studenten Edinburgs ist auch eine junge Dame, die sich den Wissenschaften widmen will. Ob sie mit ihren, dem gewöhnlichen weiblichen Bildungsgrade angehörenden Vorkenntnissen zu einem Resultate kommen werde, lasse ich unerörtert, obschon die Kluft von der weiblichen Schulbildung zum Studium abstracter Wissenschaften eine sehr weite ist; mich interessirte nur die freundliche Förderung, welche man ihr von allen Seiten angedeihen läßt. Die angesehensten Familien haben sie bei sich aufgenommen, die Professoren ihr einen besondern Platz neben dem Catheder angewiesen, man hilft ihr mit Unterricht nach und hütet sich sie durch ein voreiliges Urtheil über ihr Unternehmen zu beirren; man wartet das Ende ab und läßt sie gewähren. Fördernde Duldsamkeit ist aber Alles, was die Ausnahme bedarf, um sich entwickeln zu können.

Ich sende den Brief fort und werde den nächsten kaum folgen lassen können, ehe ich meinen Ausflug nach Norden, der über Glasgow und

Oban nach den hebridischen Inseln gehen soll, beendet habe. So könnte eine Pause in der Correspondenz entstehen. Damit Dir diese aber nicht zu lange werde, sende ich Dir heute die schon mehrmals erwähnten Notizen mit, welche ich mir nach dem »life of Queen Mary« von Henry Glasford Bell gemacht habe.

Du hast mich manchmal mit meinem »Magdalenen-Cultus«, mit meinem Eifer geneckt, der Vertheidiger aller der Frauen zu werden, die man schuldlos anklagte und verdammte, und die sich nicht selbst dagegen rechtfertigen konnten. Dies Bestreben zu vertheidigen, hat jene vortrefflich geschriebene und mit zahlreichen Citaten und Quellenangaben versehene Biographie in mir wieder einmal auf das Lebhafteste erregt. Wie das Unrecht, welches einer lebenden Person widerfahren, hat mich die Ungerechtigkeit betroffen, welche an Maria Stuart während ihres Lebens und nach ihrem Tode verübt worden ist.

Fragt man, wie das ganze Dasein einer hochgestellten Frau in allen ihren Handlungen gänzlich entstellt werden konnte, so liegt in diesem Falle eine leichte Erklärung vor. Der Erste, welcher eine Biographie Maria's, eine Geschichtsschreibung ihrer Regierung lieferte, war ihr Lektor, der gelehrte Buchanan, ein Freund Lord Burleighs, ein Mann der, auch während er in Maria's Diensten stand, eine Pension von Elisabeth erhielt — und der nach Maria's Tode nur im Interesse seines Freundes Burleigh und seiner königlichen Beschützerinn geschrieben hat. Da er in Maria's Nähe gelebt, galten seine Aussagen den spätern Historikern viel, und Maria's Freunde hatten nicht die Gaben, wenn auch den Willen, ein ähnlich gewichtiges Werk über ihr Leben zu veröffentlichen. Erst den spätern und den letzten Nachforschungen in Aktenstücken, Briefschaften u. s. w., welche alle von Bell gewissenhaft angegeben worden sind, ist es gelungen die Rechtfertigung der Königinn zu bewerkstelligen, die mir solche Genugthuung gewährt.

Ich habe mich bei den Notizen, die ich Dir machte, natürlich sehr beschränken, mich hauptsächlich an die Punkte des Lebens halten müssen, die wir am meisten verdammen gehört haben, und nur ab und zu den Hintergrund durchscheinen lassen können, so weit er zum Verständniß jener Thatsachen nöthig war. Dennoch bringt Dir der Entwurf wohl manche neue Fakta, und Du hast Freude daran, bis Du einmal das ziemlich starke Werk selbst in die Hand bekommst, das in jedem

Betrachte anziehend, und wie Mr. Chambers mir sagte, die beste Biographie der Königinn ist. Laß Dir also die Extrasendung lieb sein und lebewohl bis zum nächsten Briefe.

— — — —

Achtundzwanzigste Sendung.

Ist auf irgend ein Wesen das schöne Wort der Stael anwendbar: tout comprendre serait tout pardonner, so ist es auf Maria Stuart. Ja man könnte sagen: »Alles wissen, heißt einsehen, daß man Nichts zu verzeihen, sondern nur zu beklagen habe.« Nicht um Herzensverirrungen, nicht um elende Liebesverhältnisse handelt es sich in ihrem Leben, sondern um Revolutionen eines herrschsüchtigen Adels, um Religionskämpfe, um den schwersten Verrath, der je verübt ward an einer Königinn und an einem Weibe.

Maria Stuart besaß zu ihrem Verderben das weiche Herz, die ganze Selbstlosigkeit eines hingebenden Frauencharakters, in einer Zeit, in der das Weib den energischen Egoismus einer Elisabeth haben mußte, um sich auf dem Throne und den Männern gegenüber zu behaupten. Man braucht nur einen Blick zu werfen auf Shakespear's in England handelnde Dramen, um sich zu überzeugen, wie in jenen Tagen das Weib der Spielball männlicher Launen, das Ziel eines schrankenlosen sinnlichen Verlangens oder der Sklave der rohesten Gewalt gewesen ist. Diejenigen Dichtungen, in denen der Frau eine edlere Stellung angewiesen, in denen ihr eine tiefere Liebe geweiht wird, hat Shakespear meist, bezeichnend genug, außerhalb Englands verlegt, und England war in seiner Civilisation Schottland um ein Bedeutendes voraus.

Trotz seiner constitutionellen Verfassung, trotz seiner Parlamente herrschte in Schottland fast nur das Recht des Stärkern. Das Volk war roh, die Katholiken unter demselben eben so blind in Aberglauben befangen, als die Protestanten unduldsam und fanatisch in ihrem Aufklärungseifer. Der niedere Adel war unwissend, und als Werkzeug in den Kämpfen des höhern Adels verwildert; der höhere Adel herrschsüchtig und ehrgeizig, der Kampf zwischen der Krone und dem Adel keinesweges beendet, und die sich schnell verbreitende

Reformation hatte vollends mit ihrem Parteiwesen die Sicherheit der Zustände so tief untergraben, daß selbst die kraftvolle Hand König Jakobs des Fünften das Scepter als eine schwere Last empfand und es nur mit Aufbietung ihrer ganzen Stärke zu halten vermochte. Zu Maria's Unglück starb ihr Vater, in der vollsten Blüthe jugendlicher Männlichkeit wenige Tage nach ihrer Geburt, und der Streit um die Vormundschaft, der Streit um die Regentschaft während ihrer Minderjährigkeit entbrannten schon neben der königlichen Leiche.

Maria's natürlicher Vormund wäre ihre Mutter, Maria von Guise, gewesen, durch ihre Stellung, wie durch Charakter, Geist und Wissen zu diesem Amte gleich befähigt. Aber die protestantische Partei war abgeneigt, einer Tochter der Guisen, einer eifrigen Katholikinn, die Herrschaft zu überlassen, und selbst von Seiten der Katholiken fand sie keine Unterstützung, weil das Haupt derselben, der Cardinal von Beaton, die Regentschaft für sich selbst in Anspruch nahm.

Diesen beiden katholischen Prätendenten standen von Seiten der Protestanten die Earls von Arran und von Lenox entgegen (die nächsten Erben des Thrones, falls Maria starb), und James Stuart, der älteste von König Jakobs drei natürlichen, mit einer Lady Douglas von Lochleven erzeugten Kindern; so daß nicht leicht ein Ende der Regentschaftsfrage abzusehen war.

Die Königinn Mutter mußte das Kind aus einem festen Schlosse in das andere flüchten, um es vor den Händen der verschiedenen Prätendenten zu bewahren, bis endlich die Forderungen Heinrichs des VIII. für den Augenblick eine ausgleichende und beruhigende Entscheidung der schottischen Verhältnisse zu Wege brachten.

Begierig, Schottland und England unter der englischen Krone vereinigt zu sehen, verlangte er die Hand der jungen Königinn für seinen Sohn Eduard, und als Maria's Großonkel, die Vormundschaft über sie, ihre Erziehung in England, und bis zu ihrer Großjährigkeit die Regentschaft über Schottland. Diesem Ansinnen nicht zu willfahren, fühlten sich alle Parteihäupter gedrungen, mit Ausnahme von Lenox, der mit Entschiedenheit die Ansprüche des Königes vertrat, nachdem er die Hoffnung aufgegeben hatte, die seinen durchsetzen zu können. Die übrigen Prätendenten vereinigten sich dem Haupte der Protestanten, dem Earl von Arran die Regentschaft von Schottland, Maria von Guise aber die Vormundschaft über ihre Tochter anzuvertrauen, und um sich gegen Heinrichs drohende Forderungen noch wirksamer zu schützen, schloß auf Vermittlung der Königinn Wittwe der Earl von Arran ein Bündniß mit Frankreich. In Folge desselben ward Maria Stuart dem Dauphin verlobt, ihre Erziehung in Frankreich beschlossen, wogegen Heinrich der II. den Schotten Hilfstruppen und Beistand gegen England zusagte und den Earl von Arran zum Herzog von Chatelherault ernannte. Lenox aber verließ nach dieser Wendung der Dinge Schottland, wanderte nach England aus, ward von Heinrich reich mit Gütern belehnt und mit einer Nichte desselben verheirathet. — Das war die Lage des Landes zur Zeit von Maria Stuarts erster Jugend, der Hintergrund des aufzustellenden Tableaus.

Kaum fünf Jahre alt, ward dem Traktate gemäß, Maria Stuart von ihrer Mutter getrennt, und mit einer Flotte, welche Hilfstruppen nach Schottland gebracht hatte, in Begleitung ihrer Bastardbrüder und ihrer Spielgefährtinnen nach Frankreich gesendet. Diese Letztern, vier der Königinn gleichaltrige Edelfräulein, welche Alle den Namen Maria trugen, waren ihr von der vorsorglichen Mutter früh als Gefährten zugesellt worden, um die junge Fürstinn zeitig an duld-

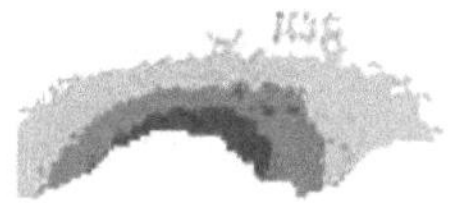

samen Verkehr mit Menschen, an gütige Theilnahme für Andere zu gewöhnen.

In Frankreich angekommen, wurde Maria mit ihren Namensschwestern dem Kloster anvertraut, in dem die Töchter Heinrichs des II. ihre Erziehung genossen. Ihre schnelle Fassungsgabe, ihr scharfer Verstand setzten ihre Lehrer in Erstaunen, wie ihre großmüthige Seele, ihr Bedürfniß sich liebevoll an Menschen anzuschließen, ihr die Herzen der Klosterfrauen und aller ihrer Genossen gewann. Von Natur einfach in ihren Wünschen und bei einem tiefen Gefühle leicht zur Schwärmerei geneigt, ward ihr das Leben im Kloster mit jedem Jahre lieber. Je älter sie wurde, um so mehr verwuchs ihr Herz mit den Gegenständen und Personen ihrer Umgebung, um so weniger mochte sie davon sprechen hören, daß sie diesen Aufenthalt des Friedens verlassen, daß sie in eine Welt eintreten sollte, mit der kein Band der Neigung sie verknüpfte, und immer lebhafter trat in ihr der Wunsch hervor, ihr Leben in dieser sanften Gleichförmigkeit zu verbringen, es Gott zu weihen, die Krone, welche man einst dem einjährigen Kinde auf das Haupt gedrückt hatte, gegen den Schleier zu vertauschen. Kaum aber bekam man am Hofe Nachricht von dieser Neigung, als man die dreizehnjährige Maria an den Hof und in die Welt berief.

Der Hof von Frankreich war der gebildetste und glänzendste jener Tage. Künste und Wissenschaften wurden dort mit ernstem Eifer getrieben, mit Vorliebe gepflegt. Schon unter der Regierung Franz des Ersten waren Meisterwerke der antiken Plastik und der in Italien blühenden Malerei durch Primaticcio's Vermittlung nach Frankreich gekommen. Die Universität von Paris war die bedeutendste jener Zeit, und aus allen Theilen Europa's sendete man die Fürstensöhne und den jungen Adel an den Hof von Frankreich, an den. alle Verfeinerung des Lebens, wie sie Catharina von Medici, alle Anmuth ritterlicher Galanterie, wie Franz der Erste und Diana von Poitiers sie eingeführt, das Leben verschönten.

An einem solchen Hofe, unter einem lebhaften, civilisirten Volke mußte die schöne, durch Geist und Herzensgüte gleich ausgezeichnete Maria der Mittelpunkt der allgemeinen Huldigungen werden. Der König gewann die größte Vorliebe für die künftige Gattin seines Sohnes, die ersten Staatsmänner sagten ihrem klaren Verstande, ihrer maßvollen Natur die glücklichsten Erfolge als Herrscherinn voraus; der Dauphin, kränklich und in keinem Betrachte seiner Verlobten ebenbürtig, liebte Maria um der herzlichen Fürsorge willen, die sie dem Leidenden, Schwachen mit ausdauernder und freudiger Güte bewies. Sie war der Gegenstand aller Feste, aller Dichtungen, und wirklich wie dazu geschaffen, über das Volk der phantasievollen, enthusiastischen Franzosen zu herrschen. Als sie nach ihrer Verheirathung einen Theil des Landes mit dem Dauphin durchreiste, erregte sie einen förmlichen Fanatismus für sich; und nie bestieg eine Fürstinn geliebter, bewunderter uud glücksgewisser den Königsthron, als die siebenzehnjährige Maria Stuart an der Hand des Königs Franz des Zweiten, nachdem Heinrich der Zweite an einer Verwundung gestorben war, die er in einem Turniere erhalten hatte.

Indeß dies Glück war nur von kurzer Dauer. Ein Todesfall warf seinen Schatten über dasselbe. Maria's Mutter starb, und kaum hatte Maria sich von diesem Schmerze aufgerichtet, als auch ihr junger Gatte ihr durch den Tod entrissen wurde.

Dadurch hörte für die Königinn die Verpflichtung, ja selbst die Entschuldigung auf, noch länger in Frankreich zu verweilen, noch länger von ihrem Erbreich fern zu bleiben. Die harten Schicksalsschläge, welche ihr ganzes Leben umgestaltet und in dem ihr theuern Frankreich die Sympathie des Volkes für sie nur noch reger gemacht hatten, wurden in Schottland als glückliche Ereignisse betrachtet. Man sah es gern, daß Maria fortan weder durch den Einfluß ihrer katholischen Mutter, noch durch den Willen ihres katholischen Gatten geleitet werden könne, und gleich nach dem Tode Franz des Zweiten ging eine Gesandtschaft, James Stuart an ihrer Spitze, von Schottland nach Frankreich, Maria zur Rückkehr nach Schottland aufzufordern.

Mit schwerem Herzen entschloß sie sich dazu. Das Geburtsland ihrer Mutter, ihres Gatten war die Heimath ihrer Seele geworden; ihre glücklichsten Erinnerungen, wie ihre Schmerzen, ihre Anschauungs- und Empfindungsweise, ihre Gewohnheiten und Neigungen verbanden sie demselben, während das Land ihr fremd war, über das zu herrschen sie berufen ward. Indeß Maria hegte bei großem Stolze auf das Geschlecht, dem sie entsprossen, zugleich ein volles Gefühl der Pflichten, welche die Abstammung von einem solchen Königshause ihr auferlegten, und den Willen, diesen Pflichten zu genügen. Nichtsdestoweniger brach die Kraft des neunzehnjährigen Weibes zusammen unter der Last des Trennungsschmerzes.

Mit heißen Thränen war sie, nach einem dreizehnjährigen Aufenthalte in Frankreich, von den Ihren, von dem Volke, das sie liebte, von der Sprache und von der Luft des ihr so theuren Landes geschieden. Ihre Stimmung noch düsterer zu machen, strandete, bald nachdem sie das Ufer verlassen hatte, dicht vor ihren Augen eine stattliche Fregatte. Die Königinn, deren Empfindungen sehr schnell und lebhaft waren, fühlte sich, als von einer bösen Vorbedeutung, schwer davon getroffen. Tag über schaute sie mit nassen Augen vom Verdeck des Schiffes hinüber nach der Küste Frankreichs, und als man sie am Abend nöthigen wollte, in die Kajüte zu gehen, weil die Dunkelheit eingebrochen war, barg sie das Gesicht in ihre Hände, mit dem Ausruf: »Ach die Dunkelheit, die über Frankreich brütet, ist nicht tiefer, als die Nacht in meinem Herzen! denn wie Dido in das Meer hinausschaute, den entflohenen Äneas zu suchen, suchen meine Augen nun das geliebte Land!« So ließ sie auch ihr Lager auf dem Deck aufschlagen, um bei Tagesanbruch womöglich noch einmal die Küste zu erschauen, und ihre Gefühle fanden in dem folgenden, anmuthigen Gedichte ihren Ausdruck, das auf dieser Seereise von ihr niedergeschrieben wurde:

Adieu plaisant pays de France!
O ma patrie
La plus chérie
Qui a nourri ma jeune enfance!
Adieu France! adieu mes beaux jours!
La nef qui déjoint mes amours,
Na c'y de moi que la moitié;
Une parte te reste; elle est tienne,
Je la fie à ton amitié,
Pour que de l'autre il te souvienne!

In trüben Ahnungen durchschiffte sie das Meer, sich der Küste von Schottland zu nähern, an der gleich das Klima sie traurig empfing. Obschon man sich im hohen Sommer, in der Mitte des Augustmonates befand, lagerten schwere Nebel über dem Lande, so daß man zwei Tage umherkreuzen mußte, ehe man im Hafen von Leith die Anker werfen und Edinburg erreichen konnte. Unheimlich berührt von diesem Eindruck, mußten gleich die Empfangsfeierlichkeiten dazu dienen, ihr deutlich zu machen, daß sie in eine fremde und ihr nicht günstige Welt gekommen sei.

John Knox, der protestantische Reformator, unerbittlich in seinem Hasse des Katholizismus, besorgt dem Einflusse vorzubeugen, den Maria auf [illegible] Herzen ihrer protestantischen Unterthanen ge[illegible] konnte, hatte noch ehe Maria gelandet und bereits von der Kanzel Propaganda gegen sie gemacht. Warnend und Unheil drohend, hatte er sogar das zufällige Nebelwetter als ein Zeichen der Noth und Finsterniß gedeutet, die mit der katholischen Königinn über das Land hereinbrechen würden. Selbst die Festzüge und Schauspiele, mit denen man Maria hie und da empfing, trugen den feindseligen Anstrich dieses Mißtrauens gegen sie. Statt der liebevollen Huldigungen, die man ihr bei solchen Anläßen in Frankreich dargebracht, enthielten die schottischen Aufzüge herbe religiöse Allegorien, die für sie als Königinn eben so kränkend, als schmerzlich für die Katholikinn sein mußten. Dennoch gab ihr eine große Volksmenge vom Meere hinauf das bewillkommnende Geleit nach Holyrood, aber auch diese Freudenbezeigung verleugnete den roheren, schottischen Volkscharakter nicht. Statt der harmonischen Musik, an die sie gewöhnt war, klangen die wilden, gellenden Töne der Sackpfeife an ihr Ohr; statt der preisenden Lieder der Minstreels, statt der heiteren Chansons und Noels, rauhe, ernste Psalmen aus den ungebildeten Kehlen fanatischer Protestanten, dissonirend untereinander, wie dissonirend mit dem religiösen Glauben der Frau, zu deren Ehre man sie sang. Die ganze Nacht brannten wilde Feuer in der

Stadt und auf den Bergen und ein wüstes Lärmen dauerte bis zum hellen Morgen fort.

Es gehört wenig Phantasie dazu, sich die Stimmung der jungen Königinn in dieser plötzlichen Isolirung vorzustellen, in einem Lande, in dem schon ihre bloße Ankunft den kaum beruhigten Parteihaß der Katholiken und Protestanten aufzuregen und neuen Zwiespalt zu erzeugen geeignet war. Denn die Erstern, auf den Beistand der Königinn hoffend, waren nur zu geneigt sich Anmaßungen zu erlauben, und die Letztern, überall bereit eine Beeinträchtigung der errungenen Freiheiten zu ahnen und zu rächen.

Indeß wie die Sonne ein düsteres Gewölk, so zerstreuten der Anblick von Maria's Schönheit und ihre gütevolle Anmuth die Besorgnisse aller derjenigen, die nicht wie Knox und seines Gleichen entschlossen waren, die Königinn um ihres bloßen Glaubens willen hassend zu verfolgen. Maria stand in der vollsten Blüthe jugendlicher Schöne. Ihre Gestalt war hoch, ihr Anstand sehr edel, die Züge ihres Gesichtes mehr griechisch als römisch, ohne die Kälte, welche der vollkommenen Regelmäßigkeit eigen zu sein pflegt. Die Nase war etwas länger, als das griechische Profil es zuläßt, die Brauen hoch, offen, weithervorspringend über die dunkelbraunen Augen, die Lippen so üppig und ausdrucksvoll, als die der meisten Stuarts und das runde Kinn mit einem tiefen Grübchen geschmückt. Sie hatte einen hellen und gesunden Teint, aber wenig Farbe, und ein reiches Haar von gelblichem Kastanienbraun, lichter als ihre Augen, das sich in glänzenden Locken natürlich ringelte. — Dieser Schilderung ihrer Zeitgenossen gleicht das in Holyrood befindliche Portrait, wenn es nicht nach derselben ausgeführt ist.

Den äußern Vorzügen der Königinn entsprachen ihr Geist und ihre Bildung. Ihre Kenntnisse waren ausgedehnt und gründlich, besonders in der Geschichte und den alten Klassikern, deren Lektüre sie unter des gelehrten Buchanan Leitung täglich nach der Mittagsmahlzeit eine Stunde widmete. Für ihre astronomischen und geographischen Studien hatte sie zwei Globen des Himmels und der Erde von Frankreich mitgebracht, welche damals noch als Wunderwerke in Schottland angesehen wurden. Den größten Genuß aber fand die Königinn in Musik und Poesie. Ihr Geschmack dafür war von jeher ausgebildet worden. Schon als Kind hatten in Schottland Minstrels zu ihrem Hofstaate gehört, sie selbst spielte die Laute und die Harfe, und besaß ein anmuthiges poetisches Talent, das ihr bis zu ihrem Tode treu blieb.

Von kräftiger Gesundheit und voll Jugendfrische liebte sie alle starken körperlichen Bewegungen, weite Spaziergänge, bei denen sie häufig die Gesandten in ihren Gärten empfing, Reiten, Bogenschießen, Falkenjagd und Tanz. Nur den in jener Zeit allgemein üblichen und von Elisabeth so sehr begünstigten Tournieren war Maria abgeneigt, weil der Gedanke der Gefahr sie zurückschreckte, welcher die Männer grundlos dabei preis gegeben waren; und der durch einen Unglücksfall im Tourniere herbeigeführte Tod ihres Schwiegervaters mochte ihre natürliche Abneigung dagegen noch gesteigert haben.

Der Haushalt und die Garderobe der Königinn scheinen nicht übermäßig prächtig und ihre Vorliebe für den Reichthum der Toilette, auf den Elisabeth so großen Werth legte, sehr mäßig gewesen zu sein. Ihre gewöhnliche Tracht, so lange sie um ihren ersten Gatten trauerte, d. h. bis zum Tage ihrer Vermählung mit Darnley, bestand aus einem Kleide von Kamlot oder von florentinischem Serge mit schwarzem Sammet verbrämt; ihre Reitkleider aus demselben Stoffe, waren steif in Rücken und Brust, vielfach mit Spitzen und Bändern geziert. Nur für Schuhe und gewebte Strümpfe, welche Letztere damals in England und Schottland noch zu den Seltenheiten gehörten, liebte sie den Luxus, denn die noch vorhandenen Garderobe-Register berichten von sechsunddreißig Paar Sammetschuhen mit Silber und Gold geschnürt, und von dreizehn Paar Strümpfen aus Seide, Gold und Silber gewebt.

Gütig für ihre ganze Umgebung, liebevoll vorsorglich für ihre weiblichen Gefährtinnen und Diener, besonders für die vier Marien, die Genossen ihres Lebens, von denen zwei ihr bis zu ihrem Tode dienten, liebte die Königinn es, sich in ihrem engeren Kreise zu erheitern, jedoch nicht eher, als bis den Pflichten jedes Tages ein volles Genüge geschehen war. Jeden Morgen brachte sie, eine Näharbeit in den Händen, mehrere Stunden im Staatsrathe zu, wo sie den lebhaftesten und übersichtlichsten Antheil an den Verhandlungen zu nehmen vermochte. Dann kam, nach dem Beispiel ihrer Mutter, die Armenpflege an die Reihe. Sie selbst überwachte die Erziehung einer Anzahl armer Kinder; besoldete einen Advokaten für die Armen, wohnte, sich seines Eifers zu versichern, häufig den Sitzungen bei, in denen er das Recht der Armen vertrat, und ihre beiden Almoseniere konnten in allen Fällen wirklicher Noth auf ihren freigebigsten Beistand sich verlassen.

Waren diese Pflichten der Königinn erfüllt, so machten bisweilen Tänze und Maskenfeste, alltäglich aber Musik die Erholung von der Arbeit. Maria hatte zwölf Sänger und Musiker aus Frankreich mitgebracht, von denen fünf, welche die Violine spielten, Schotten waren. Drei Andre spielten die Laute, zwei die Orgel; aber die Reformirten hatten in ganz Schottland die Orgeln zerstört und nur die in Holyrood und Stirling unversehrt gelassen. Daß eine so gebildete Frau in dem damaligen Schottland ziemlich einsam dastehen mochte, daß geistreiche Fremde und Künstler ihr willkommen sein mußten, war nur zu natürlich.

Als auf einen gebildeten, der Musik verständigen Fremden ward denn auch Maria bald nach ihrer Rückkehr auf den Italiener David Rizzio aufmerksam gemacht, der nebst seinem Bruder im Gefolge des piemontesischen Gesandten nach Edinburg gekommen war. Rizzio hatte eine gute Erziehung genossen, geachtet am Hofe zu Nizza gelebt, aber weit davon entfernt, ein schöner Jüngling zu sein, war er ein Mann über die mittlere Lebenshöhe hinaus, von dem alle Zeitgenossen, die seiner erwähnen, ein würdiges Bild entwerfen. Seine musikalischen Talente waren nur eine schöne Zugabe zu einem gebildeten Geiste, zu schnellem Witz, lebhafter Phantasie, gewinnenden Manieren, ungewöhnlichem Muthe und großer Selbstbeherrschung. Daneben wird er aber als »außerordentlich häßlich« (abundantly ugly) und als kränklich dargestellt. Als Rizzio am Hofe der Königinn erschien, fehlte ihr zu einem Quartett von Männern die Baßstimme, und als Baßsänger trat er in Maria's Dienste. Da er aber der französischen und italienischen Sprache in gleicher Weise mächtig war, wußte er sich ihr im Allgemeinen nützlich zu machen, so daß er nach drei Jahren zum französischen Sekretair der Königinn ernannt wurde, in welchem Amte er bis zu seinem Tode Maria's treuster und einzig zuverlässiger Diener blieb.

Schon als Ausländer, mehr noch als Katholik und Musiker, war er den Protestanten ein Gegenstand der Abneigung, die gegen alle Künste, alle Lustbarkeiten eingenommen, mit Unwillen auch auf die Erheiterungen ihrer Königinn sahen, so sehr Maria, Jenen zu gefallen, sich in ihrer Neigung dafür beherrschte. Sie gestattete sich die Bälle und Maskenfeste nur als seltene Ausnahmen, ließ sie nie zu Schwärmereien werden und endete sie früh am Abende, was um so natürlicher war, da sie selbst sich zeitig am Morgen zu erheben pflegte. Sie speiste schon um sieben Uhr zu Nacht und wachte in den ersten Jahren nach ihrer Rückkehr selten länger als bis um die zehnte Stunde.

So, stets bemüht sich den Sitten ihres Volkes anzupassen, mußte doch grade die Nothwendigkeit dieses Bestrebens es ihr in jedem Augenblicke in's Gedächtniß rufen, daß sie eine Fremde sei auf diesem Boden, daß sie keinen geistigen Zusammenhang habe mit dem größern Theile dieser Nation. Und dieser größere Theil der Schotten, die herrschende Partei der Protestanten, war nur zu eifrig bemüht, es in jedem Augenblicke hervorzuheben, daß eine katholische Königinn nicht zu ihnen, den Gerechten, Heiligen gehören könne.

Maria's Lage war daher nach ihrer Ankunft eine im hohen Grade schwierige. Kaum war sie in Holyrood heimisch geworden, als der schottische Adel, gewohnt, den höchsten Einfluß auf seine Fürsten auszuüben, doppelt schnell herbeieilte, da doppelt großer Einfluß während der Herrschaft einer jungen Königinn zu erwarten schien. Jeder von ihnen machte ein Anrecht geltend, hatte einen besondern Zweck, den er für sich verfolgte. Der

Herzog von Chatelherault dachte seinen Sohn, den fast stumpfsinnigen Earl von Arran, mit der Königinn zu verheirathen. James Stuart, ihr natürlicher Bruder, wünschte daß sie unvermählt bleiben sollte, um seinen Einfluß aúf sie zu behalten. Das Volk anderseits verlangte, Maria solle sich schnell zu einer zweiten Ehe entschließen, dadamit die Erbfolge durch ihre Kinder gesichert und den vernichtenden Kämpfen des Adels wenigstens von dieser Seite ein Ende gemacht werde. Die Katholiken begehrten einen katholischen Gatten für Maria, und würden eine neue Verbindung mit Frankreich, Spanien oder Oesterreich gern gesehen haben. Die Protestanten hingegen bestanden auf der Wahl eines protestantischen Gemahls, wo möglich eines Schotten, während Elisabeth von England jede Ehe Marias zu hindern suchte, um durch das Aussterben der Stuarts die schottische Krone mit der englischen zu vereinen und das protestantische England für immer vor den Erbansprüchen einer katholischen Herrscherfamilie sicher zu stellen.

Die Schwierigkeit zu erhöhen, in der unter so widersprechenden Anforderungen sich Maria Stuart befand, hatte der protestantische Adel Schottlands schon seit Heinrich's VIII. Zeiten in fortdauerndem Verkehr mit England gestanden, und

Elisabeths Politik es nicht versäumt, diese Verbindung nur noch fester zu knüpfen. Man wußte dem protestantischen Adel stets in's Gedächtniß zu rufen, wie bedenklich im Allgemeinen seine Lage unter einer katholischen Regierung, wie wünschenswerth in gewissen Fällen für den Einzelnen eine Zuflucht in England werden könne, obschon in diesem Augenblick der Einfluß der protestantischen Partei in Schottland bei Weitem der überwiegende war. Die gewichtigsten Mitglieder, welche in Maria's Staatsrath saßen, James Stuart, der Herzog von Chatelherault, Lord Morton, ihr Sekretair Lord Maitland und viele Andre, waren Protestanten; auch Buchanan, der ihr von James Stuart empfohlene und reich besoldete Lector Maria's, gehörte dieser Kirche an, und empfing während er in Maria's Diensten stand, ein Jahrgehalt von Elisabeth, in Form einer Belohnung für seine früheren wissenschaftlichen Arbeiten. So geschah es, daß, wenn Maria auch nicht durchweg Rathschläge erhielt, die ihrem eigenen Interesse entgegen waren, doch Keiner ihrer Räthe seine Zustimmung zu einem Schritte gegeben haben würde, der Elisabeths Ansichten zuwider sein konnte.

Diese Unzuverlässigkeit machte sich wie überall, so auch in der Heirathsangelegenheit Maria's geltend. Nachdem Elisabeth sich entschieden gegen eine Heirath der Königinn von Schottland mit einem Fürsten des Festlandes ausgesprochen, sich aber im Voraus einverstanden erklärt hatte mit jeder Wahl, welche Maria innerhalb der drei Königreiche treffen würde, vergingen dennoch fast drei Jahre, ehe Maria sich zu einer solchen entschloß, und auch nicht der Schatten eines Vorwurfs ist selbst von ihren Gegnern auf diese Zeit ihres Lebens geworfen worden.

Endlich, von den Wünschen ihres Volkes gedrängt, begann sie an eine Ehe mit ihrem Vetter Henry Stuart, Lord Darnley, zu denken, da, wie sie selbst schrieb, »nicht zu heirathen ihr nicht erlaubt war, und es lange hinauszuschieben vielfache Ungelegenheiten für das Land verursachen könne.«

Henry Darnley war der Sohn des in England lebenden Lord Lenox, durch seine Mutter dem Hause Tudor, wie durch seinen Vater den Stuarts verwandt, so daß, wenn in seinen und Maria's Kindern die Sprossen beider Geschlechter den Thron bestiegen, das Interesse der Engländer und Schotten vereinigt seine Befriedigung erhalten konnte. Auch erklärte Elisabeth sich mit der Wahl Maria's einverstanden und verabschiedete Lenox und Darnley auf das Freundlichste, als sie im Winter 1565

London verließen, um sich der Königinn von Schottland vorzustellen.

Maria empfing ihren Vetter wie »einen jungen Mann, von dem sie wünschte, daß er ihr gefallen möge,« und schien angenehm überrascht in dem neunzehnjährigen Bewerber einen der hübschesten, wissenschaftlich gebildetsten Jünglinge des englischen Adels zu erblicken, dessen Witz schnell, dessen körperliche Gewandtheit in allen ritterlichen Uebungen ausgezeichnet und anmuthig war. Obschon vier Jahre jünger als Maria, glich seine männlich reife Erscheinung diesen Unterschied des Alters zwischen ihnen aus, und die ganze Art seiner Bildung, welche sie an die Weise des französischen Hofes erinnerte, mußte ihn ihr in den Verhältnissen ihres jetzigen Lebenskreises doppelt angenehm erscheinen lassen. Kaum aber bemerkte James Stuart, den Maria zum Earl von Murray ernannt und mit Gnadenbezeugungen jeder Art überhäuft hatte, ihr wachsendes Wohlgefallen an Darnley, als er die Ehe mit einem schottischen Edelmanne für eine die Ruhe des Landes gefährdende erklärte. Maria, immer geneigt sich den Ansichten derer, die sich liebte, zu fügen, zögerte auf diese Vorstellungen ihres Bruders sich zu entscheiden, bis eine plötzliche Erkrankung Darnleys die Entschließung herbeiführte. Die Königinn ward in der Sorge um den Geliebten zum liebenden Weibe, dem Kranken gegenüber schwanden ihre Bedenken, sie besuchte ihn, verlobte sich ihm, und schon nach wenig Tagen ward die Verlobung dem Volke bekannt gemacht und der Königinn von England notifizirt. Als Antwort erfolgte der Befehl an Darnley und seinen Vater, Augenblicks nach England zurückzukehren, wo man Lady Lenor als Geißel für den Gehorsam ihres Gatten und ihres Sohnes in den Tower gesperrt hatte; zugleich aber die Erklärung gegen Maria, daß Elisabeth großes Mißfallen »an den übereilten Schritten mit Lord Darnley habe« und ihr diese Heirath verbiete, weil der schottische Adel sie nicht in seinem Interesse fände. Mit ruhiger Würde antwortete Maria, »es thäte ihr Leid, wenn ihre Heirath der Königinn von England nicht gefalle; was aber Elisabeths Verbot beträfe, so habe sie niemals die Erlaubniß der Königinn von England für ihre Handlung erbeten oder zu erbitten nöthig gehabt. Es befremde sie zwar, daß Elisabeth sich jetzt gegen ein Ehebündniß erkläre, für welches sie sich früher ausgesprochen; ihr eigener Entschluß könne jedoch dadurch nicht wankend gemacht werden.

Trotz dieser Machinationen Englands und der Lords, trotz dem, daß man im Volke den

Glauben zu verbreiten suchte, Darnley neige sich dem Katholizismus zu, erklärte sich aber die Generalassemblee, die im Jahre 1565 zusammentrat, für Darnley. Indeß Murray beruhigte sich dabei nicht. Seit dem Rücktritt des Herzogs von Chatelherault war er der Führer der protestantischen Partei geworden, und er war nicht der Mann, vor Hindernissen zurückzuschrecken, so lange er die Möglichkeit vor Augen sah, sein Ziel zu erreichen. Treulos gegen seine vertrauensvolle Schwester, und sich vor sich selbst damit entschuldigend, daß ihm die Sache des Protestantismus heiliger sein müsse, als jedes Band der Liebe und der Treue, stand er von jetzt ab in dauernden Verhandlungen mit dem englischen Kabinet, und schrieb demselben in dieser Zeit, daß, »betrübt wie der Adel wäre durch die außerordentliche Thorheit seiner Herrscherinn, demselben Nichts übrig bleiben könne, als sich dagegen zu vereinen und Maßregeln zu treffen, damit der Staat nicht untergehe.« Zugleich berichtete Randolph, Elisabeth's Gesandter in Schottland: Personen die sehr zufrieden sind mit der Gefangenschaft der Lady Lenox, haben mich gefragt, ob wir Vater und Sohn empfangen würden, wenn man sie uns in Berwick ausliefern sollte; und ich habe geantwortet, daß wir die Unsern weder ausweisen könnten noch dürften, auf welche Weise sie auch zu uns kämen«.

Damit war die Verschwörung gegen Maria's Ehe mit Darnley festgesetzt und von England sanctionirt. Ein Plan, sich der beiden Grafen unter dem Vorgeben zu bemächtigen, daß sie Murray nach dem Leben getrachtet, schlug fehl, weil nicht der leiseste Beweis dafür vorhanden war. Es blieb also, Maria zum Nachgeben zu bewegen, nur die oft geübte Gewalt des Adels gegen die Herrscher übrig. Indeß auch der Plan, sich der Königinn während einer Reise zu bemächtigen, welche sie zu einer Taufe im Schloß des Lord Livingston machte, mißlang, weil Maria, gewarnt, zeitiger aufbrach als man es erwartet hatte, und wohlbehalten nach Edinburg zurückkehrte, wo, von Murray angestiftet, Knox gegen den Papisten Darnley predigte, während zu gleicher Zeit, am 17. Juli, die vereinigten Lords die offne Fahne der Revolution in Stirling erhoben.

Tief getroffen von Murray's Verrath, an dem auch ihr Schwager Argyle Theil hatte, ward dennoch Marias Entschluß, sich mit Darnley zu verbinden, dadurch nicht erschüttert. Nachgebend wo sie liebte, hielt das Gefühl ihres Rechtes sie überall muthig empor, wo dieses Recht gekränkt ward; und mit

23*

den Hindernissen, welche ihr in Schottland überall entgegentraten, entwickelten sich in dem Charakter der Königinn Kraft und Entschlossenheit mit jedem Tage mehr. Das Vertrauen des Volkes zu bewahren, das an ihr hing, erklärte sie in verschiedenen Proclamationen, daß sie auch ferner jeder Einmischung in das religiöse Leben der Schotten sich enthalten werde; schrieb eigenhändig die Briefe, in denen sie den treugebliebenen Adel zu ihrem Beistand aufbot, und berief den Earl von Bothwell als Heerführer nach Schottland, der seit drei Jahren in England im Exile gelebt hatte. Damit hatte sie, einer augenblicklichen Gefahr zu entgehen, das Unglück ihres Lebens an ihren Horizont heraufgerufen, ihr eigenes Todesurtheil unterzeichnet. James Heppurn, Earl von Bothwell, war ein Mann von 35 Jahren, und mit Ausnahme des Herzogs von Chatelherault, der mächtigste Edelmann Südschottlands. Erblicher Großadmiral und ebenso erblicher Gouverneur verschiedener Städte, hatte Maria von Guise ihn zum Statthalter der Grenzen ernannt, und auch Maria Stuart ihn mit Ehrenämtern und mit der Ausführung verschiedener Regierungsmaßregeln betraut, als sie nach Schottland zurückgekehrt war.

Murray und Bothwell, einander Feind, schienen schon durch ihre Naturanlagen zu unversöhnlichen Gegnern bestimmt zu sein. Murray besaß die größte Selbstbeherrschung, eine hohe Vorsicht, und seine Sittenreinheit war tadellos, weil er als Führer der protestantischen Partei einen strengen Lebenswandel für sich angemessen glaubte. Bothwell war kühn, rastlos und schrankenlos. In der Jugend ausschweifend, war er auch im reifen Mannesalter dem Vergnügen übermäßig ergeben geblieben. Murray hatte die schleichende Vorsicht des indischen Jägers; Bothwell war heftig, halsstarrig, roh und cynisch in seinem Benehmen, wo die anerzogene Gewohnheit des Edelmanns ihn nicht in Schranken hielt. Unter dem Anschein leichtsinniger Sorglosigkeit verbarg er die Pläne eines ungemessenen Ehrgeizes. Sein Aeußeres war, nach dem Urtheil aller Geschichtsschreiber, häßlich, seine Haltung ungeschickt, seine Manieren übertrieben 'wenn er höflich sein wollte, seine Ausdrucksweise hart und roh. Seine politischen und religiösen Ansichten hatten keine bestimmte Farbe; er schwankte zwischen den Parteien, verachtete den Katholicismus und den Protestantismus gleichmäßig und wendete sich dem einen oder dem andern zu, je nachdem es sein Vortheil erheischte.

Und für einen solchen Mann sollte Maria später den von ihr geliebten Darnley aufgeopfert haben!

Kaum ein Jahr hatte Bothwell nach Maria's Regierungsantritt im Staatsrathe gesessen, als ein Liebeshandel mit der Tochter eines angesehenen Edinburger Kaufmanns, welcher zu einer Emeute Veranlassung gegeben, Maria genöthigt hatte, ihn für zehn Tage in das Gefängniß zu setzen. Bald darauf hatte eine wirkliche, oder von Murray fingirte Verschwörung gegen Murray's Leben, für deren Urheber Bothwell galt, seine abermalige Gefangenschaft herbeigeführt, aus der er sich nach England geflüchtet. Dennoch fühlte Maria Zutrauen zu ihm. Von Verräthern umgeben, wie sie sich befand, schien ihr Bothwell, dessen Vergehen sich niemals gegen sie selbst gewendet hatten, verläßlich zu sein, und dies um so mehr, als Niemand in ihrem ganzen Reiche lebte, auf dessen größere Treue als Heerführer sie zu rechnen gehabt hätte.

Daß unter solchen Umständen die Sehnsucht, sich einem Manne zu verbinden, dessen fester Beistand ihr gewiß war, weil seine Interessen und die ihrigen zusammenfielen, immer lebhafter in ihr werden mußte, war nur zu natürlich. Sie hätte zudem kein Charakter sein müssen, sollte der ungerechte Widerstand gegen ihre Eheplane sie nicht zum Festhalten an denselben bewegen; kein Weib, sollte ihre Liebe für Darnley sich nicht zur Leidenschaft entzünden an den Hindernissen, welche diese Liebe fand. Dazu kam der Gedanke, daß den rebellischen Lords der Vorwand genommen werde, die Ehe durch die Rebellion verhindern zu wollen, wenn diese Ehe bereits vollzogen war, und so entschloß sich Maria, von Darnley's Wünschen bestürmt, während die Rebelleu unter Waffen standen, am 29. Juli 1565, fünf Monate nach Darnley's Ankunft in Schottland, ihre Trauung mit Darnley vollziehen zu lassen.

Früh Morgens zwischen 5 und 6 Uhr erschien das junge Paar vor dem Altar in der Kapelle von Holyrood, schön wie kaum ein zweites jemals vor einem Altar gestanden. Maria, welche die Witwentrauer um ihren ersten Gatten niemals abgelegt hatte, erschien in schwarzen, weit herabfließenden Gewändern, eine große Trauerhaube auf dem Kopfe, in Begleitung der Earls von Lenox und Athol, welche, nachdem sie die Königinn vor den Altar geführt, sich entfernten, um den Bräutigam herbeizuholen. Nachdem der Bischof von Brechin sie in Gegenwart ihres großen Gefolges getraut hatte, steckte er drei Ringe an den Finger der Königinn, deren mittelster ein kostbarer Diamant war. Dann kniete das junge Paar nieder, die Gebete wurden über demselben gesprochen, Darnley umarmte seine junge Gattinn und zog sich, da er nicht katholisch war, mit den übrigen nicht katholischen Lords zurück, damit die Königinn die Messe höre. Darauf ward sie von dem größten Theile der Anwesenden in ihre Gemächer begleitet, ihre Trauerkleidung abzulegen; wobei nach einem alten Gebrauche alle Lords, die sich ihr nähern konnten, die Erlaubniß hatten, ihr beim Auskleiden behilflich zu sein, indem sie eine Nadel aus ihren Gewändern zogen. Dann überließ man sie ihren Kammerfrauen. Sie legte Gallakleider an und erschien im Ballsaale, wo man bis zum Mittag tanzte. Bei der Tafel trug Darnley, der nach der Verlobung zum Herzog von Albany und jetzt zum Könige ernannt worden war, die königlichen Gewänder. Unter großer Musik wurde Geld unter das Volk ausgetheilt und nach der Mahlzeit bis zum Abende getanzt.

So gering und schönheitslos diese Feierlichkeiten Maria erscheinen mußten, wenn sie sie mit der phantastischen Pracht verglich, von der ihr erster Hochzeitstag umgeben gewesen war, so ließ die doppelte Rücksicht auf die nahe Kriegsgefahr und die Ansichten ihres protestantischen Volkes kaum andre Feierlichkeiten zu, und schon die ersten Tage der Ehe wurden durch die Nothwendigkeit, den Rebellen gegenüber einen Entschluß zu fassen, in Tage der Sorge und Arbeit verwandelt.

Noch sehnsüchtiger nach Ruhe und mehr noch zum Vergeben geneigt als je, versuchte Maria es eine Versöhnung mit Murray einzuleiten. Zu diesem Zwecke sendeten Lenox und Darnley einen Botschafter an Murray, ihn zu benachrichtigen, wie sie keine Art von Uebelwollen gegen ihn hegten, und Maria erbot sich, die strengste Untersuchung einleiten zu lassen gegen Jeden, den Murray einer Verschwörung gegen sich schuldig glauben sollte. Murray aber war zu weit gegangen und bereits zu sehr in Elisabeths Händen, um so leicht zurückkehren zu können. Die nächste Folge von Maria's Verheirathung und Darnley's Ernennung zum Könige war eine neue Beschwerde der rebellischen Lords bei Elisabeth, und ein darauf folgender zweiter Befehl Elisabeth's, der Lenox und Darnley zu augenblicklicher Rückkehr aufforderte.

Dieser Befehl fand natürlich kein Gehör. Lenox antwortete, da man sein Weib noch immer im Tower gefangen halte, so müsse er glauben, daß auch ihm das Klima von England nicht vertheilhaft sein werde; Darnley hingegen nannte sich von jetzt an nur der Königinn von Schottland zu Treue und Gehorsam verpflichtet, und Maria selbst entgegnete auf die hinterlistige Frage des englischen Gesandten: ob sie gewillet sei, die Lords zur Rückkehr nach England anzuhalten; sie könne nicht glauben, daß diese Frage ihr im Ernste vorgelegt werde, da die Lords sicherlich nicht geneigt sein würden, Schottland zu verlassen, auch wenn sie selbst ihnen den Vorschlag machen sollte.

Es ist auffallend, wie in jeder Aeußerung Elisabeth's sich ein doppelsinniges Wesen ausspricht, wie alle ihre Verhandlungen und Vorschläge darauf berechnet sind, einen Ausweg nach beiden Seiten frei zu lassen, während alle Briefe, alle Worte Maria's das Gepräge einer festen, offenen Freimüthigkeit und alle ihre politischen Handlungen den Stempel der Gradheit tragen. So entschloß sich Maria denn auch bald nach ihrer Verheirathung mit Darnley einen neuen Versuch zu einer friedlichen Ausgleichung der Verhältnisse zwischen England und Schottland zu machen; und in Folge eines von Entstellungen und falschen Anklagen wimmelnden Beschwerdeschreibens, das Elisabeth der Königinn überreichen ließ, sendete Maria mit der einfachsten und würdigsten Widerlegung desselden den Entwurf eines Friedenstractates nach England. Es hieß in demselben: Der König und die Königinn von Schottland, zufrieden mit der Freundschaft ihrer königlichen Schwester von England, erklären feierlich, daß sie während Elisabeths und deren rechtmäßigen Erben Leben, niemals einen Versuch machen werden, sie irgendwie in ihren Ansprüchen auf die englische Krone zu verletzen, oder die Ruhe des Königsreiches auf irgend eine Weise zu stören; sie versprechen mit keinem Unterthanen Englands jemals in eine Verbindung zu treten, welche den Rechten der Herrscher entgegen sein könne, auch mit keinem ausländischen Fürsten ein Bündniß zum Nachtheile Englands einzugehen, vielmehr ein Bündniß mit England zu schließen zum Nutzen und zur Förderung der Herrscher und der Unterthanen beider Länder; und endlich geloben sie, falls Maria Stuart jemals auf den Thron von England berufen werden sollte, niemals eine Aenderung oder Neuerung in den religiösen und politischen Freiheiten des Landes vornehmen zu wollen. Dahingegen solle, für den Fall, daß Elisabeth ohne rechtmäßige Erben stürbe, durch eine Parlamentsakte die Krone England's dem Hause Stuart zugesichert werden, und die Königinn von England sich verpflichten, weder mit schottischen Unterthanen, noch mit auswärtigen Fürsten ein Bündniß gegen Schottland einzugehen. — Diese Vorschläge Maria's wurden niemals beantwortet, und trotz der Sehnsucht nach Frieden, welche aus jeder Zeile derselben hervorleuchtet, sah Maria sich genöthigt, einen Monat nach ihrer Hochzeit gegen Murray in's Feld zu ziehen, dessen Unternehmung von Elisabeth mit Rath und Hilfsgeldern unterstützt wurde.

Um sich ihrem aufständigen Adel gegenüber, wenigstens einen festen Halt im Lande zu begründen, ging Maria's ganzes Bestreben darauf hinaus, die günstige Stimmung und die Liebe, welche das Volk für sie hegte, auf jede Weise zu erhalten. Obgleich für ihre Person dem Katholizismus fest und streng ergeben, hatte sie sich dennoch stets achtungsvoll für den Protestantismus gezeigt, und sich nie geweigert, dem protestantischen Gottesdienste beizuwohnen, so oft ihre Anwesenheit bei einer Tauffeierlichkeit oder einer Trauung im Hause des Adels gefordert worden war. Sie hatte selbst in ihrer Gegenwart Discussionen über Gegenstände der protestantischen Doctrin veranstalten lassen, und auch Darnley, um alle Zweifel des Volkes an seiner Treue für die Reformation zu entkräften, überredet, gleich am Sonntage nach seiner Trauung dem Gottesdienste beizuwohnen, den John Knox in der Hauptkirche abhielt. Aber auch dort, an der Stätte des Friedens, empfing ihn der unerbittliche Parteihaß des Reformators. Sobald Knox erfahren, daß der König die Kirche besuchen werde, hatte er den Bibelvers »Ich will Weiber zu Deinen Fürsten machen und Knaben sollen über Dir herrschen« zum Texte gewählt; und die ganze Predigt gegen Darnley wendend, sie zum Tone höchster persönlicher Beleidigung gesteigert, bis er zum Schlusse in die Worte ausbrach: »Gott hat mit Recht den Ahab bestraft, weil er sein heidnisches Weib, die Hure Jesabel nicht bekehrte!

Einer solchen Beschimpfung gegenüber zu schweigen war unmöglich, dagegen zu handeln gefährlich; aber Maria hatte keine Wahl. Sie enthob Knox für's Erste seines Amtes, entsetzte den von ihm und Murray ganz abhängigen Prevost von Edinburg, und brach an der Spitze des ihr treuen Heeres am 25. August von Edinburg auf, den Rebellen zu begegnen, den Haß des allmächtigen John Knox und seiner fanatischen Anhänger in der Hauptstadt hinter sich lassend. Während sie sich nach Glasgow wendete, wo Murray sein Lager aufgeschlagen hatte, verließ dieser dasselbe, einen offenen Kampf scheuend, erreichte Edinburg auf entgegengesetztem Wege und überrumpelte die Stadt, in der Knox für ihn beständig öffentliche Gebete hatte halten lassen. Das Volk aber schlug ihn zurück, die Königinn folgte ihm augenblicklich, und Murray trachtete nun die südliche Grenze zu erreichen, um sich einen schnellen Rückzug nach England zu ermöglichen, oder, wenn es thunlich wäre, Maria zum Ueberschreiten der englischen Grenze zu verlocken; denn schon damals waren alle Maßregeln für einen solchen Fall getroffen, und der englische Gesandte hatte an Lord Burleigh geschrieben: »er hoffe, daß vielleicht bald ein Land beide Königinnen umfassen werde.«

Indeß glücklicherweise war Maria in diesem Augenblicke nicht zu täuschen. In leichter Bewaffnung, Pistolen an ihrem Sattelknopfe, folgte sie inmitten ihrer Offiziere dem Heere, wie selbst John Knox sich zu sagen gezwungen sah, »mit männlichem und immer wachsendem Muthe«. Eine Proclamation, welche sie aus dem Felde, hauptsächlich gegen Murray gerichtet, erließ, trägt das Gepräge dieser männlichen Entschiedenheit. Es heißt darin: »In ihren eigenen Briefen sprechen die Rebellen es offen aus, daß die größte Sicherstellung der Religionsfreiheit ihnen nicht genügt, sondern daß wir mit Gewalt durch den Staatsrath beherrscht werden sollen, den es ihnen gefallen wird, für uns zu ernennen. Das ist keinem unserer königlichen Vorgänger, ja nicht einmal einem Regenten zugemuthet worden. Der Fürst oder wer ihn vertrat, wählte den Staatsrath selbst aus denen, die er für die Geeignetsten hielt. Als wir selbst noch jünger waren, bei unserer Ankunft in diesem Reiche, hatten wir die Wahl des Staatsraths nach unserm Wohlgefallen, und sollen jetzt, da wir großjährig sind, zurückgebracht werden in die Lage eines Minderjährigen und unter Vormundschaft gesetzt? So lange als die Rebellen den Rath mit uns theilten, war auch nie die Rede davon; jetzt aber, da es ihnen nicht länger gestattet werden kann, Alles nach ihren Gelüsten zu thun, möchten sie uns einen Zaum in den Mund legen und uns einen Staatsrath nach ihrem Geschmacke geben; gerade herausgesagt, sie selbst möchten König sein, uns den leeren Titel lassen und den Gebrauch und die Verwaltung des Königreiches für sich selbst behalten.«

Diese Proclamation wirkte. Die Waffenfähigen sammelten sich immer zahlreicher um Maria; sie konnte es wagen, sich den Grenzen zu nähern, und Murray, hart verfolgt, sah seine Truppen sich zerstreuen. Mit einigen seiner Freunde flüchtete er nach England, wo Elisabeth, untreu auch gegen ihn, ihm zwar ein Asyl eröffnete, aber nur nach vielfachen Verhandlungen sich dazu entschloß, ihn vor sich zu lassen, und ihn nöthigte, in ihrer Gegenwart vor dem französischen und spanischen Gesandten zu erklären, daß weder sie selbst, noch sonst Jemand in ihrem Namen, ihn jemals gegen die Königinn von Schottland aufgereizt oder ihm den geringsten Beistand geleistet habe.

Während dessen hatte Maria, als Aufseher der Grenze im Süden Bothwell zurückgelassen und sich nach Edinburg gewendet, wo neue, schwerere Kämpfe sich ihr vorbereiteten, nachdem sie der Empörung Herr geworden. Darnley war nämlich nur wenige Wochen Maria's Gatte gewesen, als sie es einsehen mußte, daß ihre Wahl mindestens für ihr persönliches Glück keine heilsame gewesen sei. Darnley's Schönheit und Anmuth, sein Geist und seine Bildung verbargen unter ihrer blendenden Hülle eine Herrschsucht, die sich bis auf Kleinigkeiten erstreckte und durch keine Rücksicht auf die gefährliche Lage des Landes und der Königinn in Schranken zu halten war. Dabei zeigte er sich ausschweifend in allen Genüssen, und so maßlos im Trinken, daß er berauscht einst die Königinn, bei einem Bankett der Bürgerschaft, in so gröblicher Weise beleidigte, daß sie in Thränen den Festsaal verließ. Indeß diese Kränkungen des Weibes und der Gattinn würde Maria's Liebe vielleicht ertragen, vielleicht zu überwinden versucht haben; anders war es mit seinem Streben nach der absoluten Herrschaft. Maria hatte in der Wärme ihrer Zuneigung für Darnley ihn zum Könige ernannt und ihm den wesentlichsten Einfluß auf ihre Handlungen zugestanden. Sein Name ward mit dem ihren, bald vor bald nach demselben, unter alle Actenstücke unterzeichnet; das aber genügte Darnley nicht und er bestürmte Maria, ihm die matrimonial-crown zu verleihen. Mit dieser Krone wären ihm während ihrer Lebzeit ihr Rang, ihre Rechte und der ganze Besitz ihrer Macht übertragen worden, wie eine Frau höheren Ranges sie auf einen Edelmann geringeren Ranges nach dem Gesetze übertragen konnte. Darnley jedoch verlangte außerdem, daß ihm auch nach Maria's Tode die Herrschaft zugesichert werden sollte, falls Maria ohne Kinder stürbe. Zu allen diesen Schritten hätte es jedenfalls der Zustimmung des Parlaments bedurft, aber wie konnte Maria daran denken, diese Zustimmung zu fordern, seit sie Darnley's Charakter kannte? Wie hätte sie das Loos des Reiches oder ihr eigenes seinen Händen anvertrauen dürfen?

Je entschiedener Maria sich also Darnley's Ansprüchen widersetzte, um so heftiger ward sein Streben, und er versuchte durch den Beistand des Adels zu erlangen, was die Königinn ihm verweigerte, indem er die Edelleute und Rizzio, die ihm bei seiner Vermählung förderlich gewesen waren, in sein Interesse zu ziehen versuchte. Bei dem Adel hatte er ein leichtes Spiel.

Unter einander in beständigem Kampfe, fanden die schottischen Parteihäupter sich augenblicks zusammen, sobald es galt, die Macht der Krone zu schwächen, und auch jetzt, wo sie Murray und seine Anhänger aus England zurückzuhaben wünschten, um eine starke Majorität in dem bevorstehenden Parlamente für sich zu gewinnen, sagten sie Darnley ihren Beistand zu, wenn er dafür die Begnadigung und Zurückberufung der Rebellen erwirken wolle. Rizzio allein, der Königinn zu treu ergeben, um Darnley als ihren Herrn sehen zu wollen, war weder durch des Königs Drohungen, noch durch Morton's Einflüsterungen oder Murray's versuchte Bestechung für Darnley zu bestimmen und in seiner Treue gegen Maria wankend zu machen. Das legte den Grund zu seinem Tode. Darnley aber ging mit den Lords einen Tractat ein, nach welchem sie Jeden entfernen, bestrafen und verfolgen wollten, der sich der Rückberufung der Lords widersetzte, der eine Untersuchung oder Strafe für sie beanspruchte, wie sie auch Jeden verbannen, gefangen nehmen oder tödten wollten, der sich Darnley's Absichten auf die matrimonial-crown entgegenstellte. Dieser Tractat enthielt den entschiedensten Hochverrath und war in seinem zweiten Theile wesentlich gegen die unglückliche Königinn selbst, oder gegen Rizzio gerichtet. Daß Maria freiwillig niemals ihre Einwilligung dazu geben würde, die Untersuchung gegen die Rebellen niederzuschlagen, über welche das bevorstehende Parlament zu entscheiden hatte, davon waren alle Verschworenen überzeugt; ebenso sehr, daß sie das Parlament nicht freiwillig prorogiren werde. Es blieb also nur die Möglichkeit, unter dem Vorwande, daß man für die Sicherheit der Königinn besorgt sei, sich ihrer zu bemächtigen, Darnley mit der höchsten Gewalt zu belehnen und das Parlament zu prorogiren, oder zu Gunsten der Verbannten einzuschüchtern. Aber selbst für diese Gewaltmaßregel bedurfte man den Anschein eines vernünftigen Grundes, eines Grundes, weshalb man für die Königinn besorgt erscheinen konnte. Man kam also überein, Rizzio als einen Günstling des Papstes zu bezeichnen, seinen Einfluß auf die Königinn als dem Wohl des Landes entgegen darzustellen, die Königinn gefangen zu nehmen, um sie von Rizzio zu trennen, und diesen, der bei den Protestanten unbeliebt war, nöthigen Falls zu opfern. So ward die Katastrophe vorbereitet, die am 9. März, drei Tage, ehe der Prozeß der Verbannten vor dem Parlamente beginnen sollte, zur Ausführung kam.

An dem Abend dieses Tages versammelten die Verschworenen sich wohl bewaffnet, mit einem Gefolge von mehreren hundert Mann in der Nähe von Holyrood. Lord Morton, der das Unternehmen anführte und Lordgroßkanzler des Königreichs war, ließ ihnen ohne Schwierigkeit die Thore des in der Ebene gelegenen Schlosses öffnen, deren Bewachung er versprach. Durch die Kirche nahmen sie auf den Seitentreppen, die noch vorhanden sind, ihren Weg nach den Zimmern der Königinn.

Maria war sorglos mit ihrer natürlichen Schwester, der Gräfin von Argyle, deren Mann zu den Verschworenen gehörte, mit ihrem Bruder Robert Stuart und mit Rizzio bei Tisch, während ihr Haushofmeister Beaton und ein Paar andere Diener die Aufwartung besorgten. Sie befanden sich in dem kleinen Cabinet hinter dem Schlafgemach der Königinn, das kaum zwölf Quadratfuß groß, nur eine Ausgangsthür in das Schlafgemach selbst hatte. Gegen acht Uhr kam Darnley durch eine kleine Tapetenthür, welche mittelst einer verborgenen Treppe aus seinem Zimmer in das Schlafgemach der Königinn führte, in das Cabinet, um sich zu überzeugen, ob irgend Etwas das Vorhaben hindere. Er fand Alles ruhig, und zu seiner Zufriedenheit Rizzio bei der Königinn, der, in hohem Grade kränklich, den Pallast überhaupt nur selten verließ. Er hatte ein loses Hauskleid von Damast mit Pelz verbrämt an, ein Atlaswamms, eine Hose von Sammet und ein reiches Juwel am Halse, das nach seinem Tode nicht wiedergefunden wurde.

Nachdem der König lange genug in den Zimmern geblieben war, um die Verschworenen über die Forträumung aller möglichen Hindernisse zu beruhigen, folgten sie ihm auf dem Wege den er selbst gekommen war; an ihrer Spitze Georges Douglas, der Bastardbruder von Murray's Mutter, ein Mensch von den ausschweifendsten Sitten. Neben ihm der 46jährige rohe und wüste Lord Ruthven, der, bleich und mager wie ein Gespenst, eben erst von schwerem Krankenlager erstanden war. Da er es übernommen hatte, die Bewegungen der Verschworenen zu leiten und den Angriff zu machen, trug er eine völlige Rüstung unter seinem Hofkleide.

Diese Männer, gefolgt von so Vielen, als das Cabinet fassen konnte, stürmten plötzlich hinein, während etwa vierzig Andre in der Schlafstube zurückblieben. Ruthven mit seiner schweren, klappernden Rüstung auf der langen, erschöpften Gestalt, bleich und entsetzlich anzuschauen wie eine wandelnde Leiche, warf sich ohne Umstände in einen Sessel. Die Königinn, mit empörtem Erstaunen auffahrend, fragte ihn: »Was bedeutet diese Unverschämtheit? Ihr seht aus, als führtet Ihr Böses im Schilde?« Ruthven wendete seine hohlen Augen auf Rizzio und antwortete, »daß er es nur mit dem Schurken zu thun habe, der neben ihm stände.« Rizzio verlor darüber seine Fassung, aber Maria nicht. Mit der ihr eignen Selbstbeherrschung forderte sie von Darnley, sie gegen diese Beleidigung zu schützen. Als sie jedoch bemerkte, daß ihr Gatte ein theilnamloser Zuschauer zu bleiben beabsichtigte, befahl sie Ruthven bei Strafe des Hochverraths die Gemächer zu verlassen, und verhieß, wenn wirklich ein Grund zu einer Klage gegen Rizzio vorhanden sei, so solle das Parlament sie untersuchen. Indeß noch während sie sprach, ward Rizzio mit den beleidigendsten Schmähungen von Ruthven überhäuft, so daß er fast besinnungslos seinen Dolch zog, und »Gerechtigkeit, Gerechtigkeit« rufend, sich hinter Maria flüchtete, deren Gewänder er mit seiner Hand erfaßt hielt. In diesem Augenblicke warfen die Verschworenen sich über ihn. Maria's Leben selbst war gefährdet, Ruthven rief Darnley zu, die Königinn in die Arme zu nehmen und zu entfernen, Maria's Dienerschaft versuchte den Lord hinauszubringen, sein Gefolge stürzte herein, der Eßtisch ward umgeworfen, die Speisen und Teller fielen klappernd zur Erde, und hätte nicht die Gräfinn Argyle eine der Kerzen ergriffen und in die Höhe gehalten, so würde in der Dunkelheit und in dem engen Raume, in welchem die Kämpfenden aufeinander gekeilt waren, wahrscheinlich die Königinn selbst das Opfer dieses Attentates geworden sein. Schwerter und Dolche waren bereits aus den Scheiden und die Pistolen gegen Rizzio und die Königinn gerichtet gewesen, aber noch kein Stoß geschehen, als Douglas Darnley's Dolch von dessen Seite riß und über Maria's Schulter, die es nicht bemerkte, nach Rizzio stach. Dann ward der Unglückliche durch das Schlafzimmer in den Empfangsaal geschleppt, wo er aus sechsundfünfzig Wunden blutend, sterbend zurückgelassen wurde.

Während dieses in den Gemächern der Königinn vorging, versuchte Morton sich der in Holyrood wohnenden Anhänger der Königinn zu bemächtigen, welche sich der Zurückberufung der Verbannten widersetzt hatten. Aber es gelang diesen in die Wohnung des Provost von Edinburg zu entkommen, den sie von dem Vorfalle in Kenntniß setzten. Augenblicklich wurden die Sturmglocken in der Stadt geläutet, und der Provost mit sechshundert Bürgern begab sich nach Holyrood, wo er die Königinn zu sehen und durch sie selbst über ihre Sicherheit beruhigt zu werden verlangte. Indeß nur Darnley erschien am Fenster. Er erklärte, daß er und die Königinn wohl wären, daß sie keines Beistandes bedürften, und befahl den Bürgern sich zurückzuziehen. Nachdem dies geschehen und eine momentane Stille eingetreten war, erfolgte eine heftige Scene zwischen den Gatten, deren Bitterkeit durch Ruthven's Rohheit noch gesteigert wurde. Mit Händen, die er in Rizzio's Blut getaucht, war Ruthven in das Zimmer der Königinn zurückgekehrt, hatte sich auf einen Stuhl geworfen, einen Becher Wein verlangt und ihn bis auf die Neige ausgetrunken, während die Königinn neben ihm stand. Erst als er bemerkte, daß Maria, die ihrer Entbindung nahe war, ohnmächtig zusammenbrach, schlug er dem König vor, das Zimmer zu verlassen und nur die Ausgänge mit Wachen zu besetzen. Maria schrieb später ihrem Gesandten in Frankreich: »Wir wurden von den Verräthern furchtbar bedroht, die uns ins Gesicht erklärten, daß sie uns in Stücke hauen und von den Wällen hinabwerfen würden, wenn wir es wagten, zu dem Stadtvolke zu sprechen. Die ganze Nacht wurden wir in unserm Cabinet gefangen gehalten, und es ward uns kaum der Verkehr mit unserer Kammerfrau gestattet.«

Am nächsten Morgen, obschon es ein Sonntag war, prorogirte man ohne Zustimmung der Königinn das Parlament, ertheilte allen weltlichen und geistlichen Lords, die bereits dazu angekommen waren, den Befehl, Edinburg zu verlassen, und schon am Abende trafen die Verbannten aus England ein. Nun entstand die Frage, was man mit der Königinn beginnen solle? Sie freizugeben trug man Bedenken aus Furcht vor ihrer Rache; sie dauernd gefangen zu halten, gab es keinen Grund vor dem Volke, abgesehen davon, daß Darnley das Geschehene bereute und sich von Mitleid und Liebe für sein schönes Weib, für die Mutter seines Kindes ergriffen fühlte. Er selbst forderte also Maria's Freiheit und versprach, von ihr eine schriftliche Verzeihung für das eben Geschehene, sowie für die heimgekehrten Lords zu erwirken. Dieser Vorschlag wurde, obschon widerstrebend, angenommen. Montag Abend schloß man den neuen Pact und die Mörder Rizzio's, sowie Murray und seine Anhänger, verließen Holyrood.

Sobald Maria sich mit Darnley allein sah, hielt sie ihm das schwere Unrecht vor, sich mit ihren Gegnern zu vereinen. Was die Kraft und Würde einer beleidigten Königinn, was die gekränkte Liebe des Weibes Schmerzliches und Zärtliches zu sagen wußten, ward von ihr aufgeboten. Darnley ward erschüttert; er bat um ihre Vergebung. Er leugnete es ab, daß er sich gegen sie verbunden, und da sie von seinem Antheil an Rizzio's Tode nicht unterrichtet sein konnte, gelang es ihm, ihr den Glauben zu geben, daß er diesen Mord weder verschuldet, noch gewollt, oder nur die Absicht der Andern geahnt habe, Rizzio zu tödten. Leicht zum Glauben an fremde Wahrhaftigkeit, noch leichter geneigt einem geliebten Manne zu verzeihen, ließ Maria sich gern beruhigen. Im Vertrauen auf Darnley sagte sie ihm, daß Huntley, Bothwell und ihre übrigen Getreuen bereit wären, für sie die Waffen zu ergreifen, und noch in derselben Nacht willigte Darnley ein, mit der Königinn nach Dunbar zu fliehen.

In wenigen Tagen sah sich Maria, zu der mehr als die Hälfte ihres Adels gestoßen war, abermals an der Spitze eines Heeres. Die Verschwörer, von Darnley verlassen, vom Volke nicht unterstützt, von Maria's Versprechen, der Partei Murray's zu verzeihen und nur die Mörder Rizzio's zu bestrafen, untereinander gespalten, waren nicht fähig, ihr Widerstand zu leisten, und zerstreueten sich bald. Nach einem fünftägigen Verweilen in Dunbar, kehrte die Königinn, von Murray und ihren alten Anhängern gefolgt, nach Edinburg zurück, wo das Volk sie mit freudiger Liebe empfing, während Morton, Ruthven und die andern Mörder Rizzio's nach England flohen.

Indeß, trotz der augenblicklichen Beruhigung, kehrte kein voller Friede mehr in das Herz Maria's ein. Der Verrath ihres Bruders Murray und ihres Schwagers Argyle fingen an, ihr das Zutrauen zu den Menschen zu nehmen. Ungeachtet Darnley's in einer Proclamation ausgesprochenen Versicherungen des Gegentheils, beängstigte der immer wiederkehrende Gedanke, Darnley müsse ein Theilnehmer an Rizzio's Ermordung gewesen sein, sie fort und fort. Auch war die Wahrheit dieser Thatsache zu Vielen bekannt, als daß sie der Königinn lange verborgen bleiben konnte. Schon am 4. April schrieb Randolph an Lord Burleigh: »die Königinn hat alle Schriftstücke und Verträge zwischen dem König und den Lords gesehen, und findet nun, daß seine Erklärung, unschuldig zu sein an Rizzio's Tode, eine Lüge gewesen ist. Sie scheint schmerzlich beleidigt zu sein, daß er durch solche Mittel die crown-matrimonial zu erlangen getrachtet hat.« — Zu gleicher Zeit sagte Maria in einem Briefe an eine ihrer weiblichen Verwandten in Frankreich: »Es wird Sie schmerzen zu hören, wie gänzlich mein Charakter sich in sehr kurzer Zeit verändert hat. Aus einer leicht befriedigten, die Sorgen verscheuchenden Sterblichen, bin ich zu einer von beständigen Beunruhigungen und Widersprüchen gequälten Natur geworden,« und der ihr ergebene James Melvill bemerkt: »Sie ist traurig und schwermüthig seit der letzten elenden, in ihrer Gegenwart verübten That; man hört sie oft so tief seufzen, daß es ein Jammer zu hören ist, und nur zu Wenige denken daran, sie zu trösten.«

Ihr Unglück noch zu steigern, hatte Darnley's Charakter sich nach dem Scheitern seiner ehrgeizigen Plane zu einer krankhaften Reizbarkeit ausgebildet. Er hörte nicht auf, sich gegen Maria darüber zu beklagen, daß ihm am Hofe nicht die nöthige Rücksicht bewiesen werde, daß er sich mißachtet und gehaßt fühle. So wenig sein Empfinden ihn in diesem Punkte täuschte, so lag der Grund seiner Unbeliebtheit nicht in der Königinn, sondern in ihm selbst. Zwischen Darnley und Murray hatte immer ein Haß bestanden, weil Murray sich Darnley's Verheirathung widersetzt hatte; indem Darnley sich mit Morton gegen Huntley und Bothwell, die Anhänger der Königinn, verbunden, waren die Letztern seine Feinde geworden; und durch die Leichtigkeit, mit der er Morton und dessen Partei fallen lassen, hatte er das Zutrauen derjenigen eingebüßt, die bis dahin geneigt gewesen waren, sich mit ihm zu gesellen. So von allen Seiten mit Mißtrauen behandelt, drang er in die Königinn ihren Staatsrath und ihren Hofhalt zu entlassen, und sie mit andern Personen zu besetzen, ohne daß sie bei der Lage des Landes im Stande gewesen wäre, diesem seinem Verlangen zu willfahren. Sie selbst aber bewies ihm fortwährend die größte Rücksicht, sie hörte nicht auf, ihn mit Beweisen ihrer Liebe zu überhäufen, um dadurch wo möglich ein besseres Verhältniß zwischen ihm und ihrer Umgebung her-

25*

zustellen, indeß ihre Bemühungen blieben ohne Erfolg.

Unter solchen Verhältnissen kam die Zeit ihrer Entbindung heran, die sie auf den Wunsch des Staatsraths in Edingburgh Castle erwarten sollte, wo sie in Gesellschaft von Darnley, Murray, Bothwell und Andern, den April und Mai verlebte. Aber selbst diese Zeit wurde durch Streitigkeiten zwischen den Parteien beunruhigt. Huntley und Bothwell konnten sich nicht mit dem Gedanken von Murray's Zurückberufung aussöhnen, weniger noch mit dem Einfluß, den er bald wieder über die Handlungen seiner königlichen Schwester gewonnen hatte. Sie mißbilligten seine und Argyle's Anwesenheit im Schlosse, und man ging so weit, Maria vor einer Verschwörung zu warnen, in der man sich ihrer und des Kindes zu bemächtigen und Murray als den Vormund des Letztern zum Regenten auszurufen gedenke. Dennoch behielt Maria's Glaube an die Ihrigen auch jetzt wieder den Sieg, und am 19. Juni 1566 ward sie in Gegenwart ihrer ganzen Familie von einem Sohne entbunden, welches Ereigniß mit der größten Freude begrüßt ward. Der ganze Adel und die Bürgerschaft der Stadt begaben sich in Procession nach der Hauptkirche, Gott dafür zu danken, daß dem Lande ein Erbe geboren und somit dem Ehrgeiz der kämpfenden Großen anscheinend ein Ziel gesetzt sei.

Sobald Maria genesen war, beschloß sie, zu ihrer Erholung ein Landgut des Earl's von Mar zu besuchen, unter dessen Obhut der junge Prinz in Edinburg zurückbleiben sollte. Noch vor ihrer Abreise trafen Abgeordnete der Generalassembly ein, die Königinn zur Erziehung des Prinzen im protestantischen Glauben zu bestimmen, welche dieser Bitte eine unbestimmte Antwort entgegnete. Aber immer bemüht, ausgleichend und versöhnend zu wirken, legte sie selbst das Kind mehreren protestantischen Geistlichen in die Arme und ließ es geschehen, daß protestantische Gebete über den Prinzen ausgesprochen wurden. Danach begann sie ihre Reise und ging, zum Reiten noch zu schwach, von Murray, Bothwell und anderen Edelleuten begleitet, in Newhaven bei Edinburg zu Schiff, um den Landsitz des Earl von Mar zu Wasser zu erreichen, während Darnley ihr zu Lande folgte. So lange sie in dem Schlosse verweilte, verließen sie weder Darnley noch Murray, und Beide kehrten mit ihr am 20. August nach Edinburg zurück, während Bothwell als Gouverneur der Grenze auf seinen Posten abgegangen war.

Alle diese Thatsachen verdienen Erwähnung, weil sie Licht über die Unwahrscheinlichkeit der Behauptung verbreiten, daß Maria, die eine strafbare Liebe für Rizzio gehegt haben soll, schon drei Monate nach dessem Tode eine ebenso heftige Leidenschaft für Bothwell empfunden, während sie doch gerade in dieser Zeit ihrem ersten Kinde, dem Kinde eines Mannes das Leben gegeben hatte, den sie zehn Monate früher aus wirklicher Liebe geheirathet. Es liegt darin etwas Unnatürliches, dem ganzen Wesen einer Frau Widersprechendes, die Keiner ihrer Zeitgenossen der Rohheit zu beschuldigen gewagt hat. Auch die Behauptung, daß Maria sowohl vor ihrer Entbindung, als zwei oder drei Monate nach derselben beständig mit Bothwell allein zusammen gewesen sei, fällt in ein Nichts zusammen, da thatsächlich auf den Wunsch der Königinn, Murray und Darnley, Bothwell's entschiedenste Gegner, in dieser Zeit ihre beständigen Gefährten gewesen sind, und Bothwell selbst gleich nach ihrer Entbindung in einen entfernten Theil des Reichs gehen mußte. Dazu hatte Bothwell sich im Februar desselben Jahres mit einer Schwester seines Freundes Huntley, Lady Jane Gordon, in Maria's Gegenwart in Holyrood verheirathet, und es spricht in keinem der glaubwürdigen Documente irgend Etwas, weder für ein Liebesverhältniß zwischen Bothwell und der Königinn, noch für persönliche Mißhelligkeiten zwischen ihr und ihrem Gemahle grade in dieser Zeit.

Vom Schlosse des Grafen Mar hatten Maria und Darnley sich nach Stirling, dem Aufenthalt des jungen Prinzen begeben, wo sie bis zum 11. September verweilten, an welchem Tage Maria sich durch ihre Geschäfte genöthigt sah, nach Edinburg zurückzukehren. Da aber Darnley nicht mit den ihm verhaßten Personen des Staatsraths zusammen zu kommen wünschte, ließ sie den ihr sehr ergebenen französischen Gesandten Le Croq bei ihrem Gatten zurück. Sie besuchte ihn mehrmals in Stirling, und erhielt dann, nachdem sie im besten Einvernehmen von einander geschieden waren, ganz plötzlich einen Brief des Earl von Lenox, der ihr meldete, daß Darnley, der sich dem Adel und dem Staatsrath gegenüber unbehaglich im Vaterlande fühle, auf den Kontinent zu gehen wünsche. Lenox selbst und Le Croq hätten versucht ihn von diesem Vorhaben abzubringen, aber Darnley bestehe auf seinem Entschluß.

Die Königinn befand sich im Staatsrathe als der Brief in ihre Hände kam. Tief betroffen legte sie ihn augenblicklich den versammelten Räthen vor, als wider alles Erwarten Darnley plötzlich in Holyrood eintraf, sich jedoch weigerte, den Palast zu betreten, ehe der Staatsrath ihn verlassen haben würde. Darnley zu besänftigen, verließ die Königinn den Sitzungssaal und ging selbst hinab, ihren Gatten in ihre Gemächer zu führen, in welchen er, ohne mit den Personen zusammenzukommen, die er vermeiden wollte, bis zum folgenden Abende verweilte. Alles, was die liebevollste Theilnahme thun, die Vernunft aufbieten konnte, Darnley zum Bleiben in Schottland zu bewegen, ward von der Königinn versucht. »Sie bat ihn um Gotteswillen, ihr zu sagen, ob sie selbst ihm jemals Anlaß zur Unzufriedenheit gegeben habe? Sollte es gegen ihre Absicht geschehen sein, so sei sie bereit, es abzubitten; und wenn er sich über einen Unterthan des Reiches, über wen es auch sei, mit Recht zu beschweren hätte, so solle ihm augenblicklich Genugthuung zu Theil werden.«

Diese Vorstellungen blieben fruchtlos. Obschon Darnley auf das Bestimmteste erklärte, daß er der Königinn selbst keinen Vorwurf irgend einer Art zu machen habe, verweigerte er ebenso bestimmt, sich über den andern Punkt auszusprechen, und verließ, wahrscheinlich in der Hoffnung sie dadurch zum Nachgeben zu bewegen, Maria mit den drohenden Worten: »Leben Sie wohl, Sie sollen mein Gesicht sobald nicht wieder sehen.« Dieser Trennung folgten mehrere Briefe, in denen Darnley sich wiederholt bei der Königinn über den Adel beschwerte; andere in denen sie ihn mit Gründen der Liebe und der Vernunft zu beruhigen suchte. Die Hauptsache aber war, daß er, wenn auch fern vom Hofe lebend, Schottland nicht verließ. Die Königinn sah das mit Freuden, weil sie die Hoffnung einer Ausgleichung darauf baute; Darnley aber verfolgte tiefere Zwecke. Charakterlos und schwach, wie er es war, bewies er nur in dem einen Entschlusse, sich die Herrschaft anzueignen, eine feste Ausdauer. Er hatte schon seit längerer Zeit sich mit dem Papste und den Königen von Frankreich und Spanien in Verbindung gesetzt, ihnen Schilderungen über den gefährlichen Zustand des Landes gemacht, die Nothwendigkeit einer anderen Regierungsweise dargethan und sich erboten, das Land wieder für die katholische Kirche zu gewinnen, wenn sie ihm in der Erreichung seiner Pläne förderlich sein wollten. Der letzte dieser Briefe fiel in die Hände der Königinn, die seine Absendung zu verhindern wußte, aber das Leid nicht verschmerzen konnte, das ihr damit geschah.

Gleich nachdem Darnley Edinburg verlassen

hatte, um zu seinem Vater nach Glasgow zu gehen, sah die Königinn sich genöthigt, sich nach Südschottland zu begeben, um in Jedburg und Liddesdale die Assisen abhalten zu lassen. In Jedburg am 10. October angelangt, erfuhr sie, daß Bothwell, der die Anordnungen für die Sitzungen zu machen hatte, in einem Aufstand der Grenzbewohner gefährlich verwundet worden war. Die Assisen währten bis zum 15., und am 16. machte Maria von einem großen Theil ihres Gefolges begleitet, einen Ritt nach dem achtzehn englische Meilen von Jedburg gelegenen Schlosse Hermitage, wo Bothwell noch an seiner Wunde daniederlag. Dort verweilte sie eine Stunde, ihm ihre Theilnahme zu bezeigen, und kehrte noch an demselben Abende nach Jedburg zurück. — Auch diese Thatsachen werden in jener Biographie genau detaillirt, weil sie das Verhältniß Maria's zu Bothwell betreffen.

Den Tag nach ihrer Rückkehr nach Jedburg erkrankte Maria an einem heftigen Fieber, das mit Ohnmachten und Starrkrämpfen abwechselte, welche oftmals mehr als drei Stunden dauerten. Zehn Tage blieb sie in dieser Lebensgefahr; und da sie ihren Zustand selbst als gefährlich beurtheilte, hatte sie Murray, Huntley, Rothes, die mit ihr waren, und den am 24. eingetroffenen Bothwell vor ihr Lager rufen lassen, ihnen das Schicksal ihres Sohnes ans Herz zu legen. Sie beschwor sie, »alle Personen von ihm fern zu halten, die seine Sitten oder seinen Charakter verderben könnten,« empfahl ihnen Eintracht, die strengste Aufrechterhaltung der Religionsfreiheit, eine liebevolle Fürsorge für ihre Dienerschaft, und bat schließlich mit großer Ruhe, daß man für sie beten und ihrer im Guten gedenken möge.

Von der gefährlichen Krankheit der Königinn unterrichtet, langte Darnley den 28. October bei ihr an, ihr selbst erwünscht, ihren Räthen im höchsten Grade unwillkommen. Starb Maria in Darnley's Anwesenheit, so hatte er die nächsten Anrechte, im Namen seines Sohnes die Regentschaft zu begehren; war Darnley beim Tode der Königinn nicht zugegen, so konnte man mit Leichtigkeit behaupten, daß der mündlich ausgesprochene Wille der Königinn ihm die Regentschaft entzogen und dem Staatsrathe anvertraut habe. Darnley ward daher mit einer auffallenden Kälte von den Lords empfangen und alles Mögliche gethan, ihn gegen Maria einzunehmen, wie man sich auf der andern Seite bemühte, der Königinn seine Ankunft zu verdächtigen. Entschlossen, sich Darnley's auf jede Weise zu entledigen, war bei der Kenntniß, welche sie von seinem Charakter hatten, ein rücksichtsloses Betragen, das die noch immer kranke Königinn nicht zu hindern vermochte, das sicherste Mittel dazu, und wirklich verließ Darnley schon nach vierundzwanzig Stunden die Stadt, in der die Königinn bis zum 9. November verweilen mußte. In kleinen Tagereisen traf sie am 20. in Craigmillar ein, wo ein Rückfall sie abermals drei Wochen festhielt, während welcher Zeit der ganze Staatsrath beständig in ihrer Nähe blieb.

Mit dem vollen Gefühl ihrer Freundlosigkeit erstand die Königinn von dieser Krankheit. Weder ihr Gatte noch ihre Brüder, noch irgend Einer der Räthe flößten ihr das geringste Zutrauen ein. Der Staatsrath entbehrte eines Premierministers, und Bothwell, der gegen die Königinn persönlich wenigstens keine Untreue begangen hatte, mochte fühlen, daß der Augenblick für seine kühnen und unternehmenden Pläne gekommen sei. Obschon er der Königinn durch sein ganzes Wesen nicht zusagend war, wußte er ihre gänzliche Hilf- und Rathlosigkeit für sich zu nutzen und als Staatsmann ihr Zutrauen zu gewinnen, während er seine früheren Streitigkeiten mit Murray auszugleichen suchte, um mit ihm und den andern Edelleuten ein Schutz-

und Trutzbündniß gegen Darnley einzugehen. Er fand Murray sehr bereit dazu, und als erste gemeinsame Handlung verabredete man, der Königinn eine Scheidung von Darnley anzurathen.

Maria's tiefe Niedergeschlagenheit bot den erwünschtesten Anknüpfungspunkt für diesen Vorschlag. Le Croq schrieb Ende November: »Die Königinn ist noch immer in der Behandlung der Aerzte und keineswegs wohl; ich glaube, der Hauptgrund ihres Leidens sind Kummer und Sorgen, die man sie nicht vergessen machen kann. Man hat sie mehrmals aussprechen hören: Ich wollte, ich wäre todt.« Und Melvill berichtete gleichzeitig: »Man hört die Königinn oft tief seufzen, und ich sah, daß weder Mylord Murray, noch Mylord Mar sie bewegen konnten, Speise zu sich zu nehmen. Dazu hat sie mehr als schlimme Gesellschaft in dieser Zeit, denn der Earl von Bothwell hat sein eigenes Ziel, auf das er losgeht.«

Noch in Craigmillar unternahm es Lord Lethington, einer der Bündler, der vortrefflich sprach, in Gegenwart der andern Lords der Königinn den Rath zur Scheidung zu ertheilen, weil »Mylord Darnley durch den Kummer und die Beleidigung, welche er der Königinn zugefügt, sich der Ehre unwürdig zeige, die sie ihm erwiesen habe, weil er alle Edelleute quäle und weil er nicht eher rasten werde, bis er der Königinn irgend einen schlimmen Dienst geleistet, den ungeschehen zu machen, sie leicht unmöglich finden würde.« Die Zustimmung des Parlaments zu dieser Scheidung erbot man sich zu verschaffen, wenn die Königinn sich zur Zurückberufung Morton's und der übrigen Mörder Rizzio's entschließen wolle, um sich die Majorität im Parlament zu versichern.

Aber wider ihr Erwarten fanden die Lords in Maria eine entschiedene Abneigung gegen diesen Rath. Sie erklärte, »daß für sie eine gesetzliche Scheidung bei ihren Religionsbegriffen nicht möglich sei, ohne daß sie ihre Ehe mit Darnley für null und nichtig erklären lasse, daß sie durch einen solchen Schritt aber ihren Sohn benachtheiligen würde, und daß sie fest entschlossen sei, lieber jede Qual zu erdulden, als ihren Sohn zu beeinträchtigen.« Bothwell's Einwendung, daß auch seine Eltern geschieden gewesen wären, ohne daß es ihm einen Nachtheil zugezogen, fand ebensowenig Anklang. »Ich will nicht, daß Ihr Etwas thut,« entgegnete die Königinn, »wodurch ein Fleck auf meine Ehre oder mein Gewissen geworfen würde; und so bitte ich Euch, laßt die Sache, wie sie ist, bis Gott uns Hilfe sendet.

Wovon Ihr glaubt, daß es mir dienen könnte, das würde leicht möglich zu meinem Schaden und Mißvergnügen ausfallen.« Sie fühle sich aber so krank, fuhr sie danach fort, daß sie daran denke, zu ihrer Herstellung sich eine Zeitlang in den Kreis ihrer Familie nach Frankreich zu begeben und dort zu verweilen, bis ihr Gatte seinen Irrthum eingesehen, und sich mit den Verhältnissen ausgesöhnt haben würde.

Mit diesem Bescheide wurden die Lords entlassen, und die Königinn verfügte sich nach Edinburg. Am 11. December ging sie von dort nach Stirling, wohin sämmtliche fremde Gesandten zur Taufe ihres Sohnes geladen waren. Darnley, der die Königinn in Craigmillar besucht und sich mit ihr zusammen nach Edinburg begeben hatte, war zwei Tage vor ihr in Stirling angelangt, um aber das Zusammentreffen mit dem Staatsrathe zu vermeiden, in einem Privathause abgestiegen. Erst Maria's persönliche Vorstellung, die Gesandten nicht zu Zeugen dieser Mißhelligkeiten zu machen, konnte ihn bewegen, in das Schloß zu ziehen. Indeß die Beharrlichkeit, mit der auf Elisabeth's ausdrücklichen Befehl der englische Gesandte und die anwesenden Engländer Darnley fortdauernd den Königstitel verweigerten, machten

Maria's Bestrebungen ihn zufrieden zu stellen, scheitern, und erbitterten ihn so sehr, daß er außer Le Croq und Maria Niemand sehen wollte. Er verließ seine Zimmer nicht und konnte nicht einmal bewogen werden, der Taufe seines Sohnes beizuwohnen. Auch die protestantischen Lords weigerten sich zur Taufe zu kommen, so daß nur die Katholiken und die fremden Gesandten bei derselben gegenwärtig waren. Dennoch »zeigte« nach einem Briefe Le Croq's »die Königinn so viel Bestreben, die Taufgesellschaft in bester Weise zu unterhalten, daß sie ihre Krankheit und Schwäche vergessen machte. Trotzdem,« fügte er hinzu, »fürchte ich, wird sie uns noch Kummer bereiten, wenn sie so sorgenvoll und melancholisch bleibt. Als ich gestern zu ihr kam, fand ich sie auf dem Bette liegend und bitterlich weinend. Ich bin selbst sehr bekümmert wegen aller der Unruhen und Hindernisse, mit denen sie zu kämpfen hat.«

Keiner der kleinsten Schmerzen für Maria war es, daß die Verbündeten sie durch ihre Vorstellungen zwangen, sämmtliche Mitschuldige des Rizzio'schen Attentats zurückzurufen, mit Ausnahme von Douglas, der zuerst nach Rizzio gestochen, und von Carr, welcher der Königinn mit der Pistole gedroht hatte. Sobald am Weihnachtsabend dieser

Gnadenakt unterzeichnet ward, begab sich Darnley von Stirling nach Glasgow, und kaum dort angelangt, verbreitete sich, begründet oder nicht, das Gerücht, Darnley wolle sich des jungen Prinzen bemächtigen, ihn krönen lassen und als sein Vater die Regentschaft übernehmen. Dies Gerücht, von den Verbündeten natürlich eifrig genährt, gab ihnen einen Vorwand gegen Darnley und diente dazu Bothwell's Pläne mehr und mehr zu reifen.

Eine Regentschaft, welche ihm leicht wieder entzogen werden konnte, reizte Bothwell nicht. Ihn verlangte nach dauernder Macht, nach der Krone selbst, und schon in dieser Zeit ward nicht nur Darnley's Tod von ihm beschlossen, sondern auch die Vorbereitung für die Schritte gemacht, welche nach Darnley's Tode Bothwell die Erlangung der Krone möglich werden ließen. Wollte man nicht Maria und den jungen Prinzen opfern, so war für ihn die Krone nur durch eine Heirath mit Maria zu gewinnen, dieser aber stand seine Ehe mit Lady Gordon entgegen, und er dachte an die Mittel, dieselbe trennen zu lassen, sobald ein solcher Schritt ihm nöthig scheinen werde. Mit Rücksicht darauf überredete Bothwell, der protestantische Lord, die Königinn zur Wiedereinsetzung der katholischen Consistorialhöfe, welche im Jahre 1560 abgeschafft worden, und seit deren Aufhebung die Ehescheidungen den gewöhnlichen Gerichten anheimgefallen waren.

Von ihrer Anhänglichkeit für den Katholicismus verleitet, ging Maria zum ersten Male inconsequent, in die ihr arglistig gelegte Falle. Sie führte die Consistorialhöfe wieder ein, ernannte den Erzbischof von St. Andrews, den Primas von Schottland, zum Chef des Consistoriums und sicherte damit Bothwell die Gunst der katholischen Partei, den Beistand des Bischofs, während sie selbst in ein Zerwürfniß mit der protestantischen Kirche gerieth, als deren Chef Murray augenblicklich Einspruch gegen diese Gesetzwidrigkeit that. Maria, schnell zur Besinnung gekommen, befahl die Einführung der Consistorialhöfe auszusetzen; die Verordnung selbst aber ward nicht widerrufen, später von Bothwell für rechtskräftig erklärt, und zu seinem Vortheil, wie zu Maria's Untergang benutzt.

Gleichzeitig mit diesen Vorgängen war Darnley in Glasgow an den Blattern erkrankt, und der englische Gesandte schrieb an Burleigh; »daß die Königinn ihm ihren eigenen Arzt gesendet habe, sobald sie von seinem Erkranken Nachricht erhalten.« Sie selbst ging, ohne an die Gefahr der Ansteckung für sich zu denken, augenblicklich nach Glasgow, als die Krankheit eine bedrohliche Wendung zu nehmen begann, und schrieb vor ihrer Abreise ihrem Gesandten nach Paris: »Was den König, Unsern Gatten, betrifft, so weiß Gott, wie Wir gegen ihn gesinnt sind; und so Gott will, soll Unser ganzes Verhalten immer der Art sein, daß Niemand Grund hat, sich davon gekränkt zu fühlen, oder Unser anders als ehrenvoll zu gedenken.«

In Glasgow angekommen fand sie Darnley in der Besserung, aber so schwach und leidend, daß ihre liebevolle Theilnahme dadurch erweckt ward. Auch Darnley bewies sich zärtlich gegen Maria, und da sie persönlich seine ganze Pflege übernahm, verlangte er, sobald seine Gesundheit es erlauben würde, sie nach Edinburg zu begleiten, was ihm freudig zugestanden wurde. Die Königinn verließ ihn während seiner Krankheit wenig, schlief aber in einem besondern Zimmer, sich nicht unnöthig der Ansteckung auszusetzen. Eben diese Furcht vor der Krankheit, welche doppelt gefährlich für den in Holyrood befindlichen kleinen Prinzen werden konnte, wie auch der Wunsch, Darnley an einem höher gelegenen Orte in reine Luft zu bringen, bewog die Aerzte zu dem Vorschlag, Darnley nicht in Holyrood wohnen zu lassen, und die Königinn ging um so leichter auf diesen Rath ein, als es ihr dadurch möglich wurde, ihrem Gatten jede Berührung mit den ihm mißliebigen Edelleuten zu ersparen. Sie selbst beauftragte von Glasgow aus ihren Sekretair Lord Maitland, sich in Edinburg nach einer schicklichen Wohnung für ihren Gatten umzusehen, und Jener, Einer der gegen Darnley Verschworenen, kam mit Bothwell dahin überein, ein Haus im Kirk of Field für ihn zu wählen, das ziemlich isolirt auf einem luftigen Platze am südlichen Ende Edinburgs gelegen war.

Am 27. Januar verließen Darnley und Maria Glasgow, und trafen den 30sten in der für Darnley bestimmten Wohnung ein. Sie enthielt im obern Stockwerk vier Gemächer, welche für Darnley schicklich eingerichtet waren; parterre war das Wirthschaftsgelaß und unter des Königs Schlafzimmer eine Schlafstube für die Königinn, in der sie die Nächte zubrachte, wenn sie nicht nach Holyrood zurückzukehren wünschte. Auch hier war Maria seine tägliche Gefährtinn; sie brachte ihre Sänger und Musiker von Holyrood zu Darnley, trug die größte Sorgfalt für den sich nur langsam Erholenden, und verließ ihn so wenig, daß sie sich nur dann und wann einen Spaziergang in dem benachbarten Garten des Dominikanerklosters gestattete. Während so das beste Verhältniß zwischen den Gatten waltete, hatte Bothwell untersucht, wie weit er auf Morton und Murray für die Ausführung seiner Pläne rechnen könne. Murray, der sich bereit erklärt, als man der Königinn in Craigmillar die Scheidung vorgeschlagen, bei allen dazu nöthigen Schritten durch die Finger zu sehen, und sich gegen Darnley verbündet hatte, zog sich, als er Bothwell's eigentliche Absichten erkannte und der Moment ihrer Ausführung näher rückte, von Edinburg zurück. Morton hingegen, dem Bothwell versicherte, daß die Königinn selbst den Tod ihres Gatten wünsche, verlangte darüber eine Handschrift von ihr selbst zu sehen, wenn er sich in diese Sache einlassen sollte. Beide Lords, wenn schon sie es ablehnten einen Antheil an dem Morde zu nehmen, thaten Nichts ihn zu verhindern, und Bothwell hoffte, sie würden bereit sein, sich mit ihm zu vereinigen, sobald der Mord geschehen war. Nur Robert Stuart, der jüngere Bruder der Königinn, gab Darnley eine Warnung drei Tage vor seiner Ermordung, und dieser säumte nicht Maria augenblicklich davon in Kenntniß zu setzen. Man ließ Lord Robert und Murray rufen, Maria verlangte in Gegenwart ihres

Gatten, daß Robert Stuart seine Angaben wiederholen und detailliren solle. Er leugnete aber, irgend eine solche Behauptung ausgesprochen zu haben. Es kam zu einem heftigen Streite zwischen ihm und Darnley. Auch Murray behauptete Nichts zu wissen und verließ den Abend vor dem zum Morde bestimmten Tage, unter dem Vorwande eines Familienereignisses die Stadt, unterwegs gegen einen seiner Diener aussprechend: »Lord Darnley wird den nächsten Morgen nicht erleben.«

So brach der 9. Februar 1567 heran. Noch acht und vierzig Stunden vorher war Bothwell nicht entschlossen gewesen, auf welche Weise er sich des Königs entledigen solle, hatte aber acht Männer niederen Standes zusammengebracht, auf deren Beistand er in jedem Falle rechnen konnte. Einen derselben, einen Franzosen, bekannt unter dem Spottnamen French Paris, der lange in seinen Diensten gewesen war, hatte er einige Zeit vorher der Königinn zum Kammerdiener zu empfehlen gewußt, um durch ihn Nachschlüssel zu dem Hause in Kirk of Field und zu den Zimmern der königlichen Gatten zu erhalten. Außerdem waren vier Lairds, Ormiston und sein Onkel, John Hepburn, und John Hay, alle Vier ruinirt in ihren Vermögensverhältnissen und gänzlich in Bothwells

Händen, ihm als Gehilfen verkauft. So lange er noch daran gedacht, den König durch Waffen um's Leben zu bringen, hatte er verlangt, daß Morton und Maitland ihm einige von ihren Leuten zur Hilfe geben sollten; indeß sie hatten es verweigert und Bothwell selbst den Plan aufgegeben, da beständig ein Diener in den Zimmern des Königs schlief und der Ausgang eines solchen Angriffs durch irgend einen Zufall fehl schlagen konnte. So hatte er sich endlich um sicher zu gehen, entschlossen, das ganze Haus in die Luft zu sprengen und auf diese Weise jede Spur der Thäter unter den Ruinen zu begraben. Da es aber nicht seine Absicht sein konnte, die Königinn zugleich mit Darnley das Opfer seines Ehrgeizes werden zu lassen, kam es darauf an, eine Nacht für die That zu wählen, welche die Königinn außer dem Hause ihres Gatten zubrachte. Bothwell erfuhr, daß Maria am Sonntag Abend der Hochzeit einer ihrer Kammerfrauen mit ihrem französischen Kammerdiener Sebastian, bei der man eine Maskerade in Holyrood aufzuführen vorhatte, beizuwohnen versprochen habe. Diese Nacht bestimmte er zu seinem Unternehmen. In der Dämmerung versammelte er seine Spiesgesellen und sagte ihnen, daß die Stunde gekommen sei. Er befahl ihnen sich gleich bereit zu halten, obschon er selbst genöthigt war, zwischen sieben und acht Uhr an einem Abendbrode Theil zu nehmen, zu dem der Bischof von Argyle die Königinn geladen hatte. Sie verließ das Fest gegen neun Uhr, begleitet von den Earls von Argyle, Huntley und Cassilis, ihrem Gatten noch einen Besuch abzustatten. Während sie sich bei Darnley befand, ließ Bothwell kleine Säcke voll Pulver in die Nähe des Hauses bringen, die man vor demselben in eine Tonne zu packen und so in das Haus zu schaffen gedachte. Indeß fand sich, wie die spätern Verhöre auswiesen, daß das Faß für die Thüre zu breit war, und man war genöthigt, die Säcke einzeln in das Schlafzimmer der Königinn zu tragen, wobei Bothwell in die Theilnehmer drang, »sich bei der Arbeit zu beeilen, damit man fertig wäre, ehe die Königinn ihren Gatten verließe, und damit sie beim Herabsteigen keinen fremden Personen im Hause begegnen möchte.« Als sämmtliches Pulver an Ort und Stelle war, schloß man Heppurn und Hay in Maria's Schlafzimmer ein, Bothwell und Paris aber verfügten sich zu ihr, sie an den Besuch des Maskenballes zu erinnern.

Die Königinn und Darnley trennten sich auf das Freundlichste, und von Bothwell und den andern Edelleuten begleitet, verfügte sie sich durch das Canongate nach ihrem Pallaste. In dem Augenblick, in welchem sie in Holyrood eintrat, begegnete ihr Einer von Darnley's Gesellen, den sie fragte, woher es komme, daß er so stark nach Pulver rieche? Sie erhielt darauf eine ausweichende Antwort und begab sich gerades Weges in den Festsaal, in welchen Bothwell ihr folgte. Paris, welcher die Schlüssel zu dem Hause Darnley's bei sich hatte, fühlte sich in seinem Empfinden von der Lust um ihn her so furchtbar widersprechend berührt, daß er bei dem Gedanken an das bevorstehende Verbrechen in tiefes Brüten versank. Sobald Bothwell das bemerkte, trat er an ihn heran und sagte in drohendem Tone: »Wenn Ihr dies Trauergesicht vor der Königinn macht, so sollt Ihr es mir büßen;« und da er sah, daß der Franzose nicht aus seiner Versunkenheit herauszureißen war, entfernte sich Bothwell mit dem Befehle, daß Paris ihm augenblicklich folgen solle.

In seinen Zimmern angelangt, vertauschte Bothwell sein Hofkleid mit einem weißen Tuchrocke, schlug seinen Reitermantel über sich und machte sich mit seinen Leuten auf den Weg. Als die Schildwachen ihr »Wer da« riefen, antwortete man: »Freunde von Lord Bothwell!« und kam mit

26*

demselben Losungsworte durch das Thor des Canongate. So gelangten sie endlich zu Darnley's Wohnung, ließen Hay und Heppurn aus dem Zimmer der Königinn heraus, und leiteten eine lange Lunte von der Straße in dasselbe, deren äußerstes Ende bereits angezündet war. Mehr als eine Viertelstunde verging, ohne daß man das geringste Geräusch hörte. Bothwell, der sich mit seinen Gefährten nach dem Klostergarten zurückgezogen hatte, ging in heftiger Ungeduld auf und nieder. Ein grauenvolles Entsetzen hatte sich Aller bemächtigt; die Minuten schienen sich zu Jahren auszudehnen, und nur mit Gewalt konnte man Bothwell zurückhalten, nach dem Hause zu gehen, um sich von der Sachlage zu unterrichten. Plötzlich aber ward aller Zweifel gehoben. Mit einer so furchtbaren Explosion, daß die ganze Stadt davon erbebte und alle Einwohner derselben aus dem Schlafe geweckt wurden, flog das ganze Haus in Millionen Trümmern in die Luft. Paris fiel sinnlos zur Erde nieder und selbst der kalte, kühne Bothwell konnte den Ausruf nicht unterdrücken: »Ich habe Manches mitgemacht, aber so war mir nie zu Muthe.«

Ohne sich weiter um das Geschehene zu kümmern, verließen sie den Ort ihres Verbrechens und suchten auf verschiedenen Wegen ihre Wohnung zu erreichen. Als Bothwell nach Hause kam, verlangte er Wein, warf seine Kleider ab und ging zu Bett. Kaum aber hatte er sich niedergelegt, als ihm die Meldung gebracht ward, daß das Haus in Kirk of Field in die Luft gesprengt, der König ermordet sei. Mit dem Anschein höchster Empörung, mit dem Ausruf, daß hier Verrath im Spiel sein müsse, legte er die Kleidung an, welche er auf dem Feste getragen, um sich zur Königinn zu verfügen. Die ganze Stadt war in Bewegung, Huntley und andre Lords trafen mit ihm zugleich bei der Königinn ein, die ebenfalls erwacht und sehr beunruhigt war, zu erfahren, was vorgegangen sei. Mit großer Behutsamkeit brachte man ihr die Nachricht von Darnley's Tode bei, den man einer zufälligen Explosion von Schießpulver in der Nachbarschaft, oder dem Einschlagen eines Blitzes zuschrieb. Die Königinn war starr vor Schrecken; ihr Schmerz grenzenlos. Sie fand keine Fassung, und da die Lords sahen, daß es in diesem Augenblicke unmöglich sei, sie zu irgend einer Besprechung zu vermögen, entfernten sie sich bei Tagesanbruch von Holyrood.

Die Gräßlichkeit seines Todes gewann für Darnley eine Theilnahme in dem Herzen des Volkes, welche sein Ableben sonst nicht erregt haben würde; aber Niemand bedauerte ihn tiefer, als Maria. Sie hatte ihn einst sehr geliebt, und unfähig lange zu zürnen oder zu hassen, treu in ihren Neigungen, ward plötzlich alles Ueble vergessen, das Darnley ihr zugefügt, und nur die Erinnerung an ihre Liebe blieb in ihr lebendig.

Während des ganzen Tages, der dem Tode ihres Gatten folgte, hielt Maria sich in ihren Gemächern verschlossen und verweigerte es, irgend Jemand vor sich zu lassen. Die ganze Bürgerschaft war in großer Aufregung; die Einen vermutheten dies, die Anderen jenes, Maria selbst wußte nicht, was sie davon denken sollte. Am 11. schrieb sie ihrem Gesandten, dem Erzbischof von Glasgow, nach Paris: »Der Vorgang ist so gräßlich und so befremdlich, wie man es sicher niemals in irgend einem Lande erlebt hat. Bald nach 2 Uhr in der Nacht des 9. Februar ist das Haus, in dem der König wohnte und in dem er schlafend in seinem Bett lag, mit solcher Vehemenz in die Luft geflogen, daß von dem ganzen Gebäude nichts übrig geblieben ist — nicht ein Stein ist auf dem andern geblieben, Alles bis auf Grund und Boden in Trümmer zerstäubt. Es muß durch Gewalt, durch eine Mine geschehen sein; durch wen oder auf welche Weise sie gelegt worden, ist noch nicht abzusehen. Bei dem Eifer, mit dem Unser Staatsrath die Untersuchung begonnen, zweifeln Wir nicht, daß die Sache bald aufgeklärt werden wird; und da Gott es nicht zulassen kann, daß dergleichen verborgen bleibt, hoffen Wir das Verbrechen mit solcher Strenge zu bestrafen, daß es zur Warnung vor solcher Grausamkeit für alle Jahrhunderte dienen soll. So viel steht fest, daß, wer auch der Thäter gewesen ist, seine Absicht sowohl auf Uns, als auf den König angelegt war; denn Wir schliefen fast die ganze letzte Woche in demselben Hause, waren noch an dem nämlichen Abend, begleitet von mehreren Lords, bis gegen Mitternacht bei dem Könige und wurden nur durch eine zufällige Maskerade im Schlosse abgehalten, die Nacht in jenem Hause zuzubringen. Aber es war kein Zufall, sondern Gott, der Uns den Gedanken eingab, das Haus zu verlassen.

Ihrem Entschlusse getreu, den Tod ihres Gatten auf das Schwerste zu bestrafen, erließ Maria, nachdem eine Voruntersuchung Statt gefunden hatte, an dem darauf folgenden Tage eine Proclamation, in der zweitausend Pfund und eine anständige Jahresrente demjenigen versprochen wurden, der die geringste Auskunft über das begangene Verbrechen geben könne, und in der zugleich dem Angeber, falls er ein Theilnehmer der That gewesen wäre, für seine Person Vergebung zugesagt wurde. Da der Gedanke nur zu nahe lag, daß man beabsichtigt hatte, die Königinn mit Darnley zugleich zu ermorden, verließ Maria Holyrood und begab sich nach Edinburgh-Castle, wo sie bis zu dem Begräbniß Darnley's in dunklen Zimmern in tiefer Abgeschiedenheit verweilte.

Während der Zeit verhielt Bothwell sich ganz ruhig und Nichts in der äußern Umgebung der Königinn schien verändert. Murray und Morton lebten zurückgezogen in der Grafschaft Fife auf ihren Gütern, Bothwell und die andern Edelleute erschienen nach wie vor am Hofe, und es war unmöglich einen bestimmten Verdacht auf irgend Einen derselben zu werfen, da sie Alle ohne Ausnahme Darnley's Gegner gewesen waren und der Königinn zur Scheidung von ihm gerathen hatten. Ganz Schottland blieb in leidenschaftlicher Bewegung, die Königinn selbst von Zweifeln und Mißtrauen erschüttert. Plötzlich erschien ein Anschlag an dem Rathhause, der, während der Nacht angebracht, Lord Bothwell, einen Mr. James Balfour, David Chalmers und John Spence als die Thäter nannte, mit dem Zusatz, daß die

Königinn um das Verbrechen gewußt habe. Bei der großen Anzahl von Personen, die Bothwell in das Geheimniß gezogen und denen er selbst eine handschriftliche Zustimmung der Königinn vorzuzeigen sich erboten hatte, konnte eine solche Anschuldigung leicht gemacht werden, und es wäre ander Seits natürlich gewesen, daß man auf eine derartige anonyme Verdächtigung gar keine Rücksicht genommen hätte. Eifrig aber wie Maria es war, nur irgend ein Licht über die Sache zu erhalten, ließ sie ohne Rücksicht darauf, daß man sie selbst verdächtigt hatte, ohne auch nur die Meinung des Staatsraths darüber einzuholen, einen zweiten Aufruf ergehen, in welchem sie den Autor jenes Plakates aufforderte sich zu nennen, und ihm zusicherte, daß, wenn auch nur in irgend einem Theile seiner Aussage Wahrheit gewesen wäre, er die volle Belohnung erhalten sollte. Als Antwort darauf erschien die Aufforderung, das Geld in honette Hände niederzulegen und drei Diener der Königinn, die namhaft gemacht worden, verhaften zu lassen; denn erst, wenn diese Bedingungen erfüllt wären, könne der Autor sich nennen. Dies war eine so sichtliche Ausrede, und das Ganze hatte einen so unzuverläßigen Anstrich, daß man weiter keine Rücksicht darauf nahm.

Dazu mußte der Umstand, daß man die Königinn, welche sich selbst schuldlos wußte, mit Bothwell zugleich genannt hatte, sie natürlich auch gegen den auf ihn geworfenen Verdacht mißtrauisch machen und zu Bothwell's Gunsten bei ihr wirken.

Niedergebeugt von Kummer, beängstigt von bösen Ahnungen und Befürchtungen, fing Maria's Gesundheit an zu wanken, so daß ihre Aerzte und ihre ganze Umgebung darauf drangen, sie möge Edinburg verlassen und ein nahe bei der Stadt gelegenes Landhaus beziehen, das sie liebte. Von ihrem Hofstaat gefolgt, begab sie sich am 16. Februar nach Seaton, von wo ein häufiger Briefwechsel mit dem Earl von Lenox Statt fand. Nachdem dieser ihr für ihre Thätigkeit zur Entdeckung der Mörder gedankt, verlangte er, daß sie Bothwell und seine Mitangeschuldigten verhaften, zur Untersuchung ziehen und augenblicklich Gericht über sie halten lassen sollte. Einen so unconstitutionellen Schritt zu wagen, war Maria's Lage nicht geeignet. Sie antwortete ihrem Schwiegervater also, daß die Pairskammer, der einzig gültige Gerichtshof eines Lords, gleich nach dem Tode ihres Gatten zusammenberufen worden wäre, daß inzwischen der Staatsrath seine Untersuchung unausgesetzt fortführe, daß aber Gericht nicht gehalten werden könne, bis das Parlament zusammen sei, und daß sie Nichts sehnlicher wünsche, als Lord Lenox selbst als Ankläger gegen Bothwell auftreten zu sehen.

So kam der Tag der Gerichtssitzung heran. Keine Stimme in ganz Schottland, mit Ausnahme jenes anonymen Anklägers, hatte auch nur im Entferntesten Maria selbst irgend einer Theilnahme an dem Verbrechen zu zeihen gewagt. Nur Elisabeth von England schrieb in einem eigenhändigen Briefe an die Königinn: »Um Gotteswillen Madame, betragt Euch in diesem Falle, der Euch so nahe angeht, mit solcher Aufrichtigkeit und Klugheit, daß die ganze Welt Euch schuldlos von einem so furchtbaren Verbrechen glauben muß; denn wenn sie das nicht thun könnte, würdet Ihr ja verdienen, aus dem Range der Fürstinnen ausgestoßen, und selbst dem Pöbel ein Entsetzen zu werden. Ehe ich das aber erleben möchte, wünschte ich Euch ein ehrliches Begräbniß.« — Die Böswilligkeit dieses Briefes wird um so einleuchtender, wenn man erfährt, daß er am achten April geschrieben, erst nach den Gerichtssitzungen ankommen konnte, und daß Elisabeth, bemüht, Maria's Stellung im Volke von allen Seiten zu untergraben, mit die Erste war, welche sie in dieser

Weise als Theilnehmerinn des Mordes zu verdächtigen wagte.

Das Gericht sollte am 12. April gehalten werden. Indeß zu ihrem großen Erstaunen erhielt Maria vierundzwanzig Stunden vorher einen Brief ihres Schwiegervaters, der ihr meldete, daß er mit seinen Vorbereitungen zur Anklage nicht fertig, daß er unwohl sei und daß die Sitzung also aufgeschoben werden müsse. Je mehr Maria, sich selbst und Lord Lenox zu genügen, die Zusammenkunft des Parlamentes beschleunigt hatte, um so unthunlicher war es, den eben versammelten Adel auseinander gehen zu lassen, und vor Allem konnte eine Aussetzung des Termines nicht ohne Zustimmung des Angeklagten geschehen, der sich gegen dieselbe erklärte. So erschien am 12. April, nachdem alle Präliminarien vollzogen waren, Bothwell, des Königsmordes angeklagt, vor den Schranken des Parlaments. Der Earl von Morton und zwei andere Edelleute, die als seine Vertheidiger auftreten sollten, begleiteten ihn, während der Aufruf an Lord Lenox, daß er oder einer seiner Stellvertreter erscheinen möge, mehrmals vergeblich gemacht wurde, bis endlich ein Diener der Lenox'schen Familie sich meldete, und einen Protest seines Herrn vorlegte, um Aufschub zu begehren;

der Gerichtshof entschied sich aber dafür, daß Bothwell ein Recht habe, die augenblickliche Untersuchung zu verlangen. Eine Jury, die nicht aus Bothwell's Freunden bestand, ward gewählt, Bothwell behauptete sein Nichtschuldig, es konnte kein Beweis gegen ihn gefunden werden, und nachdem die Jury ihre Berathung geschlossen, ward Bothwell einstimmig als nichtschuldig erklärt und in aller Form von dem Verdachte des Königsmordes freigesprochen. Gleich nach dieser Freisprechung erließ er, wie es damals Sitte war, eine Erklärung, daß er sich Jedem im Zweikampf stellen wolle, der noch irgend einen Zweifel gegen ihn und seine Ehre hege. Aber auch jetzt meldete sich Niemand, und so erschien Bothwell in der am 14. April eröffneten Sitzung des Parlaments mit fliegenden Fahnen, von einem großen Gefolge von Edelleuten begleitet, mit dem Anstand eines schuldlos gekränkten Mannes, stolzer und mächtiger als jemals in dem Kreise seiner Standesgenossen. Auch ward noch von demselben Parlamente ein Gesetz erlassen, in Folge dessen alle anonymen Placate, »durch welche es sogar gelungen war, nicht nur einen Edlen des Reichs, sondern selbst die Königinn zu beleidigen,« bei schweren Strafen verboten wurden.

27*

Auffallend genug hatte Murray, der sich sonst nicht leicht in einer Krisis wie die jetzige, von seinem Vaterlande zu entfernen pflegte, Schottland zu Anfang des Aprilmonates verlassen und sich nach einem längern Aufenthalte bei Elisabeth, nach Frankreich begeben. — Bothwells Angelegenheiten nahmen dadurch für den Augenblick die glücklichste Wendung. Er war seinem Ziele um ein Bedeutendes näher gekommen; aber die Krone Schottlands, die er erstrebte, konnte ihm, wenn er nicht einen zweiten Mord begehen wollte, doch immer nur durch die Hand der Königinn zu Theil werden, und diese zu erlangen, ihm nur List und Gewalt verhelfen.

Noch während der Sitzung des Parlamentes, das nur fünf Tage beisammen blieb, hatte er in dem Hause eines Gastwirths Ainsley ein Abendbrod veranstaltet, zu dem er fast den ganzen schottischen Adel geladen hatte. Als nach reichlichem Weingenusse die Gesellschaft in einer überreizten Stimmung war, legte er ihr einen Pact zur Unterzeichnung vor. In der Einleitung desselben forderte er die Edlen auf, ihm, dem gröblich Beleidigten und fälschlich Angeklagten, fest zur Seite zu stehen, und »sich im Namen Gottes zu verpflichten, Jeden auf das Aeußerste zu verfolgen, der es jemals wieder wagen sollte, in dieser Sache einen Zweifel gegen ihn zu erheben.« Nach dieser Vorrede hieß es: »Da aber nun, wenn wir der jetzigen Zeitumstände gedenken, unser Souverain, Ihre Majestät die Königinn, eines Gatten ermangelt, und es ihr des Gemeinwohls wegen nicht gestattet werden kann, unvermählt zu bleiben; da Ihre königliche Majestät ferner einst auch geneigt sein könnten, in eine neue Heirath zu willigen, so bitten wir, daß Ihre Majestät in Betracht der treuen und liebevollen Dienste des Lord Bothwell und seiner andern guten Eigenschaften und Vorzüge, sich so weit herablassen möge, Einen ihrer Unterthanen den fremden Prinzen vorzuziehen, und den gedachten Earl zum Gatten anzunehmen, wogegen wir uns auf Ehre und Treue verpflichten mit unsern Stimmen, unserm Rath, unserm Beistand und unserer Hilfe, alles für diese Heirath Förderliche zu thun, sobald die Gesetze es zuläßig finden, und in der Form, in der es Ihrer Majestät gefallen wird.« — Danach verbanden sie sich in derselben Weise, gegen alle Diejenigen aufzutreten, welche dieser Ehe Hindernisse in den Weg legen sollten, und verschworen sich mit Ehre und Leben in die Hände Bothwell's.

Unter denen, welche diesen Pact unterzeichnet

hatten, fanden sich Freunde und Feinde der Königinn, Protestanten und Katholiken; der Erzbischof von St. Andrews, fünf Bischöfe und, mit Ausnahme Murray's, fast alle ersten Edelleute des Reiches, welche Bothwell bereits früher für seine Pläne und Absichten gewonnen haben mußte.

Anfangs blieben die Vorgänge bei diesem Abendbrod der Königinn verborgen; indeß das Gerücht bemächtigte sich ihrer bald, und als einige Zeit darauf Lord Herries sich gegen die Königinn über eine Ehe mit Bothwell, als über eine Vermuthung auszusprechen wagte, die Glauben im Volke zu gewinnen anfange, antwortete sie, daß sie im höchsten Grade verwundert sei davon zu hören, weil dergleichen nie in ihre Gedanken gekommen wäre. Gleich darauf ging sie zu ihrem Kinde nach Stirling; aber noch ehe sie Edinburg verlassen, hatte Bothwell gewagt, sich gegen sie über seine Wünsche zu erklären, und eine bestimmte abweisende Antwort erhalten. Eine solche konnte ihn jedoch nicht abschrecken. Es war ja nicht die Liebe des Weibes, es war die Krone der Königinn, nach der er trachtete, und er selbst hatte im Voraus wissen müssen, daß Maria seiner Bewerbung kein Gehör geben könne, da er im besten ehelichen Einverständniß mit seiner Gattin lebte, und niemals irgend eine Neigung Maria's sich für ihn erklärt hatte.

Die Lage der Königinn ward dadurch aber immer noch verwickelter, und der Gedanke, sich der lästigen Bewerbung Bothwell's zu entziehen, mochte wesentlich zu ihrer Entfernung von Edinburg beigetragen haben. Sie hatte jedoch nur kurze Zeit in Stirling verweilt, als Staatsgeschäfte sie zur Rückkehr nach der Hauptstadt nöthigten. Von allen Schritten Maria's beständig durch ihren Sekretair Maitland, einen seiner Verbündeten, auf das Genaueste unterrichtet, brach Bothwell unter dem Vorgeben, einen Aufstand an den Grenzen zu dämpfen, an dem für die kleine Reise der Königinn bestimmten Tage mit einem fast tausend Mann starken Heereshaufen von Edinburg auf. Das ganze Gefolge, welches die Königinn von Stirling nach Edinburg begleitete, bestand aus Bothwell's Schwager Huntley, dem Sekretair Maitland, Sir James Melville und einer geringen Anzahl bewaffneter Diener, und kaum hatte Maria in der Gegend von Linlithgow die Brücke erreicht, welche über den Almond führte, als sie sich plötzlich von Bothwell's Truppen umringt sah. An Widerstand war bei der ungleichen Anzahl nicht zu denken. Bothwell selbst ergriff die Zügel von der Königinn Pferd und ritt mit ihr in größter Eile nach seinem Schlosse Dunbar. In Dunbar angelangt, entließ man die Bewaffneten der Königinn und entfernte den getreuen Melville. »Zehn Tage lang«, schrieb Maria, »hielt Bothwell Uns gefangen und von Unsrer Dienerschaft, von den Personen entfernt, auf deren Rath und Beistand Wir vielleicht zu rechnen gehabt hätten, so daß Wir, seinen Gelüsten überlassen, einsam auf Uns selbst gewiesen, gleichsam seine Beute waren.« Dennoch konnte Bothwell lange nicht sein Ziel erreichen, weil die Königinn immer noch hoffte, daß ihr von auswärts Hilfe kommen, daß sie vor der Schmach bewahrt werden würde, gegen ihren Willen das Weib eines ihr jetzt gewiß verhaßten Mannes zu werden, eines Mannes, den sie nach der Gewaltthat, welche er an ihr beging, jetzt auch jedes andern Verbrechens fähig halten mußte. Indeß Niemand erschien zu ihrem Beistande, denn Bothwell ward in diesem Augenblicke von den Einen gefürchtet, von den Andern geschmeichelt; und sicher gemacht durch den geschlossenen Pact, wagte er endlich der Königinn offen zu erklären, daß er, »aller Welt zum Trotze sie zu seinem Weibe machen werde, ob sie selbst es wolle oder nicht.« So verlassen sie war, gab die Empörung Maria die ganze Kraft ihrer Seele wieder. Sie warf ihm in den härtesten Worten seinen Verrath, seine grenzenlose Undankbarkeit vor, einen Verrath, der um so schwärzer war, »als sie gegen ihn weniger denn gegen irgend Einen ihrer Unterthanen Mißtrauen gehegt habe.« Aber er war von seinem Vorhaben nicht abzubringen. Er verließ Maria fast niemals; bald warf er sich ihr zu Füßen, Vergebung erflehend für eine That, zu der die heftigste Leidenschaft ihn getrieben, bald überließ er sich zügellosen Anfällen von Wuth, in denen er ihr mit Schande, Gefängniß und Tod drohte, wenn sie es wage, sich länger seinen Wünschen zu widersetzen. Maria's eigenhändige Briefe geben das beste Zeugniß der Seelenqualen, welche sie in dieser Zeit erlitten, obschon sie, da man ihr erst nach ihrer Verheirathung mit Bothwell wieder zu schreiben gestattete, in denselben bemüht ist, das Verbrechen, welches er an ihr begangen, mit instinctivem Schamgefühl selbst vor den Ihrigen zu verbergen. Mit dem Bedürfniß, sich selbst zu rechtfertigen, gedrängt von dem natürlichen Gefühle sich wenigstens gegen ihre nächsten Blutsverwandten über ihr Elend auszusprechen, und doch bestrebt, Bothwell, der jetzt ihr Gatte geworden war, nicht in seiner ganzen Ehrlosigkeit erscheinen zu lassen, trägt die Ausdrucksweise der Königinn in diesen Briefen das Gepräge einer rührenden Milde und einer tiefen Traurigkeit. In einem derselben heißt es: »Als er sah, daß Wir fortdauernd alle seine Bewerbungen und Anerbietungen zurückwiesen, setzte er Uns auseinander, wie weit er mit dem Adel und den Ersten Unseres Landes gegangen sei, und zeigte Uns, was sie ihm unter ihrer Handschrift eidlich versprochen hatten. Wir überlassen es dem König und der Königinn (von Frankreich), Unserm Onkel und Unsern andern Freunden, ob Wir Ursache hatten, darüber erstaunt zu sein. Wir überlegten alles Mögliche mit uns selbst, ohne einen Ausweg finden zu können, und doch ließ er Uns so wenig Zeit zum Nachdenken, da er Uns fortwährend mit heftigen und lästigen Bewerbungen drängte. Wie er mit einer Gewaltthat den ersten Schritt begonnen, so fuhr er fort und endete nicht, bis er durch Ueberredung, durch Zudringlichkeiten mit Gewalt begleitet, Uns dahin getrieben hat, das Werk zu enden, wie es seinen Plänen am besten diente. Aber Wir können nicht verbergen, daß er Uns anders behandelt hat, als Wir von ihm gewünscht oder von seiner Hand verdient hätten. Er hat mehr daran gedacht, Diejenigen zufrieden zu stellen, durch deren Beistand er sich sicher

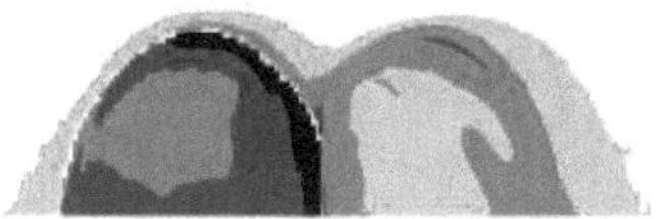

glaubte, als Unsre Zufriedenheit zu erlangen, oder zu bedenken, was für Uns angemessen war.«

Nachdem Bothwell die ersten acht Tage Maria gefangen gehalten, ließ er in Dunbar den Staatsrath zusammentreten, der ganz aus seinen Freunden bestand, um dadurch den Anstrich zu gewinnen, als ob Maria sich in voller Freiheit befinde. Zu gleicher Zeit reichten er und seine Frau Ehescheidungsklagen ein, die in wenig Tagen durch die Gerichtshöfe gebracht, eine Trennung der Ehe zur Folge hatten.

Die Würfel waren nun gefallen; Maria war in Bothwell's Händen, ihr Untergang vollständig. Am 3. Mai führte er sie streng bewacht nach Edinburg, befahl aber seinen Truppen, die Waffen vor der Stadt zu verbergen, um den Bürgern nicht zu zeigen, daß die Königinn eine Gefangene sei. Auch ließ er es nicht zu, daß Maria sich, wie sie wollte, nach Holyrood begab, sondern führte sie nach Edinburgh-Castle, dessen Befehlshaber, James Balfour, Einer der treuesten Anhänger Bothwell's war. Erst nachdem das Aufgebot, zu dem der protestantische Clerus gezwungen werden mußte, zweimal geschehen war, gestattete Bothwell der Königinn am 12. Mai das Schloß zu verlassen, um sie in den Gerichtshof zu führen, wo er ihrer Unterschrift für zwei wichtige Acte benöthigt war. Es hatte sich nämlich durch die Art und Weise, in welcher Bothwell sich der Königinn bemächtigt, das Bedenken unter seinen Verbündeten erhoben, daß Maria, einst von der tyrannischen Herrschaft Bothwell's befreit, Rache nehmen könne an denen, welche ihm zu Erreichung seiner Zwecke behülflich gewesen waren. Bothwell sah sich also genöthigt, um sich seiner Mitschuldigen auch für die Zukunft zu versichern, die Königinn zur Unterzeichnung folgender Acte zu zwingen:

»Nachdem Ihre Majestät die Königinn den obenstehenden Pact der Verbündeten gesehen hat, verspricht sie auf ihr Fürstenwort, daß weder sie, noch irgend Einer ihrer Nachfolger, den unterschriebenen Personen jemals aus dem Inhalt des Pactes ein Verbrechen machen oder ihn als eine Beleidigung von ihnen ansehen werde; weder die Unterzeichner, noch ihre Erben sollen deshalb jemals zur Rechenschaft gezogen oder angeklagt werden; weder ihre Zustimmung, noch ihre Unterschrift soll als eine Abweichung oder ein Fleck auf ihrer Ehre betrachtet, und sie sollen deshalb niemals als pflichtvergessene Unterthanen angesehen werden, was man auch dagegen thun und einwenden möge. Zum Zeugniß dessen hat Ihre Majestät diesen Act eigenhändig unterschrieben.«

An demselben Tage gewährte Maria vor dem verhandelnden Gerichtshof Bothwell eine Verzeihung dafür, daß er sie »gegen ihren Willen nach Dunbar geführt und dort festgehalten habe,« und erklärte: »Obschon Ihre Majestät darüber unwillig gewesen sei, daß Lord Bothwell sich ihrer bemächtigt, so habe sie ihm für sein gutes Verhalten und seine anerkennungswerthen Dienste in früherer Zeit, und in Betracht der in der Zukunft zu erwartenden guten Dienste vergeben, so auch seinen Gefährten, welche während der vorgedachten Zeit in Dunbar mit ihm gewesen sind.«

Wie sehr diese Documente gegen eine Liebe Maria's für Bothwell, gegen ein Einverständniß mit ihm sprechen, bedarf keiner Erwähnung, und auch die Frage, weshalb sie nicht vor dem Gerichtshofe die Wahrheit enthüllt und Bothwell die verdiente Strafe habe erleiden lassen, findet in dem Vorhergegangenen seine Erklärung. Sollte Maria, die durch Zwang Bothwell's Gattinn geworden war, die möglicherweise ein Kind des verhaßten Mannes unter ihrem Herzen tragen konnte, zu allem Elende, das ihr geworden, auch noch die Schmach über sich nehmen, dies Elend öffentlich kund zu machen und auf dem Throne als Königinn von Schottland, stolz auf die Ehre ihres Hauses und ihre eigene Ehre, einem Bastard das Leben geben? Man braucht sich nur in Maria's Religions- und Lebensanschauungen zu versetzen, um sich ihre Handlungsweise zu erklären, abgesehen davon, daß sie in eine Lage gedrängt war, in welcher die kälteste und besonnenste Natur nicht leicht Herr ihres Willens geblieben wäre und nicht leicht für ihre Handlungen verantwortlich gemacht werden konnte.

Nach diesen Vorbereitungen ward Maria mit Bothwell getraut. Aber auch bei dieser Trauung zeigte sich die despotische Gewalt, welche derselbe gegen sie ausübte. Maria, die auch in Kleinigkeiten niemals von den Vorschriften der katholischen Kirche abgewichen war, sah sich genöthigt, in eine protestantische Trauung zu willigen. Die Ceremonie fand nicht in der Kapelle der Königinn, sondern im Saale des Staatsraths Statt. Es ward eine kurze Predigt gehalten, worauf die Trau-Gesellschaft sich ohne weitere Umstände trennte. Melville, der noch an demselben Abend an den Hof ging, erzählt einige Züge, welche einen Beweis von Bothwell's verdorbenem Charakter und von seinen Sitten geben. »Als ich an den Hof kam,« sagt er, »fand ich Mylord Bothwell, Herzog von Orkney, bei seinem Abendbrode. Er nöthigte mich niederzusetzen und Theil daran zu nehmen, indem er mir sagte, daß ich zu lange ein Fremder am Hof gewesen wäre. Lord Huntley, der Lord Oberrichter und verschiedene Andere saßen mit ihm zu Tisch. Ich sagte, daß ich schon gespeist hätte, worauf er einen Becher Wein bringen ließ, mir zutrank und verlangte, daß ich ihm wie ein Holländer Bescheid thun solle; ich möge es trinken, damit ich stärker werde, denn der Eifer für das Gemeinwohl habe mich aufgezehrt und mager gemacht, sagte er. Ich antwortete: daß ja jedes kleine Glied zu einem bestimmten Gebrauch dienen müsse, daß aber die Hauptsorge für das Gemeinwohl ihm und dem übrigen Adel obliege, die Väter desselben sein sollten. Er antwortete: »Ich wüßte wohl, daß er einen Rath für Alles fände.« Darauf sprach er von Edelfrauen in solch' unflätiger Weise, daß ich ihn verließ und mich in die Zimmer der Königinn verfügte, die sehr glücklich über mein Kommen war.«

So sprach der Mann, der nun unauflöslich mit Maria verbunden, sich durch Betrug und Verrath für den Augenblick in solcher Weise zum Herrn von Schottland gemacht hatte, daß Maria und der Thron ihrer Väter, ja ihr eigenes Leben nur von seinem Willen abhängig gewesen zu sein scheinen.

Von diesem Zeitpunkte ab ist Maria's Leben ein immer düstrer fortschreitender Weg zu ihrem Tode. Der erste Schritt, zu dem sie nach ihrer Vermählung sich genöthigt sah, war eine Erklärung und Rechtfertigung derselben vor den auswärtigen Höfen, welche von Bothwell's Freund, Secretair Maitland, verfaßt, mit großer Ausführlichkeit auf Bothwell's Verdienste, auf seine Treue für die Königinn, seinen bedeutenden Einfluß in Schottland und auf die Zufriedenheit des ganzen Adels mit dieser Heirath aufmerksam machte, so daß es scheinen mußte, Maria habe für das Wohl ihres Landes unmöglich eine bessere Wahl treffen können. Daß es für sie selbst das furchtbarste Unglück war, daß nicht freie Neigung, sondern Zwang sie in dieses Ehejoch geschmiedet, konnte in Schottland aber bald keinem Menschen verborgen bleiben. Fortwährend von zweihundert Arkebusieren beaufsichtigt, ohne deren Begleitung Bothwell sie keinen Schritt außerhalb der Mauern des Pallastes thun ließ, ward ihr nicht gestattet, irgend Jemand zu empfangen, der nicht vorher Bothwell's Erlaubniß zu der Audienz erhalten hatte, und der freie Zutritt, welchen das Volk sonst zu seiner Königinn gehabt hatte, ward zum großen Mißvergnügen desselben gänzlich aufgehoben. Dabei bestand die Ehe zwischen Bothwell und Lady Jane Gordon, seiner Gattinn, nach wie vor, und Maria hätte sich bei dem besten Willen des Selbstbetruges nicht darüber täuschen können, daß Bothwell seine Heirath mit ihr nur als Mittel zum Zweck betrachtete, daß er nach Alleinherrschaft strebte, und daß sowohl Lady Jane Gordon als deren ganze Familie, mit Sicherheit darauf rechnete, sie werde einst die Herrschaft über Schottland mit Bothwell theilen. Unter dieser Last von Elend, unter dem Mißtrauen, mit dem die fremden Höfe sie betrachteten, unter dem Hasse ihrer presbyterianischen Unterthanen, unter der fast sclavischen Knechtschaft, in der sie gehalten ward, unter der brutalen Behandlung, welche sie von ihrem Gatten zu erfahren hatte, war es kein Wunder, daß man Maria in Augenblicken der äußersten Verzweiflung eine tiefe Sehnsucht nach dem Tode, ja den Gedanken ihr Leben zu enden, aussprechen hörte. Ihr Herz war gebrochen, ihre Aussichten in die Zukunft erloschen, ihre Ehre, ihr theurer als das Leben, ward bezweifelt; sie war eine Königinn ohne Macht, ein Weib ohne die Liebe ihres Gatten, eine Mutter, von ihrem Kinde fern gehalten. Das ärmste Weib Schottlands war zu beneiden gegen diese Königinn!

Indeß Bothwell sollte nicht lange den glücklichen Erfolg seiner Uebelthaten genießen. Eine Stimme der Empörung erhob sich gegen ihn, Mitleid für Maria ward selbst in Denen rege, die sich mit ihm für seine Zwecke verbündet hatten. Der Adel hatte seine Einwilligung zu Bothwell's Verheirathung mit der Königinn gegeben, in der Voraussetzung, daß es Bothwell gelinge, ihre Gunst und ihre freie Zustimmung zu gewinnen. Jetzt, da man die Gewalt kannte, mit der er seine Zwecke verfolgt und erreicht hatte, da man sah, daß sein letztes Ziel die Selbstherrschaft über Schottland gewesen sei, wendete sich der größere Theil des Adels von ihm ab. Unklug in seiner rastlosen Verwegenheit, hatte Bothwell gegen seine Vertrauten geäußert, er werde, wenn es ihm gelänge die Aufsicht über den jungen Prinzen zu bekommen, dafür sorgen, daß der Prinz niemals den Mord seines Vaters an ihm zu rächen im Stande sein solle. Das gab den Ausschlag zu einer Verschwörung gegen Bothwell.

Ein Theil des Adels kam in Stirling zusammen, wo der junge Prinz noch immer unter

Aufsicht des Earls von Mar verweilte, um sich zur Vertheidigung der Person des Thronerben zu verbünden. Man glaubte, daß ein Truppenaufgebot, welches Bothwell angeordnet und das sich Ende Mai in Melrose versammeln sollte, um angeblich nach den Grenzen zu marschiren, nur dazu bestimmt sei, das nahegelegene Stirling zu überfallen und sich des Prinzen zu bemächtigen. Die Lords des Prinzen, wie sich die Verbündeten nannten, benutzten dieses Truppenaufgebot ihre Mannschaft ebenfalls zusammenzuziehen, und am 6. Juni 1567 verließ Bothwell mit der Königinn Edinburg, weil er sich dort nicht mehr sicher glaubte. Er wollte sich nach dem Schloß Borthwick wenden, fand aber auch Borthwick schon von den Verbündeten umringt und sah sich genöthigt, mit der Königinn nach Dunbar zu flüchten. Die Lords des Prinzen wendeten sich darauf nach Edinburg, dessen Thore ihnen geöffnet wurden, und erließen, Lord Morton an der Spitze, eine Proklamation, in der sie sagten: »die in Gefangenschaft gehaltene Königinn sei weder fähig ihr Reich zu beherrschen, noch den Mord ihres Gatten zu rächen, und die Lords wären nur zusammengetreten, ihre Königinn zu befreien und das Leben des Prinzen zu bewahren.« Eine zweite Proklamation sprach sich noch entschiedener über das Verhältniß von Bothwell zur Königinn aus. Sie lautete: »Da wir Lords des Staatsraths und der Adel wissen, daß James Earl von Bothwell gewaltthätig Hand gelegt hat an die höchstedle Person unserer königlichen Souveräninn, daß er Ihre Hoheit in das Schloß von Dunbar geführt und sie lange Zeit mit Kriegsmännern und Solchen von seinen Verwandten und Freunden umgeben hat, die seinem Plane dienten, während Ihre Hoheit alles Rathes und aller Diener ermangelte; daß er ferner in dieser Zeit der Gefangenschaft sie durch unerlaubte Mittel zu einer ehrlosen Heirath mit sich gezwungen, welche von Anfang an null und nichtig war: so sehe man sich genöthigt, Ihre Majestät die Königinn aus Bothwell's Gefangenschaft zu befreien, Bothwell und seine Mitschuldigen zur Untersuchung zu ziehen wegen des an Darnley begangenen Mordes und der an seiner Königinn geübten Gewalt; zu gleicher Zeit aber auch ihn von einem neuen Attentat gegen den Prinzen abzuhalten.« Bedürfte es noch eines Beweises zu Maria's Gunsten, so würde er mit dieser Proklamation gegeben sein.

In der Mitte des Monats standen die Parteien sich bei Carberry Hill im Felde gegenüber, aber keine von beiden schien zum Angriffe geneigt; die Lords, weil sie vielleicht noch Verstärkung erwarteten, Bothwell, weil er seine Zukunft nicht auf diese eine Karte setzen mochte; und Le Croq, der französische Gesandte, ritt zwischen den Parteien hin und her, eine Vermittlung zu versuchen. Plötzlich machte Bothwell den Vorschlag, die Sache durch einen Zweikampf auszufechten. Zwei seiner Gegner erklärten sich bereit, sich ihm zu stellen, Bothwell fand sie aber seinem Range nicht ebenbürtig. Endlich trat Lord Lindsay in die Schranken, den Bothwell nicht zurückweisen konnte; da aber widersetzten sich die verbündeten Lords dem Vorhaben, weil sie es nicht zugeben wollten, daß ein Einziger einen Streit ausfechte, an dem sie Alle sich gleichmäßig betheiligt fühlten. Mit diesen Verhandlungen ging der Tag vorüber und am nächsten Tage hätte es unvermeidlich zu einer Schlacht kommen müssen, hätte die Königinn nicht den Augenblick benutzt, um sich hier im offenen Felde aus der Knechtschaft Bothwell's zu befreien. Sie ließ einen der tadellosesten Männer der Gegenpartei, Lord Kircaldy of Grange, zu sich entbieten und erklärte, daß sie entschlossen sei, sich von Bothwell zu trennen, wenn die Lords im Stande wären, sie sicher nach Edinburg zu geleiten. Durch welche Mittel es Maria gelungen Bothwell zu täuschen, oder ihm die Einwilligung zu dem Schritte, zu einer Trennung, welche sie vielleicht für eine augenblickliche ausgab, abzugewinnen, ist nicht zu übersehen; genug, Bothwell räumte das Feld und die Königinn ließ sich von Lord Grange in das Lager der Lords hinüberführen. Morton und die andern Edelleute kamen ihr mit der gebührenden Achtung entgegen; die Königinn war zu Pferde und Lord Grange an ihrer Seite.

Als sie vor den Lords erschien, sagte sie: »Mylords, ich bin nicht zu Euch gekommen, weil ich für mein Leben fürchte, oder weil ich für den schlimmsten Fall am Siege verzweifelt hätte, wäre es zu einem Kampfe gekommen; aber ich verabscheue das Vergießen von Christenblut, besonders wenn es das Blut meiner eigenen Unterthanen ist; darum vertraue ich mich Euch an und will durch Euren Rath geleitet werden, in der Erwartung, Ihr werdet mich als Eure geborne Fürstinn und Königinn ehren.«

Indeß Maria hatte sich sowohl in dem Charakter der Männer getäuscht, denen sie sich übergeben, als in der Mäßigung der Protestanten, aus denen die Truppen der Lords bestanden, und die es sich nicht versagen mochten, eine katholische Königinn zu demüthigen. Betrogen in ihren Erwartungen, sich an Bothwell rächen zu können, ward der Haß, den man jetzt gegen seine Herrschsucht hegte, auf Maria übertragen, und nicht achtend die Proklamation, in der man den ganzen Feldzug als einen zu Gunsten der Königinn unternommenen dargestellt hatte, schien man sie nur aus der Hand Eines Tyrannen befreit zu haben, um ihr viele Tyrannen dafür zu geben. In einem förmlichen Triumphzuge, voran eine Fahne, auf der der todte Darnley und neben ihm der junge knieende Prinz dargestellt waren, mit der Unterschrift: »Richte und räche meine Sache, o Gott!« ward Maria nach Edinburg geführt. Das Volk, in jenen Tagen doppelt leicht fanatisirt, gerieth durch den Anblick dieser Fahne fast außer sich, und umringte die Königinn mit den beleidigendsten Zeichen des Spottes und der Verachtung. In Thränen gebadet, gab Maria Alles verloren, als sie gewahr ward, daß man sie nicht nach Holyrood führte. Vergebens beschwor sie die Bürger, die in ihre Nähe kamen, sie aus den Händen ihrer Tyrannen zu befreien; bei der großen Aufregung, in die das Volk versetzt worden war, achtete Niemand darauf. Maria ward in das Haus des Provosts geführt, um dort unter einer starken Bewachung die Nacht zuzubringen. Kircaldy of Grange war der Einzige, der sich für sie verwendete. Er erinnerte die Lords, daß sie der Königinn das Versprechen einer vollständigen Sicherheit gegeben hätten, falls sie sich entschließe, sich von Bothwell zu trennen, und daß es an ihnen sei, dieses Versprechen zu halten. Schon war man geneigt seine Vorstellungen zu beachten, als Morton plötzlich einen Brief vorzeigte, den er aufgefangen zu haben behauptete, und der von Maria an Bothwell geschrieben sein sollte. Er drückte die größte Vertraulichkeit aus, und es hieß darin, daß Maria fest entschlossen sei, Bothwell niemals zu verlassen, wenn schon sie genöthigt gewesen wäre, sich augenblicklich von ihm zu trennen. Obschon dieser Brief, was factisch bewiesen ist, eine Fälschung war, verfehlte er in diesem Augenblicke seine Wirkung nicht. Die Lords, plötzlich wieder gegen Maria erbittert, beschlossen, sie gefangen zu halten; das Volk aber hatte in der Nacht seine Stimmung geändert, erschien haufenweise unter ihren Fenstern, verlangte die Königinn zu hören, und Maria fand mehrmals Gelegenheit, zu den Bürgern sprechend, sich über den an ihr begangenen Verrath zu beschweren und den Beistand ihres Volkes zu erbitten. Kaum bemerkten die Lords, daß die Ansicht der Bürger sich Maria zuwende, als sie ihr erklärten, daß Alles, was geschehen, nur in ihrem, der Königinn Interesse, unternommen worden sei, und daß man sie augenblicklich nach Holyrood geleiten wolle. Maria glaubte ihren Worten und sah sich abermals getäuscht. Spät in Holyrood angelangt, ward sie eben so gefangen gehalten und eben so strenge bewacht, als bisher. Aus den traurigen Gedanken, mit denen sie die Nacht nach ihrer Rückkehr im Schlosse begann, ward sie durch eine neue schmerzliche Überraschung emporgerissen. Lord Ruthven, jener ihr verhaßte Mörder Rizzio's, und Lord Lindsay erschienen um Mitternacht plötzlich in ihrem Zimmer. Man zwang sie, ein ordinaires Reitkleid anzulegen, hob sie auf ein Pferd und ritt mit ihr davon, ohne ihr zu sagen, wohin man mit ihr gehe.

Sie ritten die ganze Nacht durch und langten am Morgen vor dem Schlosse von Loch-Leven an, welches einsam auf einem kleinen Eiland mitten in einem drei deutsche Meilen großen See gelegen war, und das sich im Besitz von Murray's Mutter, der Geliebten von Maria's Vater befand. Wie schmerzlich und wie schwer gerade die Wahl der Lady von Loch-Leven zu Maria's Kerkermeisterinn für diese Letztere sein mußte, ist nur zu deutlich, und die Abneigung der Lady gegen die Tochter der Frau, durch die sie selbst von Jacob's des Fünften Seite verdrängt worden war, bot den Lords die sicherste Bürgschaft für die strenge Bewachung der Königinn.

Um aber ihrem Verfahren einen Anschein von Recht zu geben, welches nach den Erklärungen ihrer Proklamationen, nach dem in Carberry Hill der Königinn gegebenen Versprechen, ihr unterthan sein zu wollen, ein offenbarer und neuer Verrath war, erklärten die Lords plötzlich: sie hätten in Carberry Hill zwar geglaubt, daß die Königinn Bothwell wider ihren Willen geheirathet habe und in unfreiwilliger Knechtschaft von ihm gehalten worden sei, sich aber später von dem Gegentheile überzeugt. Die Königinn habe erklärt, Bothwell niemals verlassen zu wollen, und sie sähen sich also genöthigt, um der Sicherheit des Prinzen willen, gegen Maria einzuschreiten. Nichts destoweniger nahmen sie auch diese Anschuldigung einen Monat später wieder zurück und versicherten dem englischen Gesandten, daß sie überzeugt wären, Maria würde freiwillig in keinem Falle auch nur ein Jahr an Bothwell's Seite zu Ende gelebt haben.

Der Plan der Lords scheint im Ganzen kein fester gewesen zu sein. Es hatte ihnen für den Augenblick genügt, sich zu Herren der Königinn zu machen, und erst nachdem dieses Ziel erreicht war, fingen sie an daran zu denken, daß man sich Bothwell's bemächtigen, ihn aus dem Lande vertreiben, oder auch ihn nochmals zur Untersuchung ziehen und als Darnley's Mörder verurtheilen lassen müsse, wenn man sich für immer vor ihm sicherstellen wolle. Keiner von Allen aber wagte es auch jetzt noch im Entferntesten darauf hinzudeuten, daß man die Königinn an Darnley's Tode schuldig glaube. Man scheint vielmehr eine Wiederherstellung Maria's, bei der Morton das Heft der Regierung in die Hand zu nehmen hoffte, beabsichtigt, und dabei nur vergessen zu haben, daß Morton ein Mitschuldiger an Rizzio's Tode war, daß Maria ihn verabscheute, und daß Murray, wenn auch für den Augenblick in Frankreich lebend, nicht der Mann war, von Schottland fern zu bleiben, wenn sich ihm eine so sichere Aussicht auf Herrschaft darbot, als grade jetzt.

Schottland glich in diesem Augenblicke einem Schiffe ohne Steuermann. Die kleine Partei Bothwell's, die Lords des Prinzen und die sich wieder verstärkende Partei der Lords der Königinn, wie Maria's Anhänger sich nannten, trieben jede auf eigne Hand ihr Wesen. Morton versuchte eine Vereinigung der beiden letzteren Parteien zu Wege zu bringen, aber man fing allgemein an, theils gerührt durch das Unglück Maria's, theils aufgereizt durch die Maßlosigkeiten aller Regentschaftsprätendenten, sich nach Maria's milder Herrschaft zurückzusehnen, und alle Mittel Morton's, die Macht seiner Partei zu verstärken, blieben fruchtlos. Gegen Bothwell allein ging er, obschon er eine öffentliche Untersuchung wegen Darnley's Tode aufzunehmen befahl, mit Vorsicht zu Wege. Erst Ende Juni erließ man eine Art Achtbrief gegen Bothwell und setzte eine Belohnung aus für Denjenigen, der ihn ausliefern würde. Wann Bothwell, in Folge dieser Acht, Dunbar verlassen, welche Schritte er gethan, seine Macht wieder zu erlangen, ist nicht mehr genau zu erweisen. Sein Versuch, die Lords der Königinn für sich zu gewinnen, schlug gänzlich fehl. Er floh nach Norden, wo er Ländereien besaß, ging zwischen den Inseln zur See, ward hart gedrängt und endlich mit seinen Schiffen fliehend, in die Nordsee, nach der dänischen Küste hin getrieben. Zu stolz, als Flüchtling und dürftig am dänischen Hofe zu erscheinen, nicht ängstlich in der Wahl seiner Mittel, suchte er sich das ihm fehlende Geld zu schaffen, indem er die ihm aufstoßenden Kaufmannsschiffe kaperte; aber Dänemark war nicht geneigt, ein solches Verfahren ruhig anzusehen. Es ward eine Flotte gegen ihn ausgeschickt, Bothwell gefangen genommen und ohne Weiteres in ein Gefängniß geworfen, in welchem er mehrere Jahre lebte, bis er als Geisteskranker starb.

Während dessen waren die auswärtigen Höfe bei den Vorgängen in Schottland nicht gleichgültig geblieben. Ein französischer Gesandter, der in Schottland gelandet, keinen Zutritt zu der Königinn erhalten konnte, war augenblicklich nach Frankreich zurückgekehrt, da er die Gewalt der Lords nicht anerkennen durfte. Elisabeth's Bothschafter hingegen war weniger gewissenhaft. In den Briefen, welche ihr Gesandter brachte, wird Maria's Mitschuld an Darnley's Tod, wie ihre Zustimmung zu ihrer Heirath mit Bothwell, im Gegensatz zu allen Erklärungen der Lords, als eine feststehende Thatsache angenommen; nichtsdestoweniger erklärt Elisabeth ihrer guten Schwester, daß sie ihre Gefangenschaft als ein großes Unrecht ansähe und ihre baldige Befreiung von Herzen wünsche. Sie verlangte dabei zugleich von Maria, daß Darnley's Mörder augenblicklich bestraft und die Sicherheit des jungen Prinzen vollkommen festgestellt werden sollte, als ob das Eine oder das Andere zu veranlassen, jetzt noch in Maria's Macht gestanden hätte. Der Gesandte brachte obenein zwei ganz verschiedene, aber unter demselben Datum ausgefertigte Aufträge mit sich. Der Eine erklärte der Königinn die größte Theilnahme für sie und drohte mit Rache gegen alle Feinde Maria's; der Andere verkündete den Lords, daß sie nicht Grund haben sollten, mit den Handlungen Elisabeth's unzufrieden zu sein; sie werde zu Nichts ihre Zustimmung geben, was der Sicherheit des Reiches oder der späteren Ruhe der Lords entgegen sein könne.

Murray hatte während dessen in unausgesetzten Verhandlungen mit England und mit seinem Vaterlande gestanden. Der Erste, welcher in Loch-Leven Zutritt zu der gefangenen Königinn erhielt, war ein Abgesandter Murray's, Elphinston mit Namen; denn Morton wußte, daß Maria zu einer Abdankung zu überreden, an die man zu denken begann, weil man nach dem Geschehenen Maria's Zorn zu fürchten hatte, Niemand so leich mit Stande sein werde, als ihr Bruder. Ja Morton konnte es sich nicht verbergen, daß Murray allein Aussicht habe, nach der Abdankung der Königinn die Regentschaft erfolgreich und dauernd übernehmen zu können. Der einzige Grund aber, welcher eine solche Abdankung Maria's als nothwendig erscheinen machen konnte, wäre ihre Anhänglichkeit für Bothwell, ihr Entschluß gewesen, Bothwell nicht zu verlassen; und man verfehlte nicht nach allen Seiten hin derartige Gerüchte zu verbreiten, obschon es wie ein Wahnsinn klingt, daß Maria sich geweigert haben sollte, den Thron ihrer Väter wieder einzunehmen, wenn Bothwell ihn nicht mit ihr theilte.

Am 24. Juli wurden Sir Robert Melville und Lord Lindsay nach Loch-Leven gesendet, die Königinn zur Abdankung zu überreden, und ihr zugleich die Abdikationsakte vorzulegen. Wollte man den Tag bezeichnen, an dem die unglückliche Frau die größte Seelenangst erlitten, so möchte es vielleicht dieser 24. Juli sein. Eingeschlossen in einen düstern, einsamen Thurm, nur von ein Paar ihrer Frauen umgeben, hatte sie die ganze Zeit fortdauernd in geistigen Qualen verlebt, als dieser schwerste Schlag sie erreichte. Maria hatte ihr ganzes Lebelang die Macht geliebt, war stolz gewesen auf ihre Geburt, auf ihre Abkunft von einer langen Reihe von Königen; jetzt sollte sie die Krone freiwillig vom Haupte nehmen, um sie den verrätherischen Händen ihres Bastardbruders, oder den blutbefleckten Händen des ihr verhaßten Morton zu überlassen. Die Abdankungsakte klang daneben wie ein absichtlicher Spott. Nachdem in dem ersten Theile ausgesprochen war, daß die Königinn seit ihrer Ankunft in dem Reiche alle ihre Kraft und ihren Geist aufgewendet habe, das Land glücklich zu machen und die Ruhe ihrer Nachkommen und ihres Volkes zu sichern, sagte der zweite Theil, daß sie der Herrschaft müde sei und die Krone jetzt niederzulegen wünsche.

Als Sir Robert Melville ihr die Lage des Landes auseinander gesetzt hatte, gestand er ihr unumwunden, daß man, wenn sie sich weigere, die Abdankung zu unterzeichnen, eine ihren Charakter entehrende Anklage gegen sie erheben werde, um sich auf diese Weise ihrer entledigen zu können. Aber Maria blieb unerschüttert, so sehr ihr Herz bebte vor solchem Undank und vor solchem Verrath. Auch ein Brief des englischen Gesandten, in dem Elisabeth ihr rieth, die Krone niederzulegen, um ihr Leben zu sichern, machte keinen Eindruck auf sie, so daß Melville, der allein vor der Königinn erschienen war, sich genöthigt sah, Lord Lindsay, einen der Königinn persönlich feindlichen Edelmann, zu seiner Hilfe zu rufen. Lord

Lindsay, anerkannt einer der besten Redner, aber auch einer der heftigsten Männer jener Zeit, trat mit flammenden Augen und wüthender Geberde vor die Königinn hin, und zum ersten Male verlor Maria ihre Fassung. Lindsay's Erklärung, daß, wenn die Königinn sich weigere, die Abdankung zu unterzeichnen, er selbst sie mit dem Blute Maria's zu unterschreiben gedenke, mußte sie nur zu lebhaft an die Nacht erinnern, in der Lindsay, neben Ruthven stehend, diesen zum Morde Rizzio's angetrieben hatte. Maria hatte einen kühnen und männlichen Geist, aber sie ward plötzlich bleich und starr, bis ein Strom von Thränen ihr aus den Augen stürzte. Melville selbst, erschüttert durch die Beängstigung der Königinn, wagte es ihr ins Ohr zu flüstern, daß Unterschriften, zu denen man gezwungen werde, keine Gültigkeit hätten, und da Lord Lindsay nicht aufhörte zu toben, ja ihr auf den See deutend dies Wasser als ihr Grab bezeichnete, so ergriff sie endlich, vor Angst halb wahnsinnig gemacht, eine Feder und setzte ihren Namen unter die Acte so deutlich als ihre Thränen es gestatteten. Darauf verließen die Botschafter sie, und Maria, die entthronte Königinn, blieb allein ihren traurigen Gedanken überlassen.

Die Krönung des Prinzen fand, obwohl die Lords der Königinn einen Protest dagegen einlegten, schon fünf Tage später am 29. Juli Statt; gleich nach der Krönung langte Murray in Schottland an. James Melville, Einer der getreuesten Anhänger Maria's, ging ihm bis Berwick entgegen und erfuhr von ihm, daß bereits auch in Morton's Lager sich Zwiespalt eingeschlichen habe, daß viele Anhänger desselben von Murray gefordert hätten, er möge die Regentschaft nicht gleich antreten, sondern rücksichtsvoll und demüthig gegen die Königinn verfahren, »die einen hellen Verstand und fürstliche Neigungen habe, und die man vielleicht bald in Freiheit zu sehen wünschen würde, damit ihre Milde über Schottland herrsche.«

Ein solches Temporisiren stimmte vollkommen mit Murray's eigenem Charakter überein. Von Athol, Morton und Lindsay begleitet, begab er selbst sich nach Loch-Leven, wo Maria so sehr durch seinen Anblick erschüttert ward, daß eine lange Zeit verging, ehe sie ihrer Thränen und ihrer Sprache Meister werden konnte. Sie verlangte, daß die Fremden sich entfernen sollten, weil sie ihren Bruder allein zu sprechen wünschte, und in einer langen Unterredung wußte er Maria zu überzeugen, daß er nur in ihrem Interesse sich entschließen würde, die Regentschaft anzutreten, wenn sie selbst ihm ihre Zustimmung ausdrücklich dazu gebe. Maria hatte keine Wahl, sie willigte ein. Die Lords machten nach ihrer Rückkehr von Loch-Leven die mündliche Zustimmung der Königinn zu der Wahl Murray's bekannt, und im August ward James Earl von Murray zum Regenten ausgerufen. Es gelang ihm, durch energische und kluge Maßregeln seine Herrschaft zu befestigen; er wußte die Lords der Königinn theils einzuschüchtern, theils durch Gunstbezeugungen auf seine Seite zu bringen, und schon im December konnte er es wagen, ein Parlament zusammen zu berufen, in welchem die Entthronung und die Gefangenschaft Maria's für rechtmäßige Handlungen anerkannt wurden. Als Grund dieser Rechtmäßigkeit ward angegeben, daß die Königinn der Theilnahme an Darnley's Ermordung überwiesen sei. Man stellte auf, ihre Mitschuld sei durch eigenhändige Briefe unleugbar festgesetzt; aber diese Briefe wurden nicht vorgelegt. So lange Bothwell im Lande gewesen war, hatte man die Abneigung der Königinn, sich von ihm zu trennen, als Grund ihrer Gefangenschaft angegeben; jetzt, da diese Ausrede fortgefallen war, bedurfte man einer andern, und Maria's Feinde waren nicht wählerisch.

Die Unglückliche blieb jetzt in dem Schlosse von Loch-Leven, ihrer Freiheit beraubt, ihrem Kummer überlassen, unter Entbehrungen jeder Art dem Uebelwollen einer ihr abgeneigten Frau preisgegeben, deren Dienerschaft sich nach ihrem Beispiel in kränkenden Vernachlässigungen und Rücksichtslosigkeiten gegen die Königinn gefiel. Dadurch gewann Maria's persönliche Güte und der Eindruck ihres ganzen Wesens ihr auch hier theilnehmende Freunde. Der jüngste Sohn der Lady von Loch-Leven, George Douglas, und ihr noch jüngerer Neffe William, hatten ein so tiefes Mitleid mit der Lage der Königinn gefaßt, daß sie unablässig darauf bedacht waren, ihr zu ihrer Freiheit zu verhelfen. Der erste Versuch, den George Douglas dazu machte, mißlang. Die Königinn, welche in den Kleidern ihrer Wäscherinn glücklich das Schloß verlassen hatte, und sich bereits auf einem Boote in der Mitte des See's befand, erregte durch die Zartheit ihrer Hände den Verdacht der Schiffer, und obschon sie sich mit aller Würde ihrer Erscheinung den Männern als ihre Königinn zu erkennen gab, reiche Belohnung versprechend, wurde sie dennoch nach dem Schlosse zurückgebracht. George

Douglas und die treuesten Diener Maria's mußten das Eiland verlassen; Maria wurde noch schärfer bewacht, aber weder die Königinn noch ihre Freunde verloren die Hoffnung auf Erlösung.

Auch war kaum ein Monat nach dem ersten mißglückten Versuche entschwunden, als es dem sechszehnjährigen William Douglas gelang, sich der Schlüssel des Castells zu bemächtigen, die Bewohner desselben einzuschließen und mit der Königinn und Einer ihrer Kammerfrauen das andere Ufer zu erreichen, wo die Freunde der Königinn sie erwarteten. Noch einmal tauchte ein Strahl des Glückes in Maria's Leben auf; noch einmal mußte die Krone ihr gewiß erscheinen, als sie sich von ihren Getreuen umgeben sah, deren Zahl täglich durch neue Ankömmlinge vergrößert wurde. Von Hamilton aus, wohin sie sich begeben hatte, erklärte die Königinn, daß sie die Abdankung nicht anerkenne, zu der man sie, wie Sir Robert Melville bescheinigte, durch Drohungen gezwungen, und schon nach wenig Wochen hatte sich ein Heer von sechs tausend Mann um sie versammelt, das Murray gegenüber, kampffertig im Felde stand. Am 13. Mai 1568 kam es zur Schlacht. Maria befand sich in der Nähe des Schlachtfeldes auf einem Hügel, von dem aus sie dem Gefechte folgen konnte. Ihr Herz schlug zwischen Furcht und Hoffnung. Dieser Tag mußte ihr die Krone wieder geben, oder sie als Flüchtling das Land ihrer Väter verlassen sehen. Eine von Grange of Kircaldy ersonnene Kriegslist wandte den Sieg auf die Seite Murray's. Maria's Heer ward geschlagen, ihre Hoffnungen vernichtet, ihre Krone ihr zum zweiten Male entrissen. Begleitet von Lord Herries und wenigen Getreuen mußte sie sich zur Flucht entschließen. Sie wandte sich der Seeküste zu, um von dort aus England oder Frankreich zu erreichen.

Mißtrauisch gegen Elisabeth, riethen ihre Freunde ihr nach Frankreich zu gehen. Die Königinn aber konnte den Gedanken nicht ertragen, ein Land als Flüchtling zu betreten, das sie als Königinn verlassen hatte; abgesehen davon, daß sie es ihren protestantischen Unterthanen gegenüber, für unräthlich hielt, bei einem katholischen Fürstenhause Schutz zu suchen. Nach vielen Ueberlegungen entschied sie sich, die englische Grenze zu überschreiten und bei dem Gouverneur der Stadt Carlisle anzufragen, ob man ihr erlaube weiter vorwärts zu gehen. Daß diese Erlaubniß ihr ertheilt ward, bedarf keiner Erwähnung. In Carlisle angelangt, ward Maria als eine Staatsgefangene behandelt. Man gestattete ihr nur unter militairischer Begleitung die Festung zu verlassen und erschwerte ihren schottischen Anhängern den Zutritt zu ihr auf jede Weise. Maria ließ dagegen Vorstellungen erheben, sie bat um Schutz, und verlangte vor allen Dingen eine persönliche Unterredung mit der Königinn von England. Indeß keine ihrer Vorstellungen fand Gehör, und die Unterredung mit Elisabeth ward ihr unter dem Vorgeben versagt, daß es für Elisabeth nicht angemessen sei Maria zu empfangen, ehe sie von dem Verdacht des Gattenmordes gereinigt dastehe. Sie erbot sich jedoch Schiedsrichter zu werden zwischen Maria und dem Regenten, und schrieb dem Letzteren, daß die Königinn von Schottland sich bereit erklärt habe, sie als solchen anzunehmen.

Maria hingegen hatte an eine solche Anerkennung nicht gedacht, und konnte das jetzt um so weniger thun, da Elisabeth entschlossen schien Maria und Murray als zwei gleichberechtigte Parteien, und Murray im Voraus als den rechthabenden Theil zu betrachten. Indeß auch diese Sachlage erklärt wieder am Besten ein eigenhändiger Brief Maria's. Er lautet:

»Madame und gute Schwester! Ich kam in Euer Land, Euren Beistand zu fordern, nicht mein

Leben zu retten. Schottland und die Welt haben mich nicht aufgegeben. Ich war mir meiner Unschuld bewußt. Ich war geneigt Euch alle meine Handlungen vorzulegen; ich wollte Euch die Ehre anthun, Euch zur Rechtfertigerinn oder zur Wiederherstellerinn einer Königinn zu machen. Ihr habt mir keinen Beistand und keinen Trost gewährt. Ihr verweigert mir sogar vor Euch zu erscheinen. Ich entfloh einem Gefängniß, und bin wieder eine Gefangene. Kann es Euch Tadel zuziehen, die Beschwerden einer Unglücklichen zu hören? Ihr empfingt meinen Bastardbruder, als er sich in offener Rebellion gegen mich befand: ich bin eine Fürstinn, Eures Gleichen, und mir verweigert Ihr die Gunst. Erlaubt mir denn, Euer Reich zu verlassen. Eure Strenge ermuthigt meine Feinde, schüchtert meine Freunde ein und ist allen meinen Interessen höchst nachtheilig. Ihr haltet mich in Fesseln, und erlaubt meinen Feinden, mein Reich zu erobern. Ich bin ohne Vertheidigung und sie genießen meiner Macht, bemächtigen sich meiner Einnahmen und halten mir die Spitzen ihrer Schwerter entgegen. In der elenden Lage, in der ich mich befinde, fordert Ihr sie auf mich anzuklagen. Ist das Unglück mein Königreich zu verlieren nicht groß genug? Muß ich auch meiner Ehre und meines Rufes beraubt werden? Verzeiht mir, wenn ich ohne Verstellung spreche. In Euren Reichen will ich nicht auf ihre Verläumdungen und Anschuldigungen antworten. Euch, in persönlicher Begegnung, werde ich jederzeit bereit sein, mein Verhalten zu rechtfertigen. Aber mich soweit zu erniedrigen, daß ich mich mit meinen rebellischen Unterthanen auf gleichen Boden stelle, und ihnen in einer Untersuchung als Partei gegenüber trete, ist eine so tiefe Unwürdigkeit, daß ich niemals in dieselbe willigen werde. Ich kann sterben, aber ich kann keine Schande auf mich nehmen. Ueberlegt, ich beschwöre Euch, was recht und schicklich ist. Erwerbt Euch meine tiefste Dankbarkeit; aber wenn Ihr nicht geneigt seid, mich als Eure Schwester anzuerkennen und mir Eure Güte angedeihen zu lassen, so haltet Euch wenigstens von Strenge und Ungerechtigkeiten fern. Seid weder mein Feind noch mein Freund. Verharrt in der Kälte Eurer Neutralität, und laßt mich andern Fürsten für die Wiedereinsetzung in mein Reich verpflichtet werden.«

Unbewegt durch solche dringende Vorstellungen beschloß Elisabeth, die Königinn von Schottland nur mit größerer Strenge zu behandeln. Maria ward von Carlisle nach Bolton, tiefer in das In-

29*

nere des Landes gebracht und ihr gar kein Verkehr ferner mit ihren Anhängern in Schottland zugestanden. Durch fortwährende doppelzüngige Verhandlungen wußte Elisabeth es dahin zu bringen, daß Maria, ein halbes Jahr nach ihrem Ueberschreiten der Grenze, endlich ihre Zustimmung zu einer Conferenz in York gab, welche im October stattfinden, und bei der Abgeordnete Maria's und Murray's als Parteien, eine von Elisabeth ernannte Commission als Schiedsrichter auftreten sollten. Diese Letzteren hatten die Weisung erhalten, dem Regenten mitzutheilen, daß, wenn es ihm gelänge, Maria's Theilnahme an Darnley's Mord zu beweisen, sie niemals wieder den Thron besteigen solle, und falls auch nur ein Verdacht dieser Theilnahme auf Maria fiele, solle Murray zu bestimmen haben, unter welchen Bedingungen man Maria wieder in Schottland aufnehmen wolle. Nach solcher Einleitung ist der Sinn, in welchem die Verhandlungen geführt wurden, leicht zu ermessen. Dennoch fielen Murray's Einwendungen gegen Maria so haltlos aus, und die Widerlegungen von Maria's Abgeordneten waren so schlagend, daß die englische Commission selbst sich darüber bestürzt fühlte und der Vortheil sich ganz auf die Seite Maria's wendete. Es blieb also nichts übrig, wenn man die Königinn verderben wollte, als neue Mittel gegen sie anzuwenden, und jetzt brachte Murray jenen Brief Maria's in Erinnerung, dessen schon Morton sich einmal in Edinburg so erfolgreich bedient hatte. Kaum hatte Elisabeth von dem Vorhandensein eines solchen Briefes, zu dem man noch einige, angeblich von Maria für Bothwell verfaßte Liebeslieder hinzugefügt hatte, Nachricht erhalten, als sie beschloß, die Untersuchung jetzt selbst in die Hand zu nehmen, und deshalb die Conferenz von York nach London zu verlegen befahl. Anfangs erklärte Maria sich damit einverstanden; bald aber mußte sie einsehen, daß auch dieser Schritt zu ihrem Nachtheil benutzt werde, da man in London die ganze schiedsrichterliche Bedeutun der Conferenzen allmählich entstellte. Aus einer vermittelnden Commission, bei der es sich um Maria's Wiedereinsetzung in ihre Rechte gehandelt, hatte man sie in einen Gerichtshof umgewandelt, vor dem man Maria als Angeklagte betrachtete; und noch ehe jene angeblichen Briefe Maria's an Bothwell in Betracht gezogen worden waren, hatte Maria ihren Abgeordneten befohlen, unter diesen Umständen nicht weiter vorwärts zu gehen, sondern die Conferenzen augenblicklich abzubrechen. Zugleich erbot sie sich aber, es darzuthun, daß Murray und seine Anhänger um Darnley's Tod gewußt, ja daß Einige von ihnen mit zu den Mördern gehört hätten. Nach dieser Anklage drang auch Elisabeth plötzlich auf den Schluß der Verhandlungen. Murray ward veranlaßt, nachdem er zur Aufrechterhaltung des Friedens zwischen England und Schottland 5000 Pfund von Elisabeth erhalten hatte, nach Schottland zurückzukehren, Maria hingegen die nachgesuchte Erlaubniß, sich nach Frankreich zu begeben, abermals verweigert. Sie blieb eine Gefangene wie bisher.

Die achtzehn Jahre, welche Maria nach diesen Conferenzen in York noch zu verleben hatte, brachte sie bald in diesem, bald in jenem englischen Gefängnisse zu. Eine Erhebung, welche der Herzog von Norfolk zu ihren Gunsten unternahm, und bei der viele englische Große, selbst Elisabeth's Günstling Lord Leicester, ihn unterstützten, mißlang. Der Herzog von Norfolk büßte sie mit dem Leben, und Maria's Gefangenschaft wurde nur noch strenger. Eben so nachtheilig wirkte die Bannbulle, welche der Papst gegen die Königinn von England erließ, auf Maria zurück.

Als Elisabeth sie zur Rechenschaft ziehen ließ über die Verbindung, in der sie mit Norfolk gestanden, über den Antheil, den sie an dem Erlaß

der päpstlichen Bannbulle gehabt habe, erklärte Maria mit der ihr eigenthümlichen Geradheit und Bestimmtheit: »daß sie niemals daran gedacht habe, Elisabeth in ihren Rechten zu beeinträchtigen. Was ihre eigne Flucht anbeträfe, so habe sie allerdings mit Norfolk in Verbindung gestanden, denn sie halte sich für berechtigt, Jedem Gehör zu geben, der ihr dazu behilflich sein könne. Was die Bannbulle des Papstes anlange, so habe sie keinen Antheil an dem Erlaß derselben gehabt, sie vielmehr gleich nachdem sie dieselbe gelesen, verbrannt, und sie habe auch seit ihrer Gefangenschaft keine Verbindungen mit auswärtigen Mächten unterhalten, als diejenigen, bei denen es sich lediglich um ihre Befreiung und um ihre Wiedereinsetzung in ihr eignes Königreich gehandelt habe.«

Selbst der Tod des Regenten Murray, der 1570 aus Rache wegen einer Privatbeleidigung ermordet wurde, machte in Maria's persönlichen Verhältnissen keine Aenderung. Der Earl von Lenox ward sein Nachfolger. Unter der schwachen und ganz unfähigen Regentschaft dieses Greises arteten die schottischen Zustände zu einer wo möglich noch größeren Verwilderung aus. Mord aus Parteihaß und Verbrechen aller Art wurden tägliche Erscheinungen, und obschon dadurch in Vielen der Gedanke wach ward, Maria wieder auf den Thron zurückzurufen, erregte die im Jahre 1572 stattgefundene Ermordung der Hugenotten in Paris, einen solchen Abscheu der Protestanten gegen die katholischen Fürsten, daß selbst Maria's treueste Anhänger die Sache der Königinn nicht mehr aufzunehmen wagten und sie ganz verloren geben mußten. Zwei Jahre später starben ihr Schwager Karl IX. und ihr Onkel, der Cardinal von Lorraine, die beiden letzten Personen, die immer wieder sich in ihrem Interesse verwendet hatten, und in den folgenden Jahren scheint das Schicksal Maria's fast ganz in Vergessenheit gerathen zu sein. So jung die Königinn noch war, sah sie während ihrer Gefangenschaft fast alle ihre Zeitgenossen, Freunde und Feinde, vor sich sterben. Ihr Bruder Murray, ihr Schwiegervater Lenox, Hamilton (die letzte Stütze des Katholicismus in Schottland), John Knox, der muthige Führer der Reformation, der ritterliche Mar und viele Andere raffte der Tod in kurzer Reihenfolge hin. Immer einsamer wurde Maria's Leben, immer schwerer ihre Gefangenschaft. Von den funfzig Personen, welche ihr nach England gefolgt waren, wurden immer mehr und mehr entfernt. Dennoch tragen alle Briefe, welche sie an Elisabeth, nach Frankreich oder sonst an ihre Freunde schrieb, trotz ihrer Klagen über den Mangel an jeder Lebensbequemlichkeit, das Gepräge einer ungebrochenen Geistesstärke und eines hohen, klaren Selbstgefühls. Aber nur ihre Seele blieb gesund; ihr Körper erlag der Gefangenschaft. Der Bewegung im Freien beraubt, konnte sie oft durch lange Zeit ihr Lager nicht verlassen, und sie beklagt sich in einem Briefe von 1580, daß sie »auf zwei kleine Zimmer beschränkt, deren Feuchtigkeit alle Möbel mit Moder überziehe, im Winter kaum im Stande sei, sich anders, als im Bette liegend, der Kälte zu erwehren;« zugleich bemerkt sie, mit Berufung auf das Zeugniß ihres Gefangenwärters, Sir Francis Paulet, daß alle Personen, welche sie während ihrer Krankheit in diesen Zimmern gepflegt hätten, gleichfalls krank geworden wären. Im Jahre 1581 schreibt sie: »Ich bin zu einem solchen Zustand der Schwäche herabgesunken, daß ich nicht mehr hundert Schritte gehen kann, dennoch bin ich besser, als in den letzten sechs Monaten. Seit den letzten Ostern bin ich genöthigt gewesen, mich in einem Stuhle tragen zu lassen, und Sie mögen urtheilen, wie selten dies geschehen kann, da Sie wissen, wie wenig für solchen Dienst geeignete Leute ich um mich habe.« Trotzdem setzte sie ihre gewohnten Beschäftigungen, so weit sie konnte fort, und aus dieser Zeit stammt das folgende rührende Gedicht:

Que suis – je hélas! et de quoi sert ma vie?
Je ne suis fors qu'un corps privé de coeur;
Un ombre vain, un objet de malheur,
Qui n'a plus rien, que de mourir envie,
Plus ne portez, o ennemis, d'envie
A qui n'a plus l'esprit à la grandeur!
Je consomme d'excessive douleur —
Votre ire en bref ce voira assouvie!
Et vous, amis, qui m'avez tenu chère,
Souvenez vous, que sans heur — sans santé!
Je ne saurais aucun bon oeuvre faire;
Souhaitez donc fin de calamité
Et que ci bas étant assez punie,
J'aye ma part en la joye infinie.

In Schottland waren indessen nach Lenox erst der Earl von Mar, dann Morton zu Regenten ernannt worden, und Maria erlebte es, daß Morton von ihrem zur Herrschaft gelangten Sohne Jacob VI., wegen Darnley's Ermordung zur Untersuchung gezogen und in Folge seiner Zugeständnisse im Jahre 1581 hingerichtet wurde. So hatten Alle, welche durch Maria's Untergang zu Macht und Größe zu gelangen hofften: Darnley, Bothwell, Murray, Morton, noch vor Maria's Tode ein gewaltsames Ende genommen, ohne daß dadurch das Schicksal abgewendet worden wäre, das die Königinn bedrohte. Der Schluß von Maria's Leben ward, für Elisabeth erwünscht, früher herbeigeführt, als sie erwarten konnte. Einige katholische Priester Englands, fanatisirt durch die Bannbulle des Papstes, hielten es für Pflicht das Vaterland von der ketzerischen Königinn zu befreien. Nachdem sie eine kleine Partei für sich gewonnen hatten, wendeten sie sich an den spanischen Gesandten in Paris, der ihnen bis zu einem gewissen Punkte seinen Beistand versprach, wenn es ihnen gelänge eine starke Partei in England zu begründen. Einer der Ersten, welchen die Verschworenen in das Geheimniß gezogen hatten, war Anton Babington, ein junger Edelmann aus Derbyshire, der, durch den Erzbischof von Glasgow für Maria eingenommen, eine begeisterte Anhänglichkeit für sie hegte, und leidenschaftlich eine That zu thun verlangte, welche ihm den Dank der Königinn gewinnen konnte. Durch Maria's Sekretaire, Curl und Naw, wußte er ihr Nachricht von einer Erhebung zu Gunsten des Katholicismus, und von dem damit verknüpften Plane ihrer Befreiung zukommen zu lassen. Aber Maria war zu oft getäuscht worden, hatte zu sehr jeder Hoffnung entsagt, um noch Erlösung zu erwarten. Dazu kam, daß die kurz vorher, bei Anlaß eines, von einem Katholiken gemachten Mordversuches gegen Elisabeth, erlassene Parlamentsakte, Jedem, zu dessen Gunsten ein solches Attentat unternommen worden, nebst allen seinen Erben, von allen Rechten auf die Krone Englands ausschloß; daß man ferner nicht nur für den Mörder, sondern auch für den, zu dessen Gunsten der Mord begangen worden, die Todesstrafe festgesetzt hatte. Lebenssatt, resignirt für sich selbst, besorgt ihren Sohn zu beinträchtigen, und überzeugt, daß man ihre Mitschuld an dem katholischen Komplotte behaupten werde, auch wenn sie selbst nur ihre Flucht dabei im Auge gehabt hätte, fanden Babingtons Vorschläge bei Maria nur geringen Anklang, und er erhielt nur durch Curl und Naw einen nicht ermunternden Bescheid auf seinen Antrag. Dennoch ging die Verschwörung vorwärts und schien ihrem Gelingen nahe, als sie, lange schon von Elisabeth's wachsamen Räthen vermuthet, entdeckt ward. Vierzehn der Verschwornen, Babington an der Spitze, erlitten den Tod, und nachdem dies geschehen, beschloß man, nun auch gegen Maria Stuart aufzutreten.

Bei der Aufregung, in welche Babington's Verschwörung ganz England versetzt hatte, bei der Erinnerung an die Bartholomäusnacht ward es für

Elisabeth und ihre Rathgeber nicht schwer, den Gedanken im Volke rege zu machen, daß, so lange Maria lebe, die Verschwörungen gegen Elisabeth kein Ende haben, die Sicherheit der Protestanten in England keine vollständige sein werde. Doch geschah es nur mit großer Mühe, daß man das Ministerium für diese Ansicht zu gewinnen vermochte. Viele der Minister widersetzten sich dem Unrecht, Maria zur Rechenschaft zu ziehen für ein beabsichtigtes Attentat, das sie nicht gebilligt hatte, und das nur möglicher Weise zu ihrem Vortheile gereichen konnte. Aber ihr Tod war beschlossen, und dem Verfahren so viel Ansehen als möglich zu geben, wurden vierzig der ersten Personen des Königreichs ernannt, welche Maria zur Untersuchung ziehen und über ihr Leben das Urtheil fällen sollten. Am 11. October 1586 trafen die Commissarien in dem Schlosse von Fotheringhay ein, wohin man Maria einige Wochen vorher gebracht hatte. Man hatte darauf gerechnet, die Untersuchung augenblicklich beginnen zu können; aber auch jetzt noch erklärte Maria, sich dem Richterspruche Elisabeth's nicht unterwerfen zu wollen.

»Ich bin nicht Elisabeth's Unterthan,« sagte sie, »sondern eine unabhängige Königinn so gut

30*

als sie, und ich werde in Nichts willigen, was der Würde eines gekrönten Hauptes nicht angemessen ist. Erschöpft, wie mein Körper es ist, ist mein Geist nicht so schwach, daß ich dessen vergessen sollte, was ich mir selbst, meinen Ahnen und meinem Lande schuldig bin. Welches auch die Gesetze Englands sein mögen, ich bin ihnen nicht unterthan. Ich kam in das Reich, den Beistand einer Schwester-Königinn zu erbitten, und bin als ein unfreiwilliger Gefangener darin zurückgehalten worden.« — Trotz dieses Protestes erklärte man ihr, daß man auch gegen ihren Willen die Untersuchung einleiten, und daß man sie für schuldig erklären werde, wenn sie es verweigere, sich zu vertheidigen. Das bestimmte Maria, denn ihr Stolz verlangte es, sich zu rechtfertigen. Am 14. October erschien sie vor den Schranken des Gerichtes. Man hatte die große Halle des Schlosses von Fotheringhay dazu eingerichtet, und vielleicht niemals in ihrem Leben machte sich der Adel in dem Wesen Maria's mehr geltend, als an diesem Tage.

Den ersten Namen Englands, seinen größten Gelehrten, seinen bedeutendsten Staatsmännern, welche sich Alle auf diese Verhandlung vorbereitet hatten, stand Maria allein und unbeschützt gegenüber.

Kein Rathgeber, kein Freund war an ihrer Seite; sogar ihre Papiere, aus denen sie vielleicht Beweise ihrer Unschuld hätte ziehen können, waren ihr genommen. Dennoch erregten ihre feste Haltung, ihre geistige Gewalt, welche bei ihrer körperlichen Schwäche um so größer erschien, selbst die Bewunderung ihrer Feinde. Mit Augen, in denen der Glanz früherer Jahre leuchtete, mit der ruhigen Milde eines reinen Gewissens, hörte sie die Klage an, welche der Staatsanwalt gegen sie erhob. Er las erst die Acte vor, welche das Parlament gegen alle diejenigen erlassen hatte, die irgend einer Theilnahme an einem Attentate gegen das Leben der Königinn verdächtig wären; er schilderte dann die letzte Verschwörung, versuchte es, Maria's Theilnahme an derselben zu erweisen, indem er die Briefe ihrer Sekretaire an Babington vorlegte und sich auf die Aeußerungen Babington's und der Sekretaire Maria's bezog, und erklärte dann die Thatsache ihrer Theilnahme für bewiesen. Maria, zur Entgegnung aufgerufen, vertheidigte sich mit großer Klarheit. Sie erklärte, keinen Theil an Babington's Unternehmen gehabt zu haben, insofern es gegen das Leben der Königinn von England gerichtet gewesen wäre. Sie protestirte dagegen, daß man irgend ein Gewicht auf die Aussagen Babington's und ihrer Sekretaire lege, da nach einem englischen Gesetze dieselben ungültig wären, so lange man sie nicht mit Maria confrontirt habe; sie fragte, welcher Glaube auf das Zeugniß der Sekretaire zu legen sei, die sich gegen Maria selbst als Verräther bewiesen hätten? Wenn sogar, fügte sie hinzu, die Authenticität dieser Papiere festgestellt wäre, so könne selbst diese ihr nicht zum Verbrechen ausgelegt werden. Es sei ihr nicht zu verdenken, wenn sie immer und immer wieder versuche, sich aus einer Gefangenschaft zu befreien, in die sie so hinterlistig verlockt worden sei. »Was aber einen Angriff auf das Leben der Königinn betrifft,« sagte sie, »so würde ich es verschmähen, das höchste Erdenglück durch die Ermordung des geringsten Sterblichen zu erkaufen, und von Leiden und Sorgen aufgezehrt, wie ich es jetzt bin, kann die Aussicht auf eine Krone für mich nicht so verlockend sein, daß ich sie auf Kosten meiner unsterblichen Seele zu gewinnen streben sollte. Ich bin weder den Gefühlen der Menschlichkeit fremd, noch unbekannt mit den Vorschriften der Religion, und meine Natur eignet sich mehr zu der Hingebung einer Esther, als zu dem Schwerte der Judith. Wenn ich jemals durch Worte, Thaten oder auch nur in Gedanken meine Zustimmung gegeben hätte zu irgend einem Angriffe auf das Leben der Königinn von England, so würde ich, weit davon entfernt, den Richterspruch der Menschen zurückzuweisen, nicht einmal um die Gnade Gottes für mich beten.«

Die Commissarien, welche gehofft hatten ein leichtes Spiel zu haben, waren betroffen, wagten kein Urtheil zu sprechen, und sahen sich genöthigt, das Verhör auszusetzen, um die Sache vor die Sternkammer von Westminster zu bringen, wo man am 25. October, nachdem man Naw und Curl nochmals verhört hatte, Maria für schuldig erklärte, Theil genommen zu haben an Babington's Verschwörung und der beabsichtigten Ermordung der Königinn. Dieses Urtheil ward dem bald darauf zusammentretenden Parlamente vorgelegt und der Lord-Canzler, nachdem das Parlament es bestätigt hatte, an Elisabeth abgeschickt, um die Unterschrift der Königinn und den Befehl zur augenblicklichen Vollstreckung desselben zu erlangen.

Daß Elisabeth, ihrem Charakter getreu, sich weigerte, die Unterschrift zu leisten, daß sie es deutlich merken ließ, wie viel lieber es ihr sein würde, wenn Maria auf eine weniger auffallende Weise das Leben verlöre, daß sie mit der Unterschrift zögerte, um erst abzuwarten, wie Heinrich III., und Maria's Sohn König Jacob, die Sache aufnehmen würden, kann nicht sehr befremden. Indeß Heinrich III. war immer nur ein sehr lauer Vertheidiger Maria's gewesen, und wenn er auch in dieser letzten, dringenden Gefahr seinem Gesandten ernstere Instructionen zukommen ließ, so kannte Elisabeth die damaligen Verhältnisse Frankreichs gut genug, um zu wissen, daß es bei leeren Drohungen sein Bewenden haben werde. König Jacob aber hatte seine Mutter nie gekannt. Er war umgeben von Räthen, welche sich Elisabeth verkauft hatten, und sein Anspruch auf den englischen Thron hing von Elisabeths Geneigtheit ab. Dennoch war er nicht gefühllos genug, die Verurtheilung seiner Mutter ruhig mit anzusehen; aber seine Einwendungen wurden nicht beachtet, da man seine Handlungen nicht zu fürchten hatte. Als es ihm bekannt gemacht wurde, daß Elisabeth seine Mutter nicht zu retten vermöge, ließ er, statt mit einer Armee in England einzurücken, in allen Kirchen für sie beten, daß Gott sie mit dem Licht der Wahrheit erleuchten möge und sie vor der Gefahr beschützen, welche über ihrem Haupte hänge.

Nach allen Seiten beruhigt, ließ Elisabeth sich endlich von ihren Räthen die Unterzeichnung des Todesurtheils abdringen, und es wurden Commissarien nach Fotheringhay gesendet, dasselbe der Königinn bekannt zu machen. Weit entfernt, davon betroffen zu sein, hob sie ruhig ihre Hände zum Himmel empor, Gott dankend, daß sie endlich von ihren Leiden erlöst werden solle. Indeß diese Leiden waren noch nicht zu Ende, auch der kurze Rest ihres Lebens sollte noch durch Beleidigungen getrübt werden. Die Aufseher ihres Gefängnisses fingen an, ihr den schuldigen Respect zu verweigern; der Thron, den sie überall in ihren Zimmern hatte aufschlagen lassen, ward abgebrochen und jedes Zeichen der königlichen Würde ihr entzogen. Man erklärte ihr, daß sie fortan nicht als Königinn, sondern nur als Verbrecherinn angesehen werden könne. Der Beistand eines katholischen Priesters ward ihr versagt und ein protestantischer Geistlicher gesendet, sie von ihren Irrthümern zu überzeugen. Maria ertrug alle diese Kränkungen mit der größten Ruhe. »Eurer Königinn und ihren gefälligen Richtern zum Trotz,« sagte sie »werde ich als Königinn sterben; meine Königswürde ist unzerstörbar, und ich werde sie mit meinem Geist in die Hände des allmächtigen Gottes zurückliefern, von dem ich beide empfangen, und dem meine Ehre und Unschuld bekannt sind.

Im December 1586 schrieb sie den letzten Brief an Elisabeth, der also lautet: »Madame! Ich danke Gott von Herzensgrund, daß er durch das Urtheil, welches man gegen mich gefällt hat, meiner mühseligen Pilgerschaft ein Ende macht. Ich wollte sie nicht verlängert wissen, auch wenn es in meiner Macht stände, da ich hinlänglich Zeit gehabt habe, ihre Bitterkeit kennen zu lernen. Auch schreibe ich Euch nur, um Euch drei letzte Bitten vorzutragen, deren Gewährung ich Euch und Niemand anders verdanken möchte, da ich von Euren unversöhnlichen Ministern keine Gunst erwarten kann. Erstens: da ich in England nicht hoffen darf, nach dem Ritus der katholischen Kirche beerdigt zu werden (seit man die Religion der alten Könige Eurer und meiner Vorfahren geändert hat), und da man in Schottland bereits die Asche meiner Voreltern zerstreut hat, so bitte ich, es möge meiner Dienerschaft erlaubt sein, meinen Körper in geheiligter Erde zu begraben, wenn meine Feinde ihre Hände in meinem unschuldigen Blute gebadet haben werden; vor Allem aber bitte ich, daß man ihnen erlaube, meine Leiche nach Frankreich zu bringen, wo die Gebeine der Königinn, meiner verehrtesten Mutter, ruhen, damit mein armer Körper, der keine Rast genossen, so lange er mit meiner Seele verbunden war, sie wenigstens finden möge, wenn er von ihr getrennt sein wird. Zweitens: da ich die Tyrannei der rauhen Männer fürchte, deren Macht Ihr mich überlassen habt, bitte ich Ew. Majestät, daß ich nicht im Geheimen, sondern in Gegenwart meiner Diener und anderer Personen hingerichtet werde, damit sie Zeugniß geben von meinem Glauben und von meiner Treue für die wahre Kirche, und meine letzten Lebensstunden und meine letzten Seufzer bewahren mögen vor den falschen Gerüchten, welche meine Feinde darüber verbreiten könnten. Drittens: Ich bitte, daß es meinen Dienern, die mir durch so viel Elend mit so großer Treue gedient haben, erlaubt werde, sich ohne Hindernisse dahin zurückzuziehen, wo es ihnen gut dünkt die kleinen Legate zu verzehren, welche meine Armuth ihnen zu hinterlassen vermag. Ich beschwöre Euch, Madame, bei dem Blute Jesu Christi, bei unserer Blutsverwandtschaft, bei dem Andenken Heinrich's VIII., unsers gemeinsamen Stammvaters, und bei dem Königstitel, den ich mit in meinen Tod hinübernehme, mir diese drei vernünftigen Bitten nicht abzuschlagen, sondern mich durch einen eigenhändigen Brief zu versichern, daß Ihr ihnen willfahren wollt; und ich werde dann sterben, wie ich gelebt habe, als Eure wohlwollende Schwester und Gefangene. Maria, Königinn von Schottland.« — Ob Elisabeth diesen Brief jemals beantwortet, weiß man nicht.

Am 7. Februar 1587 erschien die Commission vor Maria, welche ihr den Tag ihrer Hinrichtung ankündigen sollte. Maria lag zu Bett, stand aber augenblicklich auf, als man sie benachrichtigte, daß es sich um eine dringende Angelegenheit handle, und empfing die Lords in ihrem eigenen Zimmer. Ihre Kammerfrauen, ihr Arzt, ihr Chirurg und ihre männlichen Diener umgaben sie. Der Earl von Shrewsbury und seine Begleiter kündigten ihr so schonend als möglich den Auftrag an, der ihnen geworden. Maria hörte darauf die Vorlesung des Hinrichtungsbefehles ruhig an, schlug ein Kreuz und sagte, sie habe diesen Tag lange erwartet und sei nicht unvorbereitet zu sterben. »Ich habe seit langen Jahren in fortdauernder Betrübniß gelebt, unfähig mir selbst oder denen, die mir theuer waren, Gutes zu thun, und da ich schuldlos sterbe an den Verbrechen, die man mir zur Last legt, sehe ich nicht ein, warum ich vor der Aussicht auf Unsterblichkeit zurückschrecken sollte.« Sie legte dann ihre Hand auf ein neues Testament und beschwor nochmals feierlich ihre Unschuld.

Als der Earl von Kent einwendete, daß dies nicht die wahre Bibel, sondern eine katholische sei, antwortete sie: »Es ist die Bibel, an die ich glaube.« Dann erkundigte sie sich ruhig nach den Vorgängen der Außenwelt. Sie wollte wissen, ob man ihr keine Briefe von Elisabeth bringe; ob der König von Frankreich und ihr Sohn, der König von Schottland, sich nicht für sie verwendet hätten; und fragte dann, auf wann ihre Hinrichtung festgesetzt sei. Als sie erfuhr, daß sie am nächsten Morgen geschehen solle, schien sie erschreckt und für einige Minuten bewegt zu sein, faßte sich aber gleich wieder und bat, man möge ihr ihre Papiere, welche man ihr genommen hätte, zurückerstatten, da sie ihr Testament zu machen wünsche. Dann entließ sie die Commissarien und blieb mit ihrer Dienerschaft allein.

Unter den Thränen und leidenschaftlichen Klagen ihrer ganzen Umgebung behielt Maria unerschütterlich ihre sanfte Ruhe. Sie bat sie, mit ihr niederzuknieen, und betete inbrünstig in ihrer Mitte. Während man darauf die Abendmahlzeit bereitete, beschäftigte sie sich damit, ihr Geld in verschiedene Börsen zu zertheilen und eigenhändig den Namen der Person daran zu schreiben, für die sie sie bestimmte. Wie immer, setzte sie sich mit ihrer Dienerschaft zur Tafel, und obschon sie wenig genoß und wenig sprach, glitt fast beständig ein mildes Lächeln über ihre Züge. Als das traurige Mahl zu Ende war, ließ sie sich einen Becher Wein geben, trank auf das Wohl jedes ihrer Diener und verlangte, daß man ihr zum letzten Male Bescheid thun möge. Ueberwältigt von ihrem Schmerz warf ihre Dienerschaft sich ihr zu Füßen, Vergebung erbittend für jedes Unrecht, das sie unwissentlich an ihr begangen hätte; auch die Königinn bat danach ihre Diener sie möchten ihr verzeihen, wenn sie jemals ihre Pflicht gegen sie vergessen hätte, ermahnte sie, ihrer Religion treu zu bleiben und in Frieden und Eintracht untereinander und mit den Menschen zu leben. Dann ließ sie sich das Inventarium ihrer Garderobe und ihrer Schmucksachen bringen und schrieb am Rande desselben bei jedem Stück den Namen der Person, der sie es bestimmte, wobei sie Keines ihrer Diener oder ihrer entfernten Freunde vergaß.

Nachdem sie diesen Pflichten genügt hatte, setzte sie sich an ihren Schreibtisch, ihr Testament zu beenden und ihre Papiere zu ordnen; ließ aber vorher ihren Beichtvater, den man, obschon er im Schlosse wohnte, den Zutritt zu ihr nicht gestattete, ersuchen, er möge die Nacht für sie beten und ihr sagen lassen, welche Theile der heiligen Schrift er für ihre Erbauung am geeignetsten halte. Sie füllte mehrere Seiten mit dichter Handschrift für ihr Testament, das in dem festesten, bestimmtesten Tone verfaßt ist, schrieb dem König von Frankreich, ihm ihre Dienerschaft zu empfehlen, welche ihm über ihre letzten Stunden berichten werde, und versiegelte dann gegen 2 Uhr Morgens alle diese Papiere, mit dem Bemerken, daß sie nun nicht weiter an die Dinge dieser Welt denken, sondern die letzten Stunden einzig ihrem Seelenheile widmen wolle. Sie legte sich zu Bett, aber ohne zu schlafen, und ihre Kammerfrauen sahen, daß sie die Lippen bewegte und ihre gefalteten Hände mehrmals zum Himmel erhob.

Am Morgen des achten erhob sich Maria mit Tagesanbruch, händigte ihrer Dienerschaft die ihr bestimmten Gaben aus, gab mehrere, ihr Begräbniß betreffende Befehle, und überließ sich wieder der Andacht, bis man an die Thür klopfte, sie zu benachrichten, daß Alles bereit sei. Sie verlangte noch einen Augenblick Zeit, ihre Gebete zu beenden, ließ dann die Thüre öffnen, und der Sherif trat ein, sie zum Tode zu führen. Ihre Dienerschaft umringte sie wehklagend und verlangte, sie nach dem Schaffot begleiten zu dürfen. Da dies aber gegen Elisabeths Befehle war, erklärte man der Königinn, daß sie allein gehen müsse. Maria protestirte laut dagegen. Umsonst! Sobald sie die Gallerie ihrer Wohnung überschritten hatte, ward die Thür hinter ihr geschlossen, und man hörte nur noch das laute Wehklagen ihres Gefolges. Am Fuße der Treppe, welche zu der großen Halle leitete, ward Maria von den Earls von Kent und von Shrewsbury empfangen und ihr gestattet, von Melville, ihrem Haushofmeister, Abschied zu nehmen, den man seit längerer Zeit von ihr entfernt hatte. Sie versicherte ihm, daß sie ruhig sterbe, und bat: »Wenn Ihr künftig von mir sprecht, so sagt, daß ich fest in meinem Glauben gestorben bin, bereit, meinen Feinden zu vergeben, überzeugt, meinem Vaterlande Schottland niemals Schande gemacht zu haben, und froh, daß ich Frankreich, dem Lande meiner glücklichsten Jahre, immer treu geblieben bin. Sagt meinem Sohne«, fügte sie hinzu, und als sie den Namen ihres einzigen Kindes nannte, stürzte eine Fluth von Thränen aus ihren Augen, »sagt meinem Sohne, daß ich seiner in meinen letzten Augenblicken gedachte, und daß ich nie weder mit Worten, noch mit Thaten in irgend etwas ihm Nachtheiliges gewilligt habe. Bittet ihn, das Andenken seiner unglücklichen Mutter zu bewahren, und möge sein Leben tausendmal glücklicher und segensreicher sein, als das meine.«

Nachdem sie so von Melville Abschied genommen, verlangte sie, daß man Eine ihrer Kammerfrauen rufen sollte, um ihr die letzten Dienste zu leisten. Auch dies glaubte man ihr nach Elisabeths Befehlen verweigern zu müssen. Da erhob Maria sich und sprach: »Ich kann nicht in die Unwürdigkeit willigen, daß mein Körper in die Hände von Fremden falle. Ihr seid die Diener einer jungfräulichen Königinn; sie selbst, wenn sie hier wäre, würde den Forderungen der Menschlichkeit nachkommen und mir den Beistand Derjenigen gewähren, die mir so lange treu gedient.« Beschämt gab man ihren Wünschen nach; man ließ vier männliche und zwei weibliche Diener kommen und gestattete ihnen, für die wenigen Augenblicke, die Maria noch zu leben hatte, neben der Königinn zu bleiben.

In derselben Halle, in der das Gericht gehalten worden, hatte man das Schaffot erbaut. Auf der einen Seite desselben standen die beiden Scharfrichter, auf der andern die Earls von Kent und von Shrewsbury. Maria betrat die Halle am Arme ihres Arztes, während Melville ihre Schleppe trug. Sie hatte ein Kleid von schwarzer Seide mit rothem Sammet besetzt angelegt, darüber einen Atlasmantel; ein weißer Kreppschleier mit reichen Spitzen umrandet hing von ihrem Haupte fast zum Boden herunter; um den Hals trug sie ein Crucifix von Elfenbein, an ihrem Gürtel den Rosenkranz. Ihre Schönheit war lange zerstört; aber der Adel ihrer Haltung und ihres Ausdrucks war unverändert. Mit ruhigem, festem Schritte bestieg sie das Schaffot. Selbst Elisabeths Anhänger konnten sich der Bewunderung und Verehrung nicht erwehren. Nachdem man ihr nochmals das Todesurtheil vorgelesen, richtete der Decan von Peterborough mehrere ihre Religion betreffende Ermahnungen an sie, trotz ihrer Erklärung, daß sie als Katholikinn sterben wolle. Da sie bemerkte, daß er von seinem Vorhaben nicht abstehe, kniete sie nieder, betete mit ernster Innerlichkeit, und hie und da mit lebhaften Gesticulationen, für sich selbst, für alle guten Fürsten, für die Königinn von England, für ihren königlichen Sohn, für ihre Freunde und für ihre Feinde. Nur selten unterbrach ein krampfhafter Seufzer ihr Gebet. Als ihre Kammerfrauen heftig zitterten, während sie ihr den Schleier und den Haarputz abnahmen, ermahnte sie sie sanft zur Ruhe und zur Geduld, und als sie darauf ihren Nacken entblößte, nahm sie ein goldenes Kreuz vom Halse, das sie der Einen ihrer Frauen, Jane Kennedy, zu geben wünschte. Der Scharfrichter bemerkte, daß dergleichen ihm gehöre. »Mein Freund!« entgegnete Maria, »sie wird Euch mehr dafür geben, als es werth ist.« Aber der Scharfrichter riß es der Königinn mit Heftigkeit aus ihren Händen. Sie wendete sich von ihm ab, segnete nochmals ihre Dienerschaft, küßte sie und sagte ihr Lebewohl. Dann befahl sie der Kennedy, ihr mit einem reichen goldgestickten Tuche, das sie selbst zu diesem Zwecke mitgebracht hatte, die Augen zu verbinden, legte ihr Haupt auf den Block und sprach: »O Gott, auf den ich gehofft habe, in Deine Hände befehle ich meinen Geist!«

Der Scharfrichter mußte dreimal schlagen, ehe der Kopf vom Rumpfe getrennt ward. Sein Gefährte hob das abgetrennte Haupt der Königinn bei den Haaren in die Höhe, welche bereits ganz grau geworden waren, und rief: »Gott erhalte Elisabeth, Königinn von England!« Der Earl von Kent fügte hinzu: »So mögen alle ihre Feinde sterben!« Aber von der Gewalt dieser entsetzlichen Scene erstarrt, vemochte Niemand Amen zu sagen.

Maria Stuart starb 45 Jahre alt. Ihre

Leiche ward von ihrer Dienerschaft in ein anstoßendes Gemach getragen, wo ein altes grünes Billardtuch über die Gestalt gebreitet ward, die einst wie ein Gestirn vor den bewundernden Nationen erschienen war. Nach einiger Zeit ward der Befehl gegeben, ihren Körper einzubalsamiren, und sie ward mit königlichem Pomp in der Cathedrale von Peterborough beerdigt. Fast 25 Jahre später ließ ihr Sohn, um einen Act nachträglicher Sühne und Gerechtigkeit an dem Andenken seiner Mutter zu verüben, ihre Gebeine von Peterborough nach der Westminsterabtey in die Capelle Heinrich's VII. bringen, in der ihr ein prächtiges Monument errichtet ist.

Neunundzwanzigste Sendung.

Glasgow den 13. August, Abends.

Wenigstens den Versuch will ich machen, auch auf dieser Tour die Tagebücher fortzuführen. Da man, wie ich höre, Abends immer zeitig in den Stationspunkten anlangen soll, so hoffe ich, Du werdest nicht leer auszugehen brauchen.

Unser Weg nach Glasgow währte kaum zwei Stunden, da wir uns des Expreßtrains bedient hatten. Nachdem wir eine Stunde geruht, begaben wir uns, weil meine Reisegefährten ein besonderes Interesse daran hatten, vor allen Dingen nach der chemischen Fabrik von Mr. Tenant. Da sie am Ende der Stadt gelegen ist, hatten wir zugleich die Möglichkeit, einen großen Theil derselben zu durchfahren und kennen zu lernen.

Die neuen Theile Glasgow's ahmen das Westende London's nach, die alten sind den antiken Theilen Edinburgs ähnlich, die Stadt im Ganzen, nach deutschen Begriffen, noch sehr groß, prächtig und schön. Aber was ist groß neben London und schön neben Edinburg, wenn man die beiden Orte eben verlassen hat? Eines der schönsten alten Gebäude ist die in Collegestreet gelegene Universität, mit vielen stillen, an den Temple in London erinnernden Höfen. Aus einem derselben sahen wir in eine Wiese hinab, in der Arbeiter im Freien ein Spiel, dem italienischen Boggi ähnlich, auf einem Holzplan spielten, bei dem sie mit kleinen Kugeln aus ziemlicher Entfernung nach großen, auf dem Boden ausgelegten Kugeln warfen.

Wir gingen dann später am Abende noch einmal durch die Straßen, und erst da hat sich mir die Physiognomie derselben eingeprägt. Der Charakter einer Handelsstadt tritt hier sehr deutlich hervor, während man in Edinburg Nichts von dem Geschäftstreiben gewahr wird, das sich im Hafen zu Leith bewegt. Der Clyde, obschon nicht allzubreit, hat bei Glasgow, vier deutsche Meilen von seinem Ausfluß in das atlantische Meer, doch eine bedeutende Tiefe, und die großen Seeschiffe können bis mitten in die Stadt einlaufen. So weit ich

Glasgow bei der Ankunft übersehen konnte, liegt es in einer Ebene, die sich nur nach einer Seite hin leise erhebt, an der es einen amphitheatralischen Anblick darbietet.

Der erste Punkt, der dem Fremden als schön in das Auge fällt, ist George Square, ein prächtiger Platz, um dessen Gartenanlagen fünf, sechs der elegantesten Hotels gelegen sind, und aus dessen Mitte sich eine Säule mit dem Standbilde Walter Scott's erhebt. Die Säule soll achtzig Fuß hoch sein, und so groß auch die Statue des Dichters sein mag, der in einem karrirten Plaid auf derselben dargestellt ist, möchte ich doch den Menschen sehen, der es in solcher Ferne zu erkennen vermag, daß, wie es im Handbuch heißt: »the expression of the countenance is characterised by that air of *bonhommie* and shrewd sense, which distinguished that illustrious individual.« *) Wir lachten hell auf, als wir es lasen.

Auf demselben Platze steht, außer der Statue von Sir John Moore eine andere von James Watt.

---

*) »Daß der Ausdruck des Gesichtes durch jenen Zug von bonhommie und gradem Verstande charakterisirt wird, welche diese berühmte Persönlichkeit auszeichneten.«

Weiterhin sieht man ein Paar stattliche Kirchen, und am Ende einer Straße das wahrhaft großartige Börsengebäude, an dessen griechischem Styl und schönen Dimensionen man eine Freude haben könnte, hätte man nicht einen Thurm darauf gesetzt, der gar nicht in den Styl hineinpaßt. Vor der Börse steht eine Reiterstatue Wellington's. Auch hier wieder erfreut mich die Verehrung und Dankbarkeit der Engländer für die Männer, welche sich um das Vaterland verdient gemacht haben. Freilich haben die Engländer auch das, was uns zur Entwicklung der Nationaldankbarkeit und zur Entwicklung einer Menge von Eigenschaften fehlt — ein Vaterland. Denn wem könnte in Deutschland das ganze Volk als Nation ein Denkmal setzen, außer seinen großen Dichtern? Und auch dabei findet sich der Uebelstand, daß, wenn ein solches Denkmal in der Vaterstadt des Dichters aufgestellt wird, es sich für neunundzwanzig Dreißigstel der Deutschen im Auslande befindet, welches zu besuchen sie sich einen Paß besorgen und eine Aufenthaltskarte lösen müssen. Mit den Fürsten, Staatsmännern und Kriegshelden ist es noch schlimmer. Wer Oestreich diente, ist Preußens Feind; wer Bayern nützt und es hebt, beeinträchtigt Würtemberg und Sachsen. Tilly, dem man in Bayern ein Standbild gegründet, ist für den Magdeburger noch heute ein Wütherich, ein Mordbrenner, der ihm die Vaterstadt verwüstet, den schönen Dom zerstört hat. In der Vereinigung zu einer Nation, zu allgemeiner Freiheit haben die Stämme und Parteien Englands ihre früheren Kämpfe, ihren früheren Haß vergessen, während in Deutschland die fortdauernde Zersplitterung in einzelne Länder, und das allgemeine Mißbehagen alle Antipathieen nur zu wach erhält. Unser ganzes nationales Leben, unsere sämmtlichen Verhältnisse sind durch Mißgunst, Abneigung und Particularismus so untergraben, daß eine Veredlung des Volkscharakters für uns in alle Zeit unerreichbar bleiben wird, wenn die jetzigen Zustände fortdauern sollten. Rechnet man dazu noch, daß der Deutsche gar nicht geneigt ist zum Anerkennen, wohl aber zum Kritisiren und Tadeln, so begreift es sich, wie kein allgemeiner Enthusiasmus für irgend eine Persönlichkeit, oder gar für ein Unternehmen zu Ehren eines großen Mannes unter uns aufkommt. Als sich im Jahre 1840 ein frischer Geist in Deutschland regte, als einzelne Gemeinschaften daran dachten, Statuen für die Heroen unserer Literatur zu errichten, erschraken die »besonnenen, nüchternen« Leute gleich über den

»Statuen-Schwindel«, und in den Zeitschriften hieß es satirisch, wenn man so viel Raum für Monumente verschwende, so werde der Kartoffelacker theuer werden für die Armuth. Die Deutschen, das Volk des Gedankens, schlagen ihren Verstand so niedrig an, daß sie fürchten, auch der kleinste Enthusiasmus könnte ihnen mit ihrem Verstande davonlaufen. Sie binden sich mit den Stricken der Engherzigkeit an den Mast der Gewöhnlichkeit, wenn das Schiff der Zeit sich den Küsten der Freiheit nähert, und große, fortzeugende Gedanken und Thaten ihnen winken. Vorüber! Vorüber! —

Von der Brücke wendeten wir uns durch Queenstreet nach Argylestreet und Buchananstreet, in denen sich Haus an Haus Magazine aller Art befinden, deren Herrlichkeiten sich mit den Reichthümern von Regentsstreet vergleichen können. Indeß je weiter man in Argylestreet gen Westen geht, um so mehr verändert sich der Charakter der Magazine. Statt der kostbaren Glaswaaren, Juwelen und Porzellane — Eisenmagazine, Segeltücher und Lebensmittel; statt der Terneauxshawls, Putzhüte, Parfüms — blaue Flanellpaletots, Wachstuchkappen, Ale- und Branntweinhäuser, der ganze Bedarf einer Hafenstadt. Wir wanderten am Quai eine Weile auf und nieder und gelangten dann auf einen großen Wiesenplatz, den High Green, in dessen Mitte ein ansehnlicher Obelisk ein Monument für Nelson bildet. Rund um die Wiese ragten Dampfschornsteine hervor, deren letzte Rauchwolken, blaß und blässer, in immer geringer werdenden Zügen aufwallten. Das Neulicht stand am Himmel, die Sonne ging ungewöhnlich hell unter, und je tiefer sie sank, um so bunter färbten sich die Rauchwolken, so daß sie zuletzt wie lauter sich in Dunst auflösende Fahnen anzusehen waren.

Eine Menge Frauen beschäftigten sich mit dem Zusammenraffen von Wäsche, die man auf dem High Green gebleicht und getrocknet hatte; von allen Seiten kamen Arbeiter aus den Fabriken und vom Hafen herüber, die sich den obern Stadttheilen zuwendeten. Wir folgten ihrem Zuge, der uns an einem sehr stattlichen Gebäude, dem Tontine-Hotel, vorüberführte. Es gleicht mit seinem Thurme und in seiner ganzen Anlage den belgischen Stadthäusern, und hat für England etwas ganz Fremdes in seiner Architektur. Eine Statue Wilhelm's des Dritten steht vor demselben.

Der Abend war während dieser Wanderung eingebrochen, die Gasflammen wurden angezündet, und hier, wie in London, begann der Handel und Verkehr des Abendmarktes, der sich überall in Fabrikstädten herausbilden muß. Die Straßen waren so voll von Menschen, wie es bei uns nur große Ereignisse, Feuersbrünste, Aufzüge, werden lassen. Aber von einer solchen Bevölkerung wie die hiesige, hat man auch in Deutschland keinen Begriff. Es waren nicht Menschen in Lumpen gehüllt wie man ihnen in der Highstreet von Edinburg oder in Bloomfield in London begegnet, sondern ein Zusammenfluß jener Tausende und Tausende, die mit schwerer Arbeit das Nothwendigste, aber auch nur dieses zu gewinnen vermögen. Sie hatten unzerrissene, wenn auch zum Theil schmutzige Kleider, viele Frauen waren barfuß, wie ich in England Niemand bemerkt habe. Die Fabrikarbeiter sahen meist dürftiger aus, als die Handwerker, welche mit Werkzeugen heimkehrten und sich durchweg sauber trugen. Die Frauen aus den Fabriken hatten lose Jacken von Kattun, die ihren großen Theils schönen Figuren sehr vortheilhaft standen. Trunkene Männer gab es in Massen — aber keine Bassermann'sche Schreckgestalten. Und dennoch eine Bevölkerung, von der man sich die Frage stellen mußte: »Wie soll das enden?« Wird man warten, bis diese Menschenmenge selbst sich mit Gewalt größeren Lohn für ihre Arbeit, größeren Lebensgenuß zu schaffen trachten wird? oder wird man durch verständige Reformen den Gewaltthaten zuvorzukommen suchen, die früher oder später nicht ausbleiben können, wenn das geweckte geistige Leben des Arbeiters seine Bedürfnisse erhöht, ohne daß die Möglichkeit, sie zu befriedigen, erleichtert wird?

Je weiter wir uns, den Arbeitern folgend, von den Hauptstraßen entfernten, um so mehr concentrirte sich das Menschengewühl, und die indessen ganz herabgesunkene Nacht diente dazu, es noch größer und beunruhigender erscheinen zu lassen. Aus allen Ecken huschten Gestalten hervor, die sich der Masse anschlossen; überall sprach es bald laut, bald leise flüsternd. Hier traten ein Paar junge Weiber in Liebesneckereien mit jungen Männern zusammen; dort umringten schmutzige, weinende Kinder eine heimkehrende Mutter. Scenen der liebevollen menschlichen Theilnahme wechselten mit Scenen des Streites, mit Ausbrüchen des Zornes, der Trunkenheit ab. Der ganze Lebensgehalt dieser Stände bewegte sich auf einem engen Raume, in kürzester Zeit, in schattenhafter Dunkelheit und doch so deutlich vor unsern Augen. Das Bild der Arbeitenden, das ich am Morgen erhalten, als wir, die Tenant'sche Fabrik verlassend, viele Arbeiter zum Mittag gehen sahen, war schon eine Vorbereitung für den Abend gewesen, ohne doch nur annähernd den Begriff dessen zu geben, was der Letztere uns enthüllte.

Von der Tenant'schen Fabrik weiß ich Dir wenig zu sagen. Sie ist die größte Sodafabrik der Welt, und überhaupt eine der größten chemischen Fabriken. Sie umfaßt zwölf Acker Land, in ihnen einen für die Fabrik angelegten Kanal; beschäftigt sechshundert Arbeiter, und der Hauptbau hat einen Schornstein, der genau so hoch ist, wie der Straßburger Münster. Ich habe die Zahl der Fuße vergessen; Du kannst sie in jeder Beschreibung des Münsters finden, wenn es Dich interessiren sollte. Dabei erscheint der Schornstein durch seine glatte, kahle Gestalt noch höher, als er ist, wirklich fast unermeßlich groß. Man war durch den Gehalt des Fabrikates zu dem Riesenbau gezwungen. Es entwickelt sich nämlich bei der Sodafabrikation eine große Quantität von Salzsäure, welche für alle Vegetation augenblicklich tödtlich ist. Um also den Niederschlag derselben möglichst zu verhindern, mußte die Salzsäure in einer Höhe ausgeströmt werden, in der ihre zerstörende Kraft der Vegetation Nichts mehr anhaben konnte. Auf diese Weise hat der Bau natürlich die größten Kosten verursacht; aber schon einige Jahre, nachdem derselbe beendet, ist in der Fabrik die Entdeckung gemacht worden, daß, wenn man den Kochproceß, welcher die Salzsäure erzeugt, in Kesseln von Sandstein, statt in Metallkesseln vor sich gehen läßt, die Salzsäure sich nicht verflüchtigt, sondern gebunden wird, und dadurch nicht nur für die Vegetation unschädlich, sondern zur Bereitung des Chlorkalks nützlich gemacht werden könne. Der große Schornstein ist nun damit ganz überflüssig geworden und die enormen Ausgaben unnöthig gemacht. — Wenn ich Dir nun noch sage, daß der Weg durch die Fabrikgebäude und Höfe, zwischen Kohlen, Balken, Eisen und Holz; zwischen Feueröfen und Wasserbehältern; zwischen Arbeitern, die auf Planken Karren voll fertigen Fabrikates und rohen Materials zur Verarbeitung fuhren; zwischen weißfärbenden und schwarzfärbenden Dingen, sehr schmutzig und beschwerlich war; daß ich bald mit den hellen Stiefeln in schwarze Feuchtigkeit hineinpatschte, bald mit dem Hut gegen einen niedrigen und schmutzigen Balken stieß, durch den man kriechen mußte, und daß es erstickend bald nach Schwefel, bald nach Chlor, immer aber ganz abscheulich roch, so wirst Du zugeben, daß die

Expedition für mich eine ziemlich überflüssige und nicht sehr fruchtbare gewesen ist.

Desto mehr war es die Unterhaltung auf dem Rückwege, bei dem mein Begleiter, ein Professor, der zur Naturforscher-Gesellschaft nach Edinburg gekommen war, mir auseinanderzusetzen strebte, von welch großer Wichtigkeit die Freimaurerei werden könnte, wenn Menschen sie mit den Ideen des Socialismus zu erneuern verständen. Die Logen würden dann eine der nützlichsten Einrichtungen werden, weil sie durch alle Stände, alle Völker wirksam sind, und es könne durch sie friedlich mehr reformirt werden, als durch die blutigsten Revolutionen. Es müsse dahin kommen, daß man auch Frauen in den Bund aufnähme, daß die Logen sich der Erziehung bemächtigten, mit einem Worte, daß sie sich zu einer Propaganda für den socialen Fortschritt, für die sociale Neugestaltung aller Verhältnisse, in einer umfassenden Weise vereinigten, wie einst Loyola alle Bereiche des Lebens mit dem Gehalt des Katholicismus neu zu durchdringen unternahm. – Der Gedanke hat etwas sehr Einleuchtendes, denn nur Organisation und Propaganda können etwas schaffen. Es ist auch ein falscher Grundsatz, daß man keine Proselyten machen solle. Es ist Pflicht und Nothwendigkeit, die Menschen für das Vernünftige zu gewinnen. In unserer Zeit giebt es so vielfach Gelegenheit Großes zu leisten und dadurch selbst groß zu werden, daß man nicht begreift, warum Niemand die gebotene Gelegenheit benutzt. Es gehören eigentlich nur mäßige Fähigkeiten dazu, aber ein fester Wille, um eine der vielen Lebenssphären anzubauen, die wie ein großer, herrenloser Acker brach liegen, nach fruchtbringender Saat lechzend, bereit Tausenden Nahrung zu bieten, während sich nebenan ebenso viel Tausende um ein kleines, fast ausgesogenes Stückchen Gartenland die Hälse brechen. — Aber die Leute sind blind mit sehenden Augen und verzehren sich in Thatendrang, obschon rings umher Noth an Arbeitern herrscht und alle Hände voll zu thun wären. Sie möchten gern Jeder einen Tempel errichten, schade nur, daß sie nicht weise genug sind, das Steinbrechen als eine würdige Arbeit, den kleinsten Anfang für einen Theil des Endes und der Vollendung anzusehen. — Gute Nacht für heute, denn Morgen muß ich um vier Uhr aufstehen, weil das Dampfschiff schon vor sechs Uhr Glasgow verläßt.

Oban den 14. August Abends.

Caledonian Hotel.

Vor zwei Stunden bin ich von der Tour nach der Fingalshöhle zurückgekommen, ganz erhoben von den angeschauten Wundern. Nur das Mer de glace des Montblanc hat mir einen ähnlich überwältigenden Eindruck gemacht. Hier erst ist mir der wunderbare Zauber der Trauer in der nordischen Natur verständlich und damit auch fesselnd geworden. — Ich bin unfähig heute mehr zu schreiben. Die Seefahrt hat mich angegriffen, obschon es mir gelungen, der eigentlichen Seekrankheit zu entgehen, indem ich Eis auf den Kopf legte und beständig geeistes Sodawasser trank. — Gute Nacht! das Hotel ist so voll, daß ich nur ein ganz, ganz kleines Erkerstübchen mein eigen nenne, aber nach zwei so anstrengenden Tagen schläft sich's überall vortrefflich.

Den 15. August Morgens.

(Im großen Saal des Caledonian Hotels, den die ganze hier anwesende Reisegesellschaft mit großer Verträglichkeit als Wohnzimmer benutzt.) Im Fenster sitzt eine junge Frau aus Manchester, näht Tapisserie und diktirt zweien Männern die Namen von Ortschaften aus dem Guide, welche die Herren in die Tagebücher verzeichnen. Neben mir am Tische preßt eine alleinreisende Dame die schönsten wilden Blumen kunstreich in einer Mappe. Der Professor und ich schreiben. Dasselbe thut eine ältere Frau und ihre zwei schönen Töchter, denen eben ein Diener Desks und Portefeuilles ins Zimmer trägt, während ein greises Ehepaar auf dem Sopha plaudert. Da Jeder in diesem Augenblicke nur einen bedroom erhalten kann, lebt man Tag über ganz socialistisch, und die Engländer sind in solchen Fällen sehr liebenswürdig. Sie bleiben meist Jeder für sich, fordern Nichts von dem Nachbar, sind aber, sobald sich die Gelegenheit bietet, zu kleinen, augenblicklichen Gefälligkeiten bereit, ohne auf diese eine nähere Bekanntschaft oder irgend einen Anspruch zu begründen. So hindert man sich nirgend und hat von einander was man bedarf. Aber nun zur Reise!

Als wir vorgestern Morgens fünf Uhr durch Argyle-Street nach dem Hafen fuhren, lag noch die Nässe des nächtlichen Nebels auf den Straßen, in denen die Arbeiter an ihr Tagewerk zogen. Die Frauen mit ihren nackten Füßen auf den naßkalten Steinen gehen zu sehen, war traurig. Obschon es Tag war, standen die Watchmen überall noch mit den, auf der Brust befestigten Blend-Laternen in den Straßen. Es scheint als ob das Regiment der Constabler erst später beginnt. Auch im Hafen sah noch Alles ziemlich nächtig aus. Nur die Schornsteine der Dampfschiffe rauchten und der Ton des rasselnden Dampfes tönte durch die Stille.

Um fünf drei Viertel Uhr lichtete das Schiff die Anker. Das Verdeck war ganz besetzt, alle Bänke eingenommen, selbst in der Mitte hatten sich Leute auf Stühlen niedergelassen, so daß das Umhergehen erschwert war. Es wehte ein naßkalter Wind und der Nebel verdeckte das ganze Land zu beiden Seiten des Flusses. Die Reisenden saßen frostig in ihre Mäntel gehüllt, immer einen Shawl nach dem andern aus den Nachtsäcken hervorziehend, um sich gegen die Einwirkung der Atmosphäre zu schützen. Trotz eines Plaids, eines Pelzmantels, trotz Galloschen und Schleier, schauerte ich vor Kälte und Nebelnässe.

Es dauerte eine ganze Weile, ehe wir uns außer den Schiffsreihen des Hafens von Glasgow befanden, dann aber breitete der Clyde sich sehr schnell aus, und zu beiden Seiten desselben sah man im Nebel Landhäuser, Schlösser, Dörfer wie Schattenbilder vor sich liegen. Hier eine Fischerhütte, dort ein bescheidenes Farmerhouse, das stattliche Mansion des reichen Kaufmannes oder den Pallast der fürstlichen Lords und Earls. Die Ufer erinnerten an die Elbufer bei Altona und Hamburg. Plötzlich aber sahen wir da, wo der Leyen in den Clyde fließt, sich aus einem Wiesengrunde die beiden Felsen erheben, auf deren Rücken Dumbarton gebaut ist. Das macht einen sonderbaren Eindruck. Man ist so gewohnt, die Natur in harmonischem Zusammenhange nach Nothwendigkeiten mit Präludien und Uebergängen sich entfalten zu sehen, daß man erstaunt, wenn man in der Natur einer anscheinenden Laune oder Willkühr begegnet. Man weiß dann nicht, ob man lachen oder weinen solle; denn alle unsere sogenannte persönliche Sicherheit auf Erden beruht im Grunde nur darauf, daß Alles nach Nothwendigkeiten, im Zusammenhange, nicht nach Launen geschieht. Darum liegt auch in all den Naturerscheinungen, die wie Laune, wie Zufall aussehen, etwas Quälendes für uns.

Die Stadt Dumbarton scheint recht ansehnlich zu sein, so auch die Festung auf dem Felsen, in der Robert Wallace gefangen saß, ehe er nach

England gebracht wurde. Die Spitze des Felsens heißt noch heut Wallace seat, der Thurm Wallace's tower. — Bald hinter Dumbarton ward das Frühstück auf dem Schiffe gegeben, und da nach Beendigung desselben auch die Sonne durch die Nebel drang, so hellten sich alle Gesichter der Reisenden auf. Die Ladies wickelten sich allmählig aus ihren Shawls und Mänteln hervor, die Gentlemen streckten die Glieder, zündeten die Cigarren an, wanderten auf und ab, und man begann die Gegend theilnehmend und freundlicher zu betrachten als vorher.

Der Clyde ist breiter als der Rhein, die Felsen des Ufers sind höher, schroffer, bestimmter in der Form, und auch in der Farbe schöner als die jenes Flusses. Bei dem sich schlängelnden und von vielen Felsinseln unterbrochenen Laufe des Wassers entstehen fortwährend geschlossene Dekorationen, aus denen man gar keinen Ausweg sieht, bis ein Druck des Steuerrades dem Schiffe eine andere Richtung giebt, und sich nun plötzlich ein neues Wasserthal mit neuen Staffagen eröffnet.

Bald lagen stattliche Hafenstädte, wie Greenock mit seinen dreimastigen Schiffen, am Ufer, bald wieder Ruinen von Burgen und Festungen auf den Felsen, und immer befand man sich in abgeschlossenen

Scenerien, bis man bei Greenock aus dem Clyde in den Firth of Clyde gelangt, plötzlich offnes Wasser, und einen freien Blick in weitere Ferne vor sich hat. Das währt aber nicht lange. Schon nachdem man die Insel Bute umschifft, und die auf ihr gelegene Stadt Rothsay erreicht hat, versperren kleine Felseninseln wieder ab und zu die Aussicht. Die Fahrt, welche sich immer an den Küsten haltend, den hundertfachen Biegungen und Ausläufen folgt, mit denen hier das Land zum Meere hin verendet, wird erst von Kitbride ab ganz frei, und geht dann im Loch Fyne ungehindert bis zum Flecken Gilphead vorwärts, wo der Crinan Kanal beginnt.

In Gilphead ankerte das Dampfschiff. Die Scene am Landungsplatze war sehr belebt. Einige Damen, die wohl in der Nachbarschaft auf Besuch gingen, wurden von Freundinnen abgeholt, welche selbst ihre Ponycarriages fuhren; für andere Frauen und Männer standen prachtvolle Equipagen und Reitpferde bereit, während Landleute ihre Genossen in Empfang nahmen, die mit Körben, Säcken und Päcken beladen, aus den Städten heimkehrten. Zahlreiche Cabriolets, Pferde, Esel und Lastträger harrten am Ufer, um uns übrige Reisende und das große Gepäck bis zu dem Punkte zu bringen, an dem die Treckschuite uns aufnehmen sollte, mit der man den Canal befährt. Da aber der Weg nur kurz war, zogen wir es vor, unser Gepäck dem Steward zu überlassen und den Weg nach dem Canale zu Fuß zu machen.

Es war ein goldener Tag geworden, die Sonne stand hoch am dunkelblauen und ganz wolkenlosen Himmel. Zur Rechten schimmerten die glänzenden Wasser des Loch-Fyne, von mäßigen Hügeln umgeben, welche ganz grün bewachsen wie die schönsten Schweizermatten, zahlreichen Rindvieh- und Ziegenheerden Nahrung boten. Die Thiere lagen ausgestreckt in vollem Ruhegenusse, und hie und da kletterte eine Ziege umher, die frischen Blätter von einem Strauche zu rupfen, und legte sich dann wieder neben den andern Ziegen nieder. Die Hirten waren weiter vorwärts zusammen getreten, die Ankunft des Schiffes und der Fremden aus der Ferne zu betrachten; und hier sah ich zum erstenmale den Plaid von ihnen als tägliches Kleidungsstück getragen. Es war der klein karrirte, schwarz und weißgewürfelte Shepherd Plaid. Der Flecken, an dem wir landeten, bestand nur aus wenig Gebäuden, am Ufer und gegen die Felsen hin, waren es nur Hütten, aber selbst diese wurden zu einer Schönheit in der reichen, kräftigen Natur.

Eine Weile unterhielten wir uns, das Aussteigen unserer Reisegefährten, das Laufen und Suchen, das Ordnen des Gepäckes mit anzusehen, von dem, da die Engländer im Lande mit vieler Bagage reisen, und das Schiff sehr voll war, solch große Haufen am Ufer umher lagen, daß man nicht begreifen konnte, wie das Alles in einem schmalen Kanal-Boote unterzubringen möglich sein werde. Indeß die Sachen waren schnell zusammengerafft, und langten bald nach uns auf dem Kanale an.

Der Crinankanal verbindet den Loch Fyne mit dem Sound of Jura, so daß man jetzt in etwa zwei Stunden mit der Treckschuite Crinan erreicht, während man früher mit dem Dampfboote mehr als die doppelte Zeit dazu nöthig hatte, als man weit längs der Küste hinab, und dann wieder die ganze Meerenge von Jura hinauf gehen mußte, um nach Crinan zu gelangen. Aber der Bau des Kanales war eben so schwierig als vortheilhaft, da er über eine beträchtliche Höhe geleitet werden mußte, auf die man mit acht Schleusen hinaufgehoben, und dann mit sieben

Schleusen wieder hinabgelassen wird. Es ist eine hübsche Fahrt.

Das lange schmale Boot, von sechs Schimmeln gezogen, deren Jokeys sehr elegant gekleidet waren, hatte diesmal fast nicht Raum genug für die Passagiere. Der bedeckte Theil des Schiffes war gleich in Beschlag genommen, und schon nach wenig Minuten eine so furchtbare Hitze darin, daß die Leute es wie eine Gnade ansahen, wenn sie nur einen Augenblick den Käfig verlassen und einen frischen Luftzug athmen konnten. Das war aber gar nicht so leicht zu erlangen, denn man konnte sich kaum von seinem Platze rühren. Da es unmöglich gewesen, das ganze Gepäck in dem Packraume zu bergen, hatte man es am Steuer und Bugspriet untergebracht, und die Passagiere sich auf ihren Kasten und Mantelsäcken, auf den Gallerien des Bootes, auf dem Dache des Pavillons, und wo es irgend nur anging, so dicht als möglich zusammengepfercht. Einige, die bei der Abfahrt auf der Gallerie sitzend die Beine zufällig heraushängen ließen, mußten wirklich fast den ganzen Weg über in der Stellung bleiben. Ich saß in der Mitte des Raumes vor dem Steuer, und auch da war es so enge, daß man trotz der brennenden Sonnenhitze nicht daran denken konnte, einen Schirm aufzuspannen. Meine nächste Nachbarschaft bestand außer dem Professor de V . ., in einem stattlichen, aber hochbetagten Lord mit einer ältlichen Tochter, die liebenswürdig vorsorglich um ihn beschäftigt war, und zwei Neffen des Lords. Da wir uns gut vertrugen, brachten wir durch gemeinsame Bestrebungen zwischen unseren zwölf Füßen ein neutrales Terrain zu Wege, einen rothen Nachtsack, auf dem wir sechs Personen der Reihe nach die Beine ein bischen zur Erholung ausstrecken konnten, wobei aber der alte Herr von uns Allen sehr bevorzugt wurde, der seiner Seits sich immer etwas von der Erholungszeit abzog, um einem kleinen Hunde, den er auf seinen Knieen hielt, ein Paar Minuten freier Bewegung auf dem Nachtsack zu bereiten. Bei dieser Fahrt, die in der großen Hitze unbequem genug war, zeigten die Engländer sich im hohen Grade liebenswürdig. Nicht eine Klage habe ich gehört; Niemand fand die Hitze zu groß, seinen Platz zu eng; Niemand sagte, was nahe genug lag, daß es von dem Bootführer Unrecht sei, mehr Leute mitzunehmen, als das Boot bequem fassen könnte. Man lachte über die wunderlichen Positionen, stieg, wo es sich thun ließ, an's Land, um eine Strecke vorauszugehen, und Alle waren froh, wenigstens mitgenommen worden zu sein. Ueberhaupt habe ich selten unfruchtbare Klagen von den Engländern gehört. Sie ertragen Nichts, was ihnen unbequem ist, wenn sie es vermeiden können; das Unvermeidliche aber nehmen sie ruhig hin, ohne den kleinen Mißmuth, durch dessen oft wiederholte Aeußerungen sich das Gefühl der Beschwerde steigert. Großen Schmerz auszusprechen ist eben so erleichternd, als es erleichternd ist, kleine Beschwerden zu verschweigen.

Die Landschaft, durch die wir fuhren, war übrigens vollkommen dazu geeignet die Aufmerksamkeit zu fesseln und von den Mühseligkeiten des Augenblicks abzuziehen. Zur Linken eine Felswand, reich von Moosen und üppigen Farrenkräutern überwuchert, zwischen denen graue und schwarze Flechten mit Metallglanz hervorschimmerten, während die tief herabhängenden Aeste der Bäume am Ufer fast das Boot berührten. Hier eine einsame Hütte mit Rasen gedeckt, schornsteinlos, wie ein Schwalbennest an den Fels geklebt; dort mehrere zu einer Gruppe vereinigt, in der ein kleines Haus sich mit geschriebenen Lettern auf rohem Holztäfelchen als Gasthaus ankündigte. Da diese Wasserstraße ganz neu, ist Alles umher noch halbe Wildniß. — Wendete man aber das Auge von dem Felsen nach der rechten Seite, so ward der Blick auf den Loch Fyne und seine Ufer immer schöner, je höher man stieg. Es hatte für die Phantasie etwas Mährchenhaftes, mit einem Schiffe bergangehend, auf das tiefer liegende Meer herabzuschauen (denn der Loch Fyne ist ein Einschnitt des Meeres in das Land) und zahlreiche Dampfschiffe auf seiner dunkelblauen Wasserfülle hin und wieder ziehen zu sehen. Nur im Traume sind mir ähnliche Situationen vorgekommen, und wie in Träumen schwebte die Ruhe des brütenden Mittags über der Natur, Alles einhüllend in den schweigenden Genuß solch befruchtender Erwärmung.

Endlich war die letzte Schleuse passirt, das Boot hielt still, Alles sprang an's Land, froh sich wieder bewegen zu können. Das wartende Dampfschiff ließ uns seinen brausenden Willkommsgruß schon aus der Ferne hören, und bald waren wir wieder an Bord. Die Fahrt ging durch einen Archipel von Felseninseln, zwischen Klippen und Riffen hindurch, die alle Achtsamkeit des Steuermanns erfordern mögen. Die Natur wurde immer großartiger in ihren Erscheinungen, und als die Hitze des Tages vorüber, langten wir in Oban an, das sich wie eine italienische Hafenstadt, von Felsen geschützt, mit weißleuchtenden Häusern am

Meere hinstreckt. Aber die Farben des Südens, die dort erst mit der Nacht erlöschen, fehlten hier schon, da die Sonne nicht mehr im Zenith stand, und mehr noch fehlte, nachdem die Passagiere in den überfüllten Hotels untergebracht waren, die fröhliche Lebhaftigkeit südlicher Menschen und südlichen Treibens.

Obschon es erst sechs Uhr war, lag ein kalter Ton auf der Gegend. Die Berge und Wälder hatten in den Schattenpartien jenes tiefe Schwarz, das nur dem Norden eignet. Auch die Farbe des Meeres sah ungewöhnlich dunkel aus, und als sich Abends das große Dampfboot in dem schiffeleeren Hafen zwischen einigen Kähnen wiegte, trug grade der Anblick dieses Einen Schiffes dazu bei, mich die Oede und die weite Entfernung des Ortes von meiner Heimath um so lebhafter empfinden zu lassen.

Nach der Mahlzeit machten wir einen Spaziergang nach dem Felsen, der hier an der Nordseite des Meerbusens weit hineinragt in das Wasser. Die Ruinen eines alten Schlosses, Dunolly Castle, der einstige Sitz der M'Dougalls of Lorn, ruht auf dem Gipfel, und hinter den epheubewachsenen Thürmen des alten Baues, liegt weiter hinab, gegen die Stürme geschützt, mitten in einem

Park voll der herrlichsten Bäume, Dunolly House, die jetzige behagliche Wohnung der Familie. Der ganze Weg vom Hafen bis hinauf zu der Ruine ist geebnet und in die Parkanlagen mit hineingezogen. Als wir an Dunolly House vorübergingen, waren in der Abendkühle die Thüren des Gartensaales geschlossen, aber wir hörten leises Singen von einzelnen Pianotönen und frohem Lachen begleitet, und sahen mehrere ältere und jüngere Frauen bei dem hellbrennenden Feuer des Kamines versammelt. In dieser Oede, in der dämmernden Abendstunde, machte dies Bild der Civilisation und des heitern Lebensgenusses einen freundlichen Eindruck.

Wir blieben lange, lange in den Ruinen, aus denen bei unserm Eintritt zwei Falken aufschreiend sich in die Luft schwangen. Je dunkler es wurde, je wunderbarer erschienen die einzelnen Felsen im Meere, die wie gespenstige Seeungethüme durch die Nacht sichtbar blieben. Die Luft fing an stärker zu wehen, die dunkeln Epheublätter erschauerten davon, während die Fledermäuse und Seemöven in weitern und nähern Kreisen um unsere Häupter zogen. Zuletzt war es, als gewinne die Luft Gestaltung, als ballten sich die Wolken und die einzelnen Nebelschichten zwischen den Felsinseln in feste Form zusammen. Langgestreckte Nebelzüge endeten in schimmerndem Schweife an einer Felsecke verschwebend, während zusammengedrängte, kuglige Wolkenmassen sich wie Scharen von Gespenstern auf den Berggipfeln niederließen. Dazu hörte man überall die schwirrenden Töne des Nachtgevögels und das stoßweise, leise Klagen, das langsame Fächeln des Windes. Hier versteht man Ossians:

»Die Winde kommen herab zu den Wäldern,
die Ströme rauschen von den Felsen —
die Schatten zogen um Kromla's Haupt zusammen,
und zwischen den fliegenden Wolken
zitterten rothe Sterne.«

Hier versteht man seine Gleichnisse, sein:

— — »Ich sah ihren Fürsten,
Hoch, wie einen Felsen von Eis —
Sein Speer gleicht einer zerstürmten Tanne,
Sein Schild dem aufgehenden Monde.
Er saß am Ufer, auf einem Felsen,
Und um ihn wogte sein schwarzes Haar
wie Wolken.« — —

Diese ganze Natur athmet eine tiefe, gewaltige Melancholie; der Ossian gehört ihr an, wie die leuchtende Perle der dunkelschaligen Muschel.

Am folgenden Morgen brach der Dampfer sehr früh auf, und wieder war es so neblig, daß uns für den Erfolg unserer Expedition um so mehr bangte, als das Meer ziemlich hoch ging, und ein Landen auf Staffa nur bei ruhigem Meere unternommen werden konnte. Geführt von dem Kapitaine selbst, der den Platz auf der Gallerie während des ganzen Tages nicht verließ, weil das Meer hier voller Klippen und Bänken ist, nahm unser Dampfer seinen Weg durch ein Gewirre von einzelnen größern und kleinern Felsblöcken und kleinen Felseninseln, an deren Zerklüftung und Spaltung man ermessen konnte, wie furchtbar hier in diesen Gegenden die großen Umwälzungen und elementaren Kämpfe gewesen sein müssen, denen unsere Erde ihre jetzige Gestalt verdankt. Man begreift, daß solchen Revolutionen selbst die riesigen Thiergeschlechter unterliegen mußten, deren gewaltige Knochenmassen man noch bisweilen findet, und wundert sich nur, daß doch eine oder die andere Thierrace solchen Verwüstungen entgehen konnte. Schon auf Ischia hatte mich oft die Spur jener Erdrevolutionen, die auch das ungeübte Auge nicht verkennen kann, überrascht; hier aber trat mir das Bild der Vorgänge noch lebhafter entgegen, und alle jene Sätze, von dem Herabdrängen der Eismassen und ähnlichen Erscheinungen, die mir sonst nur Worte geblieben waren, gewannen hier verstehbare Thatsächlichkeit, weil ich ihre Wirkungen vor Augen hatte.

Unser Weg ging südwestlich von Oban nach der Insel Mull, die wir ganz zu umschiffen hatten. Je weiter wir kamen, um so länger gestreckt und donnernder begannen die hellgrün leuchtenden Wogen zu rollen, und es zuckte ein überwältigendes Empfinden in mir auf, als der Kapitain mir im Vorübergehen zurief: »Nun Mylady sind wir im atlantischen Meere! wie gefallen Ihnen diese Wellen?«

Mit der höher steigenden Sonne klärte sich das Gewölk auf. Gegen Mittag hin hatten wir einen dunkelblauen, lichtfunkelnden Himmel über uns, aber auch eine gewaltige Hitze, die nur durch den frisch wehenden Seewind erträglich gemacht wurde. Ich war sehr glücklich, daß ich wohl genug blieb, mich der Herrlichkeit dieser Fahrt erfreuen zu können. Zwei Geistliche aus Südengland, freundliche Männer, die mit ihren Frauen an Bord waren, machten unsere nächste Gesellschaft.

Als ich Mittags müde von der Wärme, auf einer der Bänke ruhend, weit hinaussah in das Meer, und dann zufällig den Blick mehr in die Nähe des Schiffes zurückwendete, da sprang plötzlich Etwas aus dem Wasser empor, hoch, hellgrün, wie eine ungeheure Malachit=Masse erglänzend. Ich schnell auf die Füße. »Was war das? rief ich befremdet.« Was? fragte der Steuermann — und in dem Augenblick tauchte es wieder hervor, sank eben so schnell wieder unter, und der Steuermann sagte: ein Wallfisch!« Es war ein merkwürdiger Anblick, der dadurch, daß er so plötzlich kam und verschwand, etwas noch Ueberraschenderes bekam. Der Steuermann rief dem Kapitän zu, der nahm sein Fernrohr, die Matrosen, Aufwärter, Passagiere wendeten kein Auge von der Seite, weil Wallfische hier nicht häufig sind, und weil selten einer allein zu reisen pflegt, aber es regte sich Nichts mehr, und ich sah wieder, daß ich doch zuweilen Glück habe, und daß es gut ist ein Sonntagskind zu sein.

Es mag wohl zwei Uhr gewesen sein, als wir die Insel Jona erreichten, die zu den Hebriden gehörend, über eine halbe Meile lang und kaum eine viertel Meile breit ist. Schon vom Schiffe konnten wir das öde, flache Ufer, und die baumlose Bergreihe betrachten, die sich mitten auf der Insel erhebt. Die Ruinen eines zerfallenen Klosters, einer zerstörten Kirche, trugen nur dazu bei, den Anblick Jona's noch trauriger zu machen, das einst hoch geehrt ward, weil es zu den ersten

33*

Punkten gehörte, auf denen das Christenthum in diesen entfernten Regionen festen Fuß zu fassen vermocht hat. Endlich ankerte der Dampfer in ziemlicher Entfernung von der Insel. Der Kapitain blieb, weil er das Schiff hier zwischen den Klippen bei dem unruhigen Wetter nicht verlassen wollte, auf seinem Posten, die beiden großen Schaluppen wurden heruntergelassen, und unter Leitung des Steuermanns gingen wir an das Land.

Als wir das Ufer betraten, umringten uns eine Menge von rothhaarigen Weibern und Kindern, die, sofern sie nicht in Lumpen gehüllt, mit einem grün- und blauwürfligen, selbstgemachten Tartan bekleidet waren. Einen Rock und ein Beinkleid von solchem Stoffe trug auch ein großer dicker Mann mit grauem Haare, der, auf einen starken Knotenstock gestützt, dem Steuermanne entgegenkam und uns Willkommen bot, wie Einer, der in seinem Hause die gastlichen Ehrenbezeugungen zu machen wünscht. Der Steuermann nannte ihn Mr. Lamont, und sagte mir, daß es der reichste Mann der Insel sei. Es kann nicht viel dazu gehören, diesen Titel zu verdienen.

Gefolgt von den Kindern, die uns auf kleinen Tellern Muscheln und allerlei Seesterne und Schaalen anboten, und begleitet von Mr. Lamont gingen wir, die ärmlichen Häuser eines Fleckens zur Linken liegen lassend, nach den Ruinen. Die Wände dieser Kirche, die in uralter Zeit gegründet; so auch die Mauern eines Klosters und einer Kapelle des heiligen Oran, sind ziemlich erhalten, und namentlich die Letztern von einem strengen, aber schwer zu beschreibenden Style. Die Bogen sind spitz, straff gespannt und ruhen auf verhältnißmäßig niedrigen Stützen. Eine zerfallene Mauer umschließt diese Gebäude und einen Kirchhof, zwischen dessen niedergetretenen Gräbern und Grabsteinen Windhafer aus dem losen aufgewehten Sande hervorwächst. Da die Insel für heilig galt, ließ der hochländische Adel sich häufig hier beerdigen. Trümmer aller Art liegen jetzt auf dem Boden des Friedhofes umher, zwischen den Grabsteinen, auf denen Ritter- und Mönchsgestalten und Schriftzeichen fernster Zeit, von Moos überwuchert, von der Luft verwittert, kaum noch kenntlich sind. Nur ein Kreuz, das Macleans-Kreuz genannt, hat sich aufgerichtet erhalten von den dreihundertundsechzig Kreuzen, die einst Jona geschmückt haben sollen, ehe die Reformation sie zerstörte. Eine Verzierung schlingt sich oben verbindend von einem Balken des Kreuzes zum Andern, und bringt mit der ganzen, aus Ranken,

Blättern und arabeskenhaften Windungen bestehenden Ausschmückung der Kreuzesbalken, einen ganz besondern Eindruck hervor, den ich an nichts derartig Gesehenes anzuknüpfen wüßte. Die Skulptur sieht so runenhaft aus, daß das Kreuz, dies Zeichen des Christenthumes, uns dadurch fast wie das fremde Symbol eines heidnischen Gottesdienstes anstarrte.

Die meisten unserer Reisegefährten fühlten sich in diesen Mauern andächtig gestimmt. Ich konnte die Art ihres Empfindens nicht theilen, aber das Christenthum ist mir in seiner kulturhistorischen Bedeutung, in seiner ursprünglichen Erhabenheit nirgend einleuchtender gewesen als auf diesem öden, unter nordischem Himmel von dem Klange der anschlagenden Wellen umtönten Eilande. Hier in dem verfallenden Gemäuer habe ich es höher und wärmer verehrt, als in dem Wunderbau der von Gold und Marmor strotzenden, in aller Kunstvollendung strahlenden Peterskirche zu Rom. Und wenn man die in Lumpen gehüllten, geistlos und müssig hinlebenden Kinderscharen am Ufer erblickte, so mußte man fühlen, daß es Zeit und Noth sei, neue Apostel zu senden in alle Welt, um zu vollenden, was einst die ersten Apostel begonnen.

Jona hat kaum fünfhundert Einwohner und ist bis auf wenige Stellen ganz unfruchtbar. Die Einwohner sind natürlich arm. Mr. Lamont, der Pächter des Herzogs von Argyle, dem die hebridischen Inseln gehören, hat allein ein ordentliches, ansehnliches Wohnhaus. Es war eine eigenthümliche Erscheinung, dieser Mr. Lamont. Auf meine Frage, ob er immer auf der Insel gelebt, antwortete er, daß er von einer französischen Emigrantenfamilie abstamme, die sich in den Hochlanden ansässig gemacht; daß er nach mancherlei Versuchen, sich in der Welt zu bewegen, zufällig hierher gekommen sei, wo er die Tochter eines Bewohners von Jona lieb gewonnen, sie geheirathet, und ihr zu Liebe das Land nicht mehr verlassen habe. Seit Einrichtung der Dampfschifffahrt nach den hebridischen Inseln sei er wieder mehr mit andern Menschen in Berührung gekommen, vorher aber habe er, besonders im Winter, in einer vollkommenen Abgeschiedenheit gelebt, und Noth gehabt »not to forget that there was a world excepted this island.« *) Er erzählte uns von seiner Lebensweise, dann auch von der früheren Bedeutung der Insel, von den Märty-

*) Nicht zu vergessen, daß es noch eine Welt gäbe, außer dieser Insel.

rern, die einst auf Jona ihr Blut vergossen. Alles, was er sagte, war ganz verständig, er konnte mit seinen achtundsiebenzig Jahren für das Muster eines kräftigen Greises gelten, sein Auge war klar, sein Blick fest, sein Wort bestimmt, der Druck seiner Hand eisern, als er uns Lebewohl sagte; dennoch hat er mir einen spukhaften Eindruck gemacht, und sein Bild steht mir schon jetzt in so naher Erinnerung, nicht mehr wie das Bild eines Menschen, den ich gesehen, sondern wie die Vorstellung einer erdichteten Gestalt vor Augen, von der ich irgendwo gelesen habe. Das hat wohl darin seinen Grund, daß er außer allem eigentlichen Zusammenhang mit seiner Umgebung erschien. Das Gespenst eines Mönches, oder ein Pirat in schottischer Kleidung, würden mich weniger befremdlich gedünkt haben, als dieser eine Mann, mit dem Anstrich unserer Civilisation mitten unter den Ruinen fernster Zeit, von halb wilden bettelnden Kindern umringt. Alles, was ganz aus dem bestimmten Rahmen eines Bildes heraustritt, was ohne Verbindung mit der Umgebung, größer oder kleiner als dieselbe ist, wirkt unheimlich auf uns, wie ein greller Ton, eine schreiende Farbe, wie Alles, was die Harmonie zerstört.

Wir hatten nicht lange Zeit auf Jona zu

verweilen, von dessen Traurigkeit Worte keine Vorstellung geben können. Aus jedem Steine, aus jedem Grashalm, aus jedem Menschenauge sprach lautlos die Verlassenheit. Und das war jetzt, in voller Gunst der besten Jahreszeit. Was muß ein Winter auf Jona sein, wenn die Nebel sich über dem Wasser lagern und eine Mauer bilden zwischen Luft und Meer! Hier können nur Schiffbrüchige oder Verfolgte Zuflucht gesucht haben; denn daß man sich auf Jona freiwillig angesiedelt, scheint fast undenkbar. Der Steuermann nöthigte uns zur Rückkehr, wir mußten wieder an Bord, um die Insel Staffa zu erreichen, welche zwei deutsche Meilen nördlich von Jona gelegen ist. Nun begannen die Wellen immer höher zu gehen, aber das freudige Bewußtsein verließ mich keinen Augenblick, daß ich auf dem Weltmeere mich befände. Dieses fremde, tiefe Donnern der Wogen, das ich bisher in solcher Weise nie gehört, machte mein Herz voll aufschwellender Freude schlagen. Ich fühlte mich freier als je, es schien mir, als besäße ich eine Macht über das Element, weil das Schiff mich trug, und ich verstand wie die Menschheit dahin gekommen ist, sich als den Herrn der Welt zu denken. Ich möchte diese Stunden, dieses Empfinden nicht aus meinem Leben missen.

Nach kurzer Frist sahen wir Staffa's länglichrunde Form, hundertundfunfzig Fuß hoch über dem Wasser emporragen. Dicht davor lag ein anderer niedriger Felsen, dessen Fläche aus dem Meere auftauchte. Er glich einem mit unzähligen weißen Blumen geschmückten Gartenbeete. Man feuerte einen Schuß ab, und augenblicklich schwangen sich hunderte von diesen anscheinenden Blumen leicht geschwingt und schrillend in die Luft empor. Es waren Mövenschaaren, die hier rasteten.

Staffa selbst, eine reine Basaltmasse, ist ganz unbewohnt. Der Kapitän hatte uns schon vorher erklärt, daß er weit ab von der Insel Anker werfen müsse, weil er sich bei so unruhigem Meere nicht nahe heran wagen dürfe, und daß wir deshalb auch nicht mit den Böten vor der Fingalshöhle landen und in diese hineinfahren könnten. Wir wurden also in den Schaluppen nach dem, der Fingalshöhle entgegengesetzten Ende der Insel gerudert. Auch hier war das Landen schwer genug, obschon wir eine starke Mannschaft in den Böten hatten. Drei, vier mal wurden die Schaluppen weit zurückgeworfen, wobei sich immer die Besorgniß rege machte, daß wir gegen die einzelnen Basaltblöcke geschleudert werden könnten, die wie Pallisaden die Insel auf dieser Seite umgeben. Als man dahin gekommen war, die Böte sicher zu legen und uns aussteigen zu lassen, machten wir uns auf den Weg, und ich ließ einen Matrosen mit mir gehen, um eine Stütze und Hilfe zu haben, wenn ich schwindelnd oder der Gang mir zu beschwerlich werden sollte.

Wir hatten die ganze Länge der Insel, wohl das Achtel einer deutschen Meile, auf den Basaltblöcken zu machen, die uns wie eine Treppe mit eigensinnig zusammengefügten Stufen von verschiedener Höhe, bald auf bald nieder zu steigen zwangen, um die sichersten, breitesten Quadern zu wählen. So gelangten wir, hier tief unten auf den meerbespülten, wie schwarzer Marmor glänzenden Basaltblöcken, dort oben auf verwitterndem Gestein, aus dem purpurrothe, weiße und gelbe Eriken von großer Schönheit uns entgegenglühten, zu dem Gipfel der Insel, und standen nun wogenumrauscht, mitten in dem Schäumen und Branden des Oceans. So groß, so unvergleichlich war der Anblick des Elementes hier, so allgewaltig seine Macht, daß unser Dasein auf diesem Felsen mir wie ein unerlaubtes Eindringen in ein fremdes Reich erschien; und während ich auf dem leicht zerstörbaren Schiffe das Gefühl der Herrschaft des Menschen über die Elemente empfunden, erschrak ich hier vor unsrer Ohnmacht. Es hätte mich nicht gewundert, wären Geister des Meeres und der Luft erschienen, uns fortzutreiben von dieser, nicht dem Menschen bestimmten Stätte. Je mehr wir uns der Fingalshöhle näherten, um so tiefer mußten wir hinabsteigen. Die aufbrausenden Wogen hatten oft eben erst den Stein verlassen, den unser Fuß betrat. Grünlich schillernder Schwamm, von der Farbe des verde antiko, überzog hier den glänzend schwarzen Stein, und plötzlich, als wir um einen Vorsprung biegend das Auge hoben, that sich vor uns die Riesenhalle der Fingalshöhle auf.

Eine wunderbare Wölbung, weit, hoch, kühn, gebildet durch das Ineinandergreifen der einzelnen Basaltmassen, und so mächtig in ihrer Großheit, weil keine Pfeiler, kein tragender Basalt sie in der Mitte stützen. In die gewaltige Halle braus't das Meer hinein, silberner Schaum der Wellen spült auf den schwarzen Stufen, und sprützt hoch empor, während das schwere Rollen der Wogen leise und dumpf im Hintergrunde der Höhle verhallt. Das Portal des Wunderbaues erglänzte in hellem Sonnenlicht, innen zogen bläuliche Nebel umher, die um so dunkler schienen, je lichter außen der Tag war. Mövenscharen flogen aufgeschreckt, scheu flatternd an uns vorüber, als die Männer bis zum Ende der Höhle gedrungen waren, wo die beiden Prediger ein geistliches Lied anhoben, in dessen lang getragene Töne alle Anwesenden mit lauter Stimme einfielen. Dann aber, als sie es geendet, begann Jemand das Rule Britannia, und mit erschütternder Kraft klangen von den Lippen der Engländer hier mitten im Meere, das Loblied ihres Gottes und der Preis ihres Vaterlandes, im Jubelschalle durch die Luft.

Die Fingalshöhle verhält sich zur blauen Grotte, wie die Edda zur griechischen Götterlehre. Alles ist hier majestätischer Ernst, großartiges Naturwalten. Selbst die Naturlaute sind streng und düster, wie Form und Farbe des Basalt. Die silberweißen Möven, die farbigen Eriken, Vögel und Blumen, hatten etwas Unwahrscheinliches in dieser Umgebung. Der helle Tag und das Sonnenlicht erschienen nur wie ein geborgter Schmuck; und die Fingalshöhle in ihrer höchsten Majestät zu sehen, müßte man sie dieses zufälligen Schmuckes entkleidet, in den Nebeln des Herbstes und Winters kennen lernen. Aber auch so war der Eindruck ein überwältigender, und schweigend, in uns versunken, kehrten wir nach dem Schiffe zurück, unsere Fahrt zu beenden.

Der Tag war und blieb schön. Uns zur

Rechten und Linken lagen Felseninseln, wohin man blickte, nur ein kleiner Theil derselben war bewohnt. Einmal sahen wir auf einer dieser Inseln eine Signalflagge aufgehißt, während zwei Boote von dem Lande sich unserm Schiffe näherten. Wir hielten still, wonach zehn bis zwölf Männer, alle schwarz gekleidet, an Bord kamen. Es waren die Freunde eines verstorbenen Edelmanns, die seine Leiche von einer Insel zur andern zu Grabe geleitet hatten, und nun die Gelegenheit benutzen wollten, mit dem Dampfschiffe schneller ihre Heimath zu erreichen.

Immerfort zwischen den Inselgruppen hinfahrend, die einst das Reich der Lords of the Isles gebildet, und von denen jede Einzelne ihre besondere romantische Sage hatte, näherten wir uns der Westküste der Insel Mull, erreichten gegen Abend die Nordspitze derselben, auf der der Flecken Tobermory liegt, und bogen dann in den Sound of Mull ein, zur Rechten die, hier mit Wald bewachsenen Höhen der Insel, zur Linken die traurigen, schweigenden Felsufer von Morven, dem Lande der Ossian'schen Gesänge. Hie und da lag eine Besitzung am Ufer von Morven oder auf der halben Höhe seiner Felsen, wo eine kräftigere Vegetation den Anbau zu wagen gelockt; hie und da weidete eine Heerde an den Quellen, die von den Felsen hinabfließen in das Meer, dennoch machte die ganze Gegend den Eindruck der Unbewohntheit und Verlassenheit, und immer wieder erwachten in mir die Klagelieder Ossian's, die mich in den Tagen meiner ersten Jugend so tief gerührt, immer wieder hörte ich:

Blick' auf die heidige Flur,
Grüne Gräber erblickst Du
Mit hohem lispelndem Grase,
Und den moosigen Häuptern ihrer Steine — —
— —
Ein Bergstrom rauscht herab
Und sendet seine Fluthen
Um einen grünen Hügel.
An dem Gipfel lehnen
Die moosigen Steine ihre Häupter
Von dürrem Grase umgeben.
Zwei Bäume vom Sturme gebeugt
Breiten die säuselnden Zweige umher.
Dies ist Deine Wohnung, Erragon,
Dies Dein enges Haus!
Der Ton deiner Muscheln ist in Sora vergessen,
— —
Du bist gefallen auf unserm Gebirge —
Der Mächtige ist todt! —

Daß Ossian's Gedichte nicht uralt, daß sie nicht wirkliche Thatsachen feiern und besingen, focht mich dabei nicht im Geringsten an. Wer diese Gesänge auch gedichtet, welcher Zeit sie auch entsprossen sein mögen, sie sind diesem Lande eigen; hervorgegangen aus dem tiefsten Empfinden seiner Natur, und wiedergegeben in einer dieser Natur vollkommen entsprechenden Gestalt. Das wird ihnen Dauer geben für alle Zeiten, und Wiederhall in den Seelen derer, die hier weilten.

Bei dem auf Morven gelegenen Castle of Ardtornish, der einstigen Residenz der Lords of the Islands, öffnet sich die Meerenge schnell, man sieht Duart Castle auf Mull liegen, und nahe davor den »Lady's Rock,« wo ein Maclean von Duart, denn die Insel Mull ist die Heimath der Maclean's, einst sein Weib während der Ebbe aussetzte, um sie durch die Fluth ertrinken zu lassen. Aber ihr angstvoller Hilferuf hatte Fischer zu ihrem Beistand herangezogen, sie wurde gerettet, und Maclean empfing durch die Hand ihrer Brüder seinen Tod.

Erst bei einbrechender Dunkelheit kamen wir an der Insel Lismore vorüber, deren Leuchtthurm uns entgegenflammte, sahen dann noch Terera schattenhaft vor uns liegen, und stiegen nach acht Uhr Abends wieder in Oban ans Land, wo wir den heutigen Tag zugebracht haben, und von wo es Morgen durch einen Theil des Hochlandes nach dem Lochlomond und Glasgow zurückgehen soll.

Dreißigste Sendung.

Glasgow, den 17. August.

Das ist gestern ein ermüdender Tag gewesen, und daß es des Schönen so viel gab, trug nur dazu bei, die Anstrengung zu erhöhen.

Wir fuhren schon um sechs Uhr Morgens mit der Stage koach von Oban ab, welche der in dieser Gegend ansässige Marquis of Bradalbane zur Bequemlichkeit der Reisenden neuerdings eingerichtet hat. Sechs Uhr, das erscheint einem Deutschen nicht sonderlich früh, indeß in England ist es so lange Zeit vor dem Beginne der gewöhnlichen Geschäftsthätigkeit, daß es eben »vor Tages Anbruch« ist, und wie gut das mit meinen Lebensgewohnheiten zusammenpaßt, weißt Du.

Als wir am fünfzehnten Morgens die Plätze

in dem Wagen bestellten, um für mich einen »inside place« zu erlangen, bemerkte der Commis des Büreaus, es wären noch outside places (Plätze auf dem Dache des Wagens) zu haben, und konnte nicht begreifen, daß ich diese nicht vorzöge. Ich aber begriff es wohl, denn erstens fürchtete ich bei dem schnellen Fahren oben auf dem Wagen Schwindel zu fühlen, und zweitens hatte die Sonne auf dem Kanalboote und auf dem Dampfschiffe meine Haut so schmerzhaft aufgebrannt, daß ich mich nach Schatten sehnte, um die Beschwerde nicht zu steigern.

So fuhr ich denn mit zwei alten, hinfälligen Damen im Innern des Wagens, und Einer der beiden Geistlichen nahm abwechselnd den vierten Platz ein. Die größere Anzahl der Passagiere saß outside, denn es sind außerhalb noch einmal so viel Plätze als innerhalb des Wagens. Oben auf der Decke der Kutsche, hinter und vor derselben sind, wie bei dem Omnibus, Bänke angebracht, und selbst die beiden bejahrten Frauen der Geistlichen hatten es vorgezogen, die Reise auf den outside Plätzen zu machen.

Obschon der Tag später schön wurde, war doch gestern der Morgen wieder trübe, kalt und feucht, als ob man sich mitten im November befände. Trotz ihrer reichen Baumvegetation sahen die Ufer des Loch Etive traurig und düster aus. Das nasse Laub zitterte im Winde, auf den Haferfeldern zogen lange graue Nebelstreifen hin, und die wenigen Fußgänger, die uns begegneten, hatten sich fest in ihre Plaids eingewickelt. Die schlechten Hütten am Wege, die Weiber, die mit bloßen Füßen vor denselben arbeiteten, machten das Bild nordischen Elendes vollkommen, und sowohl die Zahl der Wohnungen, als der Menschen war gering in dieser Gegend. Der größte Theil des Landes war Haide, von Sümpfen durchschnitten, deren hohes Rohr im Winde schwankte, und von deren Ufern sich ganze Schwärme von Wasservögeln aufschwangen, wenn der Postwagen sich ihnen näherte. Riß bisweilen ein Windstoß die Nebel von einander, oder leuchtete ein Sonnenschimmer hindurch, so gewann man einen Blick auf die kahlen, schroffen Felsmassen des Ben Cruachan, und auf die ganze Bergwüste, die in wilder Großartigkeit sich zu beiden Seiten des Weges ausbreitete.

Unweit Oban kommt man an den Blei-Minen von Bunawe vorbei, die der Marquis von Bradalbane hier entdeckt und nutzbar gemacht hat; dann rastete die stagecoache in Taynuilt, einem mitten in den Bergen gelegenen Dorfe, in dessen anscheinend ärmlichen Gasthause wir ein sehr gutes Frühstück vorfanden. Eier, Muttonshops, geröstete Häringe, Weißbrod, Haferbrod, Thee, Kaffee, Butter, Alles war vortrefflich, der Preis von anderthalb Schillingen wirklich gering für das, was man erhielt. Unsere Gesellschaft bestand aus zwölf Personen, andere Fremde waren vor uns gekommen, und das kleine Gastzimmer dadurch ganz voll, so daß die aufwartenden Wirthsleute sich kaum durchdrängen konnten, und wir uns untereinander zu dem Nöthigen verhelfen mußten. Aber bevor wir die Mahlzeit begannen, nahm der eine Geistliche den obern Platz des Tisches ein, und sprach ein kurzes Morgengebet, wonach er gleich wieder in seine heitere weltmännische Weise überging, und mit großer Zuvorkommenheit die Honneurs des gemeinsamen Mahles machte.

Von Taynuilt ab geht die Poststraße auf einer sich hebenden und senkenden Chaussee längs dem Awefluſſe, zwischen den Bergen hin, die hier so enge an einandergerückt sind, daß die Spiegelungen derselben sich in dem klaren Bergwasser kreuzten. Je mehr der Tag heraufkam und je heller er wurde, um so deutlicher wurden die Reflexe, und ich glaube nie eine so farbenreiche

Wasserspiegelung gesehen zu haben. Zur Linken die grauen kahlen Felsmassen des Ben Cruachan, zur Rechten das grüne Wasser des Awe, fuhren wir bis an der Loch Awe und an dessen nordwestlichem Ufer fort, bis er bei Kilchurn Castle, wo der Orchy in die See fließt, in sumpfigem Röhricht verschwindet.

Das Handbuch durch diesen Theil der Hochlande ist so interessant, daß man nicht weiß, ob man die Berge und die Ruinen am Wege betrachten, oder ihre Geschichte und ihre Sagen lesen soll. Meine Reisegefährten lebten und webten in dieser Welt, hatten die Gegend schon mehrfach besucht, kannten jeden Punkt, und machten sich eine Freude daraus, nicht nur die einzelnen Orte zu nennen an denen wir vorüber kamen, sondern auch die Balladen und Gedichte zu recitiren, mit denen ihre Poeten diesen Theil des Landes verherrlicht haben. Auch die Handbücher geben ganze Kapitel aus den Dichtungen von Scott, Words worth u. s. w. Es ist immer derselbe Zusammenhang der Gegenwart mit der Vergangenheit, des Lebens mit der Kunst, des Volks mit seinen Dichtern. —

»Hier ist das Stammhaus der Bradalbane's!« — »Diesen alten Thurm von Kilchurn

Castle hat Dunkan Campell, der Stammvater der Argyle's, gegründet! — Hier ist Rob Roy's Stein!« so rief man überall; und als wir bei der Station von Dalmally hielten, erzählte der eine Geistliche, wie alles Land um den Loch Awe einst dem Clan Gregor gehört, der von seinen Feinden, den Campbells, unterjocht und ganz zerstört worden sei, und recitirte die Verse:

»Glenorchy's proud mountains, Coalchuirn and her towers,
Glenstrae and Glenlyon no longer are ours,
We're landless, landless, Gregalich!« *)

Als wir um Mittag am westlichen Ufer des Loch Lomond angelangt waren und die Stage Coach vor einem Gasthause hielt, erscholl von allen Ecken Singen und Lachen und Sprechen. Es war die Stunde in der das Dampfschiff abfahren sollte. Von Höhen und Thälern strömten ganze Scharen von Fußgängern herab, in zusammengehörenden Gruppen, die mit Kobern und Flaschenkörben beladen, von ihrer Tagesexkursion zurückkehrten, und sich eilten das Schiff zu erreichen, das seine hellen Glockentöne durch die

*) Glenorchy's stolze Berge, Coalchuirns Thürme
Glenstrae und Glenlyon sind unser nicht mehr.
Wir sind landlos, landlos, Gregalich!

Luft klingen ließ. Während dessen wurde die Stage Coach abgeladen, die auf der Fahrt an Gasthäusern und Dörfern gehalten, und Päcke und Körbe, endlich sogar einen großen schwarzen Hammel mitgenommen hatte. Das Alles war oben auf der Imperiale zwischen den Sitzen und Füßen der Reisenden untergebracht worden, die sich das ruhig hatten gefallen lassen.

Eine halbe Stunde später waren Menschen und Sachen am Bord des Dampfschiffes und nun machten wir eine etwa dreistündige Fahrt, von dem westlichen zum östlichen Ende des Loch Lomond, dessen hohe, waldgeschmückte Ufer in dem schönen Wetter doppelt freundlich und heiter erschienen, nach den wilden Bergpartien, die wir Morgens im Nebel passirt hatten. Das linke Ufer, an dem der Ben Lomond und der tiefer in das Land hinein gelegene Ben Venue sich erheben, ist das höhere; aber wohin man auch sieht, ist die Gegend lieblich, und eine Fußtour durch diese Berge muß um so anmuthiger sein, als nördlich der Loch Ketterine, südlich der Loch Long ganz nahe vom Loch Lomond liegen, so daß man fortwährend zwischen Bergen und Seen von einer pittoresken Ansicht zur andern hinübergleiten kann.

Als wir bei Balloch Castle das Ende des

Sees erreicht hatten, bestiegen wir die Wagons der eben erst beendeten Eisenbahn zwischen dem Loch Lomond und dem Clyde, gingen auf dem Clyde abermals auf ein Dampfschiff und fuhren stromabwärts bei Sonnenuntergang nach Glasgow, wo wir nach Einbruch der Dunkelheit in unserm Hotel eintrafen.

Den heutigen Tag nun habe ich fast ganz diesem Briefe und der Ruhe geweiht, und das ist auch nöthig, da ich mich von diesen letzten Tagen recht angegriffen und erhitzt fühle, und morgen eine neunstündige Fahrt nach Manchester zu machen habe, wohin ich diesen Brief mit mir nehme, um ihn Dir gleich nach der Ankunft zu senden. Bis dahin also lebe wohl und freue Dich mit mir dieser prächtigen Tage im Hochlande und auf den Inseln.

Manchester den 24. August.

Es sind mehrere Tage hingegangen, an denen ich Dir nicht schreiben konnte, weil ich krank gewesen bin. Die große Ermüdung, deren ich erwähnte als ich Dir in Glasgow zuletzt geschrieben, ging Abends in ein wirkliches Unwohlsein über, und nur die Furcht in Glasgow zu erkranken, wo ich Niemand kannte, bewog mich am Morgen die Reise nach Manchester zu wagen.

Die war denn auch nicht angenehm, obschon die Gegend am Solway Firth und an der Morncamb Bay sehr schön ist, und der ganze Weg über Carlisle, Penrith, Lankaster, und Preston mir sonst unterhaltend genug gewesen sein würde. Diesmal aber interessirte mich Nichts, als die Anzahl der Meilen, die wir zurückgelegt hatten, und mit brennendem Kopfe, in fieberndem Hinträumen, mochte ich weder sehen noch denken. Das Unbehagen zu erhöhen, saß mir gegenüber ein Shopkeeper aus London, der, wie er mir erzählte, endlich einmal sein Magazin auf fünf Tage verlassen, und in dieser Zeit eine Reise von London nach Edinburg, durch das ganze Hochland nach Glasgow gemacht hatte, und nun am Morgen des sechsten Tages mit dem Expreßtrain wieder nach London zurückzukommen gedachte. Müde und abgespannt, wie ich es war, lag in dem Wohlgefallen, mit dem er ungefragt und unermuntert, in schneller Geschwätzigkeit mir seine Hetzfahrt durch das Land beschrieb, gradezu etwas Marterndes. Er rechnete mir die Meilenzahl vor, die er zurückgelegt, die Nächte, die er durchfahren, die Hotels in denen er gegessen, die Preise, die er bezahlt hatte, und schloß immer mit den Worten: »it is astonishing in deed! but money is power! mit so und so viel Pfund, wenn man sie hat, kann man in fünf Tagen ganz England kennen lernen!« Endlich mußte ich ihn bitten stille zu sein, weil er mich ganz nervös machte, und ich nicht auf den Einfall kam, daß ich in einen andern Wagen gehen könne; aber auch das half Nichts, denn nun kramte er unablässig in seinen eleganten Reisenecessaires, Handbüchern und Karten umher, so daß ich recht froh war, als unsere Wege sich schieden, und er hinter Preston, wo die Bahn nach Manchester abbiegt, auf der großen Straße nach London weiter fuhr.

Hier bin ich um zehn Uhr Abends angelangt und habe, da ich seitdem mein Zimmer, ja den Sopha nicht verlassen konnte, von der Stadt noch Nichts gesehen. Aber die Zeit ist mir, nachdem die ersten zwei Tage eines entzündlichen Zustandes vorüber waren, in dem unausgesetzten Zusammensein mit Miß Jewsburry schnell und süß vergangen. Sie hatte mich eingeladen, in Manchester bei ihr zu wohnen, und ist mir die gütigste, treuste Pflegerinn in der Krankheit, die liebenswürdigste Gefährtinn gewesen, seit ich wohler bin.

Auch für die nächsten Tage ist mir noch

Ruhe verordnet, die der verständige Arzt als einzige Bedingung schneller Herstellung erklärt. In dem hübschen kleinen Hause, in der stillen Häuslichkeit, in der meine Freundinn mit einem unverheiratheten Bruder lebt, dessen Wirthschaft sie vorsteht, vermisse ich das Ausgehen nicht. Obenein ist das Wetter seit ich hier bin, so regnerisch und kalt, daß man froh ist, im Zimmer und am Camine bleiben zu können. Der Wind saust pfeifend durch die Felder, und die großen regentriefenden Pappeln neigen und beugen sich unter seiner Heftigkeit.

Miß J. lebt außerhalb der Stadt auf Carlton Terrace in den Green Hays; wie denn Jeder, der es irgend möglich machen kann, hier im Freien wohnt. Von der Vorderseite des Hauses sieht man in eine Gartenstraße mit schmucken Landhäusern, von der Hinterseite auf Gehöfte, denen sich große Wiesenflächen anschließen, über die in der Ferne aus schwarzen Dampfwolken lange Reihen von Dampfschornsteinen herüberragen. Im Ganzen ist es still und einsam hier draußen. Nur Mittags und Abends beleben sich die Wiesen, wenn die Arbeiter nach Hause gehen, und Sonnabends und Montags sieht man sie geputzt mit Weib und Kind nach dem Volksgarten wandern, der mit seinen einfachen Anlagen den einzigen Erholungsort der Arbeiter bilden soll.

Unsere Tage fließen ruhig hin. Das Hauswesen geht seinen stillen, geregelten Gang, als Mittel zum Zweck in sorgfältiger Obhut gehalten; Mittags essen wir oft allein, wenn der Bruder meiner Freundinn durch seine Geschäfte abgehalten wird, zur Eßstunde herauszukommen; aber das Frühstück und die Abendmahlzeit machen wir immer mit ihm gemeinsam, und zum Letztern stellen sich bisweilen Besuche, theils Engländer, theils aber auch Deutsche und Griechen ein, die hier ansässig sind, und zwei vollkommene Kolonien bilden. Es sind über hundert große deutsche Kaufmannshäuser, meist Kattunfabrikanten hier, und etwa zwanzig griechische, von denen der Baumwollen- und Stahlwaarenhandel zwischen dem Abend- und Morgenlande vermittelt wird. Unter den Griechen sowohl, als unter den Deutschen, habe ich sehr gebildete Männer kennen lernen.

Erfreulich ist es, daß die hiesigen Deutschen, bei aller Angewöhnung englischer Lebensweise, doch Deutsche geblieben sind, und eine warme Theilnahme für die Schicksale des Vaterlandes behalten haben. So erregen denn hier die Vorgänge in Schleswig und Holstein ein viel lebhafteres Mitgefühl, als im übrigen England, nnd Gagerns Eintritt in die Holsteiner Armee ist hier mit Theilnahme beachtet worden. Ein Londoner Blatt, das der Opposition angehört, »the Leader« stellt Gagerns Feldzug als eine, des großen Mannes würdige That hin; während es nur ein neuer Akt der Verblendung ist, an den man von dieser Seite hinlänglich gewöhnt sein könnte. Es ist einer Seits das alte Handeln nach augenblicklichen Aufwallungen, nach jenen sentimentalen Eingebungen, mit denen man sich selbst zu beschwichtigen trachtet, wenn man es versäumt hat, den gerechten Ansprüchen der Andern zu genügen. Andrer Seits ist es eine Selbstüberschätzung. Als Herr von Gagern zur Zeit des Malmöer Waffenstillstandes den Ausschlag in der schleswig-holsteinischen Sache geben konnte, ließ er die Feinde derselben durch ein in keiner Weise und durch Nichts begründetes Vertrauen gewähren. Jetzt, da das Verhalten seiner Partei ein braves Volk an den Rand des Verderbens gebracht hat, jetzt ist wenig damit gethan, wenn Herr von Gagern sich in die Reihen der Kämpfer für Holsteins Freiheit stellt. Zur Zeit des Malmöer Waffenstillstandes wogen Gagerns Name, Gagerns Stimme Hunderttausende auf — jetzt ist er ein einzelner und ein machtloser Mann, der eben nur für Einen Mann dasteht. Wer uns um Millionen brachte, wird nicht unser Wohlthäter, wenn er uns an der Kirchenthür ein Almosen reicht, unsern Aufschrei und sein Gewissen zu beschwichtigen. — Es ist furchtbar tragisch, daß ein so braves Volk wie diese Schleswig-Holsteiner keine Kapacitäten in seiner Mitte hat, und sich zu Führern Männer wählen muß, welche in der guten Sache Schleswig-Holsteins ihren Namen herzustellen und das verlorene Vertrauen wieder zu erhalten suchen.

Den 25. August.

A quelque chose malheur est bon! sagen die Franzosen, und ich stimme ihnen bei, denn nach dem Wanderleben der letzten Monate wird die Ruhe, zu der die Nothwendigkeit mich zwingt, mir zum Genuß. Ich wollte, ich hätte Monate in diesem kleinen Bibliothekzimmer zuzubringen, das in seinen Büchern und Brochüren Beleuchtung des Gesehenen und vielfach Neues für mich hat. Ich komme mir dabei wie Friedrich und Philine vor, die in ihrem einsamen Schlosse bald nach diesem, bald nach jenem Buche greifen, oder besser, wie ein Kind auf einer Wiese voll Blumen, auf der es mit seinen zwei Händen alle Blüthen zugleich abpflücken möchte.

So habe ich in diesen Tagen eine Brochüre gelesen, die, einem speciellen Interesse geweiht, am Besten die allgemeine Unhaltbarkeit der Zustände darthut, in der die arbeitenden Klassen sich theilweise auch in England befinden. Sie heißt Cheap clothes and nasty *), und ist von Parson Lot, hinter welchem Namen sich ein Geistlicher birgt, Mr. Kingsley, der in Verbindung mit andern bedeutenden Männern eine Reihefolge von Brochüren über den »christlichen Socialismus« herausgegeben hat.

Es handelt sich in »Cheap clothes and nasty« um das Elend, dem die Kleidermacher von den Kleiderhändlern Preis gegeben werden, und das nach Parson Lots Angaben schreckenerregend sein muß. Parson Lot sagt in der Einleitung: »König Ryence trug seinen Rock, wie die Legende vom Prinzen Arthur erzählt, mit den Bärten von Königen besetzt. In der ersten französischen Revolution (so versichert uns Carlyle) war in Meudon eine Gerberei von Menschenhaut. Der Mammon, eben so tyrannisch als revolutionair, folgt beiden edlen Beispielen zu gleicher Zeit, wenn auch in

*) Billige Kleider und Schmach.

schicklicherer Form, denn Mammon haßt die Grausamkeit. Körperlicher Schmerz ist das größte Uebel, das er in seiner Verweichlichung zu fassen vermag. Er erschrickt menschenfreundlich, wenn ein betrunkener Soldat geprügelt wird; aber er putzt seine Paletots und schmückt seine Pantalons mit dem Fleisch der Männer, mit der Haut von Weibern, mit Erniedrigung, Pest, Heidenthum und Verzweiflung, und reibt sich dann wohlgefällig die Hände über die billige Kleiderrechnung seines Schneiders. Der Heuchler! der an einer Mücke zu ersticken fürchtet und ein Kameel verschlingt. Was sind Peitschenschläge, was ist Erhängen, was sind König Ryences Gewänder oder die Gerbereien von Meudon gegen Sklaverei, Hungersnoth und Lebenszerstörung, gegen jahrelange Gefangenschaft in Höhlen, enger und dumpfer als die der Inquisition? Und diese Leiden werden über tausend von freien englischen Arbeitern verhängt, noch in diesen Tagen.

»Der Mann ist toll!« sagt Mammon lächelnd. »Ja Mammon! toll wie Paulus vor Festus, und aus denselben Gründen. Zu viel Wissen hat uns toll gemacht. Aus zwei Artikeln des Morning Chronicle von Freitag den 14. und Dienstag den 18. December, über die Lage der »arbeitenden

Schneider« haben wir zu viel gelernt, um bei Sinnen zu bleiben. Aber es ist Methode in unserer Tollheit; wir können Gründe für sie geben — genügende Gründe für uns selbst, und auch für den, der uns und die Arbeiter aus gleichem Stoffe geschaffen. Wollt Ihr, die Ihr mit Euren Livreedienern neugekleidet von »Nebuchadnezar und Comps. Emporium der Moden« einhergeht, wissen, wie Euer Ausputz gemacht wird? Ihr ruft ja beständig nach Thatsachen und findet immer eine vollkommene Beruhigung in der Angabe statistischer Zahlen und Behauptungen. Hört denn die Thatsachen!«

Und nun geht er zu der Erklärung über, daß nach der eigenen Angabe und dem »slang« (Jorgon) der Kleidermacher zwei Arten von Schneidern existire, die »honourable trade« (ehrbaren Handwerker), die jetzt nur noch im Westende Londons zu finden sind und deren Zahl täglich abnimmt, und »the dishonourable trade of the show-shops,« das »ehrlose Geschäft der Schauläden.« Die Zahl der »ehrbaren Meister« beläuft sich gegenwärtig im Westende nur noch auf sechszig, die der »ehrlosen« auf mehr als vierhundert; während das ganze östliche London nur von dem »ehrlosen Gewerbe« versorgt wird. Das ehrsame Gewerbe nimmt im Durchschnitt jährlich um hundertundfünfzig Arbeiter ab, während das andere bald allein herrschen und dann über einundzwanzigtausend Menschen zu Sklaven gemacht haben wird. Bei den ehrbaren Meistern arbeiten die Gesellen im Hause des Meisters selbst, unter seiner Leitung gegen guten Lohn. Von den Kleidermagazinen wird die Arbeit Mittelsmännern gegeben, die sie oft erst an zweite Mittelsmänner verkaufen, von denen sie endlich den Schneidern zugetheilt wird. Was im honourable trade dem Arbeiter mit sechsunddreißig und vierundzwanzig Shil. bezahlt wird, dafür zahlt the dishonourable dem Mittelsmanne zwischen zweiundzwanzig und neun Shillinge, von denen der Arbeiter kaum zwei Drittel erhält.

Diese Mittelmänner, von den Arbeitern »sweaters« (Einer der schwitzen macht), genannt, gehen oft so weit, die Arbeiter in ihr Haus zu nehmen, wo sie zu völliger Sklaverei hinabsinken, und in einer Weise ausgesogen werden, daß ihre persönliche Kraft und ihr Erwerb zu gleicher Zeit den Sweaters zum Opfer fallen. In zwei Zusammenkünften der Schneider, welche eine Comission des morning chronicle in Folge ihrer lautgewordenen Klagen veranlaßt hat, sind Erzählungen und Aussagen der Schneider protokollirt worden, die man nicht ohne Entsetzen vernehmen kann.

Die »Sweaters« von denen manche Equipagen halten, nehmen immer mehr Leute in ihr Haus und in ihren Sold, als sie beschäftigen können, einmal um jeder ihnen übergebenen Arbeit in möglichst kurzer Zeit genügen zu können, und zweitens um von der Beköstigung der Arbeiter, die sie sehr schlecht liefern und sich zu den höchsten Preisen bezahlen lassen, einen fortdauernden Profit zu haben. Alle diese Arbeiter werden auf Stücklohn engagirt. Beklagt sich ein Arbeiter darüber, daß er unbeschäftigt sei, also Nichts verdiene, während er eine schlechte Wohnung und Kost theuer bezahlen müsse, die er in den Wohnhäusern für unverheirathete Arbeiter viel besser und billiger haben könnte, so heißt es! »geht fort, wenn es Euch nicht gefällt!« aber man engagirt den Fortgegangenen nie wieder. Bei den unbemittelten Sweaters steigt das Elend noch höher. Der eine Geselle erzählte: Ein Sweater, bei dem ich arbeitete, hatte vier Kinder und sechs Arbeiter, und alle diese, mit ihm und seinem Weibe und seiner Schwägerinn, lebten in zwei Stuben, deren größte acht Fuß lang und zehn Fuß breit war. Wir arbeiteten in dem kleinen Zimmer und schliefen alle sechs darin, in zwei zusammenzuklappenden Betten. Es war weder ein Kamin noch ein Luftzug im Zimmer. Ich war nahe daran das Leben zu verlieren, denn die schlechte Luft war erstickend. Fast alle Arbeiter wurden schwindsüchtig, und ich selbst mußte mir in einem dispensary (Anstalt für freie Versorgung mit Arzenei) Hilfe suchen gegen ein Lungenübel. Wir waren Alle krank und schwach und unfähig zu arbeiten. Der gewöhnliche Preis, den die Arbeiter für ihre Wohnung, ihr Frühstück und ihren Thee den Sweaters bezahlen müssen, beläuft sich auf sechs bis sieben Schillinge die Woche, und sie erwerben selten mehr als diese Summe. Außer diesem Profit nehmen die Sweater eine Abgabe von sechs Pence von jedem Kleidungsstücke, für das sie zehn Schillinge zahlen. Einige lassen sich noch mehr geben und verlangen bei Eingehung der Arbeit auch ein Unterpfand von fünf Schillingen von jedem ihrer Arbeiter.«

In ähnlichen, ja fast gleichen Schilderungen, ergehen sich alle befragten Arbeiter, und es stellt sich dabei heraus, daß selbst die Regierung von diesem dishonourable trade ihre Bedürfnisse für das Militair, die Marine u. s. w. anfertigen läßt, wobei sie – wie auch auf dem Continente üblich – die Lieferung dem Mindestfordernden überläßt. Zu welchen Preisen dabei die Arbeit herabgedrückt wird, läßt sich denken, und es heißt in der Aussage: »die contraktliche Arbeit für die Regierung ist die schlimmste von Allen, und des ausgehungerten, ausgesogenen Schneiders letzte und schlimmste Zuflucht.«

In ausführlichster Genauigkeit wird die Lage dieser unglücklichen Handwerker auseinandergesetzt, der Einfluß, mit welchem ihr Elend auf die ganze übrige Bevölkerung zurückwirkt, und dann heißt es: »was kann dagegen geschehen?«

»Erstlich soll Niemand, der sich einen Christen — Niemand, der sich einen Menschen nennt — sich so weit entehren, in den show-shops und slop-shops zu kaufen. Sie sind leicht zu unterscheiden an den Kleidungsstücken mit Marken, an den unverschämten Puffs, an den trügerischen Ausschmückungen u. s. w. — Jedermann erkennt sie auf den ersten Blick, und wer behauptet, sie nicht zu erkennen, ist einfach ein Thor oder ein Lügner.« — »Vor Allem soll kein Geistlicher, wie arm er auch sein mag — und viele Geistliche sind arm in England — in solchen Häusern kaufen.« — »Wehe denen, die heimlich die Grundsätze beleidigen, für die sie öffentlich auf den Kanzeln und Tribünen sprechen. Gott läßt sich nicht verspotten, und sein Fluch trifft den Priester am Altare, wie den Edelmann in seinem Schlosse.«

»Aber Ihr werdet sagen: es ist hart das Publicum des Vortheils zu berauben, den billige Kleider ihm bieten!« Mag das Publicum sich nach Mitteln und Wegen umsehen, sich diese werthlose Segnung zu verschaffen. Wenn das, nach ehrlichen Versuchen, sich als unmöglich herausstellt, wenn die Bequemlichkeit Einiger für immer durch das Elend Vieler erkauft werden muß — wenn unsere Civilisation Jedem Vortheil bringen soll, außer den arbeitenden Klassen, so ist diese Welt wirklich des Teufels Welt, und je eher eine so schlecht zusammengesetzte, höllische Maschine vom Teufel zerstört wird, um so besser.«

»Mögen sich zweitens ein Dutzend oder fünfzig oder hundert Arbeiter sagen: »Es ist die Conkurrenz, die uns zu Grunde richtet. Conkurrenz ist Zwiespalt, Uneinigkeit, jeder Mann für sich selbst, jeder Mann gegen seinen Bruder. Das Mittel dagegen ist »Association, gemeinsames Wirken, Aufopferung für das Gemeinwohl!« — und nun wird die Anleitung gegeben, wie die Association zu ermöglichen und zu organisiren sei.

Ein Postscript giebt die Nachricht, daß Nummer 34 in Castle Street, Oxford Street in London eine Association von zweihundert Kleidermachern zusammengetreten ist, für ihre Befreiung durch Selbstbetrieb zu arbeiten, und nach diesem Postscript kommt die Anzeige der Association, die sich dem Publicum empfiehlt und um Kundschaft bittet. Am Ende heißt es: »Alle Arbeit wird in der Werkhalle gethan. Sonntags ist keine Arbeit gestattet. Die Rechnungs- und Betriebsbücher liegen jedem Kunden zur Ansicht offen. Die Arbeitsstätten können an jedem Wochentage von zehn Uhr bis vier Uhr besucht werden.

Die ganze Broschüre, ihr Inhalt, ihre Sprache und daß ein christlicher Geistlicher sie geschrieben, hat mich sehr erschüttert. Es kommen alle Wahrheitsliebenden, alle, die den Namen eines Menschen verdienen, auf das eine Ziel. Der an Gott glaubende Christ, wie der prüfende Denker, Alle lernen es einsehen, daß nur in der Association die Möglichkeit einer neuen Erlösung liegt, und die entschiedene Art, in der diese Ueberzeugung hier ausgesprochen, von einem christlichen Geistlichen in England ausgesprochen wird, ist ein gewaltiger Fortschrittsbeweis für die Verbreitung der Wahrheit. Ob der Socialismus um Gottes Willen, als Gottes Willen empfohlen, oder ob er als ein menschlich Vernünftiges, als Grundsatz der Staatsökonomie hingestellt wird -- es ist gleich für's Erste, wenn er nur immer weitere Verbreitung findet. Wie brav und richtig ist andrer Seits die Weise, in der die Arbeiter ihr Geschäft beginnen; die Offenheit, mit der sie jedem Kunden zeigen, wie groß der Vortheil ist, den sie begehren, weil sie ihn begehren müssen. Das sind größere, schönere Verbindungen, diese Associationen der Arbeiter in England, Frankreich, Deutschland, als alle heiligen Alliancen der Potentaten und Herren, und sie sind friedenbringender als jene. Wenn man diese Broschüre, und daneben die Berichte über den Friedenskongreß in Frankfurt betrachtet, so muß man sich sagen, daß die Nachwelt einst mit Schaudern die Gallerien von Versailles durchwandern, daß sie mit Abscheu auf die Gemälde blicken wird, in denen ein Volk sich selbst zu verherrlichen glaubte, wenn es Scenen des Mordes und Todtschlages als seine großen Thaten verewigte. Als Quäcker und Menoniten im vorigen Jahrhunderte den Krieg ein Verbrechen nannten, hat man sie verspottet; als noch vor wenig Jahren Arnold Ruge in der Paulskirche von einem ewigen Frieden der Völker sprach, ist er von den »Staatsmännern« als Idealist belächelt worden, und jetzt versammelt sich in derselben Paulskirche der Friedenskongreß, um den Staat der Gewalt und der Kanonen, in einen Staat der Vernunft und des Friedens zu verwandeln. Wir sehen mit Abneigung auf die Raubritter zurück, und bezeichnen die Zeit ihrer Herrschaft als »die rohe Zeit des Faustrechtes.« Es werden Tage kommen, in denen man mit noch größerem Widerwillen auf die »rohe Zeit des Kanonenrechtes« zurücksehen wird, in der man durch Zerstörung Ruhe zu schaffen, durch den Mord eines Menschen die Ueberzeugung seiner Brüder umzuändern glaubte. Das Kanonenrecht und der Krieg sind so unvernünftig, daß sie lächerlich sein würden, wären sie nicht fluchenswerth.

Man nennt den braven Parson Lot, den Verfasser von Cheap clothes and nasty, auch als den Dichter des in diesen Wochen erschienenen Romans »Alton Lock,« der ebenfalls auf socialistische Ideen gebaut ist, und sehr gerühmt wird. Er zeigt, wie die arbeitenden Stände durch Noth vom Glauben zur Skepsis, von der Achtung der Staatsgesetze zur Revolution getrieben werden, indem er das Schicksal eines armen, mit einer reichen Dichternatur ausgestatteten, Knaben behandelt, der, zum Handwerker bestimmt, sein Leben durchkämpfen muß. Die Jugend des Kindes, in einer der licht- und luftlosen Straßen der City, ist ein sehr rührendes

35*

Bild. Leider wird mir die Zeit fehlen, den Roman hier zu Ende zu lesen. Indeß die Ueberzeugung nehme ich doch aus dem Umblick in der Büchersammlung meiner Freunde mit mir fort, daß auch in England reicher Gährungsstoff vorhanden, daß auch hier die Geister in die große Bewegung der Zeit hineingezogen sind, sowohl in religiöser als in socialer Rücksicht, was ja im Grunde ein und dasselbe ist. Hier aber ist es keine leere Hoffnung eine langsam fortschreitende, organisirende Entwicklung dieser Verhältnisse zu erwarten, die auf dem Continente immer neue Revolutionen erzeugen müssen.

Eines der bedeutendsten Bücher in Bezug auf religiöse Skepsis ist Frouds Nemesis of Faith, eine tüchtige Schilderung von den Kämpfen eines ursprünglich religiösen Gemüthes, in dem der Zweifel mächtig, das Forschen Nothwendigkeit geworden ist. Das Buch hat keinen Abschluß, und dem Leser bleibt nichts übrig, als die Lehre daraus zu ziehen, daß Milton's Satan mit seinem: to be week is to be miserable! *) eine Wahrheit ausgesprochen hat. Es giebt aber keine positive Re-

*) Schwach sein, heißt elend sein.

ligion, die dem Naturfehler der Schwäche Abhilfe leisten könnte. —

Dann habe ich noch Shelley's Briefe aus Italien, seine Beatrice Cenci, und endlich die beiden ersten Bände von Tennisson's Gedichten gelesen, die so schön sind, daß man die Verse gleich auswendig behält. Ulysses, the Shipping Rope, Locksley Hall gehören zu den schönsten lyrischen Gedichten, die die Welt besitzt. Urtheile selbst, ob Etwas tiefer empfunden sein kann, als die folgenden Strophen:

Break, break, break,
On thy cold gray stones, o Sea!
And J would that my tongue could utter
The thoughts that arise in me.

O well for the fisherman's boy,
That he shouts with his sister at play!
O well for the sailor lad,
That he sings in his boat on the bay!

And the stately ships go on
To their haven under the hill;
But o for the touch of a vanish'd hand
And the sound of a voice that is still.

Break, break, break,
At the foot of thy crags o Sea!
But the tender grace of a day that is dead
Will never come back to me.

Ein neuer Band Tennisson'scher Gedichte, »In memoriam« betitelt, den ich in London gelesen, ist mir weniger tief und bedeutend vorgekommen, als diese erste Sammlung. Doch mag das zerstreute Leben, das ich in London geführt, dazu beigetragen haben, mein Empfinden zu verwirren; das schönste Bild giebt in einem getrübten Spiegel keinen klaren, reinen Wiederschein. Alfred Tennisson lebt nicht in London, sondern auf dem Lande in Zurückgezogenheit, wie man mir sagte.

An Beatrice Cenci aber bestätigt sich mir Göthes Ausspruch wieder vollkommen, daß bei einem Kunstwerke der Stoff die Hauptsache ist. Alle Kraft des Dichters, alle einzelnen Schönheiten, söhnen mit einem solchen Motive nicht aus. Mag die kritische Hand des Historikers nach den Einzelheiten der Thatsache forschen, mag er ihre innern Gründe erklären und beleuchten, wie der Anatom in wissenschaftlichem Interesse die Pestbeulen einer Leiche untersucht; der Dichter soll die geistigen Pestbeulen der Menschheit eben so wenig durch die Kunst verklären, als der Bildhauer einen von der Pest zerstörten Körper in Marmor verewigen wird, um uns einen Kunstgenuß damit zu schaffen. Ein Motiv, wie Beatrice Cenci, mit so entsetzensvoller Wahrhaftigkeit als Kunstwerk zu behandeln, ist ein Irrthum, der nahe an das Verbrechen gränzt. Jedes gesunde Empfinden empört sich, wenn man ganze Scenen hindurch Beatrice in verhüllenden Worten Klagen über die Missethat ausstoßen hört, die von ihrem Vater an ihr — nicht einmal aus wahnsinniger Liebe, sondern aus Haß — begangen worden ist; und der Vater, der vom Anfang des Stückes an, mit seinen Verbrechen prahlt, wie ein junger Renommist mit seinen Ausschweifungen, ist vollends entsetzlich. Darüber hilft kein Zauber der Sprache, keine dichterische Schönheit, keine Wahrheit in den einzelnen Zügen hinweg, und ein Corneille'sches oder Racine'sches Drama mit seinem feierlichen steifen Pathos, ist ein Labsal gegen dieses zügellose Ueberströmen der Kraft. Nur Shelley's unglückliches Verhältniß zu seinem Vater macht es begreiflich, wie er es aushaltbar finden konnte, künstlerisch schaffend bei der Betrachtung dieser Entartung der menschlichen Natur zu verweilen. Für den gesunden Sinn kann Beatrice Cenci höchstens ein pathologisches Interesse haben. Mag man den Dichter entschuldigen, der von Zorn, Schmerz und Haß getrieben, sich durch die Wahl eines solchen Stoffes an der Kunst versündigte, für das Gedicht giebt es keine Entschuldigung. Niemand hat es bis jetzt gewagt, Göthe's Wahlverwandtschaften in das Englische zu übersetzen — und in allen Büchersammlungen Englands findet man diese Beatrice Cenci! —

Aber es ist spät und das Schreiben im Grunde auch noch eine verbotene Frucht für mich. Damit Du nicht ohne Nachricht von mir bleibst, sollen diese Blätter, mit dem Extrakt meiner Lektüre, statt eines Briefes zu Dir gehen. Alles Gute und Schöne sei mit Dir!

Einunddreißigste Sendung

Manchester den 27. August
Abends.

Trotz des schlechten Wetters habe ich gestern die erste Ausfahrt machen, und mir dabei die Stadt fast in ihrer ganzen Ausdehnung ansehen können. Sie ist, wenn man die stattliche Market-street, den Square, und einen Platz am Ende der Stadt abrechnet, auf dem hinter einem klaren Wasser-Bassin ein neues, prächtiges Krankenhaus errichtet worden, eigentlich unschön. Ohne den Charakter alter Ehrwürdigkeit oder neuer Eleganz und Wohnlichkeit, ziehen sich die gleichmäßigen, schwarzgeräucherten Häuserreihen in langen, graden Linien an den Straßen hin. Es sind lauter Warehouses, und sie sehen auch wie Speicher aus.

Einzelne neue Bauten, wie die prächtige Börse, das Stadthaus u. s. w. verschwinden in der nichtssagenden aber nutzbaren Häusermasse wie Rosenstöcke in einem sie überwuchernden Küchengarten. Die Conditorläden, die Luxusmagazine, Alles ist in enge finstere Räume eingezwängt, nicht zum Verweilen einladend, nur für die Nothwendigkeit, nicht für den Genuß bestimmt.

Die Stadt Manchester ist ein Arbeitsplatz, auf dem man die Mittel erwirbt, nicht in ihr wohnen zu müssen; daher hat sie auch, trotz ihres großen Handelsverkehrs, ein gewisses kleinstädtisches, veraltetes Ansehen. Meine Freunde hatten es so einzurichten gesucht, daß wir uns zwischen zwölf und ein Uhr in der Marketstreet und auf dem Square befanden, wo das Leben sich um diese Stunde am bewegtesten zeigt. Die Arbeiter gehen zum Mittage, die Geschäftsmänner zum luncheon, so fern sie sich nicht der Zeiteintheilung der Fabriken und der Lebensweise der Arbeiter in Bezug auf die Stunden der Mittags-Mahlzeit gefügt haben, was vielfach geschehen sein soll. Omnibus und Cabriolets, hoch beladene Packwagen und Equipagen voll geputzter Frauen, kreuzten sich überall, Handel und Gewerbe sprachen sich in tausend Zeichen aus, und doch fühlte ich immer, hier in diesem Mittelpunkte der Stadt wohnen und leben die Menschen nicht. So mag es in den römischen Feldlagern gewesen sein, welche für die Dauer berechnet, doch nur Stationen waren, die man nach beendigtem Geschäfte wieder zu verlassen sicher war — oder, um ein näherliegendes Bild zu brauchen, Manchester ist wie das unbehagliche Arbeitszimmer eines reichen Geschäftsmannes, das uns grade um dieser Unbehaglichkeit Willen, auf die Zahl und Pracht der Gemächer schließen läßt, in denen der Besitzer von der Arbeit rastet. Es ist keine Redensart, wenn ich behaupte, man sähe es dieser Stadt an, daß sie schöne Vorstädte und prächtige Landsitze als eine Nothwendigkeit neben sich haben müsse.

Einen der schönsten dieser Landsitze, Cromsdale House, habe ich heute kennen lernen, als ich der Familie Schwabe meinen Besuch machte, mit der ich von gemeinsamen Freunden bekannt gemacht worden war. Herr Schwabe ist ein Deutscher und Besitzer einer der größten Kattunfabriken, die aber nicht in Manchester, sondern noch eine Strecke hinter Cromsdale House, in Rodes, gelegen ist. Man hatte einige Personen zum Mittag eingeladen, unter denen mir ein bejahrter Mann durch sein edel einfaches Aeußere auffallend war. Er mochte sechszig Jahr alt sein, war mittler Größe und ziemlich mager, was mehr an dem länglichen Gesichte und dem kahlen, von wenig weißen Haaren umgebenen Schädel, als an der Gestalt, bemerklich wurde. Seine ganz schwarze Kleidung, und das ungesteifte mit einer kleinen Schleife geknüpfte Halstuch, leuchteten vor Sauberkeit. Ich hielt ihn für einen menschenfreundlichen Landgeistlichen oder Methodisten, und die Zutraulichkeit, mit der Alt und Jung ihm begegneten, die Güte und Freundlichkeit, die aus seinen hellblauen Augen strahlten, bestärkten mich in dem Glauben. Nachdem ich ihn und ein sehr gutes Portrait von ihm, das sich in einem der Gesellschaftszimmer befand, eine Weile betrachtet hatte, wurde er mir als Mr. Wright vorgestellt, und ich erfuhr bald nachher, daß er als Werkführer in einer Eisengießerei beschäftigt sei. Indeß das ganze Wesen des Mannes und die Art und Weise, in der man ihm begegnete, sprachen es unverkennbar aus, daß sein Dasein noch eine andere Seite, sein Leben und Wirken noch eine andere Bedeutung haben müsse, und so ist es auch.

Mr. Wright hat sich seit Jahren neben seiner fortdauernden Erwerbsthätigkeit mit der Versorgung entlassener Sträflinge, mit der Beaufsichtigung der Gefängnisse beschäftigt, und sich in seinem, zum Anerkennen und Danken so bereiten Vaterlande, dadurch einen geachteten Namen gemacht. Ein specieller Vorfall hat ihn zu seinen Werken der Menschenliebe geführt.

In der Fabrik, als deren Werkmeister er seit langer Zeit beschäftigt war, arbeitete ein fleißiger, stiller Mensch, zu völliger Zufriedenheit von Mr. Wright, im besten Einvernehmen mit seinen Genossen. Da erfährt man durch irgend einen Zufall, daß jener Arbeiter ein entlassener Sträfling sei. Es entsteht eine Bewegung in der Fabrik, die Mitarbeiter entfernen sich von dem Unglücklichen, und Mr. Wright erhält von dem Fabrikanten den Auftrag, am folgenden Sonnabend den ehemaligen Sträfling auszulohnen und fortzuschicken. Mr. Wright's Vorstellungen dagegen, seine Betheuerungen, daß der Mann sich musterhaft gehalten habe, vermögen weder den Beschluß des Fabrikanten noch den Widerwillen der Arbeiter zu besiegen; der Sträfling wird entlassen. Kaum hat er sich niedergebeugt und kummervoll entfernt, als in Mr. Wright die Frage aufsteigt, was aus dem Manne werden solle? — Augenblicklich noch in der Fabrik durch sein Amt festgehalten, geht er, sobald die Feierstunde schlägt, in des Sträflings Wohnung, aber dieser hat sie bereits verlassen, und Mr. Wright erfährt, daß der Arbeiter nach dem Innern des Landes habe gehen wollen. Man nennt ihm den Ort, Mr. Wright fährt ihm nach, der Gesuchte ist auch da nicht mehr zu finden, und obgleich er das Forschen nach ihm nicht aufgiebt, gelingt es Herr Wright nicht, jemals eine Nachricht über das fernere Schicksal des Unglücklichen zu erhalten.

Von der Stunde an hat Mr. Wright die Versorgung der, aus den Gefängnissen entlassenen, Sträflinge zu seiner Lebensaufgabe gemacht. Er hat seine ganze Mußezeit, so wie die kleinen Summen, die er von seinem Wochenlohn erübrigen konnte, zur Hilfe und Unterstützung der Convicts verwendet, und es ist ihm gelungen, erst einige Wenige, dann Viele seiner Mitbürger für das Schicksal der Sträflinge zu interessiren und Anstalten zu ihrer Versorgung treffen zu können. Dadurch hat er, ohne seine äußern Lebensverhältnisse im Geringsten zu ändern, sich einen bedeutenden Wirkungskreis geschaffen. Je näher er selbst den arbeitenden Klassen stand, um so größer mußte der Einfluß werden, den er auf die Sträflinge ausüben konnte, welche meist diesem Stande angehörig sind. Er gewann leicht Vertrauen von ihnen, und dies Vertrauen hat ihm eine solche Einsicht in die Denkart, Empfindungs- und Handlungsweise seiner Schützlinge gegeben, daß man ihn gegenwärtig als einen der Männer betrachtet, welche am Tiefsten über die bürgerliche Wiederherstellung der Verbrecher nachgedacht haben, und am Besten dieselbe einzuleiten verstehen. — So kam es, daß eines Tages Mr. Wright, als er wie immer in der Fabrik beschäftigt war, plötzlich eine telegraphische Depesche erhielt, welche ihn im Namen des Parlaments aufforderte, sich augenblicklich nach London zu verfügen, um den Berathungen beizuwohnen, welche dort von einer der gesetzgebenden Commissionen, über die Verwaltung der Gefängnisse und über die Lage der Sträflinge gehalten wurden. Sein Fabrikherr gab ihm Urlaub, schoß das nöthige Geld vor, Mr. Wright war zwölf Stunden später in London, und ward dort mit großer Auszeichnung empfangen. Er ward der Königinn vorgestellt, nahm an den Verhandlungen der Commission lebhaften Antheil, und kehrte dann ruhig in seine Fabrik und an seine Arbeit zurück. Er ist von Jugend an, mit einer Frau seines Standes verheirathet, und die beiden alten, kinderlosen Leute, leben nach wie vor in großer freiwilliger Beschränkung, weil sie von der Einnahme des

Mannes, die sich jährlich auf hundert Pfund belaufen soll, noch einen namhaften Theil den wohlthätigen Zwecken opfern, denen Mr. Wright sich geweiht hat.

In Deutschland würde ein solcher Mann einen Titel, einen Orden vierter Klasse, vielleicht ein kleines Amt mit ein Paar hundert Thalern Gehalt bei irgend einem Zuchthause erhalten, und außerhalb seines Wirkungskreises würde Niemand sich um ihn kümmern. Man würde ihn abgefunden haben. Nicht so in England! Mr. Wright hat weder einen Titel, noch einen Orden, noch ein Amt, in dem er auf Kosten des Staates lebte und nach Vorschrift des Ministeriums handeln müßte — vielleicht oft gegen sein besseres Wissen und seine Ueberzeugung. Er ist unabhängig geblieben, ernährt sich selbst, wirkt selbstständig handelnd und berathend nach eigenem Ermessen für seine Zwecke, und hat als Lohn — außer seinem eigenen Bewußtsein — die fortdauernde, achtungsvoll thätige Anerkennung seiner Mitbürger, die es fühlen, daß jeder Bürger für die selbstlose Aufopferung und Thätigkeit eines andern Bürgers, ihm dankbar zu sein hat. Die ersten Männer Manchesters sind bemüht ihn zu ehren, und ich lernte ihn kennen, weil Mr. Schwabe ihn eingeladen hatte, einige Zeit in Cromsdale House zu wohnen, um die Landluft und eine Pflege zu genießen, wie Mr. Wright sie sich in seinen beschränkteren Verhältnissen nicht gewähren kann. Alltäglich fährt der Werkführer einer Eisengießerei von dem Gute eines der reichsten Kaufleute zu seiner Werkstätte, und nach vollendeter Tagesarbeit wieder in das gastliche Haus zurück — und das grade ist es, was ich hier in England so erfreulich finde. Englische Schriftsteller spotten über die Abgötterei, die in England von den reichen Bürgerlichen mit den Lords, mit den Großen getrieben wird, und wir Deutschen lesen das sehr wohlgefällig, ohne zu bedenken, wie unsere reichen Banquierfamilien stolz darauf sind, einen General, einen Grafen an ihrem Tische zu haben, und was sie darum geben würden, könnten sie es erlangen am Hofe zu erscheinen, an der Börse von ihrem Empfang bei Hofe zu erzählen. Man ist in Deutschland eben so bereit als in England sich vor Traditionen, vor glänzendem Scheine zu beugen, aber man ist viel weniger bereit, das wirkliche Gute anzuerkennen, das sich — unsanktionirt durch den Schein von Titel oder Orden — unter seinen Standesgenossen oder gar in den arbeitenden Bürgerklassen findet. England, das jeden braven, sich in irgend einer Weise auszeichnenden Menschen, als einen Gentleman ehrt, ist durch diesen einen Zug dem wahren Grundsatz der demokratischen Gleichheit näher als wir, wenn es auch noch eine Weile in seiner Pairie-Abgötterei verharren sollte.

Den 28. August.

Es ist wirklich nöthig, sich durch das Datum an den Sommer zu erinnern, denn draußen regnet und stürmt es, als ob man tief im Winter wäre, und schon jetzt reicht der Kamin nicht hin, eine gleichmäßige Wärme in den Zimmern zu verbreiten. Dennoch habe ich mich hinausgewagt, eine der großen Baumwoll-Spinnereien und Webereien in Hulm zu besuchen.

Mein alter Glaube, daß die Menschheit im Allgemeinen viel mehr arbeitet, als es nothwendig wäre, wenn wir bereits alle Kräfte der Natur für unsere Zwecke zu benutzen verständen, hat hier neue Nahrung bekommen, als ich gesehen habe, welche Verrichtungen die Dampfmaschinen schon jetzt für uns übernehmen. Sie sind bei der Fabrikation von Baumwollenwaaren bereits die eigentlichen Arbeiter, und der Mensch hat nur die leichten, vorbereitenden und zulangenden Dienste dabei zu leisten.

Der erste Raum in den man uns führte, lag zu ebener Erde und hatte einen Fußboden von Backsteinen. Durch einen dichten, umherfliegenden Staub sahen wir große Säcke voll roher Baumwolle, die hier geöffnet und unter die erste Maschine gebracht wurden. Wenn die Baumwolle aus den Plantagen ankommt, so ist sie fest zusammengepreßt und fällt in klumpigen Stücken aus den Säcken heraus. Die Aufgabe der ersten Maschine ist es also, diese Stücke zu zertheilen und in lockre, kleine Flocken zu verwandeln. Dies geschieht durch eine Art Stampfmaschine mit langen eisernen Zähnen, in der Technik willow, von den Fabrikarbeitern the devil (der Teufel) genannt. Der Lärm, den sie beim Arbeiten verursacht und der Staub der Baumwolle sind hier für den nicht daran Gewöhnten kaum aushaltbar, auch ist es der gefährlichste Theil der Fabrikation, denn die Knaben, welche die Baumwolle in die Maschine zu werfen haben, riskiren ihre Hände, wenn sie nicht achtsam auf ihr Werk sind.

Aus dem Devil fällt die gestampfte und aufgelockerte Baumwolle in die scutchers, eine zweite Maschine, in der sie hin und her geschwungen, und durch verschiedene Behälter getrieben wird, während ein künstlicher Windzug, innerhalb dieser Behälter, allen noch vorhandenen Staub und Baumwollsaamen aus der Masse heraustreibt, und zugleich durch angebrachte Röhren aus dem Zimmer entfernt. Nun ist die Baumwolle sauber und kommt auf die cardings, Maschinen, welche den Dienst von Hecheln versehen. Sie haben lederne Rollen, die, dicht mit Dräthen besetzt, eiserne Bürsten bilden. Sie kämmen und glätten die Baumwolle, so daß sie aus der Cardingmaschine wie eine lockere, noch nicht mit Gummi überzogene Watte hervorgeht, die sich um große Rollen aufwickelt. Der nächste Arbeitsprozeß preßt die flache, aber ganz glatte und fadengrade gehechelte Masse, in einen runden, ebenfalls noch lockern Strang »sliver« zusammen, der durch die Maschine in gleichmäßige Kreise, in blecherne, cylinderförmige Behälter gelegt wird. Die Mädchen, welche der Maschine die offenen Cylinder hinschieben, reißen den Strang ab, wenn der Cylinder voll ist. Auch diese Maschinen, und es sind ihrer viele in einem Raume, machen einen solchen Lärm, daß es unmöglich ist, auch nur seinen Nachbar zu verstehen, aber die Luft ist besser, als in der ersten Stube, und kein Staub darin zu bemerken. Nun bringt man die Baumwollenstränge in eine neue Maschine, welche sechs Stränge in einen zusammenpreßt, und sie zu gleicher Zeit bedeutend in die Länge ausdehnt. Sie heißt der drawing frame. Wenn die Baumwolle aus ihr herauskommt, so sind die sechs vereinten Stränge dünner als früher der einzelne, aber noch immer nicht gegarnt. Erst auf der nächsten Maschine, dem slabbing and roving frame, beginnt das Garnen der losen Baumwolle zu Twist. Während sie so fest und fester gedreht wird, wird sie zugleich immer dünner und länger ausgesponnen, und schließlich nicht mehr in die Blechkannen geworfen, sondern nun bereits auf Spulen aufgewickelt. Indeß geschieht dies Spinnen und Drehen des Fadens nicht auf einer Maschine und auf einmal, sondern es sind verschiedene Processe und mehrere Maschinen dazu erforderlich, die immer feiner und feiner arbeiten. Die Schnelligkeit, mit der der Twist sich auf die Spulen aufwickelt, ist so groß, daß man die Bewegung kaum wahrnimmt, wenn man nicht eigens scharf darauf achtet. Auch das Haspeln der fertigen Baumwolle, und das Uebertragen derselben auf die Spulen für die Webestühle, besorgen Maschinen, die dann natürlich beim Weben sowohl das Durchschießen der Spulen, als das Zusammenkreuzen der Kammfäden und das Aufrollen der fertigen Stücke besorgen.

Die ganze Fabrikation ist sehr sinnreich. Dennoch war der Besitzer der Fabrik, der die Güte hatte uns umherzuführen, selbst der Ueberzeugung, daß die Maschinen noch großer Verbesserungen fähig wären, daß man namentlich für den ersten Prozeß der Fabrikation, für das Auflockern der Baumwolle, noch eine ganz andere Methode und Maschine erfinden müsse, weil das Einathmen des Baumwollenstaubes der Gesundheit sehr schädlich sei. Alle bei dieser Beschäftigung angestellten Arbeiter hatten angefeuchtete Baumwollenklümpchen im Munde, um die Lungen so viel als möglich gegen den trockenen Staub zu bewahren. Die Meisten sahen aber doch kränklich aus, und der Besitzer meinte: »Es muß Mittel und Wege geben, alle derartigen Arbeiten von Maschinen verrichten zu lassen, denn für solche Mühseligkeiten ist der Mensch zu gut.«

Es waren Männer, Frauen und Kinder in der Fabrik beschäftigt, Alle reinlich aber doch ärmlich gekleidet. In jedem Zimmer hing ein Abdruck der Parlamentsakte, welche die Arbeits- und die Erholungsstunden festsetzt. Daneben befand sich das Reglement der Fabrik, in dem unter Anderm,

Schweigen bei der Arbeit zur Pflicht gemacht wird. Der Werkmeister sagte, das sei nothwendig, um die Aufmerksamkeit nicht zu zerstreuen, weil nicht nur der Arbeit, sondern oft auch den Arbeitern selbst, von den Maschinen Gefahr drohe, wenn sie nicht achtsam bei der Bedienung derselben wären. Für Menschen, nicht gewohnt an den furchtbaren Lärm der Maschinen, würde das Verbot des Sprechens ohnehin sehr überflüssig sein. Mein Gehör war so betäubt, daß ich mir die nöthigen Erklärungen immer auf den Treppen oder auf den Fluren ausbitten mußte, weil ich in den Werkstätten nicht fähig war, auch nur ein Wort zu verstehen.

Nachdem wir die Fabrik verlassen hatten, fragte ich den freundlichen Werkmeister, ob er es nicht möglich machen könne, mich eine der Arbeiter-Wohnungen sehen zu lassen. Das ganze Stadtviertel Hulm besteht nämlich aus solchen Wohnungen, die man eigens für den Zweck erbaut hat. Es sind Backsteinhäuser von zwei Stockwerken, die Mehrzahl nur ein Fenster breit. Man hat es hier in Manchester vorgezogen, statt der in London üblichen großen Lodginghouses, diese kleinen Gebäude zu errichten, um dem Arbeiter die Annehmlichkeit eines eignen Hauses zu gewähren, die der Engländer so hoch hält, und die sicher auch ihre guten Folgen hat.

Der Werkführer stellte es mir frei, ob ich das Haus eines der ordentlichen und wohlhabenden Arbeiter oder ein ärmliches sehen wollte, und ich entschied mich für das Letztere. Er ging also mit uns in eine ganz schmale, dicht neben der Fabrik gelegene Gasse, in der vor allen Häusern Wäsche zum Trocknen aufgehängt war, und bat eine Frau, uns ihre Einrichtung sehen zu lassen, die denn freilich sehr armselig war. Die Bauart des Hauses war die auf dem Lande übliche. Die Thüre öffnet in den Raum, der Wohnzimmer und Küche zugleich ist, weil der Kochapparat sich am Kamine befindet. Dahinter kommt eine Kammer zum Waschen und zur Besorgung der unsaubern Hausarbeit, die einen Ausgang nach einem sehr kleinen Gehöfte hat. Von dieser Kammer führt eine Treppe hinauf zu zwei Schlafkammern, deren eine mit einem Kamine versehen ist. Räumlich läßt ein solches Haus Nichts zu wünschen übrig. Der Miethzins kommt den Preisen in den Lodginghouses gleich, wenn er nicht noch billiger ist; aber es fehlte in den kahlen Wänden an jeder Behaglichkeit. Der eingemauerte Kessel und der eingemauerte Rost machten, mit ein Paar zerbrochenen Töpfen, Tassen und Tellern den ganzen Hausrath. Die Wäsche, mit der die Hausfrau grade beschäftigt, war sehr schlecht und zerrissen, in dem großen Bett der Eltern lagen nur zwei Federkissen auf den Strohsäcken, in den Kinderbetten nur Stroh, und die wollenen Decken waren klein und voll Löcher; von englischer Reinlichkeit wenig zu bemerken. Wie soll aber auch ein Haushalt bestehen, oder vollends gedeihen, von dem die Hausfrau den ganzen Tag über entfernt bleiben muß? Die Freistunde des Mittags reicht kaum für die Besorgung der Mahlzeit hin, und kommt die Frau am Abend müde und abgearbeitet von der Fabrik zurück, so heißt es der menschlichen Kraft das Unmögliche zumuthen, wenn man dann noch von ihr neue, stundenlange Thätigkeit für ihr Haus begehren wollte. Alle bisher zur Erleichterung der Arbeiter angewendeten Palliativmittel, diese billigen Wohnungen, die Kinderbewahr-Anstalten, die Krankenhäuser und Anstalten zur Pflege von Wöchnerinnen, sind socialistisch; aber sie bleiben unwirksam, weil sie Stückwerk sind. So lange dem Armen nicht seine ganze Nahrung, das Ausbessern und Reinigen seiner Wäsche, der Ankauf seines Feurungsmaterials, die Beleuchtung, kurz Alles, was er als Lebensnothwendigkeit bedarf, nach socialistischem Principe auf das Billigste und möglichst Beste durch Association besorgt wird, so lange können weder die kleinen Erhöhungen des Arbeitslohnes, noch die kleinen Verkürzungen der Arbeitszeit, ihm zu einem menschenwürdigen Dasein verhelfen. Er wird bis dahin fortarbeiten müssen wie ein Sklave, um von seiner Wiege bis zu seinem Grabe Noth zu leiden; und er wird immer mit Abneigung auf die Genüsse seiner glücklichen Mitmenschen blicken, gegen die ihm sein Elend nur um so greller erscheinen muß.

Wie meistens da, wo eine Krankheit heimisch ist, sich auch das Mittel dagegen zu finden pflegt, so hoffe ich von und für England, daß es zuerst diesen Weg der Erlösung einschlagen werde, weil es die meisten Fabrikarbeiter hat. Sind die Schilderungen treu, welche Mrs. Gaskell in ihrem Romane Mary Barton von der Lage der Fabrikarbeiter in Manchester macht, und Alles — was ich hier sehe und höre, spricht für die Richtigkeit ihrer Darstellung — so ist das Loos derselben ein furchtbares, sobald ungünstige Handelskonjunkturen eine Verminderung des Arbeitsbedürfnisses erzeugen, und dadurch eine theilweise Entlassung der Arbeiter nothwendig machen. Bei den jetzigen Einrichtungen deckt die Einnahme guter Zeiten das Bedürfniß einer ordentlichen Familie, aber selbst für die haushälterischen Arbeiter ist die Zurücklegung eines Sparpfenniges für arbeitslose Tage, oder für Tage der Theurung, sehr schwer. So oft das Eine oder das Andre dieser Mißgeschicke eintritt, stehen die Fabrikanten, die ganzen Fabrikdistrikte, ja die Staatsgesellschaft überhaupt, vor einer jener drohenden Krisen, in denen man bis jetzt den Schrei um Brod mit Kugeln, die Bitte um Lebensrettung mit Tod beantwortet hat — das aber wird und kann nicht ewig also bleiben. Jeder Verständige, jeder menschlich Fühlende sagt sich das selbst, und die Frage, wie Abhilfe geschafft werden könne, ist hier in Aller Munde. Bedenkt man nun, daß noch vor wenig Jahren, und vielleicht noch jetzt, die schlesischen Leinwand-Fabrikanten sich einen reichen Erwerb daraus machten, neben ihren Fabriken einen Handel mit Colonialwaaren und all den Artikeln zu treiben, deren die Fabrikarbeiter benöthigt waren, und daß man jede Arbeiter-Commune zwang, ihre Bedürfnisse von dem jedesmaligen Arbeitgeber zu kaufen, so scheint die Lösung der Frage nach den Owanschen Prinzipien noch am leichtesten zu sein. Die Arbeiter müßten für sich selbst den Vortheil erwerben, den sich sonst der Fabrikant als Nebenerwerb zueignete, und dies ist nur auf dem Wege der Association zu erlangen. Einer von ihnen müßte den gesammten Einkauf aus den besten Quellen, den gesammten Haushalt und die Detaillirung auf gemeinsame Kosten übernehmen, damit Alle möglichst gut und wohlfeil zu dem Nöthigen gelangten. Mag der Reiche nach wie vor, das Behagen der Isolirung mit größerm Geldaufwande erkaufen; für den Unbemittelten giebt es nur eine Hilfe — die Association. — Sage mir nicht, daß ich beständig auf denselben Gegenstand zurückkomme. Wer sich in einem brennenden Hause befindet, ruft immerfort um Hilfe und um Wasser. Und der Brand wäre zu löschen, wenn man zuspränge und Hilfe brächte, ehe das Haus zusammenstürzt, die Bewohner desselben und die Außenstehenden zugleich erschlagend. — Theoretisch die Möglichkeit des Socialismus darzuthun und dann mit einem großen Schlage das praktische Experiment zu beweisen, hat sich in Frankreich als unausführbar gezeigt. Aber allmählig den Socialismus in alle Bereiche des Lebens einführen, das kann man, und ich bin überzeugt, das wird man ohne alle Revolutionen zuerst in England thun, wo so viel Derartiges theils im Keime, theils schon entfaltet vorhanden ist.

Ich sah nach der schlecht versorgten Arbeiterwohnung viele andre Häuser in Hulm, deren kleine weiße Fenstervorhänge, deren Blumentöpfe auf bessere Verhältnisse, auf größern Wohlstand schließen ließen. Meine Begleiter versicherten mich aber, diesen mühsam errungenen Comfort zerstöre oft eine einzige, kurze Handelskrisis, und es gehöre zu den Seltenheiten, es bedürfe ganz besonders günstiger Umstände, großen Fleißes und fortdauernd guter Geschäftsverhältnisse, wenn ein Arbeiter etwas vor sich bringen, mehr als seines Lebens Nothdurft erwerben, und sich eine Stufe emporschwingen solle. Dies traurige Bewußtsein muß die Thätigkeit und Betriebsamkeit der Arbeiter natürlich lähmen.

Eine andere Frage, die sich mir aufdrängte, war die, ob es überhaupt gerathen sei, die besitzlosen arbeitenden Klassen, wie es hier geschehen, sich in bestimmten Stadtvierteln ansiedeln zu lassen, und so die Kluft noch breiter zu reißen, welche sie ohnehin von den Besitzenden trennt? Die intellektuelle Bildung beider Klassen gewinnt in dem gegenseitigen Verkehr, und auch der beiderseitige Vortheil wird gefördert, wenn der Besitzende von seinem Nachbar Dienstleistungen empfangen kann, welche dieser zu leisten in seinem Interesse findet. — Es sind freilich auch diese Arbeiter-Stadtviertel eben nur Experimente, und es ist gut, daß man dieselben macht, damit die Erfahrung feststellt, was grade für unsere Zeit das Beste ist; denn jede Institution, welche die Staatsverwaltung, den Staatshaushalt betrifft, hat nur momentane Dauer, und es kann darin so wenig ein bleibend Gutes geben, als es eine ewige Jugend für den Menschen giebt.

Den 30.

Ich habe viel Leute gesehen in diesen Tagen, sowohl aus dem Gelehrten-, als aus dem Kaufmannsstande. Unter Andern auch ein junges Ehepaar, einen Schiffskapitain mit seiner Frau, die sich nach fünfjähriger Liebe nun endlich geheirathet haben. Während der ganzen Zeit hat der Mann das Mädchen nur dreimal, und jedesmal nur wenig Tage, auf der Insel Mull besuchen können, auf der es heimisch ist. Jetzt sollte der Kapitain am zehnten Tage nach der Hochzeit, von Liverpool aus, mit seinem Schiffe nach Guinea gehen, von wo er im besten Falle erst nach Jahresfrist zu seinem jungen Weibe heimkehren kann. Die zierliche Frau begleitet ihren Gatten bis zu seinem Schiffe. Sobald er in See ist, kehrt sie in das Haus ihrer

Eltern zurück. Der Kapitain hofft nach Beendigung dieser afrikanischen Reise auf eines der Packetböte zwischen England und Amerika überzugehen, und dann wenigstens zweimal im Jahre bei seinem Weibe bleiben, oder es auch bisweilen mit sich nehmen zu können. Welch eine Existenz ist das! Wie traumhaft muß den Beiden die lang ersehnte Erfüllung ihrer Wünsche in der gleich darauf folgenden Trennung erscheinen! Mir traten die Thränen in die Augen, als die junge Frau von der nahen Reise ihres Mannes sprach. Sie selbst schien ihr Loos aber gar nicht so schwer zu finden als ich. Sie sah sehr muthig und lebensgewiß in die Zukunft, und auch die übrigen Anwesenden betrachteten die Sache als eine ganz alltägliche. Es liegt das in der Gewohnheit der handeltreibenden Insulaner, aber ich mußte mich doch fragen, ob noch keiner dieser Menschen empfunden, wie langsam und sorgenvoll die Stunden der Trennung dahin schleichen? ob noch Niemand von diesen Allen einem Freunde Lebewohl gesagt, den er nie wieder unter den Lebenden begrüßt hat? Wer Trennungsschmerz und den Tod geliebter Menschen erfahren hat, der findet das unbefangene, feste Vertrauen in die Zukunft nicht wieder, ohne welches kein Glück zu denken ist, dem hat der Boden unter den Füßen gewankt, und das Bewußtsein der Endlichkeit steht wie eine düstere Wolke über ihm, deren Schatten die lachenden Farbentöne und das hellste Licht abstumpft.

Abends.

Da ich in Berlin häufig eine der größten Kattundruckereien der preußischen Monarchie gesehen hatte, war es mir um so anziehender, auch hier eine solche zu besuchen, und ich nahm den Vorschlag von Herrn Schwabe dankbar an, nach seiner Druckerei zu fahren.

Ich fand in Mr. S. mein Bedenken gegen die Arbeiter-Stadtviertel wieder, welche er für die Sitten, die Civilisation und die Gesundheit gleich nachtheilig erachtet, und er hat seine Fabrik auf dem Lande in einer gesunden und fruchtbaren Gegend, etwa anderthalb deutsche Meilen von der Stadt, angelegt. Da der Raum dort weniger kostbar ist, als in Manchester, so konnte man die Gebäude und Höfe luftiger machen, und die Bauten sowohl, als die Reinlichkeit aller Werkstätten waren bedeutend besser, als in den Berliner Fabrikgebäuden. Man hat in England die Gewohnheit, selbst in tapezirten Zimmern alljährig die

Decken frisch weißen zu lassen. Dieses white-washing, um der großen Reinlichkeit und der großen Mühe willen die Wonne und die Verzweiflung aller Hausfrauen, hat Herr S. auch in der Fabrik eingeführt, und die hohen, fensterreichen Räume mit ihren weißen Wänden sehen so freundlich aus, wie es mir noch nicht in Fabriken vorgekommen war. Unter den Arbeitern der Anstalt fand ich einen Deutschen, der früher lange in einer Berliner Fabrik gewesen, und der nun seit Jahren hier bei Herrn S. angestellt ist. Er war mit seiner Lage durchaus zufrieden, und nannte die Verhältnisse des englischen Arbeiters im Vergleich zu denen des deutschen »beneidenswerth!« »Man hat Ruhe im Lande, und wird doch hier respektirt von Groß und Klein!« Darauf kam er immer wieder zurück, als auf die Hauptsache, wenn er mir die materiellen Vortheile auseinandergesetzt hatte, welche England dem Arbeiter bietet. Er zeigt keine Neigung nach Deutschland zurückzukehren, »wo doch nichts Vernünftiges herauskommen werde, so lange die Constitutionen nicht respektirt würden.« — »Der Arbeiter müsse sich dort für die Constitutionen herumschlagen, Blut und Zeit daran setzen, und wenn er den Weg gebahnt habe, so verständen die andern nicht weiter darauf fortzugehen, es sei gleich wieder die alte Wirthschaft da, und der Arbeiter leide Noth, komme nie zur Ruhe. Heute solle er sich gegen die Regierung schlagen, und morgen werde er in die Landwehr gesteckt, sich für die Regierung zu schlagen — und gestern wie heute und morgen, sei er es, dem man nach wie vor die Abgaben abfordere, während man ihm nicht Ruhe lasse, seinem Erwerbe nachzugehen.« — »Ich wundre mich nur, daß nicht viel mehr Leute außer Landes gehen, schloß er, da in England und Amerika noch Arbeit genug zu bekommen ist.«

Die Arbeiter in Rodes, so heißt der Ort, in dem die Fabrik befindlich, haben saubere kleine Häuser mit Gärtchen, und erhalten leicht einen Acker für Kartoffeln in Pacht. Das gewährt ihnen neben dem billigen Material eine gesunde Arbeit in Garten und Feld, und hält sie in frischer Luft, in Berührung mit der Natur, die dem Arbeiter in den Fabrikstädten fast ganz entzogen wird. Es war eine Lust zu sehen, wie gesund die Leute hier aussahen, wie behaglich sie am späten Abend vor ihren Hausthüren im Freien saßen. Die Arbeiter-Stadtviertel erschienen dagegen doppelt unzweckmäßig, und die Möglichkeit, ein solches

Fabrikdorf durch Association wohlfeil mit aller Nothdurft zu versehen, um so zweifelloser.

Von Rodes aus fuhren wir auf einem sehr anmuthigen, hügligen Waldwege an einer stattlichen Besitzung vorüber, nach einem Cottage in Blacklay, um Mr. Samuel Bamford zu besuchen, mit dem Miß J. mich bekannt zu machen wünschte. Er ist einer der alten Reformer, ein Weber, der sich als Autodidakt eine tüchtige Bildung angeeignet, und später seine Schicksale und Erfahrungen unter dem Titel »life of a Radical« herausgegeben hat.

Das Häuschen, das er hart an einer Landstraße bewohnt, ist ein ganz gewöhnliches Cottage, und unterscheidet sich in der Bauart durch Nichts von den Wohnungen der Fabrikarbeiter in Hulm. Es war aber außen und innen sauber gehalten, weiß getüncht, eine Paar Bäume beschatteten es, und an der linken Seite zog sich ein ganz schmales Stückchen Gartenland hin, das mit Gemüse bepflanzt, mit duftenden Erbsen und andern gewöhnlichen Blumenarten geschmückt war, wie die beschränktesten Mittel es zu thun gestatten. — Als die Equipage von Frau Schwabe, die uns hinausgefahren hatte, vor dem Häuschen hielt, traten Mr. Bamford und seine Frau erstaunt vor die kleine Thüre, aber die Gesichter der beiden Alten gingen gleich zu dem freundlichsten Ausdruck über, als sie Miß J. gewahr wurden, deren einfache Herzlichkeit ihr überall Zutrauen und Freunde erwirbt. Mit einem lauten: »God bless You Miss Jewsburry how are You? J am glad You are back from London!« *) reichte Mr. Bamford ihr die Hand und half ihr aus dem Wagen.

Mr. Bamford ist ein großer, starker Mann; das volle Gesicht erinnert, wenn auch in gröbern Formen, an die Züge von Walter Scott, und die hellen Augen spotten des grauen Haares. Er war einfach, wie ein Landmann, in einen langen Ueberrock gekleidet, von dem die kleine, alte Mrs. Bamford, während ihr Mann mit uns sprach, einmal unvermerkt ein wenig Kalk abwischte, der von den weißen Wänden daran haftete.

Wir traten gleich durch die Thüre in den Flur. Zur Rechten der Hausthüre lagen auf einem Tische in der Fensterbrüstung einige Zeitungsblätter. Ein Paar Stühle vor dem Kamine, mit Ueberzügen aus bunten Kattunstückchen zusammengesetzt, standen auf einer Strohmatte. Ueber dem

*) Gott segne Sie Miß J.! wie geht's Ihnen! Ich freue mich, daß Sie von London zurück sind.

Kamine hingen der Kalender, ein Korkzieher, ein Bohr, eine Papierscheere und ähnliches Geräth, als Zierrath sauber geordnet, neben einigen sehr schlichten Lithographien von Schriftstellern, Staatsmännern und andern derartigen Erinnerungen, wie jede Hütte sie fast aufzuweisen hat. Ein fünfjähriges sauber gehaltenes Mädchen aus der Nachbarschaft saß auf einem Bänkchen vor dem Kamine. »Das ist unser Liebling und täglicher Besuch!« antwortete Mrs. Bamford auf Miß J's. Frage, wer die Kleine sei.

Als Miß J., Madame S. und mich, Herrn Bamford vorgestellt hatte, schüttelte er uns beiden die Hände, seine ganze Aufmerksamkeit wendete sich aber Madame S. zu. »Ich habe oft von Ihnen gehört hier in der Nachbarschaft! sagte er. Sie nehmen sich der Armen, der Kranken an, und Ihre Leute in Rodes sind gut gehalten. Ich habe schon manchmal daran gedacht zu Ihnen zu kommen, und Sie anzusprechen, wenn ich wußte, daß irgend wo Hilfe Noth that, aber ich habe es denn doch unterlassen und zugesehen, wie ich ohne Sie Rath schaffte. Nun ich Sie kenne, rief er lachend und ihr nochmals die Hand schüttelnd, sind Sie aber doch nicht sicher vor mir!« Während Madame S. ihm ihre Bereitwilligkeit erklärte, mit ihm zusammen zu wirken, hatte die gute Alte Miß J. von ihren Erlebnissen seit dem Frühling erzählt, und dabei angefangen, ein großes Laib Weißbrod in dünne Schnitten zu schneiden, die sie mit Butter versah, und uns nebst frischem Wasser auftischte. Zufällig waren wir Alle, von dem vorhergegangenen Besehen der Fabrik und von der Fahrt in frischer Luft, so hungrig und durstig geworden, daß die Butterbrode wie im Nu verschwanden, und Mrs. Bamford mit großer Genugthuung noch eine ganze, zweite Ladung auftischen konnte. Mann und Frau hatten ihre sichtliche Freude daran. »Das ist Recht, Miß J., greifen Sie zu!« rief er — und die Alte sagte: »Wenn mein Mann in die Stadt kommt, soll er Ihnen wieder einmal eins von unsern Broden mitbringen!« — Dann aber wollten beide Gatten von Miß J's. Aufenthalt in London Bericht erstattet wissen. »Mein Mann hat mir aus den Zeitungen vorgelesen, wie gut man Sie dort aufgenommen hat, und das hat uns so gefreut, meinte die Alte, denn Sie muß jeder Mensch lieb haben, der Sie kennt! — Miß J. erzählte mit der ihr eigenen anmuthigen Bestimmtheit, bald von Dingen, die sie gesehen — bald von Personen, die Mr. Bamford interessant sein konnten, und es ging uns eine Stunde hin, ehe wir es merkten. Als Mrs. J. uns dann an die Nothwendigkeit der Rückkehr mahnte, fragte Mr. Bamford noch eilig nach Thomas Carlyle und ob wir schon den neuen Roman, ich glaube es war Alton Lock, gelesen hätten, den der Autor ihm geschickt. Dabei schloß er den eingemauerten Schrank auf, der sich in all diesen Wohnungen zwischen dem Kamin und dem Fenster befindet, und der statt des sonst üblichen Hausrathes hier eine nicht unbedeutende Anzahl von Büchern enthielt, während der Hausrath in der hintern Kammer aufbewahrt wird, die eben so vor Sauberkeit leuchtete, als der Raum in dem wir uns aufhielten. Fast Nichts, weder die Art der Möbel, noch ihre Aufstellung unterschieden sich von denen, die ich bei den Bewohnern der Lodging-Houses in London gesehen. Jeder einigermaßen gut gestellte Handwerker, jeder Bauer besitzen die gleichen Dinge, aber der Geist, der in diesen Mauern waltete, die Bildung des Mannes, der durch diese Bildung verfeinerte Ordnungssinn der Frau, gaben dem ganzen Hauswesen einen Anstrich der Zierlichkeit, die es behaglich und im hohen Grade wohnlich machte.

Auf Miß J's. Einladung versprach Mr. Bamford, uns an einem der nächst folgenden

Tage in der Stadt zu besuchen, und bat sie, ihm vorher meinen Namen aufzuschreiben. Dazu zog er aus einer Tischschieblade sein Schreibgeräth, Papier, Tintenfaß und Feder hervor, die so schlicht waren, wie man sie in jeder Dorfschenke vorfindet. Als er meinen Namen nun geschrieben vor sich sah, sprach er ihn englisch aus und meinte, nun wisse er erst, wer ich sei. »Ich habe Ihren Namen mit denen von Miß Jewsburry und Miß Bronte in einem Londoner Blatte zusammen gelesen, und wenn Sie Miß J's. Freundinn sind und wie Miß J. denken, so freut mich's nun doppelt, daß Sie hier waren und daß ich Sie wieder sehen soll. Sie sollen mir, wenn es Ihnen Recht ist, von Deutschland erzählen, und wie die Sache der Arbeitenden jetzt dort steht. Wir müssen noch eine gute Unterredung »a good talk« zusammen haben.«

So schieden wir, und ich freue mich, den prächtigen Alten wieder zu sehen.

Den 31.

Ich bin am Morgen in der Stadt gewesen, um einige Stahlwaaren zu kaufen. Ich habe dabei wieder die schon mehrmals gemachte Erfahrung bestätigt gefunden, daß die Klage über die hohen Preise aller englischen Fabrikate eben so unbegründet ist, als das unbedingte Lob der Fabrikate selbst. Es giebt hier Waaren jeder Art zu den in Deutschland üblichen und zu den allerbilligsten Preisen, aber diese letzteren sind eben so schlecht als die gleiche Art bei uns. Jene Waaren hingegen, welche die Engländer als finished (vollendet) bezeichnen, sind sehr theuer, dafür aber auch vortrefflich. Ich habe zwei Federmesser gesehen, die auf den ersten Blick einander sehr ähnlich waren. Das Eine hatte drei Klingen, das Andere noch einen Korkzieher daneben. Jenes kostete sieben Schilling, dieses mehr als ein Pfund, also grade das Dreifache. Gewirkte Stoffe, Putzgegenstände, wie Hüte, Hauben, Kleidermachen u. s. w. sind nicht theurer als bei uns. Die hohen Preise, durch die der Fremde in London und in England überhaupt erschreckt wird, rühren davon her, daß man ihn gewöhnlich in die ersten Magazine führt, welche nur die besten, modernsten und darum natürlich auch kostbarsten Artikel halten, und daß er, dadurch gezwungen, Gegenstände ersteht, die er in der Heimath an und für sich nicht kaufen würde.

Nur die Wohnungen, Lebensmittel, Dienstboten sind theuer. Da ich hier in den Gesellschaften viele Deutsche gesehen, habe ich von ihnen erfahren können, wie schwer es ihnen am Anfang gefallen ist, sich in die Sitte des englischen Haushaltes und in die Art der englischen Dienstboten zu fügen. Erst in diesen Tagen ist es in einer deutschen Familie vorgekommen, daß eine junge Magd sich das Leben nehmen wollte, weil man sie nach ihrer Ansicht beschimpft und sie wie eine Diebinn behandelt, das heißt, die Vorräthe des Hauses vor ihr unter Schloß gehalten, und auch sonst ein strengeres Wesen, als es in England üblich, gegen sie gezeigt hatte. Unsere alte Köchinn hat heute diese Nachricht vom Markte mit heim gebracht, und kopfschüttelnd zu ihrer Herrinn geäußert: »man muß so Etwas vor Miß Lewald nicht sagen, aber ich glaube immer, all die deutschen Frauen sind zu Zeiten toll! Sie wissen nicht mit Christenmenschen umzugehen!« und erst Miß J's. Erinnerung an die vielen braven deutschen Hausfrauen in Manchester ist es gelungen, unsern Ruf in den Augen der guten Alten herzustellen.

Was nun außer diesem Privatleben das öffentliche Leben betrifft, so ist man hier im Ganzen in den Kreisen, die ich kennen gelernt habe, noch oppositioneller als in Edinburg, ich möchte sagen, demokratischer, als es mir überhaupt in England vorgekommen. Indeß die Opposition geht auch hier nirgend gegen die bestehende Staatsverfassung im Allgemeinen. Man ist nur mehr als vielleicht in andern Theilen Englands von der Nothwendigkeit gewisser Reformen überzeugt, und lebhafter noch mit dem Gedanken beschäftigt, die Lage der Arbeiter in einer Weise zu verbessern, die für das Fortbestehen der Fabriken nothwendig und mit ihm zu vereinen ist.

Am Morgen habe ich heute die Maschinenfabrik eines durch seine zahlreichen Erfindungen bekannten Mr. Withworth besucht, in der zwei Maschinen mich besonders merkwürdig dünkten. Die Eine war ein kleines Modell einer Maschine zum Strumpfwirken, die mit wunderbarer Geschicklichkeit die Fäden um Häkchen schlang, die Maschen verknüpfte und die nöthigen Formen zu Wege brachte. Die Andere, zum Messen bestimmt, ist so fein organisirt, daß sie den Unterschied einer Haaresbreite mit schärfster Bestimmtheit anzugeben vermag. Daneben sahen wir große Maschinen, welche Eisen polirten, und überhaupt so wunderbare technische Compositionen, daß man nicht zweifeln darf, dadurch noch die wesentlichste Arbeitsverminderung erzielt zu sehen, die uns auch Mr. Bamford neulich als die nothwendige Bedingung zur Erhebung der Menschen dargestellt hat.

Er sagte: »Diejenigen, welche meinen, der Arbeiter, der kein Glied vor Müdigkeit zu rühren vermag, solle sich Abends noch hinsetzen und sich geistig ausbilden, sind Narren. Wer zerschlagen und arbeitsmüde ist, will essen und ruhen. Wer aber Nichts kennt, als Arbeit, Essen und Ruhe, der bleibt ein Thier, und selbst ein Thier muß Etwas lernen, wenn es brauchbar werden soll. Das Pferd, das wild in den Steppen umher raset, ist des Menschen Feind. Das wohlgenährte, wohlgeschulte Pferd wird des Menschen Freund und wird ihm dienstbar, indem es sich veredelt; und in diesem Sinne möchten die Fabrikherren besser daran sein, wenn sie die Arbeitszeit verkürzen könnten.«

»Aber wie haben Sie es gemacht, sich Ihre Bildung zu erwerben neben der Arbeit?« fragte ihn Eine von uns.

»Ich war nie in einer Fabrik beschäftigt. Ich war Seidenweber, webte zu Hause, machte Feierabend wann ich wollte, und da meine Frau sehr sparsam ist und wir genügsam waren, brauchte ich mich eben nicht wie ein Heide oder wie ein Thier zu quälen! Für den aber, der in den Fabriken arbeitet, wird die Erlösung dadurch kommen müssen, daß die Maschinen vorvollkommnet und zu schnellerer Arbeit fähig gemacht werden. Wenn eine Maschine in acht Stunden das verrichten kann, was sie jetzt in zwölf Stunden ausführt, braucht Niemand länger als acht Stunden zu arbeiten; dann können die Menschen Etwas lernen, zu Menschen erzogen werden, und die Erde wird ein andres Ansehen bekommen!«

»Und was sollte man die Menschen lehren, als das Nothwendigste für sie!«

»Man soll sie gut lesen lehren und sie an Reinlichkeit gewöhnen, das ist Alles!« sagte er kurz, und fügte dann nach einer Weile hinzu: »Wer lesen kann und den Trieb zum Wissen hat, der kann sich selbst weiter helfen, jetzt wo Bücher an allen Ecken und Kanten zu haben sind für Jeden. Und wem Reinlichkeit zum Lebensbedürfniß geworden, der will sich ein reinliches Haus schaffen, und geht nicht an die Orte, die unsauber sind!«

Diesen Samuel Bamford und Mr. Wright kennen gelernt zu haben, in ihrer schönen, einfachen Tüchtigkeit, ist allein eine Reise werth.

Abends.

Ich überlege eben, daß der Monat wieder zu Ende, daß mir nur noch etwa zehn Tage in England zu verweilen gegönnt ist, und daß es nöthig wird, das Hindämmern aufzugeben, dem ich mich hier in der Nähe einer so werthen Freundinn nur zu bereitwillig überlasse, da ich mich vor mir selbst mit der Sorge um meine Gesundheit vollkommen entschuldigt fühle.

Indeß ist diese hergestellt, und da das Wetter gut ist, will ich den morgenden Tag zu einem Ausfluge nach Liverpool benutzen. So werde ich wohl vor dem dritten September nicht wieder schreiben können und will diesen Brief deshalb noch heute zur Post senden. Möchte er Dich so wohl treffen, als ich mich jetzt schon wieder fühle.

Zweiunddreißigste Sendung.

Manchester den 3. September.

Auch diese kleine Exkursion ist vortrefflich ausgefallen. Das Reiseglück, das mich selten zu verlassen pflegt, ist mir treu geblieben, und ich bringe von Liverpool einen prächtigen Eindruck mit zurück.

Mr. J. hatte die Güte mich Morgens nach dem Bahnhofe der Liverpool-Bahn zu bringen, und damit ich in Liverpool weder eines Führers noch einer interessanten Bekanntschaft entbehrte, hatten vorsorgliche Freunde aus Manchester Herrn Charles R., einen der Agitatoren für das Freihandels-System, von meiner Ankunft benachrichtigt und ihn ersucht, mir als Cicerone zu dienen.

Indeß schon im Wagen machte ich eine andere sehr erwünschte Bekanntschaft. Als wir Manchester verließen, fand ich mich mit einer Engländerinn, einer Dame meines Alters, allein in einem Wagon, die mich bald mit einer freundlichen Frage ansprach, und sich, als sie erfuhr, ich sei fremd im Lande, in ein Lob der schönen Gegenden ihres Vaterlandes erging, das sie nach allen Seiten und bis zu seinen entferntesten Punkten durchreis't hatte. »Ich habe in jedem Jahre mehrere Wochen auf Reisen zugebracht, sagte sie, aber ich habe mein Vaterland niemals verlassen. Es ist mir immer wie ein Zeichen unreifen Geistes vorgekommen, wenn die Leute eine so unbestimmte Sehnsucht in die Ferne hatten, ferne Länder, fremde Völker kennen lernen wollten, und in ihrer Heimath nicht Bescheid wußten. Das Kind sehnt sich nach Wunderbarem, weil es für das Vernünftige noch keine Einsicht hat, der Erwachsene aber muß wünschen, in seiner nächsten Umgebung heimisch, mit den ihm nächsten Zuständen vertraut zu werden, denn man schließt vom Nahen leicht auf das Ferne, und hat doch nur auf das Nächste eine positive Wirksamkeit. Jetzt, da ich England kenne, denke ich im nächsten Jahre den Continent zu besuchen.«

Wenn die Dame das auch nicht in solch langem Satze, und nicht so pedantisch doktrinair aussprach, als ich es Dir zusammenfasse, so war es doch das Ergebniß und der Inhalt ihrer verschiedenen Aeußerungen, und bedeutend genug, sie mir anziehend zu machen. Sie erzählte mir viel von dem südlichen Theile von Wales, gab mir guten Rath für meine Tour nach Stratfort, und schilderte mir die Seen im Innern des Landes mit großer Darstellungskraft und lebhaftem Gefühl, so daß mir die Zeit sehr schnell in ihrer Gesellschaft verging. In der Nähe von Liverpool kamen mehr Leute in den Wagon, bis er ganz voll war. Es waren Alles Männer, und nach ihrer Unterhaltung zu schließen, Kaufleute, welche von ihren Landsitzen in die Comtoirs fuhren. Fast Alle hatten Körbchen mit Blumen oder Früchten bei sich; Einer sogar in einem mit Wasser gefüllten Blechzuber lebendige Fische. Unterhaltungen über Fischfang, Blumen und Fruchtkultur wechselten denn auch mit den Gesprächen über Handels-Angelegenheiten ab.

Eine Strecke vor der Stadt tritt die Eisenbahn in einen Felsen-Tunnel ein, in dem sie bergauf, mit sehr ansehnlicher Steigung, bis zum Bahnhofe fortgeht. Das ist auch ein Riesenwerk der Baukunst. Der Bahnhof ist sehr elegant, und, um in der Stadt nicht Zeit zu verlieren, nahmen wir hier ein Frühstück ein, das man — im Unterschiede von der Unappetitlichkeit der meisten, auf deutschen Bahnhöfen verabreichten Lebensmittel — so schmackhaft und elegant servirt erhielt, wie in den besten Hotels.

Meine Reisegefährtinn erzählte mir dabei, sie habe früher längere Zeit mit ihrem Bruder in Amerika, dann in Liverpool gelebt, wolle jetzt aber nur den einen Tag, einer Geschäfts-Angelegenheit wegen, dort zubringen. »Dies Geschäft kann ich zu jeder Tageszeit besorgen, und da ich Liverpool gut kenne, will ich mit Ihnen durch die Stadt gehen und Sie dann zu Mr. R. geleiten, wenn es Ihnen recht ist.«

Ich nahm das dankbar an, und nun machten wir uns auf den Weg. Gleich dem Bahnhofe gegenüber ist ein prachtvolles Gebäude, im Style des Parthenon, errichtet, welches wunderlich genug das Local für die Sitzung der Assisen und die neue Musikhalle in sich schließt. Man war in Manchester und Liverpool noch ganz voll von der Anwesenheit der Jenny Lind, die sich nach Amerika eingeschifft und hier mit großer Liberalität mehrere Concerte für die Armen veranstaltet hatte.

Die ganze Stadt, so weit ich sie kennen lernte, trägt das Gepräge heiteren Gedeihens, prächtigen Entfaltens. Die breiten, hellen Straßen, die stattlichen Gebäude, das lebensvolle Treiben wohlgekleideter Menschen, das Handelswesen, das sich in beladenen Wagen, in dem eiligen Umhergehen von Arbeitern und Matrosen, bis in die innere Stadt hinein geltend macht, sind eine Erquickung gegen das rauchende Manchester, und doch wieder nicht so geräuschvoll und überstürzend, als London.

Ich ging mit meiner Reisegefährtinn die schöne Boldstreet und Lordstreet entlang, deren glänzende Magazine verführerisch zu Ankäufen lockten. Namentlich hatte man die schönsten lackirten Holzwaaren, die in Birmingham und der Umgegend gemacht, und wirklich kaum von den chinesischen zu unterscheiden waren. Daneben auch hübsche Fabrikate aus englischem Marmor und sonstigen Steinarten; einer Masse überseeischer Herrlichkeiten nicht zu gedenken. Meine Beschützerinn schien in den ersten Magazinen wohl bekannt, und wir gingen hinein, sie zu betrachten; dann besuchten wir noch eine Leseanstalt, das Athenäum, das, wenn es nicht ganz für Frauen eingerichtet ist, doch mindestens viel von ihnen benutzt wird.

Es ist eine schöne Halle, die ihr Licht von

38*

oben empfängt, und elegant, wie eine fürstliche Bibliothek eingerichtet. Eine Treppe führt zu einer, um den ganzen Saal herumlaufenden Gallerie. Zu ebener Erde sind Lesetische eingerichtet, alle neuen Werke der Literatur, kostbare Illustrationen, Zeitungen und Kupferstiche ausgelegt und zu kaufen. Man abonnirt sich für den Besuch mit einer Jahressumme, und auch während wir dort waren, saßen mehrere Damen lesend an den Tischen.

Nach ein Paar Stunden brachte mich die Dame in das Geschäftslocal des Herrn R., in dem er mich erwarten sollte, da seine Wohnung weit außer der Stadt gelegen ist. Eine Gerichtssitzung, bei der er als Zeuge zu erscheinen aufgefordert war, hatte ihn aber gehindert, gegenwärtig zu sein, und er hatte einen seiner Freunde, Mr. Henry C. zu meinem Führer bestellt, bis er selbst zurückkommen konnte.

Wie die Dame mich nun wohl versorgt sah, gab sie mir ihre Karte, mit Angabe ihrer Wohnung in Manchester, und fragte mich, wann ich Liverpool verlassen wolle? Ich nannte acht Uhr des Abends. »Nun gut, so will ich Sie, wenn es Ihnen Recht ist, im Ladies Room auf dem

Bahnhofe erwarten. Ich werde früher mit meinen Geschäften fertig sein, aber ich finde dort ein Paar Bücher, und es ist Ihnen doch wohl lieber, wenn Sie in Manchester so spät Abends als Fremde nicht allein anzukommen brauchen. Ich bringe Sie dann nach Hause!«

Das war wieder einer der Züge von Güte und Wohlwollen, denen ich nirgend so oft als in England begegnet bin. Thut das ein Mann für eine Frau die ihm gefällt, thut es eine Frau für eine Dame, deren prächtiges Gefolge, deren bekannter, berühmter Name ihr ein Interesse einflößt, ihr die Bekanntschaft erwünscht macht, so ist das kein Verdienst. Es ist die gewöhnliche, egoistische Höflichkeit, für die man einen angemessenen Lohn in Gegendiensten, und meist mit hohen Zinsen erwartet. Daß aber diese Mrs. S. sich einer ganz unscheinbaren Frau, von der sie gar Nichts wußte, Nichts erwartete, so eifrig und dienstfertig annahm, ist eben jenes Wohlwollen des Menschen für den Menschen, das man nie hoch genug anzuschlagen vermag.

Mr. C. führte mich zuerst nach einem Platze, auf dem die Börse und das Stadthaus (townhall) stehen, und in dessen Mitte sich ein Monument, kein Standbild, für Nelson erhebt. Townhall und Börse hatten beide mehr einen Anstrich der Tüchtigkeit, als der Eleganz, und mahnten an die Bauten der Hansestädte, ohne ihnen zu gleichen. Von da gingen wir nach dem Mersay, einem reich strömenden Flusse, dem man schon die belebende Vereinigung mit dem Meere ansieht. Ich kenne kaum etwas Schöneres, als einen großen Strom vor seiner Mündung in das Meer. Dies Schwellen der Fluth, diese volle, pulsirende Bewegung des Wassers innerhalb eng gezogener Grenzen, dies Eilen und Sehnen zum Ziel haben einen unwiderstehlichen Reiz. Es ist, als sähe man ein liebendes Weib der Hochzeitsstunde entgegenbeben.

Wenn man aus der Stadt herabkommt, liegt, amphitheatralisch sich nach dem Strome hinabneigend, ein alter, baumloser Kirchhof, dessen theils stehende, theils auf der Erde ruhende Grabsteine trauriger und vereinsamter aussehen, als ständen sie in der Wüste. Der Platz an sich ist schön, der Blick hinab auf den Strom malerisch, das Ganze sehr eigenthümlich, aber man empfindet es hier am Schmerzlichsten, wie die Dahingeschiedenen den Lebenden so ganz und gar gestorben sind. Sehen wir an entlegenen Plätzen die Gräber der Todten von Bäumen beschattet, gepflegt von liebender

Hand, oder auch nur den ganzen Kirchhof mit schützender Mauer umgeben, so liegt in der liebenden Sorge, ja selbst in der ehrenden Scheu vor den Gräbern noch ein Zusammenhang der Gestorbenen und der Lebenden. Hier aber, wo Handel und Wandel sich frisch und rüstig um den Kirchhof bewegen, wo von der vorübereilenden Menge kaum Einer Muße behält, nach dem Friedhofe zu blicken, wo man über die Leichensteine wegsieht, wie über die Quadern des Straßenpflasters, da wird der Glaube zerstört, in dem man sich nach seinem Tode der Menschheit verbunden wähnt. Man sagt sich, wir sind der kommenden Generation nur ein Mittel zum Zweck, wie die Stufe einer Treppe, die zum Ziele führt; und schlecht erzogen, wie wir es sind, verwöhnt durch eine schwache, weichliche Weltanschauung, die uns überschätzte, erschrecken wir, wenn die ernste, wahre Wirklichkeit uns vor das Auge gestellt wird. Unser Glaube an die Vergänglichkeit des Menschen fordert viel mehr Demuth und Resignation, als das Christenthum, das uns mit der Hoffnung auf persönliche Unsterblichkeit schmeichelt und selbstsüchtig macht.

Durch einen schönen Stadttheil gingen wir zu dem swimming peer, einem Riesenflosse, an dem die Dampfschiffe landen, welche von zehn zu zehn Minuten zwischen Birkenhead und Liverpool fahren. Das Floß liegt hoch und ist so groß, daß öffentliche Bäder, eine Restauration, Wartehäuser für die Passagiere u. s. w. darauf gebaut sind. Ich sah es, weil die Leute behaglich darauf spazieren gingen, für einen Theil des Kais, für ein Hafenbollwerk an.

Von dem Dampfer, der uns nach Birkenhead fuhr, hatte man den schönsten Blick auf beide Städte, namentlich aber auf Liverpool; und der Mersay ist breit genug, um selbst bei so schneller Fahrt Zeit zu gehörigem Betrachten zu gewähren. Der Hafen von Liverpool, die Docks, die Waarenläger am Ufer, haben mir eigentlich einen größern Eindruck als die von London gemacht, eben weil sie kleiner als jene, erfaßbarer und darum leichter mit demjenigen zu vergleichen waren, was man der Art schon früher gekannt hat. Dazu kam nun, daß ich London zuerst an einem ziemlich trüben Tage sah, und Liverpool im leuchtendsten Sonnenscheine erblickte. Der Mersay fluthete in reichen, von Millionen Lichtern funkelnden Wellen, und man fühlte es an der Bewegung des Schiffes, daß man ganz nahe am Meere sei, dessen lebensvolle Luft man mit jedem Athemzuge erquickend in sich zog. Was das heißt, weiß man erst zu schätzen, wenn man aus der Rauchatmosphäre von Manchester kommt.

Das neugegründete Birkenhead ist schon eine ansehnliche Stadt geworden. Man braucht jetzt, wo überall auf dem Continente und in England an den Bahnhöfen neue Stadttheile sich erheben, überhaupt nicht nach Amerika zu gehen, um sich von dem Entstehen, dem Werden einer Stadt ein Bild zu machen. Ein Stadthaus, Kirchen, Stapelplätze, Alles ist bereits im großen Style gebaut, ganze Straßenreihen sind abgesteckt, Theils im Bau begriffen, Theils fertig, und damit Nichts fehle, hat man einen großen Park angelegt, der schon jetzt die Parkanlagen von Liverpool in Schatten stellt und der Lieblingsspaziergang von Liverpools Bewohnern ist. Es sind lauter schnell wachsende Sträuche für die Anlage verwendet, große Bäume eingepflanzt, Brücken, Pavillons gebaut, kurz man sieht, daß hier eine reiche Bürgerschaft mit kluger Liberalität große Mittel aufgewendet hat, um einen großen Zweck zu erreichen.

Als wir von Birkenhead zurückkehrten, kreuzten wir auf dem Wasser ein Auswandrerschiff, das eben nach Australien in See ging. Mein Begleiter sagte, es wären diesmal fast nur Irländer und

Deutsche eingeschrieben gewesen, und kaum ein Zwanzigstel Engländer darunter. Die Emigranten drängten sich Alle an die Balustraden des Decks. Sie winkten mit den Hüten, schwenkten ihre Tücher, man hörte Hurrah rufen — aber es standen auch Viele da, die Arme auf die Gallerie gestemmt, schweigend und starr hinüberblickend nach dem Ufer.

Von hier ist Fröbel nach Amerika gegangen, von hier aus werden noch viele der besten Männer Europa's, ein neues Leben suchen in fremden Ländern, wenn die Zustände der Heimath nicht bald eine Aenderung erleiden. Wie glücklich, wenn man Kinkel erst dem Kerker entrissen, ihn erst hier in Liverpool wüßte! Manchmal schmerzt es mich tief, so große Kräfte, so edle Männer Europa entzogen zu sehen, dann aber fühle ich doch, daß es ein rein persönlicher Schmerz ist, ein kleinliches Empfinden beschränkter Vaterlandsliebe, dem man nicht nachzugeben hat. Ist die Zeit der Blüthe vorbei für die Blume, so treibt die Luft den Samenstaub in alle Winde, daß er neues Leben erwecke am fernen Ort, daß er sich und die Wesenheit der Blume fortpflanze in neuer Gestalt, und hundertfaches Blühen erzeuge. So werden auch die Freunde ausgesandt, als Apostel des Humanitätsgedankens, ihr theoretisches Wissen zu verbreiten, und es zu vergleichen mit den praktischen Erfahrungen, die England und Amerika vor uns voraus haben. Ihr Exil kann den gastfreundlichen Ländern und uns gleich gute Früchte tragen. Das ist tröstlich.

Ich hatte den lebhaften Wunsch das deutsche Emigrantenhaus zu sehen, in dem die Auswandrer sich vor dem Einschiffen aufzuhalten pflegen, indeß da ich einmal versprochen hatte, den Thee bei Mr. R. in seinem Landhause zu trinken, andrer Seits aber auch jedenfalls zur Nacht nach Manchester zurückzukehren, so mußte ich den Gedanken aufgeben, und mich graden Wegs von Birkenhead nach den, am obern Ende von Liverpool befindlichen, Parkanlagen fahren lassen, an deren Gränze jenes Landhaus steht. Dabei machten wir aber im Hafen noch einen kleinen Abstecher, um eines der Dampfschiffe zu sehen, welche den Brief- und Menschenverkehr zwischen Boston und Liverpool besorgen. Der amerikanische Gesandte in England hatte mit seiner gegen mich gemachten Aeußerung, daß man sich in solchem Schiffe so gut als in dem besten Hotel befinde, keinen Comfort zu entbehren brauche, vollkommen Recht, und wenn nur noch ein Mittel gegen die Seekrankheit erfunden würde, so müßte ein vierzehntägiges Leben in solchem Schiffe, umrauscht von den Wogen des Meeres, in Seeluft von früh bis spät, eine unvergleichliche Lust gewähren.

Bei Mr. R. war viel die Rede von dem Friedenskongreß, von dem er sich auch für die Durchführung des Freihandelssystems Gutes versprach, besonders da Cobden selbst zu dem Congresse hingegangen war. Ich hatte in Manchester Briefe gelesen, die Cobden und andre Engländer über die Versammlung von Frankfurt geschrieben. Einer der Letztern schilderte seine Begegnung mit Haynau und sagte: »Es ist in der Kopfbildung und dem Gesichtsausdruck dieses Mannes ein steter Wechsel von apathischer Stumpfheit und aufzuckender Wildheit, und seine Redeweise entspricht diesem Aeußern. Er hat mir den Eindruck eines Mannes gemacht, dessen geistige Thätigkeit gestört ist, so weit dies bei einem nicht geisteskranken Menschen möglich.« Es lastet auch genug auf ihm, eine Verwirrung seiner Gedanken zu erklären.

Um sieben Uhr begleitete mich die liebenswürdige Familie R. durch das lichtfunkelnde Liverpool nach dem Bahnhofe, wo ich Mrs. S. meiner schon wartend fand, und noch bei guter Zeit langten wir in Manchester an. Habe ich nun auch nichts Wesentliches gelernt von dieser Exkursion, so habe ich doch den Eindruck einer eigentlichen Seehandelsstadt gewonnen, den Liverpool charakteristischer als London hervorruft, weil in London das handelsstädtische Wesen nur einen Theil der Bedeutung der Stadt ausmacht, während es in Liverpool die Hauptsache ist. Dazu habe ich mich Amerika niemals so nahe gefühlt, als hier, und auch darin hat ein Reiz für mich gelegen. Gegenden und Menschen fangen in einem neuen Sinne für uns zu existiren an, wenn unser Verstand sie uns als leicht erreichbar vorstellt, wenn wir sie in einer direkten Beziehung zu uns zu denken beginnen. Das schlechte berliner Witzwort »glauben Sie an Amerika?« ist mir niemals so abgeschmackt erschienen. Alles, womit der Mensch keinen Zusammenhang hat, wohin keine Sehnsucht ihn zieht, was keine Wißbegierde in ihm anregt, keinem seiner Ideengänge nahe liegt, das wird ihm zum leeren, bildlosen Schall, das existirt nicht für ihn, wäre es auch fest begründet, wie die Urgebirge selbst. Mit dem Glauben, die entferntesten Weltgegenden leicht erreichen zu können, hat der Mensch sich die Welt gewonnen. Er erhebt sich zum Weltbürger, wenn er sich in der ihm fernsten Welt eine persönlich eingreifende, gemeinnützige Wirksamkeit zu denken beginnt.

Den 5. September.

Heute Mittag hat Mr. Bamford bei uns gegessen. Er sah sehr stattlich aus in seinem blauen Frack mit den blanken Knöpfen, in der wohlkonservirten Tracht der letzten zwanziger Jahre unsers Jahrhunderts. Was er über die Reformzeit sagte, zeigte, daß der Fortschritt auch in England schwer erkämpft werden muß; aber die Arbeit hat darin ihren Lohn, daß ein Rückschritt unmöglich ist. Er erzählte von der großen Versammlung in Peterloo. »Wir forderten auf dem Meeting in Peterloo im Jahre 1819 die Reform, denn Manchester und Liverpool hatten keine Repräsentanten im Parlament — wir forderten Abschaffung der Korngesetze und Verminderung des stehenden Heeres. Jedermann sah die Nothwendigkeit der Reform ein, nur das Ministerium nicht,« sagte er. »Wir zogen friedlich einher, mit Musik und Trommeln. Damit Ordnung erhalten würde, trugen die einzelnen Zugführer Lorbeerzweige an den Hüten. Es ging auch ruhig genug dabei zu, wenn man die große Menschenmenge recht in Anschlag brachte. Dennoch bot man die bewaffnete Macht gegen uns auf; und Bürger und Soldaten, das war damals wie Stein und Stahl — wo sie sich trafen, gab es Funken und einen Brand. Es hatten Viele von uns ihre Frauen zum Meeting mitgebracht, keiner der Unsern hatte Waffen, man schlug dennoch auf uns ein. In dem Bestreben Ruhe zu schaffen, hatte ich mich vorgewagt und wurde gefangen. Die Soldaten, die mich transportiren sollten, waren vernünftiger als das Ministerium. Die ganze Sache ging ihnen gegen die Haut. Sie behandelten mich gut, boten mir Essen und Trinken an, traktirten mich, und ich traktirte sie mit dem besten Ale, das nur zu haben war.« Und nun berichtete er weiter, wie man ihn habe vor die Assisen von Lancashire stellen wollen, wie er diese abgelehnt und gefordert habe, vor die Yorkshire Assisen gebracht zu werden, wie er aber dennoch verurtheilt worden sei und in das Gefängniß gemußt habe. Das Alles trug er mit einer behaglichen, naiven Weitläufigkeit vor, verweilte schildernd bei den einzelnen Scenen, malte dabei die Details und Gegenden in skizzenhafter Andeutung aus, so daß die Darstellung in einer Weise plastisch wurde, wie der in unserer Gesellschaft Erzogene sie selten zu geben vermag, weil die Regeln der sogenannten guten Sitte ihm die unbefangene Hingabe an das Detail verbieten, das mit seiner Person und seinen Erlebnissen zusammenhängt. Daher kommt es denn freilich, daß die Erzählungsweise der Weltleute, ja selbst ihr Styl, sich verflacht, und daß er um so unplastischer wird, je mehr er sich der »niedrigen Kraftäußerungen, der starken Ausdrücke enthält und sie durch gemäßigte Worte zu umschreiben sucht.« Wir haben auch unter uns Stylisten gehabt, die vor lauter Zierlichkeit und Feinheit nichtssagend und unverständlich geworden sind, und ich denke mit Lachen daran, daß ich einer »edel gebildeten Schriftstellerinn« einmal wie eine Verlorene, aller Bildung und Sitte Beraubte vorgekommen bin, weil ich in ihrer Gegenwart die Worte: »ich bin todtmüde und mich hungert sehr« ausgesprochen hatte. Sie fand, daß ich eine »vulgaire Ausdrucksweise« hätte — wenn sie mich vielleicht auch im Stillen, trotz ihrer Aesthetik, um meinen gesunden Appetit beneidet haben mag.

Was aber Mr. Bamfords Erzählungen von seiner einstigen politischen Thätigkeit noch besonders angenehm machte, war der stete Rückblick auf sein häusliches Glück, an der Seite seiner »kleinen Frau« die alle Widerwärtigkeiten muthig mit ihm getragen, ihn von allem Gewaltsamen zurückgehalten, ihm Noth und Entbehrungen leichter gemacht, ihm solch sauberes fireside erhalten habe, daß er nach der Tagesarbeit gern zu Hause geblieben sei, und bei aller Noth mit Freude sich habe zu seinen Büchern setzen können. »Sie ist auch jetzt noch meines Lebens bester Theil und ich habe immer gedacht, daß Byrons Verse, wie auf sie gedichtet wären!« schloß er seine Erzählung. Ich wollte wissen welche Verse? Da recitirte er:

»Oh blest be thine unbroken light
That watched me with a seraphs eye,
And stood between me and the night
For ever shining sweetly nigh.«

Und als ich ihn dann bat, mir die Strophe zum Andenken aufzuschreiben, setzte er eigenmächtig noch die Worte:

»Brightest in mine adversity!«

darunter. — Denkt man, daß ein ehemaliger Seidenweber, in einem schlichten Cottage, dieses Lob einer einfachen Bäuerinn spendet, so entsteht ein eigenthümliches Culturbild, das Dir sicher denselben bewegenden Eindruck machen wird, als mir.

Jetzt lebt Mr. Bamford ganz zurückgezogen. Anspruchslos, wie er und seine Frau es sind, soll, wie man mir sagte, eine kleine Rente, die ihm der Ertrag seiner literarischen Arbeiten geschaffen hat, den größten Theil seiner Bedürfnisse decken, und das Fehlende von ihm durch neue Arbeit erworben werden. Ich nehme von ihm und Mr. Wright zwei mir ganz neue und unvergeßliche Anschauungen des englischen Handwerkerstandes in die Heimath zurück.

Am Abend war ich darauf in einem großen Conzerte in der Musikhalle. Ein Theil von den Künstlern der Londoner Oper ließ sich hier in einzelnen Piecen hören. Vieles war vortrefflich, die Zahl der Aufführungen Legion, wie sich das von selbst versteht. Unter Andern trat aber auch ein Mr. Vervier, ein Hornbläser, auf, der viel bewundert wurde, der erste Künstler seines Faches sein sollte, und dessen Musik mir sehr lächerlich vorgekommen ist. Es war wieder einmal der Versuch mit einem Instrumente zu leisten, was es nicht leisten kann. Wenn Jemand auf dem Horn Violine spielen will, und nun zuletzt ein dem Horne unnatürliches, sentimentales Meckern darauf zu Wege bringt, so ist das nicht erfreulich und so wenig zu loben, als wenn Jemand mit dem Fuß eine kaum leserliche Schrift zu Stande bringt, der Hände hat, mit denen er ordentlich schreiben könnte. Seiltänzer= und Jongleurstücke sind in der Kunstausübung nicht an ihrem Platze, mögen es nun Conzerte auf der G=Saite oder Firlefanz auf dem Horne sein.

Ich hatte meine Freude in dem Conzerte daran, Mrs. Gaskell, die geistreiche Verfasserinn von Mary Barton, zu sehen. Sie ist eine schöne Frau zwischen dreißig und vierzig Jahren. Ziemlich groß, voll und kräftig, mit schwarzem Haar und einer lebensvollen, rothbraunen Hautfarbe. Man müßte sie nach der Form ihres Kopfes, dem Schnitt ihrer Züge und nach ihrem Teint, unbedenklich für eine Italienerinn halten, wozu das lebhafte, dunkle Auge das Seinige beiträgt. Es ist ein solches Gepräge der Tüchtigkeit, der Ganzheit in ihrer Erscheinung, daß man die gesunde Auffassungsgabe, die Einheit des Talentes an solcher Frau nicht auffallend findet; und ich werde es jetzt doppelt bedauern, wenn ich nicht Gelegenheit haben sollte, sie näher kennen zu lernen.

Ihr gegenüber aber saß eine jener Karikaturen, wie sie nur aus der Vermählung von Reichthum und Unbildung entstehen. Es war eine Mutter mit drei kleinen Mädchen, deren ältestes höchstens neun, deren jüngstes nicht mehr als fünf Jahre alt sein mochte. Alle vier, die Mutter und die drei Kinder hatten Kleider von schwerem Rosa-Atlas mit Schwan-Verbrämung. Die Mutter strotzte von Schmuck; sie und die Kinder waren in tausend Löckchen frisirt, und nun saßen die drei kleinen armen Geschöpfe in ihren steifen Toiletten, Eines neben dem Andern, halb schlafend bei der langwährenden Musik und im Halbschlaf, aus dem der Lärm sie immer wieder aufschreckte, mit den Köpfen nickend, wie chinesische Pagoden. Es war ein kläglicher Anblick. Denkt man dabei, daß jeder Platz in dem Conzerte eine namhafte Summe kostete, daß für die Kinder eine solche Schaustellung in dem heißen Saale, in dem sie sich nicht einmal frei bewegen konnten, eine Marter sein mußte, so kann man sich des Widerwillens gegen solche sinnlose Prunksucht nicht erwehren, die nicht einmal Mitleid mit den eigenen Kindern zu fühlen vermag. Wenn man solche Abgeschmacktheiten vor Augen hat, hören Thackerays »english snobs« auf, als Uebertreibungen, als Carrikaturen zu erscheinen, und werden zu strengen Kritiken eines unsittlichen Thuns. Denn das sinnlose Verschleudern des Geldes zur Befriedigung einer eben so sinnlosen Eitelkeit ist eine unsittliche That, der man in England freilich oft begegnet.

Den 6. September.

Einige Tage vor meiner Abreise brachte ich den Abend bei Mr. H. zu, bei dem mehrere Schriftsteller und Gelehrte versammelt waren. Einer derselben, der Redakteur des Manchester Examiner and Times, hatte in diesen Tagen in seinem Blatte einen schönen und klaren Artikel über die Erbfolge in Schleswig-Holstein und das Recht der dortigen Revolution gebracht, was um so nöthiger ist, als die Londoner Times mit fanatischem Legitimitätseifer für Dänemark kämpft. Ein anderer, jüngerer Mann, Mr. John Stores Smith, ward mir als Verfasser eines Lebens von Mirabeau und der »social Aspects« genannt. Dadurch kamen wir auf Fourier und die St. Simonisten zu sprechen, und Miß J. gab mir Abends eine Arbeit des früheren St. Simonisten Emil Bareau »les trois familles« die vortrefflich geschrieben, voll von geistreichen Gedanken, voll schlagender Sentenzen und in jedem Betrachte anziehend war. Es ist aber ein schlimmes Ding mit den St. Simonisten, wie mit allen Deisten, welche eine neue Ordnung der Gesellschaft begründen wollen. Sie kämpfen gegen eine Form der Gesellschaft, gegen einen Staatsbau, der aus dem

Deismus hervorgegangen, sein letztes, entscheidendes Gepräge von dem Christenthume, von einer positiven, geoffenbarten Religion empfangen hat. Sie wollen einen Zustand der allgemeinen menschlichen Freiheit herbeiführen und dennoch den Menschen in seinem Thun und Lassen von einer ihn beherrschenden, persönlichen Vorsehung abhängig behaupten; sie halten sich berufen Gerechtigkeit auf Erden herzustellen und nehmen doch an, daß das letzte entscheidende Gericht nicht dieser Welt angehöre, das sind unlösbare Widersprüche. Was sie erstreben, ist Befreiung von den übertragenen Lehrsätzen der vorurtheilsvollen Vergangenheit, und einen nach den Gesetzen menschlicher Gerechtigkeit neu hergestellten Staat. Wer gerecht sein will, hat es aber nur mit dem Urtheil, nicht mit dem Glauben, wer eine neue staatliche Ordnung herbeiführen will, mit der Staatsökonomie, nicht mit der Religion, mit dem Verstande, nicht mit Phantasie und Gemüth zu thun. Alle jene Stifter neuer Sekten haben sich den Boden der Wirksamkeit unter den Füßen fortgezogen, als sie aus staatsökonomischen Grundsätzen eine Religion, aus Sachen mathematischer Berechnung Glaubenslehren machen, und gegen die Folgen geoffenbarter mystischer und monarchischer Religion, wie das Christenthum, fechten wollten, indem sie sich unter das Schirmdach einer neuen, noch viel phantastischern und mystischern Religion verschanzten. Dafür war, wie mich dünkt, keine Nothwendigkeit vorhanden, wenn auch Moses, Christus und Mahomet die staatlichen Umwälzungen durch mysteriöse Religionslehren bewirkten. Moses, Christus und Mahomet hatten auf primitive Naturen, auf Orientalen zu wirken, deren Einbildungskraft rege, denen durch eine Welt voll phantastischer Bilder am leichtesten beizukommen war, eben weil man sie zu überspannen und durch Ueberspannung hier zur Askese, dort zu einem sie selbst fortreißenden, blinden Glaubenseifer anzutreiben wünschte. In unserer Zeit, in Europa, kann man nur durch Ueberzeugung der Geister ruhig und nachhaltig zu wirken hoffen. Den Lehren des St. Simonismus und Fourierismus fehlte diese überzeugende Kraft, trotz der sinnlich poetischen Ausdrucksweise, trotz der hochfliegenden Einbildungskraft, mit denen man sie zur Religion zu erheben trachtete. Weit bedeutender als die einstige theoretische Thätigkeit der St. Simonisten ist daher auch ihre jetzige Wirksamkeit. In alle Welttheile zerstreut, in Afrika, in Asien, verbreiten sie dort die Culturerfahrungen Europa's, und bilden auf solche Weise die Völker für die brüderliche Vereinigung vor, zu der die Menschheit berufen ist.

Morgen früh verlasse ich Manchester und dieser Brief geht zu Dir. Nach meiner Ankunft in London schreibe ich noch einmal, um Dir den Tag meiner Abreise von dort zu bestimmen. Sei alles Gute mit Dir.

Drei und dreißigste Sendung.

London, den 10. September.

Das waren ein Paar schöne Tage, die ich auf dem Wege von Manchester nach London zugebracht habe. Nach einem recht schweren Abschiede von Miß J., den uns nur die Hoffnung eines Wiedersehens in Deutschland erleichtern konnte, brachte der Dampfwagen mich noch bei so guter Zeit nach Coventry, daß ich Muße behielt, mir wenigstens das Aeußere der Stadt anzusehen. Ganz im Gegensatze zu allen Orten, die ich bisher in England kennen gelernt, ist Coventry eine Stadt mit krummen Straßen, mit Giebelhäusern, Erkern, und einem fast deutsch mittelaltrigen Anstriche, dem die beiden gothischen Kirchen mit ihren stattlichen Thürmen recht eigentlich anpassen. Mein Handbuch berichtet, daß viele Wohnhäuser in Coventry noch dem fünfzehnten Jahrhundert angehören, und wenn man die runden, in Blei gefaßten Scheiben mancher Fenster, die Gallerien vor manchen Häusern sieht, hat man keine Mühe an das hohe Alter der Stadt zu glauben.

Als ich den ziemlich weiten Weg vom Bahnhofe nach der Stadt zurückgelegt hatte und die erste Straße von Coventry vor mir sah, ward ich des alterthümlichen Charakters der Stadt nicht gewahr, weil sich hier lauter neue Häuser und Straßen erheben, und ich hatte Lust den Abend ruhig im Hotel zuzubringen. Indeß das Mädchen, das mein Zimmer besorgte, fragte mich, ob ich keines Führers durch die Stadt bedürfe, und brachte mich damit zu dem Entschlusse, wenigstens das Wahrzeichen Coventrys, den Peeping Tom aufzusuchen, den mir Tennisons Ballade »Godiva von Coventry« interessant gemacht hatte.

Als nämlich zu Zeiten Wilhelms des Erobrers, Coventry von den Normannen belagert und eingenommen worden war, legte der Eroberer der Stadt eine so schwere Steuer auf, daß sie den ohnehin von einer Mißernte bedrückten Bewohnern, geradezu unerschwinglich war. Vergebens stellten sie ihm ihr Elend vor, der Sieger bestand auf seiner Forderung. Endlich entschloß sich Godiva, die Gemahlinn des besiegten angelsächsischen Grafen Leofrik, selbst in das Lager des Feindes zu gehen und Gnade für die Stadt zu erbitten; aber auch ihre Vorstellungen scheiterten an der Hartherzigkeit des Normannen, der ihr, als sie sich trauernd entfernte, mit frechem Spotte die Worte nachrief: »Willst Du morgen am hellen Mittag nackt durch die Straßen Coventrys reiten, so will ich der Stadt die Steuer ganz erlassen!« Godiva fuhr empor. Wie ein Blitz zuckte ein erleuchtender Gedanke durch ihre Seele. »Ich halte Dich beim Worte!« rief sie aus, und verließ das Lager. — Nach Coventry zurückgekehrt verkündete ihr Herold den Bürgern die Unterredung der Gräfinn mit dem englischen Feldherrn, und ihren Entschluß, die von ihm gestellte Bedingung zu erfüllen, wobei sie die Bürger bitten ließ, zur Zeit ihres Umrittes Thüren und Läden der Häuser zu schließen, und sich den Fenstern nicht zu nahen. Gerührt von dem Edelmuthe Godiva's gehorchte man ihr pünktlich. Am hellen Mittag ritt sie unbekleidet durch die menschenleeren, schweigenden Straßen der Stadt, und kein Auge erblickte sie.

Der einzige Mensch, der es wagte, durch eine Ladenspalte nach ihr auszusehen, ein kleiner, buckliger Schneider, Thomas mit Namen, erblindete auf der Stelle. Sein Bild ward an dem Fenster angebracht, an dem er seine Missethat begangen, und noch in unsrer Zeit soll ein Volksfest gefeiert werden, bei dem, von dem Maire und den Aldermännern begleitet, alljährig ein junges, in Trikot gekleidetes Mädchen zu Godiva's Andenken einen Umritt hält durch alle Straßen Coventry's.

Alfred Tennison erzählt den Vorgang insofern anders, als er von Godiva's strengem habsüchtigem Gatten den Bewohnern die Taxe auferlegen läßt, deren Erlassung sie erfleht; und ihr Gatte ist es, der in der Ballade ihr spottend zuruft: »Ride you naked thro' the town, and J repeal it.« *) Das ist unnatürlich und sollte im Gedichte nicht benutzt worden sein, auch wenn es die historische Wahrheit für sich hat. Aber die Schilderung Godiva's und ihres Seelenkampfes ist in der Ballade so schön dargestellt, daß ich es Dir hieher setzen will:

---

*) Reite nackt durch die Stadt und ich widerrufe den Befehl.

So left alone, the passions of her mind,
As winds from all the compass shift and blow,
Made war upon each other for an hour,
Till pity won. She sent a herald forth,
And bad him cry, with sound of trumpet, all
The hard condition; but that she would loose
The people: therefore, as they loved her well,
From then till noon no foot should pace the street,
No eye look down, she passing; but that all
Should keep within, door shut, and window barr'd.
Then fled she to her inmost bower, and there
Unclasp'd the wedded eagles of her belt,
The grim Earl's gift; but ever at a breath
She linger'd, looking like a summer moon
Half-dipt in cloud: anon she shook her head,
And shower'd the rippled ringlets to her knee;
Unclad herself in haste; adown the stair
Stole on; and, like a creeping sunbeam, slid
From pillar unto pillar, until she reach'd
The gate way; there she found her palfrey trapt
In purple blazon'd with armorial gold.
Then she rode forth, clothed on with chastity:
The deep air listen'd round her as she rode,
And all the low wind hardly breathed for fear.
The little wide-mouth'd heads upon the spout
Had cunning eyes to see: the barking cur
Made her cheek flame: her palfrey's footfall shot
Light horrors thro' her pulses: the blind walls
Were full of chinks and holes; and overhead
Fantastic gables, crowding, stared: but she
Not less thro' all bore up, till, last, she saw
The white-flower'd elder thicket from the field
Gleam thro' the Gothic archways in the wall.

40*

Then she rode back, clothed on with chastity:
And one low churl, compact of thankless earth,
The fatal byword of all years to come,
Boring a little auger-hole in fear,
Peep'd-but his eyes, before they had their will,
Were shrivell'd into darkness in his head,
And dropt before him. So the Powers, who wait
On noble deeds, cancell'd a sense mis used;
And she, that knew not, pass'd: and all at once,
With twelve great shocks of sound, the shameless noon
Was clash'd and hammer'd from a hundred towers,
One after one: but even then she gain'd
Her bower; whence reissuing, robed and crown'd
To meet her lord, she took the tax away,
And built herself an everlasting name.

Ich bin dann an dem Abende noch lange in Coventry umhergewandert, habe in einer Papier- und Buchhandlung ein Paar Kupferstiche nach Shakespeares Büste in der Kirche von Stratford gekauft und zeitig Nacht gemacht, weil ich mich doch noch nach des Arztes Urtheil schonen muß, um nicht einen Rückfall zu erleiden.

Als ich von diesem braven und sehr gescheuten Manne in Manchester Abschied nahm, mußte ich ihn bitten, mir seine Rechnung zu schicken, was mir schwer fiel, da wir in Norddeutschland gewohnt sind, den Arzt nach unserm Ermessen und nach unsern Mitteln zu bezahlen. Es ist diese deutsche Sitte im Grunde eine Verkehrtheit.

Es war mir fremd und doch fand ich es vernünftig, als ich eine Rechnung erhielt, für:

Aerztlichen Beistand und Medizin während der Zeit vom 19. August bis 1. September.

Denn der englische Arzt liefert meist auch die Medizin. Wie es aber mit den englischen Aerzten überhaupt bestellt ist, worin der Unterschied in der Art der Studien und der Berechtigung zur Praxis besteht, die der physician, der surgeon und der eigentliche Mediziner haben, das ist mir trotz aller Erklärungen nie recht deutlich geworden. So bin ich denn mit der Erfahrung zufrieden gewesen, daß Dr. Moller in Manchester ein gescheuter und vorsorglicher Arzt gewesen ist, und habe, seiner Verordnung zu genügen, mich erst gegen zehn Uhr Morgens von Coventry nach Leamington auf den Weg gemacht, was ohnehin nur eine kleine Strecke ist.

Der Dampfzug, mit dem ich ging, war groß, denn es war ein Pferderennen in Warwick; und in Leamington, wo ich eine Stunde verweilen wollte, um mir den Badeort anzusehen, war es einsam und still in den schönen und breiten Straßen, weil alle Welt zum Rennen gefahren. Leamington ist ganz im Geschmacke des Westends von London gebaut, der Kursaal, die Einrichtung der Bäder praktisch, und mit englischem Comfort ausgestattet, die Parkanlage der Priory-Gardens sehr hübsch, und da die Gegend lieblich ist, muß ein Aufenthalt in Leamington gar anmuthig sein können.

Da bei Leamington die Eisenbahn aufhört, mußte die weitere Fahrt über Warwick nach Stratford mit der Stage-Coach gemacht werden. Ein junger Geistlicher, eine alte Frau und ich saßen im Wagen, die outside war überladen, und die Unterhaltung von da oben herab mit den Passagieren der zahlreich vorübereilenden Kutschen sehr lebhaft. An solchen Tagen ist es, als ob alle Menschen in England sich kennten, und wirklich muß der Verkehr und die daraus entstehende Bekanntschaft der Leute untereinander ungemein groß sein. Ununterbrochen hörten wir »good day Sir!« »how are You my boy!« »hope to meet you on the turf!« »Do! wait for me! if you please!« *) erschallen, und immer lustiger wurde das Treiben auf der Straße. Kurz vor Warwick stieg ein schön geputztes Mädchen in den Wagen. Sie erzählte der Alten neben mir, daß sie Kammerjungfer bei

*) Guten Tag Sir! — Wie gehts mein Junge! — Ich hoffe Sie auf der Rennbahn zu finden! — Warten Sie gefälligst auf mich!

Lady N. sei, und ein Diener reichte ihr einen Kober voll Lebensmittel und Wein in die Kutsche, damit sie und ein anderer Diener, der zu Fuß sich nach Warwick begeben hatte, dort nicht an guter Beköstigung Mangel zu leiden brauchten.

Obschon der Geistliche darüber schmälte und den Kondukteur antrieb, kamen wir sehr langsam vorwärts, während alle andern Fuhrwerke an uns vorüberflogen. Unser Kondukteur, ein dicker Mann, dessen Gesicht dunkel braunroth aussah, wie der Porter, mit dem er diese Schminke erreicht, war stocktaub, und antwortete auf alles, was man ihn fragte, gleichviel ob Mann oder Weib ihn anredete, ein heiteres »yes Sir! yes!« wobei er den Hut lüftete und fortging, ohne sich weiter um den Frager zu bekümmern. Vor jeder Gartenthüre der Landhäuser fand er Bekannte, vor jedem Gasthofe machte er Halt. Gelegentlich stieg auch der Kutscher herab, der ein vollkommener Gentleman war, im feinen Frack und Hut, und der seine Zügel mit der Vornehmheit eines Dandys dem Wirthe oder dem Stallknechte überließ, bis er auf seinen Posten zurückkehrte. Wir und unser Fortkommen waren bei dieser Fahrt offenbar die Nebensache, und wir gelangten denn auch viel später, als nöthig, nach Warwick, dessen prächtige Kirche und

Schloß wir schon von weitem aus den Bäumen hervorragen gesehen hatten.

Hätte ich gewußt, wie viel gute Freunde der Kondukteur und der Coachman vor dem Gasthause finden würden, vor dem wir in Warwick ganz in der Nähe der Rennbahn hielten, so hätte ich, meiner Neigung folgend, sowohl das Schloß als die Cathedrale von Warwick ruhig besehen können, in der Robert Dudley, Graf von Leicester, begraben ist, und in der das Denkmal eines Grafen von Warwick zu den schönsten Skulpturwerken des Mittelalters gerechnet wird. Noch mehr aber hatte es mich in Leamington gelockt, nach Kennilworth zu fahren, dessen noch in den Ruinen großartige Thürme wir fast auf dem ganzen Wege zur Rechten behielten. Indeß in England ist so viel des Sehenswürdigen aus der Gegenwart, so viel romantische Erinnerung aus der Vergangenheit vorhanden, daß man sich wirklich an seine vorgesteckte Reiseroute halten und nicht zur Rechten oder Linken abweichen darf, will man überhaupt sein Ziel erreichen.

So saß ich denn geduldig in der Stagecoach und sah alle die Gentlemen zu Pferde nach dem Rennen eilen, die eleganten Equipagen mit betreßten Dienern, die hübschen jungen Mädchen mit ihren blauen flatternden Schleiern, in ihren Ponykabriolets an mir vorüberziehen, die Wagen der Pächter ausspannen vor dem Gasthaus, die Kammerjungfer mit ihrem sie erwartenden Kollegen davon gehen, sah kaum dreihundert Schritte von mir das Wogen und Treiben des Rennplatzes — bis ich endlich bemerkte, daß Condukteur und Coachman auch dorthin gegangen, der junge Geistliche ausgestiegen war, und nur die alte Frau und ich in der abgespannten Kutsche saßen. Da verließ ich denn auch den Wagen und ging den Andern nach.

War das ein lustiges Wesen! diese Massen lebhaft angeregter Menschen, die meisten im Sonntagsputze, Alle beseelt von dem einen Gedanken, wann geht das Rennen an? Nie habe ich englische Physiognomieen so beweglich gesehen. Ich kannte das Volk nicht wieder. Sie sprachen so schnell, gestikulirten und behabten sich so lebhaft, als ob sie nicht Engländer, sondern Italiener wären. Dazu Musik und Lachen an allen Ecken. Drehorgeln, Bänkelsänger, Wurstverkäufer, Würfelbuden, schwarzbraune Leute, sicherlich Zigeuner, mit allerlei Tand allerlei Kunststücke ausführend — Zeitungsverkäufer, Wettbuden, Annoncenträger, Bärenführer, Dudelsackspieler — und über das Alles eine Fülle der Vergnüglichkeit, der Lebenslust ausgebreitet, die gradezu hinreißend waren. Man mußte mit den Menschen heiter werden.

Indeß mochte ich mich nicht weit in das Gewühl hineinwagen und konnte nur vorsichtig mich am Rande halten, weil ich allein war und die Stagecoach nicht aus den Augen verlieren durfte, obschon bei der Gemüthlichkeit unseres Conducteurs darauf zu rechnen war, daß er wegen einer Viertelstunde mehr oder weniger, keinen seiner Passagiere in seiner Schaulust stören würde.

Ich war denn auch wirklich noch vor ihm auf dem Platze zurück, und endlich machten wir uns auf den Weg nach Stratford. Aber an solchem Renntage, bei solch schönem Wetter in dieser lieblichsten Gegend muß man England gesehen haben, um es für immer das heitere England zu nennen, in dem die Menschen und ihre Physiognomieen eben so lachend sind, als die Natur.

Was man uns Schönes, Patriarchalisches und Auffälliges von dem englischen Landleben beschrieben, ich glaube jetzt Alles; denn die äußeren Züge, die ich zu beobachten Gelegenheit gehabt, treffen bis in die kleinsten Einzelheiten zu, und ich wüßte mich kaum eines friedlicheren Eindruckes zu erinnern, als dessen, den die Fahrt von Warwick nach Stratford am Avon mir geboten hat.

Diese Landsitze, die in großen Parks gelegen, aus den langen Baumalleen hervorsahen, die sauber gekleideten Arbeiter in Garten und Feld; die stattlichen Kirchen und Pfarrhäuser, die reinlichen Cottages mit ihren von Schlehdorn eingehegten Feldern, die Gasthäuser unter den großen Lindenbäumen, die schönen Rindvieh- und Schaafheerden, die edelgestalteten Pferde — dies durchgehende Gedeihen und Genügen von Pflanzen, Thieren und Menschen, diese Pflege und Fruchtbarkeit des Bodens, ja selbst die großen, in Form von Häusern zusammengepackten Vorräthe von ungedroschenem Getreide, werden mir unvergeßlich bleiben. Die schönsten Theile Toskana's, die campagna felice von Neapel, zeigen nur ein anderes Klima, eine andere Vegetation, aber keine größere Fruchtbarkeit, kein lachenderes Ansehen, als dieser Theil von England. Alles, was man sah, verrieth Kultur und Wohlstand, von der Equipage des Edelmannes bis hinab zu dem Wagen, auf dem man Lebensmittel zur Stadt fuhr, und zur Karre, die das gesichelte Gras in die Hütte brachte.

Immerfort mußte ich dies England mit jenem England des 17ten Jahrhunderts vergleichen, dessen meisterhafte Schilderung sich in Macaulay's Geschichte Jakobs des Ersten findet. Die Sümpfe, welche damals das Land durchschnitten, sind getrocknet; wo in unsicheren Wüsteneien eine geringe Anzahl von Bewohnern in Unwissenheit ihr kümmerliches Leben fristete, findet eine dreifach grössere Anzahl von Menschen ein genügendes, fröhliches Auskommen; wo von Zeit zu Zeit eine Reisegelegenheit auf unwegsamen Bahnen das Land durchzog, wo man von vierzehn zu vierzehn Tagen theuer bezahlte schriftliche Nachrichten aus London, von einem Edelhofe zu dem andern sendete, rollen die Stagecoaches mehrmals am Tage auf den prächtigen Chausseen durch das Land, verkünden die Zeitungen alltäglich die Vorgänge aus den entferntesten Weltgegenden in dem bescheidenen Hause des geringsten Pächters. Wo Kämpfe wütheten, waltet tiefer Friede; wo Parteizwist und Religionshaß den Nachbar vom Nachbar trennten, wo Revolutionen tobten, herrscht Eintracht, Duldsamkeit und Ruhe. Das sind die Segnungen der Freiheit, der Selbstregierung. Ich zweifle, daß irgend ein Bürger Englands die Tage des Mittelalters als die goldene Zeit zurücksehnt, daß ein Engländer Glück und Heil des Volkes von der Erneuerung mittelalterlicher Institutionen erwartet — wie noch so Viele in Deutschland es thun.

Es war gegen sieben Uhr Abends, als wir

uns Stratford näherten. Ein abendlicher Schein lag über der Gegend, der Thau begann leise, leise zu steigen, es war still und rührend einsam. Hie und da kam ein Mädchen mit blanken Milchbehältern aus den eingehegten Wiesen zurück, fuhr ein Mann das frische Heu nach Hause. Der Geruch einer kräftigen Vegetation erfüllte die Luft. So fuhren wir in Stratford ein und hielten vor dem reinlichen Gasthofe. Ein artiges Zimmer war schnell hergerichtet, und bei einbrechender Dunkelheit machte ich noch allein einen Weg durch die hellerleuchteten Straßen des Städtchens. Wo Shakespeare's Haus läge, wußte ich nicht, und wollte es auch gar nicht wissen. Ich hatte ein Genüge daran, umherzuwandern und in die Vergangenheit zurück zu denken, in der er gelebt. So kam ich zu einer alten Brücke, die über den Avon gespannt, nach beiden Seiten einen weiten Blick gewährt, über die buschigen Wiesenufer, durch die der sanfte Strom sich leise fluthend hinzieht. Silberweiße Nebel zitterten über dem Grün, leichtes Gewölk schwebte am Himmel und verhüllte die auftauchenden Sterne, die dann um so heller leuchteten, wenn die Wolke vorübergezogen war. Das Schwirren der Grillen, der schnarrende Ruf der Drossel, das flüsternde Rauschen der Bäume waren die einzigen Laute, die das Ohr vernahm. Ich stand lange still, auf die Brückenmauer gelehnt. Es war ein Moment der Einkehr in das eigene Wesen, und wie das bloße Auge aus der Dunkelheit einer Tiefe das Tagesgestirn am sichersten betrachtet, so hob mein innerer Blick sich aus der Beschränkung meines Seins um so sicherer und fester zu dem Gedanken an das Gestirn empor, das von Stratford aus durch die Welt und die Jahrhunderte geleuchtet. Als ich mich endlich von dem Platze losriß und den Rückweg antrat, war mir zu Muthe, wie an dem Tage meiner Jugend, da ich, noch erfüllt von dem Glauben an Gott und Christus, nach dem Genusse des ersten Abendmahles, erhoben und friedensvoll den Altar verließ.

Am Morgen, der hell und frisch über der Erde aufgegangen war, galt mein erster Weg dem Geburtshause Shakespeare's, das unweit vom Gasthofe, in einer der Hauptstraßen gelegen, eben erst geöffnet wurde. Es ist ein kleines, zweistöckiges Haus, mit uralten kleinen Fensterchen im obern Stock, das sich in Nichts von der Bauart jedes Cottages unterscheidet. Der Flur oder das Gemach der untern Etage hat kein Fenster und empfängt das Licht durch den Schalter, der sich über einem Verkaufstische erhebt. Man sieht, der Raum ist als Laden benutzt worden. Er ist ganz leer, die Steinpflasterung des Fußbodens tief ausgetreten. Die Kammer hinter dieser Flur geht auf ein enges, kleines und dunkeles Gehöft. Eine elende Treppe, schmal und steil, führt zu den oberen Zimmern, einer größern aber sehr niedrigen Stube und einer kleinen Kammer, welche letztere als der Ort genannt wird, in dem Shakespeare das Licht der Welt erblickte. An solchen Plätzen hat man das wunderbare Gefühl, unwillkürlich nach einem sichtbaren Zeichen des Ereignisses zu spähen, das uns den Ort zum Heiligthume macht. Man schaut prüfend umher, ohne zu wissen, was man zu finden hofft, ja was man sucht. Wie in der Dunkelheit das tastende Auge unwillkürlich nach einem Strahl des Lichtes strebt, so strebt der Mensch, ein Zeichen ihrer körperlichen Fortdauer an den Stellen zu finden, an denen das Leben und Vergehen der größten Menschen ihm die Vergänglichkeit der Erdgeborenen in ihrer ganzen Unerbittlichkeit vor's Auge hält.

Neben den mancherlei Inschriften von berühmten und unbekannten Menschen, die das Fremdenbuch enthält, zeigte man mir eine andere, die man von der Wand kopirt und aufbewahrt hatte. Sie rührt von Luzian Bonaparte her und lautet:

The Eye of Genius glistens to admire
How memory hails the sound of Shakespears lyre
One tear J'll shed to form a crystal shrine
For all that's grand, immortal and divine.

Das Haus ist von einer Association angekauft worden, als — so erzählt man — ein Amerikaner es abbrechen und nach Amerika versetzen wollte. Es ist unbewohnt. Eine Aufseherinn zeigt es von Morgens bis Abends gegen eine Vergütigung für ihre Mühe, und ich wünschte, daß einmal ein ähnlicher Amerikaner ähnliche Pläne auf Göthe's Haus in Weimar richten möchte. Vielleicht wäre das der Weg, auch dies Heiligthum endlich der profanen Benutzung des ersten besten Miethers zu entziehen, und es dem Publikum zur freien Verehrung zu übergeben, dem es durch peinliche Beschränkungen jetzt fast ganz entzogen ist.

Von Shakespeare's Geburtshaus wendete ich mich nach der Straße, in welcher einst sein Wohnhaus gestanden, als er nach vieljähriger Abwesenheit im Jahre 1613 oder 1614 in die Vaterstadt und zu seiner, in früher Jugend von ihm verlassenen, Gattinn zurückkehrte. Die Besitzung war unter dem Namen new place bekannt und soll ein, für die damaligen Zeitverhältnisse recht ansehnliches Gebäude gewesen sein, das erst im Jahre 1759 durch die eigensinnige Selbstsucht des Besitzers niedergerissen wurde. Dieser Besitzer war ein Geistlicher, Francis Gastrill mit Namen. Schon mehrere Jahre vorher hatte er einen großen Maulbeerbaum, den Shakespeare selbst gepflanzt, umhauen lassen, da er es müde war, den Bewunderern Shakespeare's den Zutritt zu seinem Garten zu gestatten; und endlich erbitterte ein Streit wegen einer Steuerabgabe Mr. Gastrill so sehr gegen seinen Besitz, dessen Berühmtheit ihn ohnehin belästigte, daß er New Place abbrechen ließ. Der Raum, den das Gebäude und der Garten eingenommen haben, ist beträchtlich; die Lage in der Hauptstraße der Stadt, deren Gärten sich hinter den Häusern nach den Wiesengründen des Avon hinabsenken, sehr anmuthig; wie denn überhaupt Shakespeare's Verhältnisse fast glänzend gewesen sein müssen, da er seiner Lieblingstochter Susanna in seinem Testamente seinen »Hauptbesitz in Stratford, New Place genannt, zwei Häuser in Henley Street, verschiedene Ländereien in und bei Stratford und sein Haus in Blackfriars in London« vermachen konnte. Seine zweite Tochter Judith hingegen erhielt nur etwa dreihundert Pfund und einen »großen vergoldeten Napf von Silber«. — Seiner Frau endlich erwähnt er im Testamente einzig, um ihr »sein zweit bestes Bett« zuzutheilen. So berichtet eine Biographie Shakespeare's von Skottowe, die ich in Händen gehabt habe.

Ganz nahe dem Hause beginnt der schöne Kirchhof der Kathedrale, in der Shakespeare's sterbliche Reste ruhen. Abends hatte der erhellte Zeiger der Thurmuhr mir durch die Nacht entgegen geleuchtet. Eine Allee von mächtigen alten Bäumen führt von der Kirchhofspforte auf saubern Steinplatten zum Portal der Kirche. Rechts und links ziehen sich Wege zwischen den zahlreichen, meist gut gehaltenen Gräbern hin.

Die Kathedrale ist groß, licht und schmuckreich, wie die meisten anglikanischen Kirchen. Vor der Erhöhung, auf der sich am obern Ende des Schiffes der Altar erhebt, deckt eine mit Matten belegte Holzplatte den Boden. Und hier zur linken Seite des Altares befindet sich an der Wand die Büste Shakespeare's, die ihm einige Jahre nach seinem Tode sein Schwiegersohn Hall errichten lassen. Shakespeare sitzt unter einer bogenförmigen Nische, die Arme auf ein Polster gelehnt, auf dem die linke Hand ruht, während die rechte eine Feder hält. Die Büste ist gut gearbeitet und charakteristischer als alle Gemälde von ihm. Unter derselben steht die schöne Inschrift:

Judicio Pylium, genio Socratem, arte Maronem
Terra tegit, populus moeret, Olympus habet.

zu deutsch:

Weise wie Nestor, an Geist ein Sokrates, Künstler wie Maro,
Deckt ihn die Erde, das Volk weint zum Olympus ihm nach.

Darunter ebenfalls von einem seiner Zeitgenossen in veralteter englischer Orthographie die Verse:

Stay Passenger, why gost thou by so fast
Read, if thòn canst, whom envious death hath plac'd
Within this monument. Shakespeare, with whom
Quick nature dy'd whose name doth deck the tomb
Far more than cost, since all that he hath wit
Leaves living art, but page to serve his witt.

He died 1616 — in the age of 53 years the 23. April.

(Steh Wanderer, was gehst Du so voll Eil,
Lies, wenn Du kannst, wen neid'scher Tod zur Weil'
Gebracht in diesem Grab: Shakspeare! Natur,
Die lebensvolle, starb mit ihm. Die Spur
Des Namens schmückt sein Grab weit mehr als Glanz und Pracht,
Weil selbst die höchste Kunst nur Dien'rinn seiner Macht.

Er starb 1616 — im Alter von 53 Jahren den 23. April.)

Aber Shakespeare's Asche ruht nicht an der Stelle, an der sich dies Monument befindet, sondern Etwas weiter gegen die Mitte der Kirche hin. Der Küster deckte die Matte auf, hob eine Holzplatte aus einer Vertiefung des Bodens heraus, und eine mäßig große wohlerhaltene Steintafel lag vor unsern Augen. Unter ihr sind Shakespeare's Überreste eingesenkt. Er selbst hat nach der Tradition die Grabschrift für diesen Stein verfaßt, die auf viele Grabsteine jener Zeit übergegangen sein soll. Sie lautet:

Good frend for Jesus sake forbeare
To digg the dust encloased heare,
Blest be ye man y^t spars these stones
And cursed be he that moves my bones.

(Laß Freund, um Jesu willen, Du
Den hier verschloss'nen Staub in Ruh!
Gesegnet, wer verschont den Stein,
Verflucht, wer rührt' an mein Gebein.)

Shakespeare's Familie erlosch früh. Seine Frau überlebte ihn sieben Jahre. Er hatte drei Kinder von ihr gehabt. Susanna, im Jahre 1607 einem Dr. John Hall verehlicht, hinterließ eine einzige Tochter, die 1670 kinderlos starb; Judith, Shakespeare's zweite Tochter, heirathete wenige Monate vor seinem Tode einen Kaufmann Quiney zu Stratford, hatte mehrere Kinder, aber sie starben in der Jugend, — und Hamnet, Shakespeare's Sohn, war auch als Kind gestorben, so daß mit Susanna's Tochter die Familie unterging. Das Grab von Susanna ist in der Kathedrale dicht neben dem ihres Vaters, und ich habe mir die Inschrift desselben kopirt. Sie heißt:

Here lyes the body of Susanna, wife of John Hall Gentleman — the daughter of William Shakespeare Gentleman. She deceased the 11 of July anno domini 1649 aged 66 years.

Witty above her sex, but that is not all,
Wise to salvation was good Mistress Hall.
Somthing of Shakespeare was in that, but this
Wholly of him, with whom she is now in blisse.
Then Passenger hast ne'er a tear
To weep with her, that wept with all?
That wept, yet set herself to chere
Them up with comforts cordial
Her love shall live, her mercy spread
When thou hast ne'er a tear to shede.

(Hier liegen die Gebeine von Susanna, Weib des John Hall Gentleman, Tochter von William Shakespeare, Gentleman. Sie verstarb den 11. Juli im Jahre des Herrn 1649, 66 Jahre alt.

Witzig vor allen Frau'n, doch das ist's längst nicht all':
Weise in Christo war die gute Mistriß Hall.
Etwas von Shakespeare war in ihr, doch ganz
War dies von ihm, mit dem sie theilt jetzt ew'gen Glanz.
Drum Wandrer! hast Du keine Thräne,
Für sie, die einst so gern mit Weinenden geklagt,
Doch lieber sich zur Freude selbst verklärte,
Herzstärkung spendend, wo ein Herz verzagt?
Ihr Lieben wird noch leben, ihr Andenken noch blühn,
Wenn längst Dich selber deckt des Rasens Grün.

Die Sonne spielte hell auf den beiden grauen Steinplatten, die Lettern standen klar und leuchtend da — von dem Leben und dem Tode zweier Menschen sprechend — dort eine letzte Bitte, hier einen Nachruf des Dankes fortzutragen aus der Vergangenheit in die Zukunft. Wie gewöhnlich ist das! und wie wunderbar bewegend tritt es uns an solcher Grabesstatt entgegen.

Kein Mensch war auf dem weiten Kirchhofe zu sehen, als ich das Heiligthum verließ, kein Laut zu hören, außer dem sanften Säuseln der prächtigen Bäume und den weithin hallenden Glockenschlägen der Thurmuhr, welche die Mittagsstunde verkündete. Ich machte noch einen Gang durch die Stadt, die an gartenhafter Zierlichkeit die Landstädte, die ich bisher gesehen hatte, bei weitem übertraf. Es ist unmöglich, ein Bild von diesen Städtchen zu geben, eben so unmöglich, nicht immer auf's Neue von ihrer Anmuth überrascht zu sein. Die Häuser mit den Spiegelfenstern, die geschlossenen Hausthüren, die umrankten Wände, die reinlichen Freitreppen, der leuchtend blanke Klopfer an der Thüre der Privatwohnungen, die Zierlichkeit der Schaufenster an den Magazinen — mich dünkt als ob man es in dieser Weise nirgend als in England fände.

Die Kathedrale und das Rathhaus sind schöne Gebäude. Man sagte mir, daß in dem letztern sich Erinnerungen an Shakespeare und an Garrik aufbewahrt fänden. Ich habe sie nicht gesehen. Es schien mir unwesentlich in der Stimmung, in der ich mich befand.

Ich brachte den Rest des Tages in hindämmernden Spaziergängen zu und malte mir ein Bild des Stratfords und der Gegend aus, wie Shakespeare sie bewohnt; ein Bild des Daseins, das er nach seinem glänzenden Leben im Kreise von Elisabeths prachtliebenden Hofleuten, hier in dieser ländlichen Stille geführt haben muß. Für einen Dichter historischer Romane wachsen die Stoffe in England so reich empor, wie der Epheu an den Mauern. Jeder Schritt enthüllt neue, poetische Motive in dem Lande. Wer sie nur zu nutzen, zu gestalten vermöchte!

Am folgenden Tage fuhr ich gegen Mittag von Stratford ab und erreichte London bei guter Zeit, das im Westende jetzt ganz todt und vereinsamt erscheint, da die Saison vorüber ist. Rund um meine Wohnung her sind alle Laden und Vorhänge der Fenster geschlossen; keine Reiterinnen, keine Equipagen eilen zum Park, dessen Rasen dürr und braun, von der Sonne verbrannt, einen traurigen Anblick gewährt. Fast alle meine Bekannten haben die Stadt verlassen, und London machte mir nach dem grünen, freundlichen Warwickshire einen traurigen Eindruck, bis ich, ein paar Geschäfte abzuthun, mich nach der City fahren ließ. Da pulsirte und hastete sich das gewohnte Leben, da drängten sich Wagen und Menschen, wie immer, da lag der Hafen voll Schiffe, da flaggte das stolze Banner des meerbeherrschenden Englands.

Einzelne Merkwürdigkeiten der Stadt, die kennen zu lernen ich auf diese Rückkehr nach London verschoben, werde ich nicht mehr sehen. Ich mag mir den Eindruck nicht abstumpfen, den das grüne Warwickshire, das geheiligte, stille Stratford am Avon, mir in der Seele zurückgelassen haben. Die Erinnerung an Shakespeare, an diesen größten Repräsentanten des englischen Geistes und Wesens, soll die Letzte sein, die ich in die Heimath hinüber nehme.

Und jetzt, während ich Dir diese letzten Blätter aus England sende, ist es mir fast, als habe ich von einem alten, werthen Freunde zu scheiden, denn mir ist bange in dem Gedanken: »werde ich England wiedersehen?«

Noch ein paar Stunden und ich verlasse die Insel. Dann werde ich noch einmal hinabfahren nach der lichterhellten City; die ganze feenhafte

Vielseitigkeit Londons, das wunderbare Wesen der Weltstadt wird sich noch einmal, rasch wie im Traume, vor meinem Auge entfalten, ich werde noch einmal von Londonbridge hinabsehen auf den prächtig fluthenden Strom, und dann wird der brausende Dampfzug mich zum Meere geleiten, und Englands Ufer werden schnell in Nacht vor mir versinken.

Aber unvergeßlich hell wird mir die Bestätigung meiner Überzeugung bleiben, die ich hier gewonnen, daß die Freiheit den Menschen veredelt, und daß im Selfgovernment das Heil der Zukunft, die moralische Kraft ruht, »den Staat der Noth in den Staat der Freiheit zu verwandeln.«